Auf der Suche nach der Kirche des Konzils

Ansgar Ahlbrecht / Norbert Reck (Hg.)

Auf der Suche nach der Kirche des Konzils

Texte aus 50 Jahren Concilium

VERLAGSGRUPPE PATMOS

PATMOS
ESCHBACH
GRÜNEWALD
THORBECKE
SCHWABEN

Die Verlagsgruppe
mit Sinn für das Leben

FSC
www.fsc.org
MIX
Papier aus verantwortungsvollen Quellen
FSC® C006701

Für die Schwabenverlag AG ist Nachhaltigkeit ein wichtiger Maßstab ihres Handelns. Wir achten daher auf den Einsatz umweltschonender Ressourcen und Materialien.

Bibliografische Information der Deutschen Nationalbibliothek
Die Deutsche Nationalbibliothek verzeichnet diese Publikation in der Deutschen Nationalbibliografie; detaillierte bibliografische Daten sind im Internet über http://dnb.d-nb.de abrufbar.

www.gruenewaldverlag.de

Umschlaggestaltung: Finken & Bumiller, Stuttgart
Druck: CPI – Ebner & Spiegel, Ulm
Hergestellt in Deutschland
ISBN 978-3-7867-3040-8

Inhalt

Vorwort

Es werde »lange dauern«, sagte Karl Rahner wenige Tage nach dem feierlichen Konzilsabschluss, »bis die Kirche, der ein II. Vatikanisches Konzil von Gott geschenkt wurde, die Kirche des II. Vatikanischen Konzils sein wird.«[1] Denn es war klar: Die Kirche, die die Konzilsbeschlüsse gefasst hatte, war noch keineswegs die Kirche, die sie nach ihrer eigenen Vision selbst sein wollte. Rahner sprach vom »Anfang eines Anfangs«. Was das Konzil in den Jahren 1962 bis 1965 beraten und beschlossen hatte, konnte und sollte nicht einfach per Erlass von heute auf morgen umgesetzt werden; es bedurfte eines Prozesses der Auseinandersetzung und der Aneignung auf allen Ebenen der Kirche.

Bei diesem Prozess sollte auch eine neue Zeitschrift behilflich sein: CONCILIUM. Zwei Niederländer gaben den Anstoß: der Verleger Paul Brand und der Geschäftsmann Anton van den Boogaard; zusammen mit den Konzilstheologen Yves Congar, Hans Küng, Karl Rahner und Edward Schillebeeckx sowie dem Rahner-Schüler Johann Baptist Metz entwickelten sie das Konzept einer »internationalen Zeitschrift für Theologie«. Noch 1965 erschienen die ersten Hefte.

Dabei sollte CONCILIUM nicht in Konkurrenz zu anderen bestehenden theologischen Zeitschriften treten, es sollte vielmehr eine andere, ganz spezielle Aufgabe haben: Es sollte ein Bindeglied zwischen der theologischen Wissenschaft und der kirchlichen Praxis sein. Für diejenigen, die an den verschiedensten kirchlichen Wirkungsstätten beschäftigt waren und kaum einmal die Zeit hatten, daneben den immer breiter werdenden Strom der theologischen Diskussion zu verfolgen, sollte CONCILIUM den Überblick bewahren helfen: mit regelmäßigen, kurzgefassten Berichten aus der Wissenschaft und – mehr noch – mit pointierten Originalartikeln zu zentralen Fragen der Theologie, des kirchlichen Lebens und der Zeit. Denn mit all den Umbrüchen, die das Konzil brachte, war klar, dass die in Verkündigung und Katechese Aktiven kaum noch »in ihrer Praxis von jener Theologie leben können, die sie vor vielen Jahren in

1 | Karl Rahner, *Das Konzil – ein neuer Beginn*, Freiburg i. Br. 2012, 49.

ihrer eigenen Ausbildung gelernt haben«, wie Rahner und Schillebeeckx im Vorwort zur ersten Ausgabe der Zeitschrift schrieben.

Und nicht nur um einen Überblick über die vielfältigen Debatten sollte es gehen, sondern mehr noch darum, den Bedarf an *neuer*, »konziliarer« Theologie zu decken: an Theologie, die »ganz bewusst aus der Schrift und aus der Heilsgeschichte lebt und die zu gleicher Zeit den Mut hat, kühn, aber bescheiden aus der heutigen ›condition humaine‹ Probleme aufzugreifen, und aus unserer eigenen Situation heraus den Weg sucht zum besseren Verständnis des Wortes Gottes über den Menschen und die Welt in unserer Zeit« (Rahner und Schillebeeckx).

Damit waren die wesentlichen Stichworte genannt: ein neuer Umgang mit der Heiligen Schrift, eine Hinwendung zur menschlichen Geschichte als Heilsgeschichte, ein neues Ernstnehmen der Lebenssituationen der Menschen und ihrer Fragen. Keine weltabgewandte Theologie, die zu allen Zeiten dieselbe sein und dasselbe sagen könnte. Eine Theologie, die mit den Menschen hier und heute das Gespräch sucht.

Im Hintergrund vermeint man schon die berühmten Eingangsworte der Pastoralkonstitution »Die Kirche in der Welt von heute« *(Gaudium et Spes)* zu vernehmen: »Freude und Hoffnung, Trauer und Angst der Menschen von heute, besonders der Armen und Bedrängten aller Art, sind auch Freude und Hoffnung, Trauer und Angst der Jünger Christi. Und es gibt nichts wahrhaft Menschliches, das nicht in ihren Herzen Widerhall fände. Ist doch ihre eigene Gemeinschaft aus Menschen gebildet ...« *(Gaudium et Spes,* 1)

Nimmt man diese Worte ernst, eröffnet sich sogleich eine weitreichende Dynamik: Wenn »aus unserer eigenen Situation heraus« der Weg zum Verständnis des Wortes Gottes gesucht werden soll (und nicht umgekehrt), dann muss die Theologie Schritt halten mit dem, was die Menschen der Gegenwart bewegt und was unter ihnen diskutiert wird, dann kann sie nicht bei einmal angestellten Diagnosen stehen bleiben – auch nicht bei den Diagnosen des Konzils. Die lebendige Auseinandersetzung mit »der Welt« im Lichte des Evangeliums muss weitergehen, sie kann nicht an einem bestimmten Punkt eingefroren werden, sie muss bereit sein, immer wieder neue Fragen aufzugreifen und darauf Antworten zu suchen.

Eine »Treue« zum Konzil, die nur in immer neuen Exegesen der Konzilstexte bestehen dürfte, eine Art »Konzilsfundamentalismus« gar, war deshalb nie die Sache der CONCILIUM-Theologen und -Theologinnen.

Wenn das Konzil vor allem das freie, offene Gespräch der Kirche gewesen war und wenn es darin der »Anfang eines Anfangs« war, dann musste dieses Gespräch weitergehen. Dann musste auch CONCILIUM als Zeitschrift dieses Aufbruchs lebendig bleiben, sich immer wieder selbst in Frage stellen und weiterentwickeln. Dann musste aus diesem Projekt, das anfangs lediglich eine westeuropäische Initiative war (die Gründer waren Belgier, Franzosen, Deutsche und Niederländer), wirklich eine Zeitschrift der Weltkirche werden, eine Zeitschrift, in der *alle* eine Stimme haben: aus allen Erdteilen, »entwickelt« oder »unterentwickelt«, aus allen Theologien, anerkannt oder umstritten. So hieß es im ersten Vorwort: »Gemessen an der unendlichen Aufgabe der Kirche in jedem Land, ist jedes Land ›theologisch unterentwickelt‹. In dieser Zeitschrift soll die Theologie eines jeden Landes der anderer Länder zu ihrer Entwicklung helfen.«

Dasselbe gilt für das Verhältnis von Männern und Frauen in Kirche und Theologie. Rahner und Schillebeeckx hatten in Heft 1 noch geschrieben, CONCILIUM richte sich »an die Männer der praktischen Arbeit in der Kirche«. Dass auch Frauen in der Kirche mitarbeiteten und mitdachten, war nicht in ihrem Blickfeld. Und so dauerte es eine ganze Weile, bis auch Theologinnen einen eigenen, unverwechselbaren Platz in CONCILIUM einnehmen konnten. Die erste Autorin, in Heft 9 des ersten Jahrgangs, war Sr. Agnes Cunningham, die einen Bericht über die amerikanischen Laien beisteuerte. Ebenso wurden auch die weiteren frühen Autorinnen meist eher mit Berichten und mit Aufsätzen zu den vermeintlich »klassischen Frauenthemen« wie Katechese, Kinder, Jugend und Familie beauftragt, als dass sie eigene theologische Perspektiven zur Diskussion stellen durften. Erst mit Heft 4 im Jahr 1968 konnte sich Elisabeth Gössmann mit einer systematisch-theologischen Untersuchung zu Wort melden: mit ihrem Aufsatz »Die Frau als Priester?« Eine entscheidende Wegmarke war schließlich das ganze Heft 1 im Jahr 1976 zum Thema »Die Frauen in der Kirche«. Auseinandersetzungen mit den Wirkungsmöglichkeiten von Frauen in der Kirche und Fragen der feministischen Theologie fristen seither kein Randdasein mehr in CONCILIUM.

Wie CONCILIUM sich nach und nach neuen Problemstellungen und theologischen Perspektiven (etwa der lateinamerikanischen Befreiungstheologie oder den interreligiösen Theologien Asiens) öffnete, war für die kirchliche Öffentlichkeit immer wieder irritierend. Zu sehr war und ist man bis heute wohl der Vorstellung verhaftet, dass theologische Erwägungen, vor allem in gedruckter Form, so etwas wie autoritative Setzungen seien. Dass theologische Autorinnen und Autoren einfach einmal etwas zur Diskussion stellen könnten, dass sie mit ihren Veröffentlichungen den kritischen Meinungsaustausch und so das gemeinschaftliche Weiterkommen suchen könnten, scheint innerkirchlich immer noch ein unvertrauter Gestus zu sein. Entsprechend wurde bereits in der Vorbereitungsphase der Zeitschrift aus der Römischen Kurie gefordert, CONCILIUM einem bischöflichen Aufsichtsgremium zu unterstellen. Demgegenüber verteidigten die Macher der Zeitschrift von Anfang an das vom Konzil erst ermöglichte freie Gespräch in der Kirche – bis dahin, dass in CONCILIUM sich *alle* äußern durften, auch diejenigen mit Lehrverurteilungsverfahren und »Notifikationen« aus der Glaubenskongregation. Und so wuchs der Zeitschrift auch die – anfangs keineswegs beabsichtigte – Rolle zu, ein Forum für die innerkirchliche Opposition zu sein. Als sich in den Nachkonzilsjahren die Anzeichen häuften, dass die Freiheit für die Wissenschaft in der Kirche mehr und mehr eingeschränkt werden sollte, reagierte CONCILIUM mit der Erklärung »Die Freiheit der Theologen und der Theologie«, die 1969 veröffentlicht und in kurzer Zeit von rund 1400 Theologen und Theologinnen aus aller Welt unterzeichnet wurde. Die Liste der Erstunterzeichner ist auch heute noch ein bedeutsames Dokument der Kirchengeschichte ...

Heute ist CONCILIUM ganz anders als zu seinen Anfangsjahren und doch weiterhin seinen ursprünglichen Intentionen treu. Als kirchenunabhängige, aber nichtsdestoweniger selbstbewusst katholische Zeitschrift mit ökumenischer und interreligiöser Ausrichtung ist CONCILIUM ein Ort der freien Rede, mit Raum für neue Ideen und gelegentlich auch Provokationen, mit Offenheit für theologische Ansätze von Kanada bis Ozeanien. Eine Zensur findet nicht statt. Im zwanzigköpfigen Redaktionskollegium diskutieren, streiten und feiern Frauen und Männer aus allen Erdteilen. Die Zeitschrift erscheint in sechs Sprachen (Deutsch, Englisch, Italienisch, Kroatisch, Portugiesisch, Spanisch) mit identischem Inhalt. Das zentrale Sekretariat befindet sich nicht mehr in den Niederlanden, sondern in der indischen Stadt Chennai (Madras) und dokumentiert damit auch den Anspruch, an der Überwindung des Eurozentrismus des Christentums mitzuwirken. Die Dinge sind weiterhin im Fluss, nichts ist festgefügt (wie auch ein Selbstverständigungstext aus dem Jahr 1997 zeigt), neue Themen kommen auf die Tagesordnung: Gender- und Queer-Theologie, die Bedrohung des ökologischen Haushalts der Erde. Und so fort. Die Suche nach der Kirche des Konzils geht weiter.

In den zurückliegenden fünfzig Jahren sind in CONCILIUM rund 4500 Texte erschienen: Aufsätze, Berichte, Kommentare und Stellungnahmen. Daraus eine repräsentative Auswahl zu treffen, war – kaum überraschend – unmöglich. Weder konnten alle Themen noch alle wichtigen Namen Berücksichtigung finden. Worauf wir – Ansgar Ahlbrecht, verantwortlicher Redakteur der deutschsprachigen Ausgabe von 1976 bis 1991, und Norbert Reck, Redakteur seit 2000 – uns schließlich verständigt haben, war, einige Schlaglichter auf die Bandbreite der veröffentlichten Texte zu werfen: frühe und späte, traditionelle und provokante, wissenschaftlich argumentierende und poetisch reflektierende. Wir hoffen, dass es reizvoll sein kann, den chronologisch angeordneten Aufsätzen zu folgen, den allmählichen Wandel der Methoden und Fragestellungen zu beobachten, in den älteren Texten Aktuelles und Unabgegoltenes zu finden und in den jüngeren Texten Bezugspunkte zu den uralten Schätzen der Theologie.

Für die Wiederveröffentlichung wurden alle Texte der neuen deutschen Rechtschreibung angepasst, die Übersetzungen wurden revidiert und an manchen Stellen korrigiert. In die Literaturangaben wurden gelegentlich Hinweise auf neuere Ausgaben zitierter Werke eingefügt.

Allen lebenden Autoren und Autorinnen danken wir herzlich dafür, dass sie uns ihre Texte noch einmal für den Wiederabdruck unentgeltlich zur Verfügung gestellt haben. Bei den verstorbenen Autorinnen und Autoren war es trotz intensiver Recherchen nicht immer möglich, die aktuellen Rechteinhaber ihrer Texte ausfindig zu machen. Wir bitten die Rechteinhaber gegebenenfalls, sich an den Verlag zu wenden.

Für Ratschläge, Voten und tatkräftige Unterstützung bei der Zusammenstellung dieses Bandes sind wir Regina Ammicht Quinn, Bruno Kern (Redakteur der deutschen Ausgabe von 1992 bis 2000), Hans Küng, Johann Baptist Metz, Elisabeth Schüssler Fiorenza, Marie-Theres Wacker und Volker Sühs, dem Lektor des Matthias Grünewald Verlags, dankbar. Von Herzen danken wir auch allen Übersetzerinnen und Übersetzern der Texte ins Deutsche.

Unser besonderer Dank gilt Josef Wagner, dem früheren Leiter des Grünewald-Verlags, der sich über Jahrzehnte engagiert um CONCILIUM gekümmert hat und die Vorbereitung des vorliegenden Bandes mit der

Suche nach alten Texten und der Erstellung von Textdateien sehr unterstützt hat.

Saarbrücken und München, im Dezember 2014

Ansgar Ahlbrecht – Norbert Reck

KARL RAHNER

Ideologie und Christentum

1965

Die vergangene Konzilsperiode hat das Verhältnis der Kirche zur Welt heute zur Sprache gebracht: ein Thema, das wie kaum ein anderes auf höchste Aufmerksamkeit weitester Kreise stößt, ein Thema freilich auch, das komplex und voraussetzungsreich ist wie kaum ein zweites. Eine Frage, die im Hintergrund aller Einzelerörterungen zu diesem Thema steht und die deshalb wenigstens implizit und indirekt ständig mit im Spiele ist und auch von den verschiedensten Seiten immer wieder kritisch-polemisch mit ins Spiel gebracht wird, ist die Frage nach dem Verhältnis von Glaube, oder weiter und allgemeiner gefasst, von Christentum und Ideologie. Diesem Thema sollen die folgenden Überlegungen gelten. Es soll zuerst gefragt werden, was hier bei diesen Überlegungen unter Ideologie verstanden werden soll, da dieser Begriff nicht so eindeutig ist und überall gleich verstanden wird, dass er hier einfach schon als bekannt vorausgesetzt werden könnte. Es soll in einem zweiten Gang dieser Überlegungen dann kurz gefragt werden, aus welchen Gründen heraus man das Christentum für eine Ideologie hält und es darum schon ablehnt, weil es eine Ideologie sei. In einem dritten Gang soll der Versuch gemacht werden, deutlich zu machen, dass das Christentum keine Ideologie sei und also von daher nicht abgelehnt werden könne. In einem vierten und letzten Stück unserer Überlegungen sollen aus der Grundthese des dritten Ganges einige weitere Folgerungen gezogen werden.

I.

Was wird hier bei diesen Überlegungen unter Ideologie verstanden? Es ist hier nicht möglich, Entstehung und Geschichte des Ideologie-Begriffes darzustellen. In der Geschichte wird ja dieser Begriff so vielschichtig und widersprüchlich verwendet, dass uns gar nichts anderes übrig bleibt als, freilich auch im Blick auf diese Geschichte, in etwa definitorisch zu sagen, was wir hier unter Ideologie verstehen. Diese Begriffsbestimmung versteht sich natürlich nicht als willkürliche, sondern als eine sachgemäß philosophische. Ideologie wird hier, das sei gleich von vornherein betont, in einem *negativen* Sinn verstanden, also als irriges, falsches, von der richtigen Interpretation der Wirklichkeit her abzulehnendes System. Dabei kann es für uns hier dahingestellt bleiben, ob sich das falsche »System« eindeutig in theoretischer Reflexion konstituiert oder mehr als eine unreflexe Haltung, als Mentalität und willkürlich voluntaristisch gesetzte Gestimmtheit darstellt. Die Frage bleibt natürlich hier noch ganz offen, wo eine so verstandene Ideologie konkret zu finden ist, ob also z. B. jedwede Metaphysik als so gemeinte Ideologie zu verstehen ist. Zu ihrem Wesen aber gehört in Abhebung vom einfachen, grundsätzlich »offenen« Irrtum das willentliche Moment des Abschlusses, durch das die Ideologie sich als *totales* System versteht. Insofern ist dann Ideologie die grundsätzliche Verschließung vor dem »Gesamt« der Wirklichkeit, die Verabsolutierung eines Teilaspektes. Im Blick auf den üblichen Wortgebrauch müsste man diese abstrakte Beschreibung des Wesens der Ideologie dahin ergänzen, dass die Verabsolutierung eines Teilaspektes der Wirklichkeit, insofern sie als Ganze eine Anerkennung vom Menschen fordern kann, im Blick auf das praktische Handeln geschieht, also gewöhnlich gegeben ist als Grundbestimmung politischen Wirkens, ja in letzter Intention als Normierung des Gesamtlebens einer Gesellschaft. Von da aus könnte Ideologie auch mit Lauth definiert werden als eine scheinwissenschaftliche Interpretation der Wirklichkeit im Dienste einer praktisch-gesellschaftlichen Zielsetzung, die sie rückläufig legitimieren soll.

Von dieser formalen Wesensbestimmung einer Ideologie als sich abschließender Verabsolutierung eines Teilaspektes der ganzen Wirklichkeit her lässt sich a priori eine dreifache Gestalt der Ideologie als möglich erkennen. Ohne dass damit gesagt ist, dass diese drei Gestalten jemals rein und ganz getrennt voneinander verwirklicht seien. Es gibt eine Ideologie der Immanenz, eine Ideologie der Transmanenz, eine Ideologie der Transzendenz. Diese Einteilung sei kurz erläutert. Die *Ideologie der Immanenz* verabsolutiert bestimmte endliche Regionen unserer Erfahrungswelt und macht deren Strukturen zum Gesetz der Wirklichkeit überhaupt. Diese Gruppe umfasst den größten Teil dessen, was wir üblicherweise als Ideologie bezeichnen: Nationalismus, »Blut und Boden«, Rassenideologie, Amerikanismus, Technizismus, Soziologismus und natürlich derjenige Materialismus, für den Gott, Geist, Freiheit, Person im wahren Sinne dieser Worte leeres Gerede bedeuten. Der oft nicht durchschaute Gegenwurf zu dieser Ideologie der Immanenz ist die *Ideolo-*

gie der Transmanenz: Supranaturalismus, Quietismus, gewisse Formen der Utopie, der Chiliasmus, indiskrete »Brüderlichkeit« usw. In dieser Art der Ideologie wird das »Letzte«, Unendliche, alle Wirklichkeitsbereiche Durchherrschende in dem Sinne verabsolutiert (oder vielleicht besser: totalisiert), dass man das Vorletzte endliche, in der unmittelbaren Erfahrung schon immer Gegebene und Angenommene um sein relatives Recht betrügt, übergeht und rein von jenem Letzten her zu entwerfen und zu manipulieren sucht: Die typische Gefahr des Philosophen und des religiösen Menschen. Die dritte Gestalt der Ideologie heiße die *Ideologie der Transzendenz*. Diese will die beiden erstgenannten Gestalten der Ideologie überwinden und hypostasiert nun ihrerseits den leeren, formalen Überstieg über das in den beiden ersten Gestalten der Ideologie Gemeinte in sich zum einzig Gültigen. Hier wird das unmittelbar Gegebene der Erfahrung in Historismus, Relativismus usw. negativ abgewertet, das eigentlich Transzendente wird nur als das Sichversagende und Unsagbare empfunden. Von hier her kommt dann die ideologische Programmatik einer schrankenlosen sogenannten »Offenheit« für alles und jedes unter ängstlicher Vermeidung jedes eindeutigen Engagements für irgendetwas Bestimmtes. Von hier kommt es, dass einer solchen Haltung, die man gern als spezifisch »westlich« ausgibt und wohl auch empfindet, die Forderung einer »östlichen« Ideologie entgegengesetzt wird und dass der sich »engagierende« Kommunismus eine immer neue Verführungskraft bei den westlichen Intellektuellen gewinnt.

II.

Dem Christentum wird der Vorwurf gemacht, es sei selbst auch eine solche negativ zu verstehende Ideologie. Bevor wir bedenken können, dass und warum dieser Vorwurf ungerechtfertigt ist, müssen doch wenigstens kurz die Gründe bedacht werden, die diese Interpretation des Christentums als Ideologie scheinbar rechtfertigen.

Zunächst einmal kann dieser Vorwurf berechtigt scheinen von der unreflexen Haltung oder der ausdrücklichen Position eines allgemeinen Skeptizismus und Relativismus her. Dort wo Erfahrung und Wirklichkeit aus welchen Gründen persönlicher oder geistesgeschichtlicher Art immer von vornherein identifiziert werden mit der Erfahrung und der Wirklichkeit unmittelbar naturwissenschaftlicher und technisch ausweisbarer Art, dort wo alle andere Wirklichkeit und Erfahrung nur als beliebig auswechselbarer, eben ideologischer Überbau über der wahren Wirklichkeit der sogenannten exakten Empirie empfunden oder theoretisch abgewertet wird, dort, wo Metaphysik wegen der Unausweisbarkeit ihrer Gegenstände in einer von vornherein naturwissenschaftlich eingeengten Erfahrung als beliebige Meinung und völlig freie Begriffsdichtung abgewertet wird, kann natürlich das Christentum von vornherein nur als Ideologie empfunden werden, wobei es dann letztlich gleichgültig ist, aus welchen Gründen heraus man das Entstehen dieser Ideologie erklärt: ob als Opium für das Volk, als Produkt einer bestimmten gesellschaftlichen Verfassung, als utopische Überhöhung des menschlichen Daseins, als Effekt eines unstillbaren aber nur Ideologien erzeugenden Wunsches nach einer umfassenden Sinndeutung des Daseins.

Ein weiterer Grund für die Interpretation des Christentums als Ideologie ist in der geschichtlichen Tatsache gegeben, dass das Christentum tatsächlich oft missbraucht wurde – und zwar manchmal in revolutionärer, meistens aber konservativer und reaktionärer Weise – zur Rechtfertigung eines gesellschaftlichen, wirtschaftlichen, politischen, kulturellen, wissenschaftlichen Zustandes, der keine bleibende Gültigkeit beanspruchen kann. Wo solcher, allerdings oft nur schwer vermeidbarer und faktisch meist nur in einem langsamen geschichtlichen Prozess überwindbarer Missbrauch mit dem Christentum getrieben wird, verwandelt sich allerdings das Christentum in eine Ideologie, und nicht selten ist eine solche konservative Ideologie im Namen des Christentums mit Recht als Ideologie bekämpft worden. Wenn das wirkliche Christentum selbst in diesem Kampf zu leiden hatte, dann war dies die Schuld oder das tragische Unglück, das die Repräsentanten des Christentums und der Kirche heraufbeschworen haben, indem sie selbst Anlass gaben, das Christentum als eine zu überwindende Ideologie misszuverstehen.

Die noch größere und subtilere Gefahr, das Christentum als Ideologie misszuverstehen, ist aber in der Notwendigkeit gelegen, das eigentliche Wesen des Christentums, das unbegreifliche Geheimnis des weltüberlegenen Gottes und seines Heiles in absoluter, vergebender Selbstmitteilung kategorial, geschichtlich, institutionell, sakramental, rechtlich objektivieren zu müssen im menschlichen Wort der Offenbarung, in sakramentalen Zeichen, in gesellschaftlicher Verfasstheit der Glaubenden. Eine solche kategoriale Objektivation der eigentlichen göttlichen Selbstmitteilung Gottes, die den Menschen von seinem transzendentalen Ursprung her erfasst, ist notwendig, weil der Mensch sein ursprüngliches Wesen und seine ewige Bestimmung notwendig als geschichtliches Wesen in Geschichte von Raum und Zeit treibt und treiben muss und sein eigenes Wesen nicht in einer bloßen innerlichen Inwendigkeit, in Mystik, in bloßer Abkehr von seinem geschichtlichen Dasein finden kann. Diese Objektivationen sind notwendig, sind der Leib, in dem der Geist sich selber vollzieht und findet; sie verbergen aber auch notwendig das eigentlich Gemeinte des Christentums, machen es zweideutig, dem Missbrauch und der Verengung ausgesetzt und geben sodann als Ideologisierung der Immanenz gerade bei dezidierten Christen Versuchung und Anlass sowohl zu der Ideologie der Transmanenz wie der Ideologie der Transzendenz, die dann beide mit dem eigentlichen Wesen des Christentums verwechselt werden und so das Christentum selbst dem Vorwurf aussetzen, es sei selbst eine bloße Ideologie.

Ein weiterer Grund für die Gefahr, das Christentum als eine Ideologie zu betrachten, liegt in dem heutigen weltanschaulichen Pluralismus beschlossen, der ja auch wiederum eine Ursache für jenen skeptischen Relativismus bildet, den wir als ersten Grund für die Verwechslung von Christentum und Ideologie genannt haben. Wenn der Mensch von heute von der Naturwissenschaft her an sich die Allgemeingültigkeit einer wirklichen Wahrheit für alle Menschen als selbstverständliches Ideal und Norm voraussetzt, wenn er in seinem demokratischen Grundempfinden grundsätzlich jedem anderen Menschen gleichviel Intelligenz und guten Willen zuzubilligen geneigt ist wie sich selbst, dann muss er unvermeidlich darüber erstaunt und beunruhigt sein, dass die Menschen hinsichtlich der Weltanschauung, hinsichtlich einer umfassenden Sinndeutung des Daseins so völlig uneins sind. Er ist dann in Gefahr, aus dieser Tatsache den Kurzschluss zu ziehen, alle Erkenntnis, die über den Umkreis naturwissenschaftlich-exakter, allgemein anerkannter Erkenntnisse hinausgeht, sei unverbindliches Gedankengespinst, dem höchstens eine subjektive Bedeutung zukommen könne, und er wird dann versucht sein, das Christentum ebenfalls, weil ihm ja ebenso widersprochen wird, in die Reihe solcher subjektiven Weltanschauungsdichtungen in dem Kreis der Ideologien einzuräumen und ihm höchstens eine größere subjektive Affinität für uns selber einzuräumen.

III.

Sind damit wohl die Gründe für die Einschätzung des Christentums als Ideologie in groben Umrissen genannt, so kommen wir nun zum dritten Gang unserer Überlegungen, zur zentralen Frage, warum das Christentum keine Ideologie ist. Eine adäquate Beantwortung dieser Frage fiele natürlich mit dem Aufweis zusammen, dass das Christentum mit Recht den Anspruch erhebt, die Wahrheit über das Ganze der Wirklichkeit auszusagen, die absolute Religion zu sein oder (wenn man hier das Wort Religion scheut), das zu erfüllen, was menschliche Religion von sich aus vergebens sucht. Es ist selbstverständlich, dass hier ein solcher Aufweis nicht geboten werden kann. Es müsste zu viel gefragt und gesagt werden. Es müsste davon die Rede sein, was in einem solchen Zusammenhang Wahrheit und absolute Gültigkeit überhaupt bedeutet; es müsste gefragt werden, wie der Mensch überhaupt einen Zugang zu Gott und seinem Offenbarungswort finde, wie sich die christliche Botschaft als wirksames Wort Gottes vor dem Wahrheitsgewissen des Menschen ausweise, was dann eigentlich in dieser Botschaft wirklich ausgesagt werde und was nicht, was an dieser Botschaft Vorstellung, Symbol und Chiffre, was gemeinter Inhalt, Wirklichkeit und Wahrheit sei. Es ist klar, dass diese und viele andere notwendig zu stellenden Fragen hier nicht gestellt und beantwortet werden können. Es kann sich hier nur darum handeln, einige Momente am Christentum bzw. an den Ideologien herauszuheben, die das Christentum gerade von dem unterschieden sein lassen, was an einem irrigen System gerade durch das Wort »Ideologie« besonders gekennzeichnet und hervorgehoben wird. Alles Folgende also steht unter diesem einschränkenden Vorbehalt.

Zunächst einmal kann man das Christentum nicht darum schon als eine Ideologie verdächtigen, weil es Aussagen absoluter Art mit dem Anspruch von Wahrheit in einem ganz einfachen und schlichten Sinn dieses Wortes macht, d. h. weil es Aussagen macht, die »metaphysisch« genannt werden können, da sie einerseits mit einem absoluten Wahrheitsanspruch ausgesagt werden, andererseits nicht unmittelbar im Umkreis der naturwissenschaftlichen Empirie als gültig ausgewiesen werden können. Wer jedwede »Metaphysik« für falsch oder unbeweisbar hält, der kann selbstverständlich auch das authentische Christentum, so wie es sich selbst versteht, nur für eine Ideologie halten und vielleicht dann noch nachträglich in einem existenziellen Irrationalismus darauf reflektieren, warum dieses Christentum dennoch eine wesentliche Bedeutung für sein Leben haben kann und soll, wobei dann freilich übersehen wird, dass eine solche Reflexion auf eine irrationale Setzung und Ideologisierung des Lebens nochmals eine Metaphysik, wenn auch eine schlechte, impliziert. Mit dem Gesagten ist natürlich nicht gemeint, dass Glaubenserkenntnis und philosophische Metaphysik in ihren Grundstrukturen dasselbe seien und sich bloß hinsichtlich der ausgesagten Gegenstände unterscheiden. Aber hinsichtlich der eben genannten Eigentümlichkeiten des Wahrheitsanspruches kommen doch die christliche Glaubensaussage und die Metaphysik überein, sodass, wo die Möglichkeit einer metaphysischen Aussage grundsätzlich und von vornherein bestritten wird, auch dem Christentum nur noch der Rang einer subjektiven Ideologie zuerkannt werden kann, weil ja überhaupt nicht ein Subjekt existiert, von dem ein solcher absoluter Wahrheitsanspruch angemeldet und dem dieser Anspruch zugesprochen werden könnte, sondern nur vereinzelte Menschen, die sich ihr Dasein durch eine Begriffsdichtung etwas erträglicher und erhabener zu machen suchen. Darum ist hier doch zur Abwehr des Vorwurfes, das Christentum sei eine Ideologie, zuerst einmal zu betonen, dass Metaphysik nicht von vornherein und in jedem Fall als Ideologie verdächtigt werden darf. Das zeigt sich schon daran, dass der Satz, jede Metaphysik sei eine im Letzten unverbindliche Ideologie, selber wieder ein metaphysischer Satz ist, ob er in theoretischer Allgemeinverbindlichkeit reflex ausgesagt wird oder im Versuch impliziert ist, das Leben metaphysikfrei zu leben (in einer absoluten skeptischen »epochè« von einem Überschreiten der unmittelbaren brutalen Lebenserfahrung und der naturwissenschaftlichen Erkenntnis). Relativismus und Skeptizismus sind, ob theoretisch formuliert oder untheoretisch im Leben versucht, metaphysische Entscheidungen. Metaphysik ist unausweichlich mit dem Dasein des Menschen gegeben. Der Mensch interpretiert seine Erfahrung immer schon von einem ihr vorausgehenden, sie umfassenden Horizont apriorischer Vorentscheidungen her. Wirkliche und echte Metaphysik besteht aber gerade und eigentlich nur in der Reflexion auf jene transzendentalen, unweigerlich gegebenen, ihr Licht und ihre Sicherheit in sich selbst tragenden Implikationen, die in jedem geistigen und freien Vollzug des Daseins notwendig mitgesetzt sind. Insofern Metaphysik als reflexe Erkenntnis diese Implikationen nicht erstmals herbeischafft, sondern auf die immer schon gegebenen nur reflektiert und sie thematisch macht, also die Thematisierung einer transzendentalen Erfahrung ist (die als unthematischer

Grund jeder empirischen Erfahrung und Wahrheitserkenntnis diese grundsätzlich an Einsichtigkeit und Sicherheit übersteigt), kann ebendiese Metaphysik die Unabgeschlossenheit und Unvollkommenheit ihrer Reflexion, die Notwendigkeit, sie immer aufs neue zu beginnen, unbefangen zugestehen und dennoch zuversichtlich sagen, dass das von ihr Gemeinte, die transzendentale Erfahrung selbst, auch dort noch Gemeingut der der Wahrheit offenen Menschen ist und sich als solches auch noch in der Pluralität der metaphysischen Systeme zeigt, wo diese Systeme sich für den oberflächlichen Blick des Menschen und auch des Philosophiehistorikers schlechter Art als bloß widersprüchlich zeigen und so den Eindruck bloßer Begriffsdichtung und subjektiver Willkür machen. Nur wer schlechterdings überhaupt schweigen und sich einer Erkenntnis enthalten könnte, d. h. in einer bloß tierischen Unmittelbarkeit zu seinem biologischen Dasein leben könnte und also nicht einmal von dieser seiner metaphysischen »epochè« etwas wüsste, sie also überhaupt nicht vollziehen würde, wäre wirklich metaphysikfrei; und er könnte dem Anspruch ausweichen, ein Wesen der absoluten Wahrheit zu sein. Wenn es aber grundsätzlich wenigstens Metaphysik geben kann, die nicht von vornherein als Ideologie abgetan werden darf, dann kann erst recht das Christentum nicht einfach darum schon als Ideologie abgelehnt werden, weil der Horizont seiner Glaubensaussagen nicht mit dem der primitiven gegenständlichen Alltagserfahrung und der empirischen Naturwissenschaften zusammenfällt. Die Tatsache eines weltanschaulichen Pluralismus kann kein legitimer Grund dafür sein, jede Weltanschauung (soweit man unter dieses Wort auch Metaphysik und christliche Glaubenslehre subsumieren will) als Ideologie abzutun. Denn ebendiese Haltung würde ja selbst über die Gegenstände der empirischen Einzelerfahrung und deren funktionale Zusammenhänge hinübergreifen, würde die Erfahrung als ganze, die als solche kein Gegenstand der Erfahrung ist, zum Gegenstand einer Aussage machen, die dann per definitionem selbst eine Ideologie wäre. Das richtige Verhältnis zu dem weltanschaulichen und metaphysischen Pluralismus kann nicht in einer pauschalen Verdächtigung alles Weltanschaulichen als Mythologie bestehen, sondern nur in einer Haltung, die einerseits vorsichtig kritisch prüft, sich weiterer Erkenntnis und Modifikation der bisherigen Erkenntnis offen hält, bescheiden ist, die gemeinsame transzendentale Erfahrung in allen sich anbietenden »Systemen« zu entdecken sucht, aber auch anderseits den Mut hat, sich zu entscheiden, sich zu bekennen mit der gelassenen Sicherheit, dass auch in einer geschichtlich bedingten, endlichen, unvollkommenen, nach vorne jeweils offenen Aussage schon immer die absolute Wahrheit erreicht wird, wenn diese auch im Letzten jenes unaussprechliche heilige Geheimnis bleibt, das in kein ihm übergeordnetes und von uns verfügtes System mehr eingeordnet werden kann. Wann und wo sich die Metaphysik im Letzten als jene rationale oder besser geistige Einweisung in die Haltung der Offenheit gegenüber dem absoluten Geheimnis versteht, das im Grunde unseres geistigen und frei verantwortenden Daseins immer west (aber gerade darum nicht gleichgültig für den Menschen auf sich beruhen darf), verliert die Metaphysik auch konfrontiert zum weltanschaulichen Pluralismus unserer Existenz den Schein, nur ideologische Dichtung zu sein. Durch diesen weltanschaulichen Pluralismus wird in Wahrheit nur die rationalistische Anmaßung einer falschen Metaphysik zerstört, der Mensch ergreife in ihr die Totalität der Wirklichkeit bis zu ihrem letzten Grund und verwalte sie in seinem eigenen System, anstatt im Leben und in der Reflexion auf seine Implikation verstummend von dem Grund der Ganzheit der Wirklichkeit ergriffen zu werden.

Von hier aus zeigt sich nun unter einem weiteren Aspekt, dass das Christentum keine Ideologie ist. Wir haben schon gesagt, dass der Grund aller metaphysisch gültigen Wahrheitserkenntnis die transzendentale Erfahrung sei, durch die der Mensch im Voraus zur gegenständlichen Einzelerfahrung immer schon verwiesen ist auf die unumfassbare Ganzheit und Wirklichkeit und hinein in ihren Grund: jenes immer schon anwesende und den Menschen in die Abständigkeit seiner Endlichkeit und Schuld versetzende heilige Geheimnis, das wir Gott nennen. Diese in Erkenntnis und verantwortlicher Freiheit gegebene transzendentale Erfahrung, die unthematisch auch Grund, Bedingung der Möglichkeit und Horizont der Alltagserfahrung ist, ist nun der eigentliche und erste »Ort« für die Wirklichkeit des Christentums, unbeschadet seiner Geschichtlichkeit und Geschichte, von der später noch die Rede sein muss. Weil diese Erfahrung der Transzendenz als Einweisung in das absolute heilige Geheimnis, das nicht mehr ergriffen wird, sondern ergreift, in ihrer transzendentalen Notwendigkeit jede Ideologie transzendiert, insofern diese eine bestimmte innerweltliche Erfahrungsregion verabsolutiert und weil das Christentum anderseits in seiner Wirklichkeit gerade diese adäquate transzendentale Erfahrung bedeutet (sofern diese nur nicht verkürzt wird) und in seiner Lehre die richtige Interpretation dieser transzendentalen Erfahrung darstellt, so wie diese wirklich in ihrem eigenen unverkürzten Wesen sich vollzieht: *darum* kann das Christentum keine Ideologie sein. Wenn die Wirklichkeit des Christentums das ist, was man christlich mit »Gnade« zu bezeichnen pflegt, wenn Gnade Selbstmitteilung Gottes an die endliche Kreatur, Unmittelbarkeit zu Gott, Dynamik auf die Teilnahme am Leben Gottes als des über alle endliche und sterbliche Kreatur Erhabenen ist, wenn Gnade bedeutet, dass der Mensch trotz Endlichkeit und Schuld über alle weltlichen Mächte und Gewalten auch dort noch erhaben ist, wo er sie erleidet und ausleidet, wenn diese Gnade wegen des allgemeinen Heilswillens Gottes allen Menschen gegenüber immer angeboten und in allem wirksam ist (selbst dort noch, wo der Mensch sich ihr in freier Schuld verschließt), dann heißt dies doch alles zusammen, dass der Mensch im Grunde seines personalen Wesens der von Gott selbst Getragene und auf die Unmittelbarkeit zu Gott hin Getriebene ist. Darum heißt dies doch, dass das, was wir Gnade nennen, die eigentliche Wahrheit und von Gott frei geschenkte Eigentlichkeit der transzendentalen Erfahrung der Offenheit des personalen Geistes auf Gott hin ist. Wenn Christentum in seinem eigentlichen Wesen Gnade sagt, Gnade aber die innerste Möglichkeit und Wirklichkeit des Empfanges der Selbstmitteilung Gottes im Grunde des Daseins ist, dann ist Christentum nichts als das Eigentlichste der transzendentalen Erfahrung, die Erfahrung der absoluten und vergebenden Nähe Gottes selbst als desjenigen der von aller innerweltlichen Wirklichkeit unterschieden, über sie erhaben ist und gerade so (auch, ja erst in dieser absoluten Nähe) das heilige, anzubetende Geheimnis bleibt. Ist dies aber das eigentliche Wesen des Christentums, dann ist jede Ideologie schon überschritten. Denn jede Ideologie will es mit dem Angebbaren der innerweltlichen Erfahrung zu tun haben – ob dieses Angebbare nun Blut und Boden, Gesellschaftlichkeit, rationale Technisierung und Manipulierung, Lebensgenuss oder die Erfahrung der eigenen Lehre und Absurdität oder was immer sein mag –, und setzt dieses als die Grundbestimmung menschlichen Daseins. Das Christentum erklärt diese Mächte und Gewalten, die Herren des unerlösten Daseins, nicht nur theoretisch als letztlich nichtige Götzen, die nicht unsere Herren sein dürfen, sondern erklärt, dass der Mensch im Grunde seines Daseins diese Mächte und Gewalten in der Gnade schon immer überwunden hat und dass es nur darauf ankommt, ob er diese seine transzendentale Eröffnetheit auf die Unmittelbarkeit zum Gott des ewigen Lebens durch die Gnade in seiner Freiheitstat bejaht, die noch einmal selbst aus der Kraft dieser Gnade stammt. Weil also der Grundvollzug des Christentums in der Mitte der Transzendentalität des Menschen ansetzt, die eine innerweltliche Ideologie schon immer übersteigt – wenn auch nur oder vielmehr gerade deswegen, weil sie eine Transzendenz auf das absolute Geheimnis Gottes als der absoluten und vergebenden Nähe ist –, ist das Christentum von vornherein keine Ideologie. Wenigstens keine Ideologie der Immanenz. Diese Transzendenz aber ist nicht eine äußerlich und zusätzlich dem Bereich des innerweltlichen Lebens des Menschen angestückte Dimension, sondern Grund und Bedingung der Möglichkeit seines innerweltlichen personalen Daseins und kann darum nicht als nachträgliche und für den Vollzug dieses innerweltlichen Daseins überflüssige Ideologisierung der menschlichen Existenz betrachtet werden.

Das Christentum ist aber gleichzeitig wesentlich Geschichte, Hinwendung des Menschen zu raumzeitlich fixierten Ereignissen der menschlichen Geschichte als Heilsereignissen, die in dem absoluten Heilsereignis Jesus Christus ihren unüberbietbaren Höhepunkt, ihre Mitte und ihr geschichtliches Maß haben. Diese Geschichte gehört selbst zum Wesen des Christentums, sie ist nicht nur beliebige und austauschbare Anregung jener transzendentalen Gnadenerfahrung der absoluten und vergebenden Nähe des heiligen Geheimnisses als der Überwindung aller innerweltlichen Mächte und Gewalten. Und deshalb erscheint das Christentum auch deutlich als Nein zu jeder Ideologie der Transmanenz und Transzendenz. (Um nicht missverstanden zu werden: nicht als Aufhebung der Transzendenz, sondern als Aufhebung der Ideologisierung der Transzendenz in eine bloße leere Formalisierung der echten Transzendenz.) Soll dies aber denkbar sein, dann ist ein Doppeltes zu verstehen. Einmal muss der *innere* Zusammenhang zwischen der echten und unüberholbaren Geschichtlichkeit des Christentums in seiner Hinwendung zu Geschichte als wirklichem Heilsereignis und dem transzendentalen Wesen des Christentums als gnadenhafter Eröffnetheit auf den absoluten Gott deutlich gemacht werden, es muss also gezeigt werden, dass echte Transzendentalität und echte Geschichtlichkeit sich gegenseitig bedingen und der Mensch durch seine Transzendentalität selbst an wirkliche Geschichte verwiesen ist, die er in apriorischer Reflexion nicht »aufheben« kann. Und zum anderen ist zu verstehen, dass mit der echten Auferlegtheit wirklicher Geschichte der Mensch auch in seinem *profanen* Dasein zu wirklichem Ernstnehmen, zu eigentlichem Engagement gegenüber dem Geschichtlichen ermächtigt und verpflichtet ist auch dort noch, wo er die Kontingenz und somit die Relativität dieses Geschichtlichen erkennt und leidend erfährt. Was die erste Frage angeht, so ist zunächst zu sagen, dass die richtig verstandene Geschichte des Menschen nicht das einfach Zufällige ist, das dem Menschen zusätzlich zu seiner Existenz als dem Wesen der Transzendenz auferlegt ist, sondern dass sie die Geschichte eben gerade seines transzendentalen Wesens als eines solchen ist. Der Mensch treibt sein Wesen als Verwiesenheit auf Gott nicht in einer blassen, etwa mystischen Innerlichkeit in irgendeiner der Geschichte entfliehenden Versenkung, sondern genau in der individuellen und kollektiven Geschichte ebendieses seines Wesens. Darum kann Christentum durchaus die gnadenhafte Verfasstheit des transzendentalen Wesens des Menschen sein und dennoch in Wahrheit Geschichte sein, in der dieses Wesen sich vollzieht und in raumzeitlicher Gegenständlichkeit dem Menschen selber begegnet. Darum gibt es in Wahrheit Heilsgeschichte menschlichen Worts, in dem sich das Wort Gottes selber gibt, Kirche als Heilsgemeinde und Sakrament, wenn auch alle diese geschichtlichen Objektivationen der von Gottes Gnade eröffneten absoluten Wesenstiefe des Menschen ihr eigenes Wesen nur dort haben und bewahren, wo alle diese geschichtlichen Erscheinungen als das erscheinen, was sie sind: als Vermittlung und Zeichen auf die Unbegreiflichkeit Gottes hin, der sich durch sie in aller Wahrheit und Wirklichkeit dem Menschen zu absoluter und vergebender Unmittelbarkeit vermittelt. Wenn und so lange aber diese geschichtlichen Vermittlungen wirklich solche zur Gegenwart und Annahme Gottes als des Geheimnisses sind, diese also ihre Relationalität bewahren, sich aber so auch als in diesem Äon (vor der unmittelbaren Anschauung Gottes) unüberholbar sich für den geschichtlich wesenden Menschen erzeigen, gehören Geschichte und Transzendenz im Christentum derart zusammen, dass aus ihm weder eine Ideologie der Immanenz, d.h. der Vergötzung innerweltlicher Mächte, noch eine Ideologie der Transmanenz und Transzendenz, d.h. der Vergötzung der gnadenhaften Transzendentalität des Menschen in einer leeren, formalen Abstraktheit, wird. Dazu ist noch ein Doppeltes zu bemerken. Einmal: Diese Geschichtlichkeit des Menschen als Vermittlung zu seinem transzendentalen, gnadenhaft erhobenen Wesen erreicht ihren unüberbietbaren Höhepunkt in Jesus Christus, dem Gottmenschen. In ihm sind die Selbstzusage Gottes an die Welt, deren geschichtliche Vermittlung und deren Annahme durch den Menschen unvermischt und ungetrennt absolut eines geworden, sodass hier die geschichtlich nicht mehr überholbare eschatologische Vermittlung Gottes zu Ihm selbst durch die Geschichte der Gnade in der Welt gegeben ist, ohne dass darum gewissermaßen monophysitisch die geschichtliche Vermittlung Gottes und Er selbst einfach identifiziert werden dürften. Vielmehr kann und muss der Mensch diese Vermittlung durch Unmittelbarkeit Gottes als die unersetzbar bleibende annehmen, indem er sie in seiner eigenen gnadenhaften Transzendentalität als geschichtlich verfügt und freikontingent in Demut annimmt. Die Bezogenheit des Menschen auf diese geschichtliche Vermittlung seiner eigenen, im Wesensgrund ansetzenden Gnade, geschieht nur nicht bloß und nicht in erster Linie durch ein theoretisches, historisches Wissen um diese geschichtlichen Heilsereignisse, welches Wissen darum als ideologisch verdächtigt werden könnte, sondern ist in einer unmittelbaren, realistischen, jede bloß theoretische Kenntnisnahme sprengenden Weise gegeben: durch die lebendige Einheit der Heilsgeschichte, durch Kirche (die mehr ist als die nachträgliche Summe derer, die theologisch übereinstimmen), durch Sakrament und Kult, durch das, was wir Anamnese, Tradition usw. nennen. Weil der Mensch zum geschichtlichen Heilsereignis vermittelt ist und diese Vermittlung nicht bloß auf dem Wege theoretischer Kenntnisnahme geschieht, weil er diese Vermittlung als das Ereignis seines eigenen transzendentalen gnadenhaften Wesens erfährt, ist er schon immer über die drei genannten grundsätzlichen Gestalten der Ideologie hinausgeraten.

Das andere, was zu sagen ist, ist dies: Die notwendige geschichtliche Vermittlung der transzendental ansetzenden Gnade macht den Christen auch darauf aufmerksam, dass er auch sonst seine »profane« Geschichte absolut ernst nehmen kann und muss. Nicht dadurch, dass er sie ideologisierend verabsolutiert, sondern dadurch, dass er sie erfährt als die Konkretheit des Willens Gottes, der sie in Freiheit setzt und dadurch sowohl von sich als das Bedingte und geschichtlich Kontingente absetzt als auch ihr den Ernst der Situation verleiht, in der ein ewiges Geschick vor Gott entschieden wird. Was sich daraus ergibt für ein ideologiefreies Ernstnehmen der Geschichte, wird später noch zu erwähnen sein.

Ein Letztes ist zu betonen gegen die These, das Christentum sei eine Ideologie. Ideologien schließen sich in ihrer Lehre und Absicht gegenseitig aus und sind nichts als das, wodurch sie sich gegenseitig verneinen und bekämpfen, da ja das faktisch ihnen Gemeinsame gewissermaßen trotz der ideologischen Theorie und nicht wegen ihr besteht. Das Christentum aber kennt als ein Stück seiner Lehre das, was wir kurz als »anonymes Christentum« bezeichnen wollen. Es beschränkt das, was seine eigenste Wirklichkeit ausmacht, die vergebende und vergöttlichende Gnade, nicht auf den Umkreis derer, die sich ausdrücklich zur reflexen und geschichtlichen, lehrhaften Objektivation dieser überall wirkenden Gnade Gottes, also zur ausdrücklichen christlichen Lehre und zu deren Träger, der Kirche, bekennen. Es schließt also im Blick auf den allgemeinen Heilswillen Gottes und die Möglichkeit einer Rechtfertigung vor dem Sakrament die lehrhaften Gegner seiner selbst in seine eigene Wirklichkeit ein und kann sie somit gar nicht im selben Sinne als Gegner betrachten, wie die Ideologien es tun und tun müssen. Diese mögen zwar bei einiger Toleranz (die mit dem Wesen einer Ideologie nicht ganz vereinbar ist) die Gegner noch akzeptieren, insofern sie Menschen sind oder sonst noch irgendeine neutrale Basis mit ihnen gemeinsam haben. Aber dass das eigentlich Gemeinte, das Spezifische der eigenen Position dem Gegner auf der Ebene der theoretischen Reflexion und gesellschaftlichen Verfassung dennoch tiefer zuerkannt werden könne und dürfe, das kann keine Ideologie zugestehen, weil sie außerhalb ihrer selbst kein Drittes anerkennen kann, das diese Gemeinsamkeit der Wirklichkeit vor und hinter der Differenz ihrer reflexen Ausdrücklichkeit herstellen könnte. Die Ideologie kann nie größer sein als sie selbst, während das Christentum gerade insofern mehr ist als es selbst, als es die Bewegung ist, in der sich der Mensch an das unverfügbare Geheimnis abgibt und im Blick auf Jesus Christus weiß, dass diese Bewegung die bergende Nähe dieses Geheimnisses findet.

IV.

Es seien an diese grundsätzliche Überlegung, warum das Christentum keine Ideologie ist, noch einige Folgerungen aus unserer Grundthese angefügt.

Das Christentum ist keine Ideologie. Aus seinem Wesen und der reflexen Lehre über diese seine eigene Wirklichkeit ergeben sich zwar allgemeine Normen über das Gott gemäße Tun des Menschen auch in der Sphäre der profanen Welt, Normen, die letztlich darauf hinauslaufen, die Offenheit des Menschen auf den Gott absoluter und vergebender Nähe je neu aufzudecken, und zwar in allen Dimensionen des menschlichen Daseins, also den Glauben nicht auf eine partikuläre Daseinsdimension des Menschen zu begrenzen, sondern ihn zum inneren Formgesetz des ganzen Lebens zu machen. Aber diese allgemeinen Normen, insofern sie in der Botschaft des Christentums enthalten und in der Kirche von ihrem Lehramt verkündigt werden, lassen den Raum für situationsbedingte geschichtliche Imperative und Programme frei. Daraus ergibt sich ein Doppeltes. Einerseits kann die Kirche als solche nicht unmittelbar und gewissermaßen amtlich Träger solcher konkreten Imperative solcher konkreten, geschichte-bildenden Leitbilder werden, sie kann dem Christen in seiner individuellen und kollektiven Geschichte nicht konkret sagen, was er hier und jetzt genau zu tun habe, sie kann ihm die Last der wagenden geschichtlichen Entscheidung und ihres eventuellen Scheiterns nicht abnehmen und ihn nicht davor bewahren, dass die Geschichte immer wieder in Auswegslosigkeiten hineingerät. Sie muss sich also weigern, eine Ideologie zu werden, wenn man darunter ein geschichtliches Leitbild versteht, das sich glaubt absolut setzen zu müssen, um wirklich eine geschichtliche Durchschlagskraft zu haben. Die Weigerung der Kirche, in diesem Sinne Ideologie zu werden, bedeutet anderseits aber nicht, dass der Christ als solcher in seiner individuellen und kollektiven Entscheidung keine Verpflichtung habe, sich auch aus christlicher Verantwortung heraus hic et nunc zu einem bestimmten konkreten Imperative zu entschließen, also die Last und das Wagnis eines solchen konkreten Imperativs für sein Handeln auf sich zu nehmen. Wenn sein transzendental christliches Wesen sich eben selber in seiner Geschichte realisiert und zwar in allen ihren Dimensionen, dann ist damit Notwendigkeit und Pflicht der Findung konkreter Imperative des geschichtlichen Handelns aus der Mitte des christlichen Daseins heraus gegeben, auch wenn die Kirche *als solche* sie ihm nicht liefern kann. Der Christ nimmt diese christliche Verantwortung für die konkrete Entscheidung in seiner geschichtlichen Situation an, nimmt diese ernst als Gehorsam gegenüber dem absolut verpflichtenden Willen des lebendigen Gottes und ideologisiert diese Entscheidung dennoch nicht, weil er, ohne sie quietistisch oder skeptisch zu relativisieren, seine Entscheidung immer wieder hineinbirgt in die Verfügung des unverfügbaren Herrn der Geschichte, in dessen Gnade Erfolg und Scheitern dieser Entscheidung geborgen und heilshaft werden können und der andern Zeiten andere, seinem Willen gemäße Entscheidungen zumuten und ermöglichen kann.

Wenn das Christentum keine Ideologie ist, wenn also die Imperative und konkreten Entscheidungen zu innerweltlichen Taten und Haltungen, die die Christen haben dürfen und müssen, nicht ideologisiert werden dürfen, dann ist unter den Christen Toleranz notwendig und ist ein Ausdruck der notwendigen Vermeidung partikulärer Ideologien in der Kirche. Solche Toleranz ist darum notwendig, weil nicht zu erwarten ist, dass diese Wahl konkreter Imperative, diese Deutung der geschichtlichen Stunde und die Entscheidung zu einem bestimmten Weg der Geschichte bei allen Christen gleich ausfällt. Der Kampf zwischen solchen verschiedenen Entscheidungen wird gar nicht vermeidbar sein, auch nicht unter Christen: Er lässt sich durch eine rein theoretische Auseinandersetzung gar nicht vermeiden, weil eine solche voraussetzen würde, dass grundsätzlich die konkreten Imperative für hier und jetzt eindeutig aus den allgemeinen Prinzipien und einer rein statischen, neutralen Analyse der jeweiligen Situation abgeleitet werden könnten. Das aber wäre ein rationalistischer Irrtum, da jede Entscheidung zur konkreten Tat der apriorischen Wesenseinsicht ein unzurückführbares Moment hinzufügt, nämlich die Wahl der konkreten Existenz unter vielen möglichen, gerade weil ein Kampf, d. h. die reale Konkurrenz zwischen gegensätzlichen Realisationstendenzen jenseits der Ebene des rein Theoretischen, nicht vermeidbar ist, ist das, was mit Toleranz gemeint ist, unter Christen und in der Kirche notwendig: das Verständnis für die Position des anderen, Fairness im Kampf (auch dort, wo er ernsthaft geführt wird), jene seltsame Einheit von Entschiedenheit, mit der für die eigene Position gekämpft wird, und Bereitschaft, sich besiegen zu lassen und im Ganzen der sich anders entscheidenden Kirche zu verbleiben. – Von dem her, was vorhin über das anonyme Christentum als Nein gegen ein Verständnis des Christentums als Ideologie gesagt wurde, ergibt sich dann eine ähnliche Haltung positiver Toleranz gegenüber dem Nichtchristen, eine Toleranz, die Festigkeit und den missionarischen Eifer des Glaubens unterscheidet von dem Fanatismus, der einer Ideologie eigentümlich ist und sein muss, weil nur durch einen solchen Fanatismus die Ideologie in ihrer Begrenztheit sich absichern kann gegen die größere Wirklichkeit, die die Ideologie umgibt, während das Christentum von seinem Wesen her geheißen ist, sich selbst im Andern zu suchen und darauf zu vertrauen, dass es im Andern noch einmal sich selbst und seiner größeren Fülle begegnet.

Natürlich muss das Christentum sich immer wieder vor der Gefahr hüten, sich ideologisch selbst misszuverstehen. Ganz gleich ob dies in einer Ideologie der Transmanenz oder einer der Transzendenz geschieht, oder ob eine partikuläre, an sich für eine bestimmte Zeitsituation durchaus richtige Haltung und Entscheidung, die in dieser Zeit praktisch von der ganzen Christenheit angenommen wird, ideologisch verabsolutiert und zu einer partikulären Ideologie reaktionärer Art verhärtet wird. Vor solchen Gefahren ist die Christenheit nicht von vornherein bewahrt und kann auch nicht sagen, dass sie ihr nie und nirgends verfallen gewesen wäre. Alles bloß Doktrinäre und Institutionelle als solches bietet für sich allein keine Garantie gegen solche ideologische Verhärtung, zumal man den Protest gegen sie auch noch einmal zur leeren Ideologie verabsolutieren kann. Der Christ hat nur das Vertrauen, dass die reine, unverfügbare Gnade Gottes diese Gefahr der Ideologisierung des Christentums immer wieder verhindert. Die Christen mögen uneins sein in der Frage, wo diese siegreiche Gnade Gottes bei seiner Kirche konkret ansetzt und was zu dem gehört, was diese Gnade in seiner Kirche sowohl bewahrt wie vor ideologischer Verabsolutierung rettet. Aber im Vertrauen auf diese Gnade selbst sind sich die Christen einig. Gnade ist immer auch die Gnade der Bewahrung vor Ideologie, die ja im Letzten nichts anderes ist als die Absolutsetzung des Menschen durch sich selbst.

Nachweis

Karl Rahner, »Ideologie und Christentum«, aus: Ders., Verantwortung der Theologie. Im Dialog mit Naturwissenschaften und Gesellschaftstheorie. Aus der Reihe: Karl Rahner – Sämtliche Werke Bd. 15 © Verlag Herder GmbH, Freiburg i. Br. 2002, S. 395–408.

Johann Baptist Metz

Das Problem einer »politischen Theologie« und die Bestimmung der Kirche als Institution gesellschaftskritischer Freiheit

1968

I. Das Problem einer »Politischen Theologie«

»Politische Theologie« – der Begriff ist mehrdeutig und darum nicht unmissverständlich. Er ist zudem historisch belastet. Da ich mir im Rahmen unserer kurzen Überlegungen eine geschichtliche Klärung des Begriffs versagen muss, kann ich nur bitten, die Rede von der politischen Theologie so zu verstehen, wie ich sie im Folgenden gebrauche und im Gebrauch zu erläutern suche. Ich verstehe politische Theologie einmal als kritisches Korrektiv gegenüber einer extremen Privatisierungstendenz gegenwärtiger Theologie. Ich verstehe sie gleichzeitig positiv als Versuch, die eschatologische Botschaft unter den Bedingungen unserer gegenwärtigen Gesellschaft zu formulieren.

1. Die kritische Funktion innerhalb der Theologie

Um die Funktion der politischen Theologie als *kritisches Korrektiv* innerhalb der gegenwärtigen Theologie zu erläutern, beginne ich mit einer kurzen *historischen Reflexion*.

a) Historischer Ausgangspunkt

Schon im Bewusstsein der frühen Aufklärung in Frankreich zerbricht die selbstverständliche Einheit und Zuordnung von Religion und Gesellschaft, von religiöser und gesellschaftlicher Existenz. Die christliche Religion erscheint im Verhältnis zu ihrer gesellschaftlichen Mitwelt erstmals als partikular. Der Universalitätsanspruch erweist sich dadurch als geschichtlich bedingt. An diese Problemsituation knüpft die Religionskritik der Aufklärung und später die des Marxismus unmittelbar an; diese Kritik nimmt von Anfang an jene Gestalt an, die sie his heute trägt:

Sie ist Religionskritik als Ideologiekritik, d. h. sie sucht Religion zu entlarven als Funktion, als ideologischen Überbau über bestimmte gesellschaftliche Praxen und Machtverhältnisse. Sie sucht unter dem Stichwort des falschen Bewusstseins das religiöse Subjekt zu dechiffrieren als die ihrer selbst nicht oder noch nicht bewusste Gesellschaft. Eine Theologie, die dieser Kritik zu antworten sucht, muss notwendig die gesellschaftlich-politischen Implikationen ihrer Vorstellungen und Begriffe mitentfalten. An einer solchen Gestalt der theologischen Verantwortung scheitert aber – so muss ich hier in kühner Verkürzung sagen – die klassische metaphysische Theologie. Denn ihre Begriffe und Kategorien unterstellen die grundsätzliche Problemlosigkeit des Verhältnisses von Religion und Gesellschaft, von Glaube und gesellschaftlicher Praxis. Solange diese Voraussetzung besteht, kann eine rein metaphysische Interpretation der Religion durchaus auch gesellschaftlich relevant sein; und sie war es z. B. in den hohen Gestalten mittelalterlicher Theologie. Wo indes diese Einheit zerbricht, gerät diese metaphysische Theologie als theoretischer Anwalt des anhängenden Prozesses zwischen christlicher Heilsbotschaft und gesellschaftlich-politischer Wirklichkeit in die radikale Krisis.

b) Der Trend zum Privaten in der neueren Theologie

Die in der neueren Zeit vorherrschende Theologie, also die Theologie in ihrer transzendentalen, existenzialen und personalistischen Orientierung, hat diese durch die Aufklärung geschaffene Problemsituation durchaus wahrgenommen. Ja, sie ist in einem gewissen Sinne als Reaktion auf diese Situation entstanden. Doch diese Reaktion bestand bei ihr zumeist darin, dass sie die in Frage stehende gesellschaftliche Dimension der christlichen Botschaft heimlich oder offen als uneigentlich, als sekundär behandelte, kurzum, dass sie diese Botschaft in ihrem Kern privatisierte und die Praxis des Glaubens auf die weltlose Entscheidung des Einzelnen reduzierte. Diese Theologie sucht das Problem, das durch die Aufklärung entstanden ist, dadurch zu lösen, dass sie es eliminiert. Sie sucht die Aufklärung zu überwinden, ohne durch sie wirklich hindurchgegangen zu sein. Für das von dieser Theologie geprägte religiöse Bewusstsein hat nämlich die gesellschaftlich-politische Wirklichkeit nur ein verschwindendes Dasein. Die in dieser Theologie vorherrschenden Kategorien zur Auslegung der Botschaft sind vorzüglich Kategorien des Intimen, des Privaten, des A-Politischen. Die Liebe, wie alle Phänomene des Zwischenmenschlichen, wird zwar emphatisch herausgestellt, sie kommt jedoch von vornherein und wie selbstverständlich nur in ihrer privaten, entpolitisierten Gestalt zur Geltung: als Ich-Du-Beziehung, als interpersonales Begegnungsverhältnis oder als Nachbarschaftsverhältnis. Die Kategorie der Begegnung dominiert. Als eigentliche religiöse Aussageweise gilt die zwischenpersonale Anrede, als eigentliche religiöse Erfahrungsdimension gilt die Spitze der freien Subjektivität des Einzelnen oder die unverfügbare, sprachlose Mitte der Ich-Du-Beziehung. Den heute vorherrschenden Formen der transzendentalen, existenzialen und personalistischen Theologie scheint eines gemeinsam zu sein: der Trend zum Privaten.

c) Entmythologisierung und Entprivatisierung

Ich will die damit bezeichnete Privatisierungstendenz noch kurz erläutern durch einen Blick auf die Aussageform der christlichen Heilsbotschaft und deren Interpretation im Horizont dieser modernen Theologie. Es ist bekannt, dass die Evangelien keine Biographie Jesu im geläufigen Sinne bieten wollen. Die Nachrichten über Jesus gehören nicht in die Gattung der biographischen Privataussagen, sondern in die Gattung der öffentlichen Proklamation. Die exegetischen Arbeiten der sogenannten »Formgeschichte« haben die Evangelien selbst als vielschichtigen Verkündigungstext erwiesen. Ich sehe nun ein gewisses Verhängnis darin, dass diese Einsichten und Entdeckungen der Formgeschichte sofort mit den Kategorien des theologischen Existenzialismus und Personalismus ausgelegt wurden. Dadurch wurde nämlich das Verständnis der Verkündigung von vornherein privatisiert und gewissermaßen existenziell intimisiert. Das Wort der Verkündigung wurde verstanden als reines Anredewort, als Wort der personalen Selbstmitteilung Gottes, nicht aber als Wort einer gesellschaftsbezogenen Verheißung. Die Hermeneutik der existenzialen Interpretation des Neuen Testaments bewegt sich im Zirkel des privaten Ich-Du- Verhältnisses. Hier scheint deshalb eine kritische Entprivatisierung des Verständnisses der Grundlagen unserer Theologie vonnöten.

Diese Entprivatisierung ist die primäre theologiekritische Aufgabe der politischen Theologie. Diese Entprivatisierung scheint mir in einem gewissen Sinne ebenso wichtig zu sein wie das Programm der Entmythologisierung. Zumindest muss diese Entprivatisierung einer legitimen Entmythologisierung an die Seite treten, da Letztere immer in der Gefahr steht, Gott und das Heil auf ein privates Existenzkorrelat zu reduzieren und die eschatologische Botschaft selbst zur symbolischen Paraphrase der metaphysischen Fraglichkeit des Menschen und seiner privaten Entscheidungssituation zu nivellieren. Dadurch wird aber den Verheißungen jeder Charakter des Konflikts und Widerspruchs zur gegenwärtigen Wirklichkeit genommen und ihnen damit jede gesellschaftskritische Kraft geraubt. Die existenziale Interpretation des Neuen Testaments hat eine ausgesprochene Tendenz zur Privatisierung. Sie betreibt Entmythologisierung um den Preis des Mythos der weltlosen Existenz und privaten Subjektivität.

Natürlich gibt es in der Botschaft des Neuen Testaments eine legitime Individualisierung, eine Individualisierung des Einzelnen vor Gott, die als Grundpointe der neutestamentlichen Botschaft – vor allem in ihrer paulinischen Tradition – betrachtet werden kann. Dies soll durch die geforderte Entprivatisierung auch nicht in Frage gestellt werden. Im Gegenteil! Denn die Theologie gerät ja gerade durch die genannte Privatisierungstendenz in die Gefahr, den von ihr angerufenen Einzelnen seiner Existenz zu verfehlen. Diese Existenz ist nämlich heute in höchstem Maße in die gesellschaftlichen Mobilitäten verflochten, und jede existenziale und personale Theologie, die die Existenz selbst nicht als ein politisches Problem im weitesten Sinne des Wortes begreift, bleibt gegenüber der existenziellen Situation des Einzelnen heute abstrakt. Weiterhin steht die Theologie durch eine solche privatisierende Tendenz in der Gefahr, den Glauben gerade unkritisch und unkontrolliert modernen gesellschaftlich-politischen Ideologien auszuliefern. Und schließlich nimmt eine kirchliche Religion, die sich im Horizont solcher privatisierender Theologie versteht, immer mehr die Züge einer »unverbindlichen Maßgeblichkeit« an, »die insofern maßgeblich ist, als niemand sie anstößt und viele sich immer noch beeindrucken lassen, die aber folgenlos dasteht, indem keine Impulse von ihr ausgehen außer in der Richtung der eigenen Reproduktion«[1].

2. Die positive Aufgabe

Hier zeigt sich nun die *positive Aufgabe* der politischen Theologie: Sie sucht das Verhältnis zwischen Religion und Gesellschaft, zwischen Kirche und gesellschaftlicher Öffentlichkeit, zwischen eschatologischem Glauben und gesellschaftlicher Praxis neu zu bestimmen – nicht vorkritisch, mit der Absicht auf eine neue Identifizierung beider Wirklichkeiten, sondern nachkritisch, im Sinne einer »zweiten Reflexion«. Die Theologie wird als politische Theologie zu dieser »Reflexion zweiter Ordnung« gezwungen, wenn sie die eschatologische Botschaft unter den Bedingungen der gegenwärtigen gesellschaftlichen Situation formulieren will. Ich entfalte deshalb kurz die Eigenart dieser Situation und ihrer Verstehensbedingungen wie die Eigenart der biblischen Botschaft, durch welche diese politische Reflexion der Theologie bestimmt wird.

a) Die Ausgangssituation

Die *Ausgangssituation* der theologischen Reflexion heute sei erläutert durch eine Fragestellung, die wiederum schon durch die Aufklärung formuliert wurde und die zumindest seit Marx unausweichlich geworden ist. In verkürzter Form lässt sich diese Fragestellung so skizzieren: Aufgeklärt ist nach Kant, wer die Freiheit hat, von seiner Vernunft in allen Stücken einen öffentlichen Gebrauch zu machen. Die Realisierung solcher Aufklärung ist darum nie ein rein theoretisches Problem, sie ist wesentlich ein politisches Problem, ein Problem der gesellschaftlichen Praxis, d. h. sie ist an gesellschaftlich-politische Voraussetzungen gebunden, unter denen Aufklärung allein möglich ist. Aufgeklärt ist nur, wer *zugleich* um die Herstellung jener gesellschaftlich-politischen Voraussetzungen kämpft, von denen es abhängt, ob ein öffentlicher Gebrauch der Vernunft möglich ist.[2] Wo deshalb Vernunft auf politische Freiheit gestellt ist, wo daher theoretisch transzendentale Vernunft *innerhalb* der praktischen Vernunft erscheint und nicht umgekehrt, ist eine Entprivatisierung dieser Vernunft unumgänglich. Und jede noch so überanstrengte »reine Theorie« erweist sich als Rückfall in ein vorkritisches Bewusstsein. Der kritische Anspruch des Subjektes kann nun nämlich nicht mehr »rein theoretisch« durchgehalten werden. Ein neues Verhältnis von Theorie und Praxis, von Wissen und Moral, von Reflexion und Revolution ist wirksam, das auch das theologische Bewusstsein bestimmen muss, wenn dieses nicht auf eine frühere vorkritische Stufe des Bewusstseins zurückfallen soll. Die praktische und – im weitesten Sinne des Wortes – politische Vernunft muss künftig an allen kritischen Reflexionen der Theologie beteiligt sein. Auf sie hin konkretisiert sich zunehmend das klassische Problem des Verhältnisses von *fides* und *ratio*, auf sie hin zieht sich immer mehr das Problem der Glaubensverantwortung zusammen. Das sogenannte hermeneutische Grundproblem der Theologie ist nicht eigentlich dasjenige des Verhältnisses von systematischer und historischer Theologie, von Dogma und Geschichte, sondern von Theorie und Praxis, von Glaubensverständnis und gesellschaftlicher Praxis. Damit ist die Aufgabe der politischen Reflexion in der Theologie kurz gekennzeichnet, wie sie aus der gegenwärtigen Situation sichtbar wird. Sie hat nach allem Gesagten nichts zu tun mit einer reaktionären Neopolitisierung des Glaubens; sie hat aber alles zu tun mit der Entfaltung der gesellschaftskritischen Potenz dieses Glaubens.

b) Die biblische Tradition

Aber auch die *biblische Tradition* selbst zwingt zu einer solchen »zweiten Reflexion« auf das Verhältnis von eschatologischem Glauben und gesellschaftlicher Praxis. Warum? Das Heil, auf das sich der christliche Glaube in Hoffnung bezieht, ist kein privates Heil. Die Proklamation dieses Heiles trieb Jesus in einen tödlichen Konflikt mit den öffentlichen Mächten seiner Zeit. Sein Kreuz steht nicht im Privatissimum des individuell-persönlichen Bereichs, es steht auch nicht im Sanctissimum eines rein religiösen Bereichs, es steht jenseits der Schwelle des behüteten Privaten oder des abgeschirmten rein Religiösen: Es steht »draußen«, wie die Theologie des Hebräerbriefes formuliert. Der Vorhang des Tempels ist endgültig zerrissen. Das Ärgernis und die Verheißung dieses Heils sind öffentlich. Diese Öffentlichkeit kann nicht zurückgenommen, aufgelöst oder beschwichtigt werden. Sie begleitet den geschichtlichen Weg der Heilsbotschaft. Und im Dienste dieser Botschaft ist der christlichen Religion eine kritische und befreiende Gestalt öffentlicher Verantwortung aufgetragen. »Alle Autoren des Neuen Testaments sind der Überzeugung, dass Christus nicht eine Privatperson und die Kirche nicht ein Verein ist. So haben sie auch von der Begegnung Jesu Christi und seiner Zeugen mit der politisch-staatlichen Welt und ihren Instanzen berichtet. Keiner hat diese Begegnung so grundsätzlich verstanden wie der Evangelist Johannes. Er sieht schon im Allgemeinen die Geschichte Jesu als einen Prozess, den die von den Juden repräsentierte Welt gegen Jesus führt bzw. zu führen meint. Dieser Prozess kommt aber zum öffentlichen richterlichen Austrag vor Pontius Pilatus, dem Vertreter des römischen Staates und Inhaber der politischen Gewalt.«[3] Auf diese Szene zieht sich die Komposition der Leidensgeschichte bei Johannes zusammen, wenn man sie eben nicht mit Bultmann'schen Augen liest. Die Szene, da Jesus vor Pilatus steht, trägt typische Züge.

c) Von der eschatologischen zur politisch-kritischen Theologie

Die Rede von der politischen Theologie sucht in der gegenwärtigen Theologie das Bewusstsein zu reklamieren vom anhängenden Prozess zwischen der eschatologischen Botschaft Jesu und der gesellschaftlich-politischen Wirklichkeit. Sie betont, dass das von Jesus verkündete Heil zwar nicht in einem naturhaft-kosmologischen Sinn, wohl aber in einem gesellschaftlich-politischen Sinne bleibend weltbezogen ist: als kritisch-befreiendes Element dieser gesellschaftlichen Welt und ihres geschichtlichen Prozesses. Die eschatologischen Verheißungen der biblischen Tradition – Freiheit, Friede, Gerechtigkeit, Versöhnung – lassen sich nicht privatisieren. Sie zwingen immer neu in die gesellschaftliche Verantwortung hinein. Gewiss, diese Verheißungen sind mit keinem gesellschaftlichen Zustand einfach identifizierbar, wie immer wir ihn von uns aus bestimmen und beschreiben mögen. Die Geschichte des Christentums kennt solche direkten Identifikationen und direkten Politisierungen der christlichen Verheißungen zur Genüge. In ihnen wird jedoch jener »eschatologische Vorbehalt« preisgegeben, durch den jeder geschichtlich erreichte Status der Gesellschaft in seiner Vorläufigkeit erscheint. Wohlgemerkt, in seiner Vorläufigkeit, nicht in seiner Beliebigkeit! Denn dieser »eschatologische Vorbehalt« bringt uns nicht in ein verneinendes, sondern in ein kritisch-dialektisches Verhältnis zur gesellschaftlichen Gegenwart, Die Verheißungen, auf die er sich bezieht, sind nicht ein leerer Horizont religiöser Erwartung, sie sind nicht bloß eine regulative Idee, sondern ein kritisch-befreiender Imperativ für unsere Gegenwart; sie wollen unter den geschichtlichen Bedingungen der Gegenwart wirksam gemacht und »bewahrheitet«, werden, denn ihre Wahrheit muss »getan« werden.[4] Die neutestamentliche Gemeinde weiß sich von Anfang an aufgerufen, die kommende Verheißung schon unter den Bedingungen des Jetzt zu leben und *so* Welt zu überwinden. Die Orientierung an den Verheißungen des Friedens und der Gerechtigkeit verändert je neu unser gegenwärtiges geschichtliches Dasein. Sie bringt und zwingt uns immer wieder in eine neue kritisch-befreiende Position gegenüber den bestehenden und uns umgebenden gesellschaftlichen Verhältnissen. So etwa sind die Parabeln Jesu Parabeln des Reiches Gottes und *gleichzeitig* Parabeln, die uns in ein neues kritisches Verhältnis zu unserer Mitwelt setzen. *Jede eschatologische Theologie muss daher zu einer politischen Theologie als einer (gesellschafts-)kritischen Theologie werden.*

d) Keine neue Disziplin

Mit dieser Rede von der politischen Theologie soll nicht etwa eine neue theologische Disziplin gefordert werden mit einer regionalen theologischen Aufgabenstellung. Die politisch-kritische Theologie will vielmehr in erster Linie einen Grundzug *im theologischen Bewusstsein überhaupt* aufdecken: Sie schließt sich deshalb auch nicht von der Aufgabe aus, den Glaubensinhalt und den Glaubensvollzug in sich selbst zu beschreiben und das Problem der gläubigen Existenz in unserer Welt zu erörtern. Sie versteht sich als die geschichtliche Konkretisierung dieser Aufgabe der Theologie überhaupt. Die Existenz selbst ist ja heute, wie schon mehrfach betont, ein gesellschaftliches und – im weitesten Sinne – politisches Thema. Darum bedeutet auch die These von der Entprivatisierung nicht etwa eine Entpersonalisierung oder gar vulgäre Kollektivierung; sie möchte vielmehr der Aufgabe dienen, die Situation des Glaubenden heute konkret und differenziert in den Blick zu bekommen. Und sie will schließlich ihre Reflexion und ihre theologischen Kategorien ganz in den Dienst der Findung einer Sprache stellen, die befreiend und erlösend ist, dass »sich die Menschen über sie entsetzen und doch von ihrer Gewalt überwunden werden, die Sprache einer neuen Gerechtigkeit in Wahrheit, die Sprache, die den Frieden Gottes mit den Menschen und das Nahen seines Reiches verkündigt«[5].

II. Kirche als Institution gesellschaftskritischer Freiheit

Hier beginnt nun die zweite Überlegung. Im Horizont dieser Theologie erscheint die Kirche nicht »neben« oder »über« der gesellschaftlichen Wirklichkeit, sondern *in* ihr als *gesellschaftskritische Institution*. Die Kirche hat als Institution in dieser gesellschaftlichen Welt und für sie eine *kritisch-befreiende Aufgabe*. Lassen Sie mich die Implikationen dieser Aussage im Einzelnen entfalten.

1. Institutionalisierte Kritik

Durch seine Orientierung an den eschatologischen Verheißungen gewinnt der Glaube immer neu eine kritische Haltung gegenüber seiner gesellschaftlichen Mitwelt. Kann aber nun der einzelne Gläubige heute der verbindliche und wirksame Träger solcher kritischer Freiheit gegenüber der Gesellschaft sein? Wirft nicht gerade diese *kritische* Aufgabe des Glaubens in neuer Weise die Frage nach seiner Institutionalisierung auf? Ideen können sich zwar halten und auch ausbreiten, solange sie den Bedürfnissen einer Zeit, einer Kultur- und Gesellschaftsordnung entgegenkommen, nicht aber, wo sie kritisch widersprechen und dabei nur auf die Subjektivität des Einzelnen gestellt sind.[6] Hier taucht also Institution und Institutionalisierung nicht als Repression, sondern als *Ermöglichung* eines kritischen Bewusstseins auf. Muss der Glaube nicht institutionalisiert sein, um Träger einer kritischen Freiheit gegenüber der heutigen Gesellschaft sein zu können? Wenn ja, zeichnet sich dann in dieser Frage nicht ein neues Verständnis der kirchlichen Institution ab? Wird hier Kirche nicht gefordert als *Institution der kritischen Freiheit des Glaubens*?

2. Zwei Bedenken

Wenn die Kirche versuchsweise so bestimmt wird, dann treten freilich sofort zwei Bedenken auf.

a) Es entsteht einmal die *grundsätzliche* Frage, ob eine Institution überhaupt Träger von Kritik sein kann. Meint die Rede von einer institutionalisierten Kritik im Grunde genommen nicht doch die Quadratur des Kreises? Eignet nicht jeder Institution etwas Antikritisches? Und ist deshalb die hier geforderte »Institution zweiter Ordnung«, die nicht nur Gegenstand, sondern Träger kritischer Freiheit sein soll, die also Ermöglichung und Sicherung dieser Kritik sein soll, nicht ein utopischer Grenzbegriff? Diesen Bedenken kann ich hier nur in aller Kürze mit einer Gegenfrage begegnen. Ist es nicht gerade das Spezifikum der religiösen Institution der Kirche, dass sie Träger solcher kritischer Freiheit ist bzw. sein soll? Die Kirche als Institution lebt ja selbst unter dem »eschatologischen Vorbehalt«. Sie ist nicht um ihrer selbst willen da, sie dient nicht ihrer Selbstbehauptung, sondern der geschichtlichen Behauptung des Heils für alle. Die Hoffnung, die sie verkündet, ist nicht die Hoffnung auf die Kirche, sondern auf das Reich Gottes. So lebt die Kirche als Institution gerade von der ständigen Proklamation ihrer eigenen Vorläufigkeit. Und sie muss diese eschatologische Vorläufigkeit institutionell dadurch realisieren, dass sie sich als Institution kritischer Freiheit gegenüber dem gesellschaftlichen Prozess mit seinen Verabsolutierungen und Verschließungen etabliert.

b) Doch selbst wenn sich auf diese Weise das genannte grundsätzliche Bedenken ausräumen ließe, taucht eine zusätzliche kritische Frage gegenüber der Kirche auf: die Frage nach der *geschichtlichen und sozialen Basis* dieser ihrer kritischen Aufgabe. Wann war die Kirche wirklich Institution kritischer Freiheit? Wann war sie wirklich kritisch-revolutionär? Wann war sie nicht bloß konterrevolutionär, ressentimentgeladen und nörglerisch im Verhältnis zur gesellschaftlichen Welt? Hat sie ihr kritisches Wort nicht oft versäumt oder viel zu spät gesprochen? War sie nicht immer wieder in Gefahr, als ideologischer Überbau über bestimmte gesellschaftliche Verhältnisse und Machtkonstellationen angesehen zu werden, und konnte sie von sich aus diesen Anschein wirklich immer erfolgreich zerstreuen? Haben sich schließlich nicht gerade in den letzten Jahrhunderten religiöse Institution und kritische Reflexion völlig auseinandergelebt, sodass wir heute eine institutionsfremde theologische Reflexion und eine reflexionsfeindliche Institution haben? Wo also ist die geschichtliche und soziale Basis für den Anspruch, der in der Definition der Kirche als einer kritischen Institution gegenüber der Gesellschaft liegt? Diese Schwierigkeit besteht. Es gibt wohl auch keine große gesellschaftskritische Idee in unserer Geschichte – sei es Revolution, Aufklärung, Vernunft oder auch Liebe, Freiheit –, die nicht durch das geschichtliche Christentum und seine Institution schon einmal desavouiert worden wäre. Demgegenüber hilft auch keine nachträgliche interpretatorische Zurechtrückung, sondern – wenn überhaupt – nur eine neue Praxis der Kirche. Ist sie zu erwarten? Ich meine: ja. Alles Folgende ist von diesem Vertrauen getragen.

3. Die kritisch-befreiende Aufgabe der Kirche im Einzelnen

Worin besteht denn nun die *kritisch-befreiende Funktion der Kirche* im Hinblick auf unsere Gesellschaft und ihren geschichtlichen Prozess? Welches sind die Elemente jenes schöpferischen Widerstandes, durch den der gesellschaftliche Fortschritt überhaupt erst Fortschritt wird? Ich möchte Ihnen ohne System und ohne Ehrgeiz auf Vollständigkeit einige dieser kritischen Aufgaben der Kirche nennen.

a) Schutz der Individualität

Durch ihren eschatologischen Vorbehalt gegenüber jeder abstrakten Fortschritts- und Humanitätskonzeption schützt sie den einzelnen augenblicklich lebenden Menschen davor, nur als Material und Mittel für den Aufbau einer technologisch durchrationalisierten Zukunft betrachtet zu werden. Sie kritisiert den Versuch, die Individualität nur als Funktion eines technologisch gesteuerten Gesellschaftsprozesses zu sehen. Gewiss, auch in unseren gesellschaftlichen Utopien mag es einen positiven Begriff des Einzelnen geben. Aber gilt hier der Einzelne nicht nur, insofern er der Erste ist in der Eröffnung neuer gesellschaftlicher Möglichkeiten, insofern er also in sich den Gesellschaftsprozess revolutionär antizipiert? Insofern er das ist, was später alle einmal werden müssen? Was aber ist dann mit den Armen und Bedrängten, die gerade dadurch arm sind, dass sie nicht solche Erste zu sein vermögen? Hier hat der eschatologische Vorbehalt der Kirche mit ihrer institutionalisierten gesellschaftskritischen Kraft eine Individualität zu schützen, die nicht durch ihren Stellenwert im Fortschritt der Menschheit definierbar ist.

b) Kritik des Totalitarismus

Ein weiterer kritischer Gesichtspunkt scheint mir dieser zu sein: Die Kirche muss gerade heute angesichts der politischen Systeme immer neu kritisch-befreiend betonen, dass die Geschichte als ganze unter dem eschatologischen Vorbehalt Gottes steht. Sie muss zur Geltung bringen, dass die Geschichte als ganze niemals ein politischer Begriff im engeren Sinne des Wortes werden kann, dass deshalb Geschichte als ganze niemals zum Inhalt eines partikularen politischen Handelns werden kann. Denn es gibt kein innerweltlich angebbares Subjekt der Gesamtgeschichte, und wo immer eine Partei, eine Gruppe, eine Nation oder eine Klasse sich als dieses Subjekt zu verstehen sucht und damit das Ganze der Geschichte zum Horizont ihres politischen Handelns machen will, muss sie zwangsläufig ideologisch totalitär werden.[7]

c) Liebe als kritisch-revolutionäres Prinzip

Schließlich muss die Kirche gerade heute jene kritische Potenz mobilisieren, die in der zentralen Tradition von der christlichen Liebe liegt. Diese Liebe darf ja nicht nur auf den interpersonalen Bereich des Ich–Du eingeschränkt werden. Sie darf auch nicht nur als eine Art karitativer Nachbarschaftshilfe verstanden werden. Sie muss in ihrer gesellschaftlichen Dimension interpretiert und zur Geltung gebracht werden, d. h. aber, Liebe muss als unbedingte Entschlossenheit zur Gerechtigkeit, zur Freiheit und zum Frieden *für die anderen* verstanden werden. In diesem Verständnis enthält die Liebe eine gesellschaftskritische Kraft, und zwar in zweifacher Hinsicht.

Zum einen erfordert sie eine entschiedene Kritik der *reinen* Gewalt. Sie erlaubt nicht, im Freund-Feind-Schema zu denken, denn sie gebietet als »Feindesliebe«, sogar den Gegner selbst in die eigene universale Hoffnung einzubeziehen. Die Glaubwürdigkeit und Effizienz dieser Kritik der reinen Gewalt wird freilich nicht zuletzt davon abhängen, dass die Kirche, die sich als eine Kirche der Liebe bezeichnet, nicht selbst den Anschein einer Machtreligion erweckt. Die Kirche selbst kann und darf sich nicht machtpolitisch durchsetzen wollen. Sie dient ja schließlich nicht ihrer Selbstbehauptung, sondern der geschichtlichen Behauptung des Heils für alle. Sie hat also keine Macht, die der Macht ihrer Verheißungen vorausliegt. Aber eben das ist ein eminent kritischer Satz. Er zwingt die Kirche immer neu zur leidenschaftlichen Kritik an der reinen Gewalt, und er klagt sie selbst an, wenn sie – wie nicht selten in ihrer Geschichte – ihr kritisches Wort gegenüber den Mächtigen unserer Welt zu leise oder zu spät spricht bzw. wenn sie zu zögernd für alle bedrohten Menschen einsteht ohne Ansehen der Person, wenn sie nicht gegen jede Form der Verachtung leidenschaftlich kämpft. Diese Kritik der Gewalt bedeutet nicht, dass sich die Christen aus der Verwaltung der politischen Macht in jedem Fall zurückzuziehen hätten. Ja, ein solcher grundsätzlicher Rückzug könnte gerade ein Akt gegen die christliche Nächstenliebe sein. Denn die Christen haben ja durch ihren Glauben und dessen Tradition ein Prinzip der Kritik dieser Macht.

Und schließlich gilt für die christliche Liebe als gesellschaftskritische Potenz auch noch ein anderer Aspekt: Wenn diese Liebe sich gesellschaftlich mobilisiert als unbedingter Wille zur Gerechtigkeit und zur Freiheit für die anderen, dann kann unter Umständen gerade diese Liebe selbst so etwas wie *revolutionäre Gewalt* gebieten. Wo ein gesellschaftlicher Status quo ebensoviel Ungerechtigkeit enthält, wie eventuell entstehen mag, wenn er revolutionär abgeschafft wird, da kann eine Revolution für die Gerechtigkeit und Freiheit »der Geringsten unter den Brüdern« auch im Namen dieser Liebe nicht unerlaubt sein. Um so ernster mag deshalb der Vorwurf von Merleau-Ponty klingen, dass man noch nie eine Kirche gesehen habe, die für eine Revolution eingetreten ist allein deswegen, weil sie gerecht schien. Wiederum wird deutlich, dass sich die gesellschaftskritische Aufgabe der Kirche immer auch in eine religionskritische und kirchenkritische Aufgabe verwandelt. Beide gehören ständig zusammen wie zwei Seiten einer Münze.

4. Folgen für das Selbstverständnis der Kirche

Diese gesellschaftskritische Funktion ist daher nicht ohne Rückwirkung auf die Kirche selbst. Sie zielt auf die Dauer auf ein *neues Selbstverständnis der Kirche* und auf eine *Transformation ihres institutionellen Verhaltens* gegenüber der modernen Gesellschaft. Diese Gedanken will ich noch kurz erläutern. Die bisherige Überlegung ging ja davon aus, dass nicht nur der Einzelne, sondern die Kirche als Institution Träger einer kritischen Haltung gegenüber der Gesellschaft sei. Diese Voraussetzung hat verschiedene Gründe. Einer davon entspringt der Philosophie und Soziologie des modernen kritischen Bewusstseins überhaupt. Er verweist auf die Aporien, in denen sich der kritische Einzelne gegenüber dieser Gesellschaft und deren anonymen Strukturen befindet. Er postuliert eine Institutionalisierung dieser Kritik und fordert damit »Institutionen zweiter Ordnung«, die Träger und Garant kritischer Freiheit sein können. Ist die Kirche eine solche »Institution zweiter Ordnung«? Sie ist es in ihrer gegenwärtigen Erscheinungsform nicht. Ich möchte kühn sagen: Sie ist es *noch nicht.* Wie und unter welchen Bedingungen kann sie es werden? Und gibt es Anzeichen dafür, dass sie es wird? Dazu möchte ich abschließend noch einige Bemerkungen machen.

a) Die neue Sprache der Kirche

Was geschieht eigentlich, so fragen wir zunächst, wenn die Kirche heute eine konkrete gesellschaftskritische Aussage macht? Sie hat solche Äußerungen ja versucht, z. B. schon in einigen Passagen der Pastoralkonstitution des jüngsten Konzils, dann deutlicher und dezidierter in der Enzyklika *Populorum progressio.* Was geschah hier? Die kirchliche Institution war hier gezwungen, *Informationen* zu berücksichtigen und zu verarbeiten, die nicht einfach aus kirchlich-theologischer Reflexion resultieren. Solche gesellschaftskritischen Äußerungen erzwingen ein neues Verhältnis zur nichttheologischen Information. Nur wenn die Kirche solche Informationen aufnimmt, können von ihr kritische Impulse ausgehen, Impulse, die nicht bloß auf die eigene Reproduktion der Kirche zielen. Diese Informationen zersetzen aber auf die Dauer ein unkritisches monolithisches Bewusstsein innerhalb der kirchlichen Institution selbst. Die neue Informationsgrundlage kirchlicher Äußerungen fordert darüber hinaus eine ganz *neue Sprech- und Aussageweise der Kirche.* Die auf solchen Informationen beruhenden Aussagen können nicht einfach doktrinell vorgetragen werden. Sie fordern den Mut zum kontingent-hypothetischen Sprechen. Sie verlangen ein weisendes Wort, das weder unverbindlich-beliebig noch doktrinell-dogmatisierend ist. Die Not der Kirche heute, konkret kritisch sprechen zu müssen, bringt deshalb gleichzeitig eine Art Entmythologisierung und Entritualisierung ihres Sprechens und Verhaltens mit sich. Die kirchliche Institution erfährt nämlich nun, dass sie sich auch kritisch widersprechen lassen muss, dass sie gewisse Einseitigkeiten nicht vermeiden kann und Vorläufiges riskieren muss. Wenn sie so zu sprechen lernt, belastet sie auch die gesellschaftliche Initiative einzelner Christen nicht mit doktrineller Starrheit, sie entreißt diese Initiative aber ihrer Beliebigkeit.

b) Kritische Öffentlichkeit innerhalb der Kirche

Mit dem Gesagten hängt ein weiterer Gesichtspunkt unmittelbar zusammen: Kirchliche Kritik der Gesellschaft wird auf die Dauer nur dann glaubwürdig und effizient sein, wenn sie in zunehmendem Maße von einer *kritischen Öffentlichkeit innerhalb dieser Kirche* selbst getragen ist. Denn wer, wenn nicht diese kritische Öffentlichkeit, sollte dafür Sorge tragen, dass die Kirche als Institution nicht in sich selbst das abbildet, was sie gerade an anderen kritisiert? Freilich, die Beschreibung solcher kritischer Öffentlichkeit in der Kirche hat bis heute noch wenig Material. Lassen Sie mich deshalb wenigstens einige Aufgaben dieser kritischen Öffentlichkeit nennen. Eine dieser Aufgaben besteht in dem kritischen Einspruch gegen jede sogenannte ideologische Selbstermächtigung kirchlicher Institutionen, d.h. gegen den Versuch, durch institutionelle Maßnahmen ganz bestimmte inhaltliche gesellschaftspolitische und ökonomische Vorstellungen durchsetzen zu wollen. Eine andere kritische Aufgabe besteht im Abbau bestimmter unkontrolliert vorherrschender Milieuvorstellungen, also in einer Kritik am innerkirchlichen Milieu, in dem eine bestimmte Gesellschaftsschicht – meist jene des Kleinbürgers – dominiert, während andere von vornherein als unmaßgeblich sortiert oder ausgeblendet werden. Eine weitere kritische Aufgabe liegt in dem Aufweis der geschichtlichen Bedingtheit und des Wandels gesellschaftlicher Vorstellungen in der Kirche selbst; dadurch, dass dieser Wandel meist zeitlich versetzt gegenüber den gesellschaftlichen Prozessen geschieht, ist er zwar weniger leicht zu erkennen, aber deshalb nicht weniger existent. Wichtig ist auch – und dies sei als weiteres Beispiel kritischer Öffentlichkeit in der Kirche genannt – der kritische Einspruch gegen den kirchlichen Kampf an falschen Fronten. Wie oft würde der Scharfsinn, der aufgewandt wird, um gewisse gesellschaftliche Positionen zu halten, durchaus hinreichen, um sie initiativ selbst zu verändern! Dann scheint eine Kritik am relativ geringen Versöhnungs- und Toleranzeffekt im Christentum selbst wichtig zu sein. Schließlich sollte und müsste die Kirche ja auch als Institution dadurch sichtbar und wirksam werden, dass in ihr bestimmte gesellschaftliche Verhaltensweisen ausgeschlossen sind, wie z. B. Rassismus, exklusiver Nationalismus und jede Form der Verachtung des Menschen. Diese Beispiele mögen hier genügen. Den Mut zum Aufbau einer solchen kritischen Öffentlichkeit gewinnt man freilich nur aus dem Vertrauen auf einen gewissen Wandel im institutionellen Verhalten der Kirche selbst. Aber vielleicht ist dieses Vertrauen eine der wichtigsten konkreten Gestalten unserer Kirchlichkeit heute.

c) Die Bedeutung der kritischen Haltung

Schließlich eine letzte Bemerkung: Die gesellschaftskritische Attitüde der Kirche kann nicht darin bestehen, in unserer pluralistischen Gesellschaft eine positive Gesellschaftsordnung normativ zu proklamieren; sie kann nur darin bestehen, dass Kirche in dieser Gesellschaft und ihr gegenüber kritisch-befreiend wirksam wird. Aufgabe der Kirche ist hier nicht eine systematische Soziallehre, sondern – *Sozialkritik*. Als gesellschaftlich partikulare Institution kann die Kirche ihren universalen Anspruch gegenüber der Gesellschaft nur dann ohne Ideologie formulieren, wenn sie ihn *als Kritik* darstellt und zur Geltung bringt. Aus dieser grundsätzlichen gesellschaftskritischen Haltung ergeben sich noch zwei wichtige Gesichtspunkte: *Einmal* wird sichtbar, wieso die Kirche in ihrer Definition als gesellschaftskritische Institution am Ende nicht doch zu einer politischen Ideologie wird. Keine politische Partei kann sich nämlich nur als solche Kritik etablieren, und keine politische Partei kann andererseits das zum Inhalt ihres politischen Handelns machen, was der Horizont für diese kirchliche Kritik der Gesellschaft ist, nämlich das Ganze der Geschichte unter dem eschatologischen Vorbehalt Gottes. Andernfalls würde sie entweder romantisch oder totalitär werden. *Zum andern* ergibt sich gerade aus dieser kritischen Funktion der Kirche gegenüber der Gesellschaft die grundsätzliche Möglichkeit zur *Kooperation* mit anderen nichtchristlichen Institutionen und Gruppen. Die Basis für eine solche Kooperation zwischen Christen und Nichtchristen, zwischen Menschen und Gruppen der verschiedensten ideologischen Ausrichtungen kann nämlich nicht primär eine positive Bestimmung des Gesellschaftsprozesses sein, kann nicht eine bestimmte inhaltliche Vorstellung von der künftigen freien Gesellschaft der Menschen sein. Hinsichtlich dieser Positivität wird es immer Differenzen und immer einen Pluralismus geben; dieser Pluralismus im positiven Entwurf der Gesellschaft kann unter den Bedingungen unserer Geschichte gar nicht aufgehoben werden, wenn nicht an die Stelle seiner freien Verwirklichung die totale Manipulation treten soll. Hinsichtlich der Kooperation bietet sich deshalb primär eine kritisch-negative Haltung und Erfahrung an: die Erfahrung des bedrohten Humanen, die Erfahrung der Bedrohtheit von Freiheit, Gerechtigkeit und Frieden. Wir sollten diese negative Erfahrung nicht unterschätzen. In ihr steckt eine elementare positive Kraft der Vermittlung. Wenn wir uns auch nicht direkt und unvermittelt über das einigen können, was Freiheit, Friede und Gerechtigkeit positiv sind, so haben wir doch eine lange gemeinsame Erfahrung dessen, was Unfreiheit, Unfriede und Ungerechtigkeit sind. Diese negative Erfahrung bietet die Chance zur Einigkeit – weniger im positiven Entwurf der gesuchten Freiheit und Gerechtigkeit als im kritischen Widerstand gegen das Grauen und den Terror der Unfreiheit und der Ungerechtigkeit. Die in dieser Erfahrung liegende Solidarität, die Möglichkeit also einer gemeinsamen Front des Protestes, muss gesehen und mobilisiert werden. Denn die Gefahr eines neuen Unfriedens bleibt zu nahe. Die Irrationalismen unserer gesellschaftlichen und politischen Praxis sind zu deutlich. Die Möglichkeit einer »kollektiven Verfinsterung« ist noch nicht gebannt. Die Gefahr des Unfriedens, der Unfreiheit und der Ungerechtigkeit ist zu groß, als dass die Gleichgültigkeit ihr gegenüber nicht zum Verbrechen werden könnte.

1 | Arnold Gehlen, zit. nach Helmut Schelsky, *Auf der Suche nach Wirklichkeit*, Düsseldorf 1965, 271.

2 | Vgl. Georg Picht, *Aufklärung und Offenbarung. Der Gott der Philosophen und die Wissenschaft der Neuzeit*, Stuttgart 1966.

3 | Heinrich Schlier, *Besinnung auf das Neue Testament*, Freiburg 1964, 193; ergänzt durch ders., *Die Zeit der Kirche*, Freiburg 1956, 310.

4 | Zu der damit geforderten schöpferisch-kritischen Eschatologie vgl. Johann Baptist Metz, *Zum Verhältnis von Kirche und Welt. Künftige Aufgaben der Theologie*, München 1967, 11–30.

5 | Dietrich Bonhoeffer, *Widerstand und Ergebung*, München 1951, 207 (Neuausg. München 1985, 328).

6 | Vgl. Arnold Gehlen, *Anthropologische Forschung*, Hamburg 1961, 76.

7 | Vgl. hierzu Hermann Lübbe, *Herrschaft und Planung. Die Frage nach dem Menschen*, Freiburg/München 1966, 188–211.

Catharina Halkes

Auf der Suche nach neuen Autoritäts- und Gehorsamsformen in der Kirche

1969

I. *Verantwortlicher Mensch – verantwortliche Kirche*

Wer in der heutigen Autoritätskrise, die auf fast allen Gebieten der menschlichen Gesellschaft spürbar ist, nach Wegen für eine ansprechendere Autorität suchen will, muss noch vor diesen Wegen zuerst den *Menschen* von heute ins Visier nehmen; denn Wege, Mittel, Formen und Strukturen haben nur Sinn und wirken nur fruchtbar, wenn sie nicht losgelöst von den Menschen gedacht werden, für die sie bestimmt sind. Autorität und Gehorsam verlangen nach Menschen, die ihnen Gestalt und Farbe geben, die sie wahrmachen. Deshalb zunächst eine Überlegung über den Menschen von heute und die Richtung, in der er sich wahrscheinlich bewegt.

Schon oft wurde gesagt: Es ist etwas im Gang mit dem Menschen. So unübersichtlich und geradezu chaotisch dieser Prozess manchmal auch verlaufen mag – breite Schichten der Menschheit sind dabei, die Kinderschuhe abzulegen, mündig zu werden, nach Freiheit und Recht zu rufen und Verantwortung zu fordern. Viele Ursachen und Faktoren lassen sich dafür aufzeigen; aber darum geht es in diesem Beitrag nicht. Wichtig ist lediglich die Vergegenwärtigung, dass viele Menschen, die bis vor Kurzem unmündig waren oder wie Unmündige behandelt wurden (aus welchen Gründen auch immer), endlich in einen Prozess der Mündigwerdung einbezogen sind und die mannigfaltige Bevormundung von sich abschütteln. So entdecken und erfahren viele Menschen sich selbst, ihre Umgebung, die Welt auf ganz neue Weise; sie geben dieser Erfahrung neue Gestalt und wollen dafür auch die Verantwortung tragen. Der mündige Mensch will auch Einsicht haben in die Strukturen, in denen er lebt, in die Entscheidungen, die ihn betreffen, und in die Wandlungen, die auf ihn zukommen. Diese Forderungen stellt man mit Recht; und jeder, der in der heutigen Gesellschaft Einfluss und eine Führungsaufgabe hat, muss denn auch Raum schaffen und Strukturen verändern, um diesen Reifungsprozess zu fördern und dem Verlangen nach Mitverantwortung Geltung zu verschaffen.

Soweit diese mündigen Menschen gläubige Menschen sind, Christen sind, bilden sie gemeinsam die Kirche Christi. Aus dem soeben skizzierten Menschenbild ergibt sich leicht ein Verantwortungsgefühl des gläubigen Menschen für die Gestalt der Kirche und für ihr Wirken in dieser Welt, und dem will er Ausdruck geben. Aus biblischer Sicht ist das jedoch noch zu schwach ausgedrückt: Wir wissen und glauben, dass es Jahwes Absicht mit Israel war, Gottes Absicht mit seinem Volk, des Herrn Absicht mit seiner Kirche, seinem ganzen Volke, der ganzen Kirche die Verkündigung und Verwirklichung des Heils anzuvertrauen. Gott hat Menschen angesprochen, damit sie antworten sollten. Er hat ihnen einen Namen gegeben, damit sie damit angesprochen werden konnten. Er hat sie immer wieder von Neuem angesprochen und sie ansprechbar gemacht. Wenn Menschen auf sein Wort Antwort geben, kommen sie im gläubigen Raum der Verantwortung zum Leben, werden sie ansprechbar auf ihr Verhältnis zu Schöpfung, Welt und Menschen vor Gott. Aber zuerst musste das Wort Fleisch werden und durch Leben, Leiden, Tod und Auferstehung hindurchgehen, um dem Menschen den Weg von seiner Ichbezogenheit und Unfreiheit in die Richtung einer sinnvollen und menschenwürdigen Freiheit zu weisen, die ihn damit auch verantwortlich machen konnte. So angefochten und immer wieder bedroht wir in unserer Unzulänglichkeit auch sein mögen – in der Freiheit der Kinder Gottes werden wir zur Verantwortung aufgerufen. Das Bild der Kirche als Volk Gottes ist dafür ein inspirierendes Bild.[1] Das ganze Volk ist gesandt, die Botschaft der Gerechtigkeit, Liebe, Versöhnung und Heilung zu erzählen, zu verdolmetschen, zu *tun*, und es heißt deshalb auch priesterliches Volk; die Gemeinde, die Kirche als solche ist missionarisch.[2] Diesen Auftrag, diese Verantwortung können die Gläubigen nicht an ihre Amtsträger delegieren, denn diese sind gerade dazu da, das ganze Volk zu bereiten und in Stand zu setzen, dieser Verantwortung Gestalt zu geben.

Wir stellen also keineswegs hier die verantwortliche Kirche, die mündige Gemeinde wegen einer gewissen Demokratisierung in den Mittelpunkt. Wir sehen sie als theologisch begründeten Ausgangspunkt für jedes Nachdenken über die Autorität in der Kirche an. Es ist nämlich eine halbe Wahrheit (und also überhaupt keine Wahrheit), wenn man feststellt: An der Autorität lässt sich nichts ändern, weil ihr Wesen und ihre Sendung göttlichen Ursprungs sind. Gerade die Kirche als solche ist es, die göttlicher Herkunft ist und die einen göttlichen Auftrag hat und an deren Wirklichkeit sich nichts ändern kann. Aber die Wege und Mittel, um aus der Kirche ein gutes Instrument zum Heil der Welt zu machen, werden immer verschiedene Akzente tragen, je nach dem Menschen, Zeiten und Kulturen sie fordern. Jede Verabsolutierung darin ist eine Schranke für die Glaubwürdigkeit der Kirche. Denn Gott geht es letzten Endes um die Welt, um seine Schöpfung, die zur Vollendung kommen soll, in der sein Reich wachsen soll. Und die Kirche soll und darf diesem Wachstum dienen. Die Struktur der Kirche wird deshalb immer derart sein müssen, dass sie einen optimalen Dienst leisten kann. Natürlich spornt das oben skizzierte Lebensgefühl des modernen Menschen, der ein mündiger Mensch ist, zu dieser Sicht auf die Kirche an und fordert ein kritisches Durchdenken von Autorität und Gehorsam.

Für mündige Menschen ist Autoritätsgebrauch und Autoritätserlebnis eine empfindliche Sache, die nach neuen Spielregeln verlangt. Kein vernünftiger Mensch wird bestreiten, dass in jeder menschlichen Gesellschaft Leitung und Führung notwendig sind, wenn man nicht im Chaos landen will. Es geht also um eine neue Gestalt und eine andere Funktion der Autorität, von der eine jüngere Generation verlangt, dass sie erstens glaubwürdig sei in ihrem Reden und Tun, also aufgrund des Inhalts und der Redlichkeit ihrer Worte und Taten und *nicht* aufgrund der *Stellung* der Autoritätsträger als solcher. Wir sehen also eine Akzentverschiebung von der Stellung an sich (die für mündige Menschen nicht viel bedeutet, solange sie sich nicht bestätigt) zur *Funktion* (erst das fachlich rechte Funktionieren kann die Autorität glaubwürdig machen). Und zweitens geht es darum, dass die Autorität Verbindung hat und auf Beratung und Mitsprache fußt. Die formale Autorität funktioniert also am besten, wenn sie durch Fachkundigkeit und Offenheit auch moralisches Ansehen hat.

Was heißt nun Funktionieren der Autorität in einer verantwortlichen Kirche? Selbstverständlich macht die Autoritätskrise nicht vor den Türen der Kirche halt; im Gegenteil: Aufgrund ihres wirklichen Auftrages haben wir vielleicht noch mehr den Wunsch, zu einer authentischen Autoritätserfahrung zu kommen. Eine Pflicht, gegen besseres Wissen oder gegen eigenes Gewissen und gelebte Glaubenserfahrung gehorsam zu sein, kann von mündig werdenden Gläubigen nicht ohne Weiteres erfüllt werden. Die Begründung? Einerseits geht es darum, die Zeichen der eigenen Zeit zu verstehen, und anderseits darum, die Botschaft der Schrift zu interpretieren. Keines von beiden darf man beeinträchtigen; diese Spannung ist wesentlich, um die Autorität in der Kirche wirksam werden zu lassen. Wer einen der beiden Pole vernachlässigt, höhlt die Autorität aus. Wir brauchen nicht nur Exegeten und Propheten, um uns immer wieder von Neuem mit dem Evangelium zu konfrontieren und uns »opportune, importune« anzusagen, was angesagt werden muss; ebenso brauchen wir Exegeten und Propheten, die die Zeichen der eigenen Zeit und die Erwartungen einer sehr nahen Zukunft lesen und deuten können und uns – ebenso »opportune, importune«, denn wir *wollen* uns dem oft nicht öffnen – damit »lästig fallen«. Einige dieser Zeichen der Zeit: ein anderes Bild vom Menschen, der nach Mündigkeit strebt und mit Freiheit und Verantwortung umgehen kann; damit zusammenhängend eine weitere Auffassung und Erfahrung von der menschlichen Sexualität in einer vollkommeneren menschlichen Beziehung zwischen Mann und Frau als Partnern; zunehmendes Gefühl für menschliche Gerechtigkeit und Verurteilung jeglicher Diskriminierung (von Rasse, Stand, Geschlecht). Das sind nur einige Beispiele, die aber genügend klarmachen, dass auch das Lehramt und das Hirtenamt in der Kirche zeigen müssen, dass sie in dieser Wirklichkeit stehen, dass sie vor ihr Achtung und nicht zuerst Angst haben und dass sie bereit sind, auf die Exegeten dieser Zeichen der Zeit zu hören. Sowohl Inhalt wie Form lassen dann der Autoritätserfahrung und Autoritätsausübung in einer verantwortlichen Kirche Gerechtigkeit widerfahren.

II. *Gesinnung der Autoritätsträger*

Und noch einmal müssen wir auf den modernen Menschen schauen, bevor wir weiter über die Formen der kirchlichen Autorität nachdenken. Wie erlebt z. B. der mündig werdende Mensch sein Erwachsensein? Erfährt er dies auch jetzt noch immer als fortschreitende Entfaltung seiner selbst zu einer Persönlichkeit, die seine Autorität ausschließlich dieser Persönlichkeit entlehnt?
Nein, auch in dieser Hinsicht geht mit dem Menschen etwas vor sich. Wir sehen, dass beim Suchen nach der menschlichen Identität eine Verschiebung von der Ich-Erfahrung zur Wir-Erfahrung auftritt. Im Werk des Psychoanalytikers Erikson tritt schon deutlich die Beziehungspsychologie statt der Persönlichkeitspsychologie in den Mittelpunkt. Der Akzent liegt nicht mehr ausschließlich auf dem Ego, auf all dem Unbewussten

und noch Unbekannten meines Ich, sondern auf dem Netzwerk der Beziehungen zwischen mir und meiner Umwelt: den Menschen, denen ich begegne. Damit verschiebt sich das Persönlichkeitsmodell des Erwachsenseins vom Modell der heroischen Individualität zum Modell der unheroischen Identität. Kurz gesagt: Wenn der Erwachsene zuerst vor allem derjenige war, der das Leben meisterte, der als Atlas die Welt trug, der ein Fels in der Brandung war, ein Vorbild alles Männlichen, ein *self-supporting*, so sehen wir heute, dass Erwachsensein nicht eigentlich ein Endpunkt, sondern ein Ausgangspunkt ist, nämlich der Beginn eines Lebens in Beziehungen, ein Geöffnetsein und Empfänglichsein für Beeinflussungen für und wider, eine Möglichkeit zu schöpferischer Wechselwirkung. Die heroische Verantwortlichkeit, letzten Endes vor allem immer allein zu stehen, macht jetzt einer gemeinsamen und geteilten Verantwortung Platz, der demütigen Anerkennung, aufeinander angewiesen und voneinander abhängig zu sein.[3]

Damit hängt eine Wandlung im Autoritätsbegriff eng zusammen. Hatten zuerst vor allem diejenigen Autorität, die über die andern hinausragten, und konnten sie nur heldische Autorität sein neben so vielen nichtheldischen Unmündigen – jetzt und in Zukunft suchen wir nach führenden Menschen, nach Autoritätsträgern, die in Gesprächsbeziehung leben können, die bereit sind zu hören, und das, was sie gehört haben, in ihrer Antwort zu berücksichtigen, um damit zu einer gemeinsamen Verantwortung zu kommen.

Damit haben wir das Kriterium für die Mündigkeit dargelegt, nämlich in Beziehungen leben, in Gesprächsbeziehung treten zu können. Autorität wird dann zur zwischenmenschlichen Erscheinung: Es geht um die Situationen im Feld und in den sich dort abspielenden Beziehungen. Wir haben nämlich *mit* Menschen und nicht von einsamer Höhe herab *über* Menschen zu entscheiden. Wir haben nicht Menschen etwas aufzuerlegen, ohne dass diese den Vorgang durchschauen. Wir erleben heute eine bemerkenswerte Wendung vom Ich zum Wir, von einer einsamen Stellung zur Aufgabe im Feld, vom isolierten Dasein zur Gemeinschaft, zwischen denen es nun kein Vakuum mehr gibt, wo vielmehr der Raum durch das Netzwerk der Beziehungen menschlich gefüllt wird.

Bringen wir das alles nun in Gedankenverbindung mit dem Wirken der Autorität in der Kirche, so bedeutet diese Aufmerksamkeit auf Beziehungen und die Empfindsamkeit für Kommunikation eine Konkretisierung unsres Glaubens in der Wirkung und der Gaben des Geistes in der Kirche.

In einer nachpatriarchalischen Kultur kann unser Gottesbild nicht einfach mehr das des *Vaters* sein, der alles auf sich nimmt und alles für uns tut; wir orientieren uns leichter an Christus, unserm *Bruder*, der uns auf den Vater verweist und uns in unserer Aufgabe anspricht, Mitarbeiter an seinem Werk zu sein. Darin sind wir alle Brüder und Schwestern, die das Wohl des andern im Auge haben sollten, die für jedermanns eigene Gaben Raum schaffen und diese gerade durch unsre Aufmerksamkeit und unsern Ansporn entbinden und zur Fruchtbarkeit bringen sollen.

Es war übrigens gut für uns Menschen, dass Christus unsern Augen entschwand; mit Pfingsten ist uns ein Licht aufgegangen, und deshalb sollten wir nicht mehr zum Himmel schauen, sondern an die Arbeit gehen: als Christen, als Kirche, die eine Vorläufigkeitsformel und Verlegenheitsformel ist, bis er kommt … Von diesem Geist, von der Wirkung seiner Gaben sollen wir uns alle erfüllen lassen: von Geschmeidigkeit und Wendigkeit statt von Starrheit, von Wärme und Wohlwollen statt von Kälte. Dann sind alle *pneumatikoi*: geistliche Menschen, nachdem dieser Begriff jahrhundertelang ausschließlich für die Amtsträger gegolten hat. Nun können wir die *pneumatikoi* sehen als die vom Geist Erfüllten, als die vom Lebensstrom Erfüllten, der die Weite zwischen den Menschen ausfüllt, wenn sie nur Ohr und Auge dafür haben, der Gemeinschaft und Beziehung bilden kann: Beteiligtsein statt Unverbindlichkeit, Fruchtbarkeit statt Sterilität.

So wird auch die Autorität in der Kirche erst sinnvoll wirken können, wenn die amtlichen Träger der Autorität in einem steten Austausch von Lebenserfahrung und Glaubensgefühlen mit allen Menschen des Glaubens und guten Willens stehen. In der Pastoralkonstitution *Gaudium et Spes* (Nr. 33) wird dies so ausgedrückt: Es ist der Wunsch der Kirche, »das Licht der Offenbarung mit der Sachkenntnis aller Menschen in Verbindung zu bringen, damit der Weg, den die Menschheit neuerdings nimmt, erhellt werde«. Das Lehramt bekommt einen pneumatischen Charakter, wenn es sich sowohl durch Gottes Wort wie durch die gläubige Erfahrung raten und lenken lässt: im demütigen Bewusstsein eigener Unvollkommenheit und Unzulänglichkeit, nicht um zu herrschen, sondern um zu dienen; sich von der eigenen Wichtigkeit lösend, indem es sich allen andern zuwendet.

Kirche als sichtbare Einrichtung braucht Führung und auch eine Struktur; als Personengemeinschaft ist sie ein Geschehen, in dem der Funke überspringt und in der Verbundenheit miteinander Raum zum Leben,

Feiern und Ertragen entsteht. Zwar liegt bei Ersterer der Akzent mehr auf Amt und institutioneller Autorität und beim Zweiten mehr auf den persönlichen Gnadengaben (Begabungen); erst zusammen sind sie – unter Leitung des Herrn der Kirche, durch die Kraft des Geistes und unter der Kritik des Evangeliums – die vollständige Kirchengestalt. Autorität und Charisma müssen keine Gegensätze sein; sie brauchen und ergänzen einander und haben *beide* Autorität. Beide gehören zum Wesen der Kirche, fordern einander und können in fruchtbarer Spannung zueinander stehen. »Lösche den Geist nicht aus«, mahnt Paulus (1 Thess 5,19). Es fordert deshalb Mut und Vertrauen, diese Spannung auszuhalten, indem man im Gespräch miteinander bleibt.

Wir haben uns lange bei einem neuen Raum für die Autorität aufgehalten. Im Zusammenhang mit dieser Autorität steht der Gehorsam. Gehorsam ist keine einfache Sache für den mündig-werdenden Menschen, der in Freiheit entscheiden will und den Gehorsam gegen sein persönliches Gewissen über den Gehorsam gegen die Autorität stellt, die oft gegen das Gewissen aufzutreten scheint, und der die Autorität der Kirche manchmal zur Autorität des Evangeliumswortes in Widerspruch sieht. Gehorsam kann in Zeiten von Autoritätskrisen denn auch kaum eine besonders geliebte Tugend sein. Das braucht an sich noch nicht beunruhigend zu sein, weil es nun einmal einen »Wechsel der Tugenden« gibt; nicht alles tritt in einem einzigen Menschenleben immer ins Blickfeld. Aber wir müssen hier vor uns selbst kritisch sein: Wenn wir einer Autorität ein Nein sagen, aus Gehorsam gegenüber höheren Instanzen – tun wir das dann in Selbstgenügsamkeit, Hochmut und Verschlossenheit, weil wir einen Dialog nicht einmal lohnend finden? Oder sagen wir unser Nein erst, nachdem wir wirklich alles versucht haben, in Kontakt mit dem Träger der Autorität nach der besten Entscheidung zu suchen? Anderseits können wir auch aus Trägheit und Bequemlichkeit, ohne kritisches Mitdenken ja sagen und gehorsam sein, wodurch wir es der kirchlichen Autorität scheinbar zwar leicht machen, sie aber in Wirklichkeit am besten Funktionieren hindern.

Wir brauchen eine richtige und mutige Interpretation des *kirchlichen* Gehorsams. Gottes Geist bringt in der Kirche nicht nur das Amt zustande, sondern auch die Gnade und die Last des Charismas.[4] Wir müssen also im gemeinsamen Kampf den Willen Gottes kennenlernen.[5] Dann schließt sich die Kluft zwischen Autoritätsträger und Gemeinde, zwischen Amt und Charisma; dann wird das Charisma von der Autorität anerkannt und die Autorität in Gehorsam vom Charisma geachtet. Sie bleiben im Gespräch miteinander, wenn auch vielleicht in einem gewissen Gegeneinander. »Der Mut zum Antagonismus, das Charisma, in der Kirche nein zu sagen«, wie Rahner es formuliert, kann in der oben beschriebenen »Gesinnung« positiv wirken und kann Element für eine weitere kritische Zusammenarbeit werden. – Dass im Kräftefeld der Beziehungen zwischen gläubigen Menschen Geduld und Toleranz eine wichtige Rolle spielen sollen, bedarf wohl kaum einer Darlegung.

Erst wenn Autorität wirklich zur Gesinnung und Haltung des Dienstes wird, in Beziehung zu und in Verbindung mit dem ganzen priesterlichen, geistlichen, verantwortlichen Volk, ist Raum für den Geist, um diese Autorität glaubwürdig wirken zu lassen. Dann werden auch alle, für die es bestimmt ist, sich raten lassen; sie werden die Führung bejahen, die Ergänzung, Orientierung, Weisung annehmen. In solcher Autoritätsgesinnung können eine Revision und ein Widerruf früherer Aussagen und Maßnahmen das »Ansehen« der Autorität nicht verringern; im Gegenteil: Autorität dieser Gesinnung ist ja dynamisch, wie jedes menschliche Erwachsensein; sie verwirklicht sich fortwährend, sucht und erneuert sich und verlangt – bestimmt vom *kirchlichen* Autoritätsträger – nicht mehr, dass er auf einsamer Höhe eine kaum tragbare Last tragen soll, die ihm allein auferlegt ist. In der verbindenden Gesinnung, »sich ergänzen zu lassen«, ist die Angst vor einem Gesichtsverlust wie eine Dissonanz.

III. Neue Formen

Es ist wohl klar geworden, dass wir nach einer neuen Gestalt von Autorität und Gehorsam nicht deshalb suchen, weil die Autoritätsträger schlechter sind als früher, sondern weil die Menschen und damit auch ihr Denken, Handeln und Glauben anders geworden sind. Es würde von ekklesiologischem Fundamentalismus zeugen, wenn wir die Gestalt der Kirche dabei nicht ins Gespräch brächten. Allem voran müssen wir die Forderung nach einer konsequenten Brüderlichkeit stellen, nach einer *brüderlichen Gesinnung*, die uns miteinander verbindet. Wir finden diese immer mehr in den Familien: Je größer die Kinder werden, desto mehr nimmt die Beratung zwischen Eltern und Kindern zu und nimmt das Befehlen ab. Man will aufeinander hören, und erst wenn alle Fakten auf dem Tisch liegen, werden die Eltern versuchen, zu einer verantwortlichen Entscheidung zu kommen und diese zu begründen. Gute Führung zwingt nicht den eigenen Willen auf, sondern schafft eine wirksame Einswerdung des Willens vieler.[6] Diese Pflicht zur Hörbereitschaft gilt auch für die Pastoralteams in den Pfarren, Dekanaten oder anderen Seelsorge-Einheiten sowie für alle Überlegungen der Amtsträger mit der Gemeinde, was es auch für Überlegungen sein mögen. Zum Beispiel die Vorbereitung der Predigt, dieser Form autoritätsvoller Verkündigung, kann so zu einer Form brüderlichen Gesprächs werden.

Auch einer kirchlichen Autorität tut es keinen Abbruch, wenn mehrere Mitglieder die Entscheidungen mit zustande bringen; eher ist ihr das nützlich. Deshalb erfüllen kirchliche Räte und Strukturen jeglicher Ebene erst ihren Sinn, wenn sich die Bereitschaft zum Hören in Taten und Maßnahmen konkretisiert, bei denen die gemeinsame Beratung berücksichtigt wird. In einer verantwortlichen Kirche muss es selbstverständlich sein, dass der Autoritätsträger von seiner Leitung Rechenschaft ablegt; dass er begründet, warum er von Ratschlägen abweicht, und dass er sowohl den Kollegen wie auch der Gemeinde Rechenschaft schuldig ist. Von Seiten des Bischofs dürfte eigentlich keine Verlautbarung mehr möglich sein, in der nicht verarbeitet ist, was unter den Priestern, Laien, Ordensleuten, also in der Ortskirche lebendig ist und was besprochen wurde; nicht ohne den Bischof, sondern mit ihm. Das ist ebenso auf die höchste Lehrautorität anzuwenden, die ja nur Autorität hat und glaubwürdig zu reden vermag in und nach Beratung mit allen Bischöfen, aber auch nach Beratung mit anderen: mit Fachleuten, die man hören muss, ohne dass ein Standpunkt schon vorweg fixiert wurde. Denn wenn man bereits Stellung bezogen hat, ist keine Rede mehr von einer verbindenden Gesinnung, sondern von Machtkampf, und wir sind wieder Intrige und Manipulation ausgeliefert. Dass es nicht nur in autoritären Zusammenhängen, sondern auch unter demokratischen Verhältnissen so weit kommen kann, wissen wir aus politischen und anderen Strukturen, die wir vor allem deshalb nicht kritiklos in die Kirche herüberholen sollten. Für das Gesicht der Kirche muss mehr als die Macht der Zahl die Macht der Liebe charakteristisch werden.

Bischöfe sollten weder nach Chur noch nach Rom gehen, ohne sich vorher mit einer kritischen, zum Reden und Hören bereiten Gruppe von Gläubigen verschiedenster Kategorien zu besprechen, die so als Berater an der Leitung und Führung vorbereitend mitwirken. Solch ein Dialog soll mehr sein als ein unverbindliches »hearing«; denn er muss in künftigen

Entscheidungen verarbeitet werden. Das niederländische Pastoralkonzil ist dabei, dem eine Form zu geben, indem es u.a. zu Beginn einer jeden Sitzung dem Stand der Verwirklichung nachgeht, was in früheren Sitzungen beschlossen wurde.

IV. *Kirchlicher Pluralismus*

Selbstverständlich bietet in einer Weltkirche die Verschiedenheit von Kultur, Entwicklung, Lebensstandard, Charakter usw. einen Fächer von Möglichkeiten, der Kirche, dem ganzen Gottesvolk, der Autorität in der Kirche, der Glaubenserfahrung und den Glaubensäußerungen, der Verwaltung des Amtes und dem klösterlichen Leben Gestalt und Form zu geben. Ob es nun um das kirchliche Lehramt, das Hirtenamt oder um die Leitungsautorität überhaupt geht – die Kirche wird die Spannungen aushalten müssen, die in der Pluralität liegen, gerade um damit die Glaubwürdigkeit ihrer Autorität zu heben. Das braucht weder zu charakterloser Anpassung, noch zu Verflachung oder Desintegration zu führen, sondern kann von einem Mehr an Wirklichkeitssinn und Erfahrung zeugen. Es geht letztlich nicht um die Glaubwürdigkeit der kirchlichen Autorität, sondern um die Kirche als Instrument, welches das Evangelium auch in Zukunft für die Welt zu einer wirkenden Kraft macht. Christus ist der Herr der Kirche, in aller Dynamik, durch die Jahrhunderte. Die Antwort der christlichen Gemeinde auf die Anwesenheit ihres Herrn lenkt sie auf die heutige Zeit und die Zukunft. Sie bezieht die Kirche beständig in die Geschichte ihrer Zeit ein. Sie garantiert ihre Offenheit für Entwicklung und schützt sie vor der Versuchung, nur in der Vergangenheit zu leben.

Die Pluralität von Autoritätsformen ist auch biblisch zu rechtfertigen. Denn die Unbegrenztheit der Dienstformen, in denen Autorität ausgeübt wird, führt zu dem Schluss, dass keine von allen Kulturformen für die christliche Treue zum Evangelium essentiell ist. Die sich wandelnden Bedürfnisse der christlichen Gemeinschaft verlangen eine Anpassung der Autoritätsformen.[7] Grundlage bleibt die Bereitschaft, sich dem Wort der Offenbarung zu unterwerfen. Das ist die Grundlage der Einheit, die in den verschiedensten Formen und in Verbundenheit mit Rom zum Ausdruck kommen kann. Die Autorität muss sich mehr in Richtung einer prophetischen als einer institutionellen, formellen Autorität entwickeln. Dies führt uns auf die Mobilität der neuen Formen: sowohl der Autorität wie des Gehorsams. Besonders gefährlich ist, Autoritätspositionen für lange Zeit mit denselben Personen zu besetzen. Da es nicht darum geht, jemandem eine Position zu verschaffen, sondern dafür zu sorgen, dass eine Aufgabe gut erfüllt wird, müssen die Ämter auf Zeit übernommen werden, und zwar jedes Amt – bis hinauf zum päpstlichen Amt und einschließlich diesem. Diese Ernennung darf zudem nicht aus einer kleinen exklusiven Gruppe geschehen, sondern aus dem ganzen Gottesvolk.

Auch Offenheit, ja *Öffentlichkeit* der Autorität soll hier als Forderung genannt werden. Der Autoritätsträger muss von seinen Worten und Akten Rechenschaft ablegen, um den Gläubigen Einsicht zu geben und seine Motive darzulegen. Die Ausübung der Autorität muss »organisiert« werden; die Gewalt muss geteilt werden sowie Veto und Widerspruch müssen möglich sein. Hier liegt auch die Aufgabe der Bischofssynode, die in aller Brüderlichkeit, mit Autorität und mitbeschließend ihren Beitrag zur höchsten Autoritätsausübung in der Kirche beisteuern und darauf achten soll, dass alle Vereinbarungen eingehalten und die Beschlüsse ausgeführt werden.

Vielleicht ist es gerade das Charisma der *Gemeinde* von morgen (ihr Auftrag und ihre keineswegs leichte Last), einer anderen Autoritätsauffassung, -ausübung und -erfahrung zur Wirkung zu verhelfen und die vertikale, patriarchalische Mentalität der kirchlichen Autorität zu verwandeln. Denn vertikal ist nur, dass wir alle Kinder *eines* Vaters sind. Gerade in diesem gemeinsamen Glauben sind wir für alle Brüder und Schwestern, die zwar in verschiedene Verantwortung gestellt sind und also Ordnung und Gliederung respektieren, die aber Achtung vor der persönlichen Überzeugung haben und dafür sorgen, dass ein sachlicher Widerspruch ohne Furcht vorgetragen werden und zur Geltung kommen kann.

So kann, über alle Grenzen der Denominationen hinweg, eine umfassende Solidarität entstehen, wodurch die Liquidation des immer noch gewollten Ghettos faktisch vollzogen wird. Es ist nicht der Wille des Evangeliums, dass die kirchlichen Diener in ihrem eigenen Hause Herren sind. Wenn dieses Herrendasein aufgegeben wird, kann die Kirche Diener der Menschen und der Gesellschaft sein, ohne eigenes Haus. Denn ein Diener ist da zu Hause, wo von seinem Dienst Gebrauch gemacht wird.[8]

Zusammenfassung

a. Die Autorität in der Kirche soll die Gemeinde gerade in ihrem Erwachsensein anreden, indem sie auf ihre Reife vertraut und mit ihrer Reife rechnet. So ist es schon im Neuen Testament, z.B. wenn Paulus an die Gemeinde von Rom schreibt und sie als mündige Gemeinde anspricht: »Ich bin, meine Brüder, persönlich fest von euch überzeugt, dass ihr schon selbst voll trefflicher Gesinnung seid, erfüllt von jeglicher Einsicht und durchaus fähig, euch gegenseitig zu ermahnen. Ich habe euch (nur deshalb) zum Teil etwas kühn geschrieben, um eure Erinnerung aufzufrischen, weil Gott mir ja dieses Amt verliehen hat« (Röm 15,14f). Wir sehen hier die Mündigkeit der Gemeinde und die Amtsautorität auf eine glückliche Art fruchtbar miteinander verbunden.

b. Amt und Gemeinde sollen in der Kirche gemeinsam dafür sorgen, dass die Kirche als solche moralische Autorität erhält, dass sie für die Welt glaubwürdig und relevant wird auf der Grundlage von Liebe, Wahrhaftigkeit, Uneigennützigkeit und Dienstfreudigkeit.

Dieser Beitrag ist für das CONCILIUM-Heft zum Thema Spiritualität bestimmt. Es möge klar geworden sein, dass für den Gläubigen von heute die Frömmigkeit stark vom Wortcharakter des Christentums inspiriert wird: von Offenbaren, Hören, Ratgeben, Anreden, Antworten. In diesem Zusammenhang ist Verantwortung eine Frömmigkeitsform der neuen Zeit. Sie ist das Verbindungsglied zwischen Autorität und Gehorsam, weil sie Äußerung einer gläubigen Mentalität ist, die sich so unmittelbar wie möglich an der Schrift und am Anruf der eigenen Zeit orientieren will. Gehorsam bedeutet dann: Dieser Orientierung treu zu sein und auf den Anruf hören. Sie enthält die Bereitschaft, sich unter die Autorität und die Kritik des Evangeliums zu stellen. Das gilt sowohl für Autoritätsträger wie für alle anderen Gläubigen, wenn sie sich auch in verschiedenen Formen äußert.

1 | Vgl. Hendrikus Berkhof, *De Kerk: Protestantse Verkenningen na Vaticanum II*, 's-Gravenhage 1967, 96.

2 | Vgl. H. Lagerberg, *Structuren van de missionaire gemeente: Geloof bij kenterend getij*, Roermond/Maaseik o.J., 365–392.

3 | Vgl. Erik H. Erikson, *Psychological Reality and Historical Actuality: Sight and Responsibility*, New York 1964, 16; Emmanuel Levinas, *Totaliteit en het oneindige*, Rotterdam 1966, 221ff (deutsch: *Totalität und Unendlichkeit. Versuch über die Exteriorität*, Freiburg i.B. 2002).

4 | Vgl. Karl Rahner, *Löscht den Geist nicht aus!*, Salzburg 1962 (gekürzt in: ders., Schriften VII, 77–90).

5 | John L. McKenzie, *Authority in the Church*, London/Dublin/Melbourne 1966, 109.

6 | Ebd., 133.

7 | David Michael Stanley, *Authority in the Church. A New Testamental Reality*, in: The Catholic Biblical Quarterly 29 (1967), 555–573.

8 | Otto Betz (Hg.), *Gemeinde von morgen*, München 1969, 34–36ff.

9 | Herman N. Ridderbos, *Gezag en ambt*, in: Rondom het Woord 11 (1969), 169ff.

Aus dem Niederländischen übersetzt von Dr. Heinrich A. Mertens

Die Freiheit der Theologen und der Theologie

Eine Erklärung

1969

In voller Loyalität und eindeutiger Treue zur katholischen Kirche sehen sich die unterzeichneten Theologen veranlasst und verpflichtet, mit großem Ernst öffentlich darauf hinzuweisen: Die durch das Zweite Vatikanische Konzil wiedergewonnene Freiheit der Theologen und der Theologie zum Dienst an der Kirche darf heute nicht erneut gefährdet werden. Diese Freiheit ist eine Frucht und Forderung der befreienden Botschaft Jesu selbst und bleibt ein wesentlicher Aspekt der von Paulus verkündeten und verteidigten Freiheit der Kinder Gottes in der Kirche. Daher obliegt es allen Lehrern in der Kirche, das Wort zu verkünden opportune importune, gelegen oder ungelegen.

Diese Freiheit bedeutet für uns Theologen zugleich die schwere Verantwortung, die echte Einheit und den wahren Frieden der Kirche und all ihrer Glieder nicht zu gefährden. Wir sind uns wohl bewusst, dass auch wir Theologen in unserer Theologie irren können. Aber wir sind überzeugt, dass irrige theologische Auffassungen nicht durch Zwangsmaßnahmen erledigt werden können. In unserer Welt können sie wirkungsvoll nur durch eine unbehinderte sachliche wissenschaftliche Diskussion korrigiert werden, in der die Wahrheit durch sich selbst siegen kann. Wir bejahen mit Überzeugung ein Lehramt des Papstes und der Bischöfe, das unter dem Worte Gottes und im Dienste der Kirche und ihrer Verkündigung steht. Aber wir wissen zugleich, dass dieses pastorale Verkündigungsamt die wissenschaftliche Lehraufgabe der Theologen nicht verdrängen oder behindern darf. Jegliche Art von noch so subtiler Inquisition schadet nicht nur der Entwicklung einer gesunden Theologie. Sie fügt zugleich der Glaubwürdigkeit der gesamten Kirche in der Welt von heute unabsehbaren Schaden zu. Wir erwarten deshalb vom pastoralen Verkündigungsamt des Papstes und der Bischöfe ein selbstverständliches Vertrauen zu unserer kirchlichen Gesinnung und die vorurteilslose Unterstützung unserer theologischen Arbeit zum Wohle der Menschen in Kirche und Welt. Wir möchten unserer Pflicht, die Wahrheit zu suchen und zu sagen, nachkommen ohne Behinderung durch administrative Maßnahmen und Sanktionen. Wir erwarten, dass man unsere Freiheit respektiert, wo immer wir nach bestem Wissen und Gewissen unsere begründete theologische Überzeugung aussprechen oder publizieren.

Weil nun gegenwärtig wieder eine Gefährdung der freien theologischen Arbeit zu wachsen scheint, sehen wir uns veranlasst, eine Reihe konstruktiver Vorschläge zu machen. Ihre Verwirklichung halten wir für unerlässlich, damit Papst und Bischöfe ihre Aufgabe auch im Hinblick auf die Funktion der Theologen in der Kirche angemessen und würdig erfüllen können.

1. Die Behörden der römischen Kurie, insbesondere die Kongregation für die Glaubenslehre, werden auch nach einer gewissen Internationalisierung durch Papst Paul VI. sich so lange des Anscheins der Parteilichkeit zugunsten einer bestimmten theologischen Richtung ausgesetzt sehen, als sie in ihrer personellen Zusammensetzung der legitimen Vielfalt heutiger theologischer Schulen und Mentalitäten nicht deutlich Rechnung tragen.
2. Dies gilt in erster Linie für das entscheidende Organ der Kongregation für die Glaubenslehre, die Vollversammlung der Kardinäle (»Plenaria«). Hier sollte die Altersgrenze von 75 Jahren eingeführt werden.
3. Als Konsultoren sollen nur ausgewiesene und allgemein anerkannte Fachleute berufen werden. Ihre Amtszeit ist definitiv zu begrenzen und soll in keinem Fall die Altersgrenze von 75 Jahren übersteigen.
4. Die von der Bischofssynode gewünschte internationale Theologenkommission, die ebenfalls die verschiedenen theologischen Richtungen und Mentalitäten in der Kirche in gerechter Verhältnismäßigkeit umfassen soll, möge umgehend errichtet werden. Mit ihr soll die Glaubenskongregation aufs engste zusammenarbeiten. Auch sollen die Kompetenzen der Kongregation und der bischöflichen Kommissionen für die Glaubensfragen innerhalb der Bischofskonferenz grundsätzlich und klar abgegrenzt werden.
5. Wenn die Kongregation für die Glaubenslehre in außerordentlichen und gewichtigen Einzelfällen genötigt zu sein scheint, einen Theologen oder eine Gruppe von Theologen wegen ihrer Lehre zu beanstanden, so hat dies in jedem Fall (die Ordensleute nicht ausgenommen) in einem geordneten Verfahren zu geschehen. Für dieses Verfahren ist, entsprechend

den Anweisungen des Papstes für die Reform des Sanktum Offizium »Integrae servandae« vom 7. Dezember 1965, eine klare und bindende Verfahrensordnung auszuarbeiten und endlich rechtmäßig zu publizieren. Die Kompetenz der Kongregation für die Glaubenslehre soll dabei klar auf theologische Sachfragen begrenzt sein. Für rein persönliche Angelegenheiten kann nur der ordentliche Rechtsweg beschritten werden.

6. In der Verfahrensordnung, die auch im revidierten kirchlichen Gesetzbuch ihren Niederschlag finden soll, müsste Folgendes garantiert sein:

a) Die Prüfung von Glaubensfragen durch die Kongregation hat zu erfolgen aufgrund von authentischen Veröffentlichungen des Verfassers selbst in der Originalsprache, nicht aber aufgrund von unautorisierten Berichten oder Übersetzungen. Es soll von Anfang an ein von der Kongregation beauftragter amtlicher Verteidiger des betreffenden Theologen (relator pro auctore) hinzugezogen werden. Nach erfolgter Begutachtung werden alle beanstandeten Lehren dem betreffenden Theologen schriftlich mitgeteilt zugleich mit allen eventuell vorliegenden Gutachten, Dekreten, Relationes und wichtigen Aktenstücken. Der betreffende Theologe nimmt zu diesem Material schriftlich Stellung.

b) Befriedigt diese Stellungnahme nicht, so sind zu den strittigen Fragen zwei oder mehrere Fachgutachten anerkannter Theologen einzuholen, von denen wenigstens die Hälfte der betreffende Theologe selbst bestimmen kann.

c) Sollte danach eine persönliche Aussprache für notwendig erachtet werden, so sind dem betreffenden Theologen die Namen der Gesprächspartner, der Gegenstand des Gesprächs und der volle Wortlaut aller bestehenden Gutachten, Dekrete, Relationes und sonstiger wichtiger Protokolle und Aktenstücke rechtzeitig vorher mitzuteilen. Der Theologe kann das Gespräch in jeder von ihm gewünschten Sprache führen und einen Fachmann zu seiner Unterstützung mitbringen. Eine Verpflichtung zur Geheimhaltung besteht nicht. Über dieses Gespräch geht ein von allen Teilnehmern unterzeichnetes Protokoll an die Kongregation.

d) Wenn es nach dem Urteil der Kongregation auch nach diesem Kolloquium eindeutig erwiesen ist, dass die beanstandeten Lehren dem wirklich verpflichtenden Bekenntnis der Kirche eindeutig widersprechen und weite Kreise im Glauben gefährden, so soll die Kongregation diese Lehren in einer begründeten Stellungnahme öffentlich widerlegen.

e) Unbeschadet der Verbindlichkeit kirchlicher Lehrautorität sind in der heutigen gesellschaftlichen Situation darüber hinausgehende Maßnahmen administrativer und wirtschaftlicher Art gegen Autoren oder Verlage in der Regel als nutzlos oder gar schädlich zu unterlassen.

7. Da aller Glaube ohne Liebe nichts ist, so muss in allem Bemühen um die Wahrheit in der Kirche nach den Grundsätzen der christlichen Caritas verfahren werden.

Diese Erklärung wurde von folgenden Theologen unterzeichnet:

Prof. Roger Aubert (Universität Leuven), Prof. Alfons Auer (Universität Tübingen), Lektor Theo Beemer (Universität Nijmegen), Prof. Pierre Benoit OP (Ecole Biblique Jerusalem), Prof. Franz Böckle (Universität Bonn), Dr. Werner Bröker (Bonn), Prof. M.-D. Chenu OP (Faculté de Théologie Paris), Prof. Yves Congar OP (Le Saulchoir Paris), Prof. Christian Duquoc OP (Faculté de Théologie Lyon), Prof. em. Richard Egenter (München), Prof. Heinrich Fries (Universität München), Prof. Claude Geffré OP (Institut Catholique Paris), Dr. Norbert Greinacher (Universität Münster), Prof. Herbert Haag (Universität Tübingen), Dr. Helmut Hucke (Universität Frankfurt am Main), Prof. Piet Huizing SJ (Universität Nijmegen), Lektor Bas van Iersel SMM (Universität Nijmegen), Prof. Walter Kasper (Universität Münster), Prof. Hans Küng (Universität Tübingen), Prof. Karl Lehmann (Universität Mainz), Prof. John McKenzie SJ (University Notre Dame), Prof. Johannes Baptist Metz (Universität Münster), Prof. Alois Müller (Universität Freiburg/Schweiz), Prof. Roland Murphy OCarm (University Washington), Prof. Johannes Neumann (Universität Tübingen), Prof. Willi Oelmüller (Universität Münster), Dr. David Power OMI (Kilkenny), Prof. Karl Rahner SJ (Universität Münster), Prof. Joseph Ratzinger (Universität Tübingen), Prof. Johannes Remmers (Universität Münster), Prof. Edward Schillebeeckx OP (Universität Nijmegen), Prof. Herman Schmidt SJ (Gregoriana Rom), Prof. Piet Schoonenberg SJ (Universität Nijmegen), Prof. Heinz Schuster (Hochschule Saarbrücken), Prof. Anton Vögtle (Universität Freiburg), Prof. Leonhard Weber (Universität München), Prof. Anton Weiler (Universität Nijmegen), Dr. Bonifatius Willems OP (Universität Nijmegen).

Die Herren Professoren und Dozenten der Theologie, die diese Erklärung unterstützen möchten, sind freundlich gebeten, ihre Zustimmung mit genauen Namen, Titel- und Funktionsangaben dem Generalsekretariat Concilium mitzuteilen.

Edward Schillebeeckx

Der »Gott Jesu« und der »Jesus Gottes«

1974

Im Neuen Testament begegnen wir dem Zeugnis von Menschen, die Heil fanden, ausgesagt »im Namen Gottes« in Jesus von Nazaret; deshalb nannten sie Ihn aus ihren Heilserwartungen heraus (als sie sich der konkret-geschichtlichen Erscheinung Jesu gegenübergestellt sahen) »den Christus, Gottes Sohn, unsern Herrn«.

I. Leidensgeschichte und Heilserwartung

Vorstellungen und Erwartungen von Heil und menschlichem, persönlichem und gesellschaftlichem Glück werden immer vor dem Hintergrund konkret erfahrener und reflektierter Wirklichkeit von Unheil, Leid, Elend und Entfremdung entworfen, aufgrund gehäufter negativer Erfahrungen in einer jahrhundertelangen Leidensgeschichte, in der verheißungsvolle Glückserfahrungen aufblitzen: Teilerfahrungen von Heil in einer Geschichte, viele Generationen lang, von nicht erfüllten Erwartungen, Schuld und Bösem – das Ijobproblem unsrer Menschengeschichte. Daraus entsteht dann auf die Dauer ein anthropologisches Projekt, eine Vision auf das, was man für das wahre und glückliche gute Menschsein hält. Der immer in Kritik gezogene, aber alle Kritik immer wieder überlebende menschliche Hunger nach Glück und Heil bekommt deshalb unvermeidlich – in gegensätzlichen Formen – die betonte Nuance der »Erlösung *von*« oder »Befreiung *aus*« und (gleichzeitig) des Eintritts in eine »ganz neue Welt«. Negative Kontrasterfahrungen der Menschheit zeichnen also die positiven Heilsvorstellungen und -erwartungen eines Volkes. Aus seinen Heilsvorstellungen kann man sozusagen die Leidensgeschichte eines Volkes herauslesen, selbst wenn wir auf anderen Wegen der genauen Spur der Leiden nicht mehr folgen könnten.

Historisch gesehen, war die Zeit Jesu bei Juden und Heiden eine Periode, die prall voll war von Heilserwartungen, die in einem Fächer von Heilsvorstellungen Gestalt bekam, die aus einer jahrhundertelangen Geschichte flüchtig erfahrenen Heils und vieler unerfüllter Erwartungen zusammengeflossen waren. Vor allem die Zeit der jüdischen Apokalyptik, seit der Makkabäerzeit (167 n. Chr.), über den jüdischen Krieg (66–70 n. Chr.) bis zu Bar Kochba (135 n. Chr.), war »eine Geschichte von Blut und Tränen«[1], aus der die Sehnsucht erwuchs: »Nun ist es genug; die Welt muss endgültig und radikal verändert werden.« Vor diesem allgemeinen Erwartungshorizont, als der Verschmelzungsprozess mannigfacher Heilsvorstellungen in der Zeit Jesu noch vollauf im Gange war, führte die lebendige Begegnung mit Jesus von Nazaret einige zu der Überzeugung: »In keinem andern ist Heil gegeben« (Apg 4,12). Ihre Erfahrung vom Heil-in-Jesus im Namen Gottes wurde von den ersten Christen in ihren vorgegebenen, von ihnen selbst lebendig mitgeteilten Heilsvorstellungen aus vielerlei Herkunft ausgesprochen. Diese Erwartungen sahen sie erfüllt in Jesus von Nazaret. Sie erlebten sich selbst als neue Menschen. Im Neuen Testament haben sie – wenigstens nach einigen Generationen christlichen Lebens und Nachdenkens darüber – Zeugnis von ihrer Erkenntnis des Heils in Jesus abgelegt, während sie gleichzeitig ihre bisherigen Heilsvorstellungen und -erwartungen preisgaben. Eine eigene Heilserwartung und frohe Erkenntnis Ihrer überraschenden Erfüllung lassen sich in Jesus in den Evangelien denn auch nicht in Reinkultur finden: Beide Linien sind dann fast unentwirrbar miteinander verwoben. Die Frage nach dem wahren Wesen des Menschen und das Finden einer Antwort auf diese Frage in dem historischen Menschen Jesus sind korrelativ allerdings so, dass nicht die vorgegebenen Heilserwartungen bestimmen, wer Jesus ist, sondern umgekehrt: In die eigengeartete, sehr bestimmte Geschichte Jesu werden die gegebenen Heilserwartungen zwar mit aufgenommen, aber damit gleichzeitig umgeformt, neu geeicht oder korrigiert. Das weist hin auf Kontinuität und gleichzeitige Diskontinuität zwischen der menschlichen Frage nach Heil und der historisch konkreten Antwort, die Jesus ist.

Für uns gibt es deshalb beim ersten Lesen des Neuen Testaments große Schwierigkeiten. Wir leben nicht in einer kulturell-religiösen Tradition, die einen Messias oder einen geheimnisvoll himmlischen Menschensohn erwartet; ebenso wenig leben wir in der Erwartung eines nahenden Weltendes. Wir werden in den Evangelien nicht nur mit Jesus von Nazaret konfrontiert, sondern auch mit einem Brocken antiker religiöser Kultur. Diese antike Kultur mit ihren jüdischen und hellenistischen Erwartungsmodellen ist uns fremd. Heilsvorstellungen und Heilserwartungen des wahren Menschseins sind ja kulturell mitbestimmt, wenn auch die »condition humaine« dieselbe ist. Die dem heutigen Tag eigene konkrete Heilserwartung hat mehr die Gestalt von allerlei emanzipativen Befreiungsbewegungen angenommen – Bewegungen, die die Menschheit aus ihren gesellschaftlichen Entfremdungen erlösen wollen, während allerlei wissenschaftliche Methoden (Psychoanalyse, Gestalttherapie, Andragogik, Kollektivarbeit, Counselling usw.) die Menschen aus persönlichen Entfremdungen und dem Elend persönlichen Identitätsverlustes befreien wollen. Dass es neben Jesus Christus eine Reihe von Faktoren in unserm Leben gibt, die historisch echtes Heil bringen und den Menschen tatsächlich ganz machen, ist ein Bewusstsein, das sich in unsrer Zeit mehr denn je als Selbstverständlichkeit aufgedrängt hat. Das bringt den bis vor Kurzem in bestimmten christlichen Kreisen unschuldig gebrauchten Ausdruck »Alles wahre Heil kommt allein von Jesus Christus« in einen schwierigen, wenig durchsichtigen und zumindest befremdenden, unglaubwürdigen Zusammenhang. Daraus geht hervor, dass sich der religiöse Heilsbegriff in unsrer Zeit eingeengt bat; er hat viel Gebiet an andere, in der Tat sichtbar wirksame, heilbringende Instanzen abgeben müssen. Diese Situation stellt die Frage, was dem Menschen wirklich zum Heile gereicht, in den Mittelpunkt der heutigen Problematik.

Wir sehen deutlich, dass die Möglichkeit, durch Wissenschaft und Technik manche menschliche Entfremdung fortzunehmen, sehr real vorhanden ist; gleichzeitig aber, dass diese zweckmäßige Möglichkeit nur Entfremdungen betrifft, die ihrem Wesen nach die Folge leiblicher, psychosomatischer und gesellschaftlich-struktureller Konditionierungen oder die Folge des Nichtvorhandenseins infrastruktureller Konditionierungen sind – Nichtvorhandensein befreiender oder Vorhandensein belastender Konditionierungen von Freiheit, die tatsächlich durch menschlichen Einsatz beseitigt werden können. Menschliche Freiheit ist ja keine rein innere Angelegenheit. Sie ist eine leibliche, nach außen gekehrte Freiheit und kommt erst zu sich selbst in der Begegnung mit wahrhaft freien Menschen, innerhalb gesellschaftlicher Maßnahmen und Strukturen, die Freiheit möglich machen. Aus uns selbst sind wir nur Möglichkeit-zur-Freiheit und ist die Freiheit sozusagen noch eine Leere, hat keinen Inhalt; durch Kultur gibt die Freiheit der Leere schöpferischen Inhalt. Aber keine kulturelle Form und kein Kulturniveau können die Leere ganz ausfüllen. Person, Gemeinschaft und »Natur« stehen in einer unreduzierbaren dialektischen Spannung zueinander. Die Folge davon ist, dass sich die tiefste Entfremdung im menschlichen Leben weder *personal* noch *gesellschaftlich* ganz überwinden lässt. Es gibt menschliches Leid, das sozialpolitisch nicht aufzuheben ist. In den besten Gesellschaftsstrukturen kann man noch an Vereinsamung zerbrechen. Optimale Strukturen machen die Menschen nicht automatisch zu guten, reifen menschlichen Menschen. Natur lässt sich zwar in hohem Grade vermenschlichen, bleibt aber trotzdem unvermeidlich dem Menschen *fremd* (man denke nur an den Tod). Und schließlich ist es unsre unverlierbare Endlichkeit, die zum Quell des Gottvertrauens, aber auch zur Ursache von Einsamkeit und Angst werden kann. Innerhalb unsrer Menschengeschichte lässt sich deshalb in Konfrontation mit der Natur und diesen Gegebenheiten kein Subjekt identifizieren, das ein Total-Heil, ein wirkliches »Ganzsein« des Menschen realisieren kann. Alles fällt unter diese Dialektik.

Die Frage ist nun, ob nicht in Jesus von Nazaret (wie in jeder Religion) gerade diese tiefere Problematik auf eine spezifische Weise zur Sprache gebracht wird. Tatsächlich: Für Sklaven ist Heil Befreiung; für einen Menschen, der seinen Lebenslauf deterministisch durch das Schicksal bestimmt weiß oder der sich als Spielball dieses Schicksals böser Mächte oder überirdischer böser Geister betrachtet, ist Heil Überwindung dieser Mächte usw. Der konkret-materiale Inhalt von dem, was »gute Botschaft«, Heil und Evangelium für uns ist, wechselt offenbar mit dem erfahrenen Unheil, in dem sich der Mensch befindet. Sowohl das Frühchristentum wie die Geschichte der christlichen Kirchen zeigen uns, wie verschieden das in Jesus erfahrene Heil nach seinem materialen Inhalt beschrieben wird. Und diese Erzählung geht auch für uns weiter.

Immer wieder haben moderne Heilssehnsucht *und* was in Jesus zur Sprache gekommen ist – immer wieder haben beide deshalb einen wesentlichen Beitrag zur Formulierung einer jesusgetreuen und doch bei uns ankommenden Lebensantwort zu liefern. Dabei wird das wirkliche Heilsangebot im Namen Gottes in Jesus zugleich unsre eigene Heilssehnsucht mit unter Kritik stellen können. Die Frage dabei ist, ob in der religiösen Lebensinterpretation und insbesondere in der christlichen Jesusinterpretation nicht gerade jene Entfremdungen zur Sprache kommen, welche durch kein menschliches, wissenschaftliches und technisches Eingreifen zu beseitigen sind; was bedeuten würde, dass die religiöse Wirklichkeitsinterpretation diese innermenschlichen Heilsinstanzen in der ihnen eigenen Art anerkennt, bestätigt und anregt, während es ihr im Grunde um die Befreiung von vor allem tieferen und wesentlicheren menschlichen Entfremdungen zu tun ist: um eine Erlösung, die den Menschen wirklich zur Freiheit *befreit*, zu einer Autonomie, die nur in froher Gebundenheit an einen transzendenten und gerade deshalb freisetzenden lebendigen Gott möglich ist.

Nach der Botschaft und Lebenspraxis Jesu von Nazaret zu suchen wird deshalb bedeuten: Suchen nach den Tiefenstrukturen dessen, was in Jesus als religiös-menschliche »frohe Botschaft« in Wirklichkeit erscheint, nicht aber nur ein Suchen nach einer Bestätigung von dem, was wir als Menschen utopisch, wissenschaftlich und technisch vielleicht selbst schon verwirklichen können. Letzteres ist für Menschen im 20. Jahrhundert (so sinnvoll und notwendig es auch sein mag) keine Neuigkeit, kein »euangelion«, kein bleibend Neues wie eine »Nachricht im Namen Gottes« (Mk 1,14–15).

II. Frage nach Gott und Frage nach dem Menschen

Vor dem Hintergrund des oben Gesagten zeigt sich dann, dass von diesem Jesus (solange nicht greifbar dargelegt wird, dass wir im Menschen Jesus von Nazaret wesentlich zu tun bekommen mit dem freimachenden und darin gleichzeitig – wie ungreifbar auch immer – definitiv sinngebenden »Schöpfer von Himmel und Erde«, mit dem lebendigen Gott) keine wirklich verantwortete, wenn auch nur im Glauben bestätigte, *universale* Einladung ausgehen kann. Wenn nicht der lebendige Gott – der Gott der Juden, der Moslems, Buddhisten und so vieler anderer – in dieses Jesusgeschehen persönlich einbezogen ist und in ihm auf die eine oder andere Art und Weise sein Antlitz aufs reinste sehen lässt, bleibt Enthusiasmus für Jesus als inspirierenden und orientierenden Menschen zwar sehr sinnvoll (gewiss innerhalb der begrenzten Tradition, in der er erschien), aber letztlich unverbindlich, höchstens als »Chiffre« menschlicher Möglichkeiten. Ohne den Wert solcher Inspiration leugnen zu wollen, kann man ihr unmöglich universal geltende Bedeutung zuerkennen.

Der von uns historisch erreichbare Jesus wird in seiner geschichtlich tatsächlich provozierenden Erscheinung erst dann für uns zu einer erneuerten und vertieften Fragestellung, *wenn* und *weil* Er es ist, der etwas Entscheidendes und Endgültiges über Gott und darin zugleich über den

Menschen zu sagen hat; mit andern Worten: wenn in Jesus Gott als höchste Herausforderung für den Menschen zur Sprache gebracht wird. In dieser Problemstellung muss deshalb in dem historischen Jesus nach *möglichen Zeichen* gesucht werden, die die menschliche Frage nach Heil auf das christliche Angebot einer gläubigen Antwort hinlenken können, die auf ein (von Christen identifiziertes) besonderes Heilshandeln Gottes in Jesus von Nazaret hinweist. Die Antwort auf die Frage nach der einzigartigen und universalen Bedeutung Jesu wird deshalb einerseits mit der Entschleierung des wahren Antlitzes Gottes zu tun haben müssen, anderseits mit der Aufdeckung des wahren Antlitzes des Menschen, in dem Gottes eigenes Gesicht eine sichere Augenscheinlichkeit bekommt.

Natürlich kann die Frage nach Jesu einzigartig-universaler Bedeutung (wie sie von der christlichen Überzeugung behauptet wird) nur *im Glauben* beantwortet werden. Anderseits müssen solche gläubigen und theologischen Aussagen in der Geschichte Jesu selbst begründet sein; sonst hätten sie eine gebrochene und deshalb ideologische Beziehung zur Wirklichkeit. Etwas davon muss historisch sichtbar geworden sein, dass den Vater gesehen hat, wer Jesus sieht. (Wäre der Bruch zwischen diesen zwei Ebenen zu groß gewesen, hätte das Christentum niemals eine spürbare Chance gehabt.) Es handelt sich um eine Aussage des Glaubens, die aber *Wirklichkeit* zu *bestätigen* beansprucht – und sei dieser Anspruch auch ein Glaubensanspruch.

Aber wenn man, auch in der Glaubenssprache, eine Wirklichkeit bestätigt (d. h. was als solches nicht durch mich, den Gläubigen, gesetzt wird, sondern das im Gegenteil meine Zusage herauslockt und zum Glaubensakt macht), dann wird die historische Wirklichkeit, d. h. Jesus von Nazaret, selbst die *Basis* für das liefern müssen, was über Ihn in Glaubenssprache gesagt wird und dem zugleich *Fülle* gibt.

Vor dem Horizont dieser Problemstellung zeigen sich heute in der Jesusinterpretation zwei Bruchstellen, die in einer Frage zusammenstoßen, welche (zu Unrecht) oft in *Dilemma-Gestalt* vorgelegt wird: Liegt das Heil im historischen Auftreten Jesu, in seiner provozierenden Botschaft, in seinen wohltuenden und kritischen Worten und seiner entsprechenden Lebenspraxis, der er treu war bis zum Tod? Oder liegt das Heil in dem auferstandenen Gekreuzigten? Die zwei Bruchstellen, die sich darauf beziehen, sind: (a) Ist es für die Identität Jesu wesentlich, Gott zur Sprache zu bringen (der »Gott Jesu«)? und: (b) Was bedeutet es (falls diese Frage positiv beantwortet wird), wenn Jesu Botschaft und Lebenspraxis historisch auf ein Scheitern hinausliefen, mit andern Worten: wenn er verworfen wurde (der »Jesus Gottes«)?

1. Der »Gott Jesu«

Mit Recht kann man sagen, dass wir den »Gott Jesu«, der in Jesu Leben zur Sprache kommt, nicht aus einer vorgegebenen Idee des Gottseins verstehen können – als ob wir besser wüssten, wer Gott ist, als wer Jesus ist! Nur Jesu Botschaft und Lebenspraxis selbst öffnen uns eine Perspektive auf den »Gott Jesu«. Anderseits ist dieser Gott wirklich Israels Gott *und* Schöpfer des Himmels und der Erde. Man kann Jesu Erscheinen nicht von seiner Vergangenheit (Israel) isolieren, von seinem Heute (seinem »wohltatenspendenden Umhergehen« in Palästina in Aktion und Reaktion mit Zeitgenossen) und von seiner Zukunft (der Bewegung, die aus Jesus hervorgewachsen ist: von der Kirchengemeinschaft): Jesus bleibt der Brennpunkt all dieses Geschehens und (darin) Norm und Kriterium.
Eine der historisch sichersten Gegebenheiten im Leben Jesu ist die Tatsache, dass er in seiner Botschaft und durch seine Botschaft von der kommenden Gottesherrschaft Gott zur Sprache brachte, wie das in den – wenn auch recht freien – Traditionskomplexen der vier Evangelien wiederzufinden ist.[2] Der Inhalt dieser Gottesherrschaft wird vor allem aus den ursprünglichen Parabeln Jesu ersichtlich, soweit sie aus ihren frühchristlichen Aktualisierungen noch zu rekonstruieren sind. Vor allem die »metanoia«, die Umkehr als Praxis des Reiches Gottes, kommt darin zur Sprache. Zudem wird die Kernbotschaft inhaltlich durch Jesu eigene Lebenspraxis gefüllt, die selbst gewissermaßen eine Parabel vom Gottesreich ist.
»Herrschaft« war in der Antike ein zentraler Begriff, genau so wie Macht. Uns sind diese Begriffe heute gerade nicht mehr sympathisch. Aber in Jesu Predigt und vor allem in seinen Krankenheilungen und Teufelsaustreibungen zeigt sich, dass »Herrschaft« als Macht der Liebe und der Güte den Mächten des Bösen in- und außerhalb des Menschen gegenübersteht. Die Ehrfurcht vor Gottes Hoheit (deshalb »Herrschaft«) ist in der Botschaft Jesu und in seinem Auftreten wesentlich. Und zwar hat Jesus die Hoheit Gottes als ein bedingungsloses Wohlwollen für die Menschen interpretiert. Gottes Herrschaft ist für Jesus keine Funktion menschlichen Heils; Jesus ist der Mensch, der Freude an Gott selbst erlebt. Gottes Herrschaft ist das Gottsein Gottes, und unsre Anerkennung

dieser Herrschaft bewirkt die Menschlichkeit, das Heil des Menschen. Hier tritt eine Form von »Herrschaft« in den Vordergrund, die nicht fesselt, sondern frei macht: »Ihr wisst, dass die Herrscher ihre Völker mit eiserner Faust regieren und die Mächtigen mit ihrer Macht Missbrauch treiben. Das darf bei euch nicht so sein« (Mt 20,25–28). Für Jesus ist die Sache des Menschen eine Sache Gottes, wie für ihn auch die Sache Gottes eine Sache für Menschen ist – wie es später der Titusbrief formuliert: »Erschienen ist die Güte und *der auf Menschlichkeit bedachte* Gott« (Tit 3,4). Der Gott Jesu ist zwar wirklich Gott (er ist keine Funktion der Menschlichkeit oder menschlicher Befreiung), aber seinem Wesen nach trotzdem ein Gott, der auf die Menschen schaut. Deshalb war das ganze Leben Jesu eine »Feier« dieser Gottesherrschaft, und gleichzeitig »Orthopraxis«, d.h. eine Praxis, die in Übereinstimmung (»orthoos«) ist mit dem Gottesreich. Es gibt also ein inneres Band zwischen »Gottes Herrschaft« und »Orthopraxis« als menschlicher Erscheinungsform oder konsequente Übersetzung von Gottes universaler Menschenliebe in die Kategorien einer menschlichen Lebenspraxis. In solch einer Praxis erkennt Jesus selbst die *Zeichen* des *Kommens* der Gottesherrschaft. Also wird in Jesu eigener Lebenspraxis nicht eine theoretische, sondern eine praktisch vorgezogene Verwirklichung der »neuen Welt« gegeben, die »Reich Gottes« heißt, und darin der *gesuchten* neuen Praxis des menschenwürdigen, guten und wahren Lebens. Eschatologische *Hoffnung* (die sich Gottes Herrschaft nähert) wird in Jesus mit einer *neuen* Praxis in Zusammenhang gebracht (*metanoia*: die Parabeln thematisieren das für den Menschen »Schockierende« dieses »Rechtsum-Kehrtmachens«). Die Botschaft der näher kommenden Gottesherrschaft, für das Jesu Leben selbst die sprechende Parabel ist, bedeutet deshalb ihrem Wesen nach Heil-in-Jesus *»im Namen Gottes«*, geoffenbart in einer neuen menschlichen Lebenspraxis, von Jesus selbst vorgelebt.

Jesus weiß sich gerufen, als Bote Gottes die Einladung des Gastgebers Gottes allen Eingeladenen zu überbringen, in die ausdrücklich diejenigen *eingeschlossen* sind, die damals von jeder Gemeinsamkeit und Tischgemeinschaft *ausgeschlossen* waren: »Zöllner und Sünder« (Mk 2,15–17). Das Schaf, das verloren ging und von der Gruppe isoliert ist, soll aufgesucht werden (Lk 15,1–8; 19,10; Mt 9,36; 10,6). Jesu besondere Solidarität mit Sündern, sein Leben mit sündigen Menschen, um Verbindung mit Gott *und* den Menschen zu erschließen, ist Heilsangebot im Namen Gottes: »eine frohe Botschaft Gottes« (Mk 1,15).

Vor dem Hintergrund der apokalyptischen, pharisäischen, essenischen und zelotischen Auffassungen sich in »Rest«-Gemeinden isolierender Bewegungen jener Zeit ist Jesu Botschaft und Praxis religionsgeschichtlich schwer ein Platz zuzuweisen. Seine Botschaft und seine Lebenspraxis werden deshalb ohne die Voraussetzung seiner besonderen, ursprünglichen, religiösen Gotteserfahrung unbegreiflich. Aufgrund der Unheils- und Leidensgeschichte, in der Jesus stand, war ja kein einziger Grund, ja nicht einmal ein einziger Anlass für die bedingungslose Heilssicherheit gegeben, die Jesu Verkündigung kennzeichnet. Solch eine Hoffnung, die sich in der Verkündigung des kommenden Heils der Gottesherrschaft für die Menschenwelt äußert, hat in Jesus seinen Grund unverkennbar in einer Kontrasterfahrung: *einerseits* in der menschlichen Leidensgeschichte von Unheil, Unfriede und Ungerechtigkeit, kränkender, himmelschreiender unfreimachender Versklavung, und *anderseits* in Jesu besonderer Erfahrung Gottes als des wohlwollenden »Anti-Bösen«, der die Übermacht des Bösen nicht anerkennen will und sich weigert, dem Bösen das letzte Wort zu geben. Diese religiöse Kontrasterfahrung gab der Überzeugung und Predigt Jesu von der befreienden Gottesherrschaft Gestalt, die bereits in der Menschengeschichte zur Geltung kommen soll. Jesus erlebt Gott als denjenigen, der sogar solchen Zukunft gibt, denen von der Welt her gesehen überhaupt keine Zukunft mehr versprochen werden kann. Hier wird dem Menschen Hoffnung zugesagt, die aus unsrer Weltgeschichte nicht abzuleiten ist, weder aus individuellen noch aus gesellschaftspolitischen Erfahrungen (wenn diese Hoffnung sich in dieser Welt auch zum persönlichen und gesellschaftspolitischen Heil der Menschen verwirklichen muss). Solch einer hoffnungsvollen Möglichkeit wurde sich Jesus bewusst aufgrund der Ursprünglichkeit seiner Gotteserfahrung, die im religiösen Leben des prophetischen Judentums vorbereitet war. Der Kern von allem, was in Israels besten Augenblicken an Gotteserfahrung zu Worte gekommen war, erreicht auf eine ursprüngliche und persönliche Weise in Jesus einen Höhepunkt: Jahwe ist der Kommende, der sich vorläufig weigert, sein Beglaubigungsschreiben vorzulegen: »Ich werde sein, der ich sein werde« (Ex 3,14). An diesen Gott glauben heißt deshalb, Vertrauen auf jemanden zu setzen, der mit seiner Identität ernst macht und sich gleichzeitig weigert, seine Identität »im Voraus« zu enthüllen. Darin erfährt Jesus Gott als die Macht des *wohlwollenden* »Anti-Bösen« und deshalb als Heil für die menschliche Leidensgeschichte. Der »Gott Jesu« ist ein Gott, bei dem

»alles möglich ist« (Mk 10,27). Zum Glauben an diesen Gott hat Jesus mit Wort und Tat aufgerufen. Die Beziehung zu Gott aus dem Leben Jesu fortzunehmen bedeutete deshalb, die historische Identität Jesu selbst zu leugnen und aus ihm ein »unhistorisches« Wesen zu machen, einen »Nicht-Jesus« – jedenfalls einen »Nicht-Jesus-von-Nazaret«.

2. Der »Jesus Gottes«

Jesu Identität lag (wenn man eine kritische Analyse der vier Evangelien vornimmt) offenbar darin, dass er selbst um die eigene Identität unbesorgt war; seine Identität war: sich mit der Sache Gottes als Sache des Menschen und mit dem Heil und Ganzsein des Menschen als der Sache Gottes zu *identifizieren*.

Solange Jesus in der menschlichen Geschichte lebte, die zufallhaft und unfertig ist, war für jeden, der schon in Ihm Gottes Heilsoffenbarung erfahren wollte, diese Offenbarung natürlich ebenfalls unfertig und noch im Werden. »Christologie« ist ihrem Wesen nach eine (gläubige) Aussage über die Totalität des Lebens Jesu. Die christliche »disclosure«-Erfahrung setzt deshalb die Lebenstotalität Jesu voraus. Nur Jesu vollendetes Leben ist Gottes Offenbarung in Jesus von Nazaret. Erst mit dem Tod Jesu als Beschluss seines Lebensganzen kann unsere Erzählung von Jesus beginnen, obwohl auch unsere Jesuserzählung oder unsere Anerkennung Christi zugleich ein Erkennen Jesu von Nazaret sein muss und kein Mythos und keine Gnosis sein darf.

Tatsächlich wurden Jesu Botschaft und Lebenspraxis gleichermaßen verworfen. Rein historisch gesehen ist Jesus mit seinem Lebensentwurf gescheitert. Deshalb können seine Botschaft und seine Praxis, *so wesentlich sie auch sein mögen*, nicht das letzte Wort sein – und doch können sie für uns eine Grundlage echter Hoffnung werden. Gerade auf diese Frage antwortet das Evangelium mit dem Glauben an die Auferstehung. Es geht mir hier nun nicht um eine Analyse der Entstehung des Auferstehungsglaubens und auch nicht um den Inhalt dieses Glaubens. Wohl aber um die Bedeutung dieses Glaubens innerhalb des Gesagten.

Vor allem aus den sogenannten »Missionspredigten« der Apostelgeschichte (10,34–43; 2,22–36; 4, 26–27; 3,12–26; 13,16–41) geht hervor, dass es einen Zusammenhang gibt zwischen Jesus und dem Geist. In diesen Predigten erhellt Lukas für Griechen die Bedeutung des »Christus« (des mit dem Geist Gesalbten): d. h. »Gott war mit Ihm« (Apg 2,22; 3,14; 10,38).

»Christus ist *Gottes*«, wird Paulus sagen (1 Kor 3,23). Jesus ist »Besitz« Gottes. Dieselben Texte sprechen immer wieder von »*Deinem* Heiligen«, »*Deinem* Diener/Knecht«, »*Seinem* Messias«, »*meinem* Sohn« (Apg 2,27; 3,14; 4,27; 13,35; 3,13; 3,26; 4,27; 4,30; 3,18; 13,33). Die Verwerfung Jesu durch Menschen erhält ihr Gegengewicht durch die Zugehörigkeit Jesu zu Gott. Glauben an den *irdischen Jesus* bedeutet (in diesen Missions-Predigten): ihn als Gottes eschatologischen Propheten Israels und für Israel anerkennen, ihn anerkennen als den letzten Boten »im Namen Gottes«, der die nahe herangekommene Herrschaft Gottes verkündigt und in Wort und Tat überbringt. Glauben an den *erstandenen Jesus* heißt, ihn in seiner universalen Heilsbedeutung für alle Menschen anzuerkennen. Diese zwei Phasen werden aber umfasst einerseits durch die eigengeartete Zugehörigkeit Jesu zu Gott, anderseits durch die Treue Gottes zu diesem Jesus. Die Auferstehung – *Gott* ließ ihn auferstehen – *bekräftigt* deshalb nicht nur Jesu Botschaft und Lebenspraxis; sie enthüllt auch seine Person als untrennbar mit Gott und mit dieser Botschaft verbunden. In Jesu Tod und Auferstehung begegnen sich des Menschen äußerste Verwerfung von Gottes Heilsangebot und die *bleibende* Darreichung dieses Heils im auferstandenen Jesus. Der auferstandene Jesus ist Gottes Sieg über das, was von Seiten des Menschen eine Verwerfung der Darreichung des endgültigen Heils im Namen Gottes in Jesus war. Durch die Auferstehung zerbricht Gott sogar diese definitive Verwerfung des Menschen. Gott schenkt in Jesus tatsächlich demjenigen Zukunft, der keine Zukunft mehr hat oder sogar verdient. Er hatte uns alle lieb, »als wir noch Sünder waren« (Röm 5,8). Im erstandenen Jesus zeigt sich Gott als die Macht des Anti-Bösen, als die bedingungslose Güte, die auf eine souveräne Weise die Übermacht des Bösen nicht anerkennen will und sie zerbricht. In seiner höchsten Not, in Leiden und Kreuzigung seiner prophetischen Botschaft treu, gibt Jesus sein persönliches Geheimnis, das Mysterium seiner Person preis: seine unverletzliche Bindung an Gott, während auch der Vater sein Geheimnis gegenüber diesem Jesus preisgibt: das bleibende Bekenntnis Gottes zu Jesus. Kreuz-und-Auferstehung *offenbaren* so die »Vater-Sohn«-Beziehung, und damit ist die Frage nach der göttlichen Trinität unvermeidlich gestellt.

Mit der Sendung Jesu zu Israel erfüllt Gott die Verheißungen des Alten Bundes und sagt so ja zu Schöpfung und Bund. Erst wenn Israel dieses endgültige Heilsangebot Gottes in Jesus verwirft, schafft Gott in der Auferstehung und durch die Auferstehung Jesu eine »neue Schöpfung«. So *ist* Jesus von Nazaret gleichzeitig der Vollender des Alten Testaments und so hat in Ihm als dem Verworfenen, aber nichtsdestoweniger Auferstandenen das Neue Testament begonnen. Trotz aller Kontinuität zwischen unsrer realen Menschengeschichte und der neuen Schöpfung auf der Basis von Jesu Auferstehung gibt es *aufgrund der Verwerfung* Jesu als Vollender der Schöpfung und des Bundes eine von menschlicher Aktivität nicht zu überbrückende *Diskontinuität,* die innerlich nichtsdestoweniger verbunden ist mit Kontinuität dank dem neuen, überraschenden Heilshandeln Gottes, das das historische Scheitern des verworfenen und gekreuzigten Vollenders von Schöpfung und Bund übersteigt und den Verworfenen in seine Aufgabe des universalen Heilbringers einsetzt. Mit dieser Übersteigung wird *in* unserer Geschichte die Integration der Verwerfung und des Todes in sein reales Heilsangebot (Sinn seines ganzen Lebens!) zum innergeschichtlichen Index! »Gott war es, der uns in Jesus Christus erlöst hat« (2 Kor 5,14–18).

Weil das »Gottgehören« Jesu von Gott in der Auferstehung bestätigt wird, ist die Auferstehung zugleich Gottes Bestätigung der Botschaft und Lebenspraxis Jesu. Gleichzeitig ist damit gesagt, dass der Inhalt der eschatologischen Befreiung – in Glaubenssprache mit der Kategorie »Auferstehung aus den Toten« ausgedrückt – aufgefüllt werden muss aus dem historischen Auftreten Jesu, also aus seinen Worten und Taten, die dadurch »bestätigt« werden. Das Dilemma »Heil in Jesus von Nazaret« oder »Heil im auferstandenen Gekreuzigten« ist deshalb kein echtes Dilemma, da im zweiten Glied Gottes Bekräftigung gerade von »Jesus von Nazaret« bekannt wird, während das erste Glied konkret dem Fülle gibt, was von Gott bekräftigt wird. Anders gesagt: Ein »auferstandener Gekreuzigter« ohne den konkreten Jesus von Nazaret ist ein Mythos oder ein gnostisches Mysterium, während der »historische Jesus«, trotz seiner überwältigenden Botschaft und Lebenspraxis, ohne das, was Christen die Auferstehung nennen, ein Scheitern mehr war, das sich in die Reihe unschuldig Hingerichteter unserer menschlichen Leidensgeschichte einfügt – eine kurzlebige Hoffnung, die immer wieder die Vermutung zu bestätigen scheint, dass viele Menschen diese nicht annehmen, sondern dass angesichts der Eigenart und Schwerkraft unsrer Geschichte zugleich ihr utopischer Charakter erfahren wird.

Es gibt also keinen Bruch zwischen »Jesus von Nazaret« und dem »auferstandenen Gekreuzigten«. Aufgrund des Lebens, das ihm vorausging, stellt der Tod Jesu uns freilich vor eine sehr fundamentale Gottesfrage mit der einzigen Alternative: ob wir sagen dürfen, dass Gott – d. h. der Gott der von Jesus verkündigten Gottesherrschaft – eine Illusion Jesu (und eine Desillusionierung seiner Jünger) war; oder wir werden von dieser Verwerfung und vom Tod Jesu gezwungen, unser Verständnis von Gott, unsere eigenen Gottesauffassungen gründlich zu revidieren und als ungültig preiszugeben, während die Eigenart Gottes erst gültig im Leben und im Tode dieses Jesus sichtbar wird. Gott, über dessen absolute Glaubwürdigkeit Jesus sprach, ist entweder eine tragische Farce, oder wir müssen uns zu diesem Gott Jesu bekennen, sowohl in dessen Predigt wie in dessen historischem Scheitern. *Glauben* an Jesus kann nicht anders geschehen als in der Form dieses *Gottesbekenntnisses*.

Innerhalb dieses christlichen Glaubens liegt der *Bruch* dann nicht in Jesu Tod, der von ihm letztlich erfahren wurde als (wie auch immer) einbezogen in seine Sendung-zum-Heilsangebot, nämlich als historische Konsequenz seines sorgenden Liebesdienstes an den Menschen (das ist wohl das Mindeste, aber auch das Sicherste, das man als den »historisch harten« Kern aus der Abendmahlstradition wird übrighalten müssen), wohl aber in der Verwerfung seiner Botschaft und Praxis, die auf die Verwerfung seiner Person selbst hinauslief. Deshalb trifft Gottes Bekräftigung in der Auferstehung die *Person Jesu selbst* und in ihr seine Botschaft und Lebenspraxis. Sowohl die Verwerfung wie Gottes Bekräftigung der Person Jesu und das Amen zur Person Jesu sanktionieren das Spezifische des Jesusgeschehens, in dem *Person* und *Lebensprojekt* (Botschaft und Praxis) eine unlösbare Einheit bilden. Deshalb konnte für das christliche Bekenntnis die Gottesherrschaft das Gesicht *Jesu Christi* bekommen, und deshalb konnte man vom »Herrn Jesus Christus« als konkretem Synonym der von Jesus verkündigten Gottesherrschaft sprechen.

Wenn wir von Gottes Bekräftigung der Person Jesu, seiner Botschaft und Lebenspraxis reden, müssen wir gut bedenken, dass auch diese Aussage eine Glaubensaussage ist – keine Bekräftigung oder Legitimation im gewöhnlichen menschlichen Sinn des Wortes. Die Auferstehung bestätigt, dass Gott immer schon mit Jesus war, sein ganzes Leben lang – auch in der menschlichen Verlassenheit des Kreuzestodes, bei dem auch Gott selbst schwieg. Eine Glaubensüberzeugung – die Auferstehung – kann nicht die Legitimation für eine andere Glaubensüberzeugung sein, nämlich für Gottes Heilshandeln in Jesus Christus. Die echte, für alle offensichtliche Legitimation bleibt also *vollkommen eschatologisch*. Deshalb ist der Glaube an die Auferstehung selbst eine *Prophetie* und eine *Verheißung* für diese Welt – als Prophetie unbeschirmt und unbeschützt, wehrlos und verletzbar! Deshalb wird unser christliches Leben noch nicht durch historische Fakten ins Recht gesetzt. Der an Jesu Auferstehung glaubende Christ wird durch diesen Glauben zwar vom Zwang zur Selbstrechtfertigung und von der Forderung befreit, dass Gott schon jetzt die Gottestreuen öffentlich in Schutz nehmen und »ratifizieren« müsse. Der Knecht ist nicht mehr als der Meister. Der Christ wagt es, wie Jesus, sich selbst und die Rechtfertigung seines Lebens Gott anzuvertrauen; er ist bereit, die Rechtfertigung erst dort zu empfangen, wo Jesus sie empfing: hinter der Grenze des Todes. Deshalb ist er, weil er mit dieser Handlungsweise Gottes versöhnt ist, auch mit sich selbst versöhnt, mit den anderen, mit der Geschichte, in der er nichtsdestoweniger Emanzipation *und* Erlösung zu verwirklichen sucht. Gerade deshalb kann er sich ohne Gewalt oder Grimm auch ganz einsetzen, um diese Welt soviel wie möglich zu verbessern zu einer Welt, die für alle gerechter und glücklicher ist und ohne Entfremdung. Aber ebenso wenig wie Jesus kann der Christ legitimierende Beglaubigungsschreiben vorlegen, es sei denn durch seine konkrete »Praxis des Reiches Gottes«.

III. Die Jesuserzählung: Parabel von Gott und Paradigma der Menschlichkeit

Die Antwort, in der die Christen Jesus von Nazaret als entscheidendes und endgültiges Heil-im-Namen-Gottes anerkennen und also in der menschlichen Erzählung von Jesus die »Erzählung von Gott« anerkennend bekennen, kann nicht zu einer Art Schluss aus einer tiefgehenden Analyse der neutestamentlichen Texte »exegesiert« werden (so sehr eine solche Analyse auch nötig ist, um hinter die wahre Jesuserzählung zu kommen). Denn die vermittelte Nähe des Angebots von Gottes Erbarmen wird ausgerechnet in diesem Jesus, sowohl in seiner verschleiernden wie in seiner enthüllenden Vermittlung, mehr konzentriert und verdichtet als sonst wo. Nirgends war ja die verbergende Vermittlung so unwahrscheinlich groß: Man hat diesen Jesus sogar im Namen orthodoxer Religiosität in den Tod schicken können. Und nirgendwo ist Gottes unmittelbare und gnadenhafte Nähe in ihm so greifbar gegenwärtig für den, der ihm in Selbstkritik (»metanoia«) offen gegenübertritt: Kirchliche Traditionen wagen sogar, ihn »wahrhaft Gott« zu nennen. Eine Person kann auf dem Weg der wissenschaftlichen und theoretischen Analyse nicht als

Person begriffen werden. Wer sich selbst aufs Spiel setzt, kann aber – jetzt noch! – die Jesuserzählung so hören, dass er darin die große Parabel von Gott selbst und zugleich das Paradigma der Menschlichkeit unsres Menschseins erkennt: eine neue, unerhörte Daseinsmöglichkeit dank dem auf Menschlichkeit bedachten Gott. Aber es gehört zum Komplex und zur Verwicklung der Jesuserzählung, dass Jesu schockierende Freiheit demjenigen zum Ärgernis gereicht, der an ihm Anstoß nimmt (Lk 7,23), und (gleichzeitig) dass befreiende Freiheit zum Heile dessen wird, der es wagt, sich dem faszinierenden Mysterium des Lebensberichts Jesu anzuvertrauen.

Deshalb stellt sich tatsächlich die Frage, ob eine zu große *theoretische* Präzisierung in Bezug auf den, der Jesus Christus ist, nicht mehr schaden als nützen kann. Theoretische Präzisierung eines Gottgeschehens, von dem Jesus überwältigt ist und das den Sinn und das Herz seines Lebens ausmacht, *verarmt* dieses Geschehen und steht deshalb oft *unmittelbar neben* dem Abgrund ketzerischer einseitiger Verzeichnung. Das gilt hier umso mehr, als in diesem Fall außerdem ein gewaltsamer Tod im Spiele ist. Und je mehr man (übrigens aufgrund einer kritisch verantworteten Exegese) sagen muss, dass Jesus im Angesicht seines nahenden Todes diesen Tod in seine Hingabe an Gott und in sein Heilsangebot an die Menschen – Kern seines ganzen Lebens! – integriert hat, kann man anderseits die *Negativität* dieses Todes, vor allem mit seiner Verwerfung, nicht hinwegdiskutieren. *Heil* und menschliche *Leidensgeschichte*, vor allem die Geschichte unschuldig »ungerechtfertigten Leidens«, lassen sich theoretisch oder rational nicht mehr versöhnen oder in einer Harmonie zusammenbringen.[3] *Einerseits* wurde Heilsgeschichte in Jesu Leben selbst vollzogen; diese Tatsache ist durch seinen Tod nicht fortzuwischen und wird durch ihn nicht aufgehoben; *anderseits* ist Jesu Leiden und Tod, mit seiner Verwerfung, historisch schlechthin Unheil zu nennen; ihre Negativität lässt sich nicht leugnen. Eine *theoretische*, im Sinn von rational durchsichtiger Versöhnung zwischen beiden ist unmöglich. Deshalb müssen wir (nach einer glücklichen Formel von J. B. Metz) sagen, dass nur ein einziger Ausweg möglich ist: Heil-im-Namen-Gottes in der Nicht-Identität mit Jesu Leidensgeschichte und Tod zur Sprache zu bringen.[4] Dies stellt das Leiden ganz entschieden außerhalb Gottes und lässt es innerhalb der weltlichen Eigengesetzlichkeit der »condition humaine« und menschlichen Freiheit; es macht gleichzeitig klar, dass sich Jesus gerade in dieser *nichtgöttlichen* Leidens- und Sterbenssituation nichtsdestoweniger mit

der Sache Gottes weiterhin identifiziert, ohne durch eigenes Leiden Gott selbst zu berühren. Gott bleibt offenbar sogar gegenüber Jesus souveränfrei: »Meine Wege sind nicht eure Wege« (Jes 55,8); das gilt gegenüber jedem Menschenkind. Aber gerade mit diesem Unbegreiflichen hat sich Jesus, wenn auch im Kampf mit seinem Herzen, beim Nahen seines Todes in Hingabe identifiziert. Gerade in dem Nichtgöttlichen des unschuldigen Leidens und Todes und deshalb im letztlich Undurchsichtigen hat Jesus seine persönliche Identifikation mit der kommenden Gottesherrschaft »durchgestanden« und ausgehalten. Die definitive und höchste Offenbarung Gottes fand deshalb statt in einer *stillschweigenden*, aber nichtsdestoweniger *äußerst intimen* Nähe Gottes bei dem leidenden und sterbenden Jesus, der darin die »condition humaine« bis zur Neige, aber zugleich auch sein unverletzliches Zugehören zu Gott durchlebt hat. Gerade das ist theoretisch nicht mehr in einem rational schlüssigen *System* unterzubringen. Hier kann nur ein Glaubenszeugnis abgelegt werden.
Diese Einsicht macht uns vorsichtiger bei dem Versuch, die Heilsbedeutung des Todes Jesu *theoretisch* näher zu präzisieren. Wir werden hier mit einem nicht mehr zu thematisierenden Heil konfrontiert, das allerdings Boden bietet, auf dem man leben kann. Diese Reserve wirkt auch zurück auf den Versuch einer übermäßig theoretischen Präzisierung von Jesu Personidentität. Offensichtlich steht Jesus ganz und gar auf der Seite Gottes und zugleich auch ganz auf Seiten des Menschen: radikal solidarisch mit Gott und seinem souveränfreien Gottsein, aber ebenso vollkommen solidarisch mit den Menschen. Das ist tatsächlich die eigentliche Bestimmung der auf Menschlichkeit bedachten Gottesherrschaft, aber: von Jesus selbst erlebt in der radikalen Entfremdung unschuldigen Leidens und Todes, im Nichtgöttlichen. Dies macht das Kreuz ausdrücklich nicht zu einem Geschehen »zwischen Gott und Gott« (J. Moltmann), sondern im Gegenteil zum Index des Antigöttlichen in unserer Menschengeschichte, das aber in Jesus von innen heraus durch seine *Zugehörigkeit zu Gott* überstiegen wird. Diese Zugehörigkeit zu Gott in einer widergöttlichen Situation ist uns zum Heile geworden. Jesus lehnte jede *Konkurrenz* zwischen Gottes Ehre und Hoheit und des Menschen Glück und Heil ab. Aber wer kann das alles theoretisch näher präzisieren, wenn uns weder eine genaue Definition Gottes noch eine Definition dessen, was Menschsein bedeutet, möglich ist?
Das ist keine Aufmunterung, darüber zu schweigen oder unablässige Überlegungen abzubremsen – im Gegenteil. Es bedeutet nur den Aus-

druck einer heiligen Scheu, mit der ein Mysterium von Liebe und Solidarität erforscht werden muss, und gleichzeitig die Einladung, die »theoretische Theologie«[5] sowohl mit den »Erzählungen«[6] als auch vor allem mit der Orthopraxis (d. h. der Praxis des Reiches Gottes) zu verbinden, ohne die jede Theorie und jede Erzählung ihre Glaubwürdigkeit verlieren – gewiss in einer Welt, die nach Gerechtigkeit und Befreiung ruft. Erst dann werden Theorie, Erzählung und Parabel – das alles gepaart mit der Praxis des Gottesreiches – für diese Welt eine tatsächliche Einladung, in echter Freiheit eine Antwort auf die Frage zu geben: »Aber ihr, für wen haltet ihr mich?« (Mk 8,29; Mt 16,15; Lk 9,20)

1 | Martin Hengel, *Judentum und Hellenismus*, Tübingen ²1973, 354.

2 | Lk 6,20 und Mt 5,3; Lk 7,38 und Mt 11,11; Lk 10,9 und Mt 10,7; Lk 11,20 und Mt 12,28 u. a.; Mk 1,15; 4,11; 4,26; 9,1.27; 10,14; 12,34; 14,25 u. a.; Mt 3,2; 4,17; 5,19.20; 19,24; 21,31; 21,43; Lk 4,43; 9,2.11.60.62; 14,15; 16,16; 17,20; 19,11; 22,16.18; Joh 3,3.5.

3 | Edward Schillebeeckx, *Naar een definitieve toekomst – belofte en menselijke bemiddeling: Toekomst van de religie. Religie van de toekomst*, Brügge/Utrecht 1972, 37–55, bes. 48–51.

4 | Johann Baptist Metz, *Erlösung und Emanzipation*, jetzt in: ders., *Glaube in Geschichte und Gesellschaft. Studien zu einer praktischen Fundamentaltheologie*, Mainz ⁵1992, 120–135, 132ff.

5 | Man kann ja mit dem Erzählen einer Geschichte zu schnell beginnen!

6 | Metz, *Erlösung und Emanzipation*, und ders., *Kleine Apologie des Erzählens*, in: CONCILIUM 9 (1973/5), 334–341 (auch in: ders., Glaube in Geschichte und Gesellschaft, 197–210).

Aus dem Flämischen übersetzt von Dr. Heinrich A. Mertens

Yves Congar

Soll das Christentum übermittelt und übernommen oder frei und neu interpretiert und gelebt werden?

1975

Die Jugend wäre nicht die Jugend, würde sie nicht in jeder Generation die ererbten, altgewordenen Formen durch Neuschöpfungen ersetzen, etwa so, wie bei einer vernarbenden Wunde von neuem frische Zellen sprießen, die die Kruste der alten, abgestorbenen Zellen abstoßen. Aber man hat es auch schon erlebt, dass neue Generationen die Traditionen der Vergangenheit wiederentdecken und sie wieder aufleben lassen. Oft sind sie in das ihnen übermittelte Erbe eingetreten. Die Generation, zu der ich gehöre, hat wohl an den überkommenen Formen manches geändert. Doch besteht ein großer Unterschied zur Jugend von heute: Wir waren integriert. Das Charakteristikum der heutigen studierenden Jugend hingegen erblickt man im »weitverbreiteten Willen, sich nicht integrieren zu lassen«[1].

In erster Linie betreffen unsere Bemerkungen die Lage in Frankreich, da dieses unser Erfahrungs- und Forschungsfeld ist. Aber das Problem, das uns hier beschäftigt, hängt, wie wir sehen werden, mit der gewaltigen Kultur- und Gesellschaftsmutation zusammen, die auf Weltebene vor sich geht, und zudem ist auch das Phänomen Jugend seinerseits eine weltweite Erscheinung; nicht nur infolge der Bevölkerungsexplosion – in der Dritten Welt: in Südamerika, Afrika, Asien ist die Bevölkerung zu 43 Prozent noch nicht fünfzehn Jahre alt –, sondern auch deswegen, weil die jungen Menschen eine eigene, ihrer Eigenart bewusste, relativ autonome und als solche gewollte Welt darstellen.

Deshalb steht zu erwarten, dass dieser Umbruch, die Weigerung, sich von einer überkommenen Tradition bestimmen zu lassen, sich bei jungen Menschen besonders stark bemerkbar macht. Doch in dem Maß, als wir dieses Phänomen studieren und darüber nachdenken, drängt sich uns die Feststellung auf, dass es nicht auf die Jugend beschränkt bleibt, sondern auch mehr oder weniger die Welt derer prägt, die in den Jahren nach dem letzten Weltkrieg erwachsen geworden sind.

Das hängt mit der gegenwärtigen Kulturmutation zusammen. Als Ergebnis einer großen Umfrage über den heutigen Katholizismus stellte René Pascal im März 1974 in der Zeitung *La Croix* ein weitgehendes »parting of the ways« fest: Die einen verteidigen die institutionelle, traditionelle Kirche, die andern lehnen sie ab. Er fragte sich am Schluss: »Gibt es heute nicht zwei Kirchen: die ›institutionelle Kirche‹, die ein mächtiges Haus besitzt, und eine ›instituierende Kirche‹, die an verschiedensten Orten neue Stile kirchlichen Lebens erprobt?«

Dies ist genau die Situation, die darzulegen wir gebeten wurden. Wir werden zuerst die Gesamtlage analysieren und sodann auf die »Jugend« zurückkommen, um in ihr, sozusagen noch in glühend heißem Zustand, den Entscheid zu einem Christentum zu finden, das sich von vielen durch die Tradition übermittelten Regulierungen freigemacht hat.

Ein übermitteltes und übernommenes Christentum

Das Christentum ist wesentlich eine Religion, die durch ein einmaliges Eingreifen Gottes konstituiert, instituiert worden ist. Es hat nur einen Abraham, einen Exodus, einen Sinaibund, einen David gegeben; es hat nur einen Johannes den Täufer, eine Maria von Nazaret, einen Jesus, nur ein Petrusbekenntnis, ein Abendmahl, eine Passion, eine Auferstehung, ein Pfingstereignis gegeben. All dies, zusammen mit allem Übrigen, bildet den »heiligen, ein für allemal übermittelten Glauben«, von dem der Judasbrief (Vers 3) spricht. Dies hat nicht mehr zu geschehen, sondern ist bereits geschehen. Und dies ist uns gegeben, damit wir an diesen Realitäten Anteil haben und durch sie hindurch Gemeinschaft haben nicht nur mit Gott, sondern auch miteinander und mit all denen, die vor uns in dieser Gemeinschaft gelebt haben (vgl. 1 Joh 1,1–3). Wir sind nicht die Ersten und nicht die Einzigen. Es ist demnach so: Für die Kirche ist eine Überlieferungs-(Übermittlungs-)Struktur wesentlich.

Zugegeben, die Dinge liegen nicht so einfach. Was mir übermittelt wird und ich übernehmen soll, ist nicht Abraham, der Bund, Jesus einfachhin, sondern all dies in einer dogmatischen, liturgischen, gesellschaftlichen, disziplinären Verfasstheit; es sind somit Formeln, Präzisierungen, ein Kodex, Autoritätsstrukturen. Es ist die Solidarität mit einer Geschichte, die neben Franz von Assisi auch Pius IX. und den Syllabus, neben den

Märtyrern auch die Inquisitoren, neben Las Casas auch den Fall Galilei in sich schließt ... Es gibt die ganze Last der Strukturen, die von Simone Weil ein »Ungetüm« genannt wurden. Zudem wurde die ursprüngliche Institution im Lauf der Jahrhunderte zu einer Kirche, die in bestimmten Denk-, Sprach-, Kultformen lebt, also in einem Gefüge von Ausdrucksformen, die gleichsam ihr Kleid und ihr Gesicht bilden. Im Lauf der Jahrhunderte, vor allem aber in gewissen klassischen Perioden (Epoche der Kirchenväter, Architektur und Scholastik des Mittelalters, das 17. Jahrhundert Frankreichs, das Papsttum der Neuzeit) hat die Kirche auf diese Weise ihr Erbe mit einer Kultur umkleidet: eine bewundernswerte, geniale Schöpfung, voller Tiefsinn, Kraft und Poesie, ein Schrein der katholischen Kultur, der den seit der Urinstitution überkommenen Schatz überzieht, birgt und zum Ausdruck bringt.

Dies will »übernommen« sein. Generationen von Katholiken haben das ganze Erbe problemlos akzeptiert, und der Verfasser dieses Aufsatzes erklärt, dass er diese katholische Kultur liebt und sich darin nicht nur wohlfühlt, sondern sich dadurch auch geadelt und bereichert vorkommt. Er möchte nicht »konservativ« sein, aber er will ein Mann der Tradition sein und ist es. Jedoch besteht die Überlieferung nicht einfach in der Übermittlung: Es würde nichts *übermittelt*, wenn es nicht auch *übernommen* würde. Kann man die Eucharistie an die Bevölkerung in einer Sprache »tradieren«, die von dieser nicht verstanden wird? Eine gewisse Kritik und eine gewisse Kreativität müssen den Rückbezug und die Übermittlung immer begleiten. In diesem Sinn und innerhalb der zur Wahrung der Authentizität der Übermittlung gesetzten Grenzen besteht »die einzige Weise, das Gleiche in einem neuen Kontext zu sagen, darin, es anders zu sagen«[2]. Es lässt sich nicht bestreiten, dass von Gregor XVI. bis zu Pius XII. der Katholizismus das, was die Welt an Fragen und Anregungen an ihn herangetragen hat, zu wenig und manchmal überhaupt nicht aufgenommen hat: Die Fragen und Anregungen wurden zurückgewiesen, verurteilt oder ignoriert. Als die Barrikaden (durch das Konzil) abgetragen wurden oder auch einfach durchbrochen, umgestürzt oder überstiegen wurden, kam es zu einem Debakel wie beim plötzlichen Schmelzen eines Eisfeldes.
Für die heutige Krise ist das Konzil nur in sehr beschränktem Maß verantwortlich: Zum einen hat es an den Tag gebracht, dass »die Kirche« nicht auf alles eine Antwort hat und dass sie keineswegs die Einheit eines Monolithen, sondern vielmehr Spannungen und gegensätzliche Tenden-

zen aufweist; zum andern hat das Konzil der Unbedingtheit des katholischen Systems, das aus der mittelalterlichen Scholastik, der Gegenreformation und dem Papsttum der Neuzeit hervorgegangen war, ein Ende bereitet: der Unbedingtheit eines bündigen, straffen Systems, in dem eine Scholastik, ethische Verhaltensregeln, ein Kirchenrecht, eine Stufenleiter von Würden und heiligen Autoritäten, eine enge Kontrolle sich paarten mit einer Zentralgewalt, einem weitgehenden Konformismus und strammer Gehorsamshaltung. Darauf beschränkt sich unserer Meinung nach die Verantwortlichkeit des Konzils, das sich selbst in die Linie der lebendigen Tradition hineinstellte. Die Krise ist nur darum so heftig, so unmöglich zu meistern, weil sie aus der phantastischen Zivilisationsmutation hervorgeht, die die Welt gerade durchmacht, aus einer Mutation von einem Ausmaß, einer Tiefe, einer Allgemeinheit, einer Erstreckung und einer Akzeleration, wie man dies bis jetzt noch nie gekannt hat. Alles wird auf einmal in Frage gestellt, alles, was man aus der Vergangenheit empfangen hat. Die ganze Welt wird dadurch erschüttert, aber selbstverständlich die jungen Menschen mehr als andere. Weshalb?

Das Übermittelte und Übernommene werden in Frage gestellt und verdrängt

Sämtliche Analysen der gegenwärtigen Mutation und Krise erblicken deren Ursprung im Übergang von einer Welt, in der der Mensch in eine bestimmte, relativ stabile natürliche Ordnung der Dinge eingebettet war, zu einer geschichtlichen Welt, die vom Menschen dominiert und in ihrem Lauf bestimmt wird. »In einer vortechnischen Welt lässt sich der religiöse Mensch von einer Weltvorstellung leiten, wonach die ewige, gewünschte Ordnung der Dinge sich von selbst durchsetzt. In einem industriellen, technischen Universum hingegen wird die kulturelle Grunderfahrung des Menschen vom Bewusstsein der Veränderbarkeit der Materie und des Kosmos getragen. Damit kann das religiöse Verständnis, das sich der industrielle Mensch von seinem Leben macht, sich nicht mehr auf der Grundlage eines Sich-Einfügens in eine von der Schöpfung und der Natur auferlegte Ordnung realisieren. Nur innerhalb der Umgestaltung seines Lebens und der Welt, die er bewohnt, kann der Mensch sich eine Intuition des Übernatürlichen bewahren. Er bringt somit weiterhin seine Beziehung zum Transzendenten zum Ausdruck, doch diese Beziehung lässt sich nicht mehr in einer Religion von Riten und Verpflichtungen leben, die ausdrücken, dass man sich der Natur und der bestehenden Ordnung unterwirft, sondern sie wird in Verhaltensweisen aktualisiert, die auf dem Willen beruhen, die Welt und das Leben zu gestalten. Anders gesagt: Man akzeptiert keine Verhaltensregeln und -modelle mehr, die im Namen einer als unveränderlich erachteten übernatürlichen Ordnung auferlegt werden, sondern man geht heute zu ›orientierten, aber nicht regulierten‹ Verhaltensweisen über. Es handelt sich um den Übergang von gesellschaftlich und moralisch geregelten Verhaltensweisen zu einem frei auf Werte orientierten Handeln.«[3]

In einem Vortrag, den er zur Eröffnung der Christlichen Weltstudentenkonferenz am 22. Juli 1968 zu Turku hielt, sagte J. Moltmann: »Die moderne Welt ist eine Welt voller offener Möglichkeiten. Darum ist das moderne Bewusstsein zukunftsorientiert [...] Diese neuartige Ausrichtung auf mögliche, freie und neue Zukunft hat die vertrauten religiösen Vorstellungen des Glaubens in eine tiefe Krise gebracht und ist der Ansatzpunkt der modernen Religionskritik. Darum fühlen sich der Glaube an einen jenseitigen Gott und die religiöse Bindung an die Vergangenheit ohnmächtig in der modernen Welt.«[4]

Diese Veränderung des Geistesuniversums und das Bewusstwerden des Umbruchs, den sie mit sich bringt, gingen sehr rasch vor sich. Die jungen Menschen wurden davon fast auf einen Schlag erfasst. Dieser brüske Umschwung erhellt aus den Ergebnissen einer Meinungsumfrage. Die Frage lautete: »Wird Ihre Generation anders sein als die Ihrer Eltern?« Antwort[5]:

	1957	1969
sehr anders	16 %	92 %
nicht sehr anders	76 %	5 %

»Schwerwiegender ist [...] die Tatsache, dass sie [die jungen Menschen im Westen] allmählich wahrnehmen, dass die Werte, die ihr Leben ausmachen, d.h. dass das, was ihnen in ihrem Leben wichtig erscheint, stets seine Bedeutung behält, wie auch immer die lehrhaften Rechtfertigungsversuche aussehen mögen, die sie aufzunehmen versuchen: dass der Friede, die Gleichheit der Menschen, die wissenschaftliche und technologische Leistungskraft, die Authentizität und Achtung vor den zwischenmenschlichen Beziehungen sowie der demokratische Dialog Werte darstellen, unabhängig von allen Lehrsystemen und Ideologien; schließlich auch, dass es in weit höherem Maße die Ideologien sind, die sich dem Menschen entgegenstellen, als die Werte.«[6]

Das Christentum wird als Ethos akzeptiert, insofern es persönlich und in Freiheit gelebt wird. An den Werten, die den Menschen von heute teuer sind, ließe sich mühelos aufzeigen, dass sie ihrem Ursprung nach christlich sind. Aber man interessiert sich, wo der Mensch sie lebt, nur wenig für ihren Ursprung und noch weniger für die positiven Formen, die sie in der katholischen Dogmatik oder Liturgie haben mögen. M. de Certeau und J. M. Domenach haben aufgezeigt, dass das Christentum zumindest als Ethos gleichsam zu einer Kulturgegebenheit geworden ist, deren Inhalt man in sein Leben übernehmen kann, ohne sich an eine Kirche zu binden.[7] Jesus selbst entgleitet den Kirchen ... Das gleiche gilt übrigens für kulturelle Leistungen von anderer Seite: Auch der Marxismus ist zu einem Kulturelement geworden und entgleitet der Parteiorthodoxie.[8]

Die Orthopraxis gilt nun mehr als die Orthodoxie, das persönlich Erlebte mehr als das offiziell Gelehrte. Wo der Geist nicht mehr vom Respekt vor einer festen Ordnung geprägt ist, sondern, sofern er gläubig ist, in einer zu verändernden Welt der Geschichte und des Menschen den Glauben lebt, erhält das menschliche Handeln, das die Realität der Welt und vor allem die Gesellschaftsverhältnisse umformt (Politik) mehr Gewicht als die Übermittlung der Rahmen und Formen des metasozialen und metahistorischen Sakralen. Für viele und vor allem für junge Menschen kommt es kaum darauf an, was man glaubt oder was man vielmehr zu glauben behauptet; wichtig ist, was man lebt, d. h. die Werte. Nun aber lassen sich die Werte, die man christlich nennt, auch leben, ohne dass man sich an die Formen der Kirche hält, ja, diese Formen der Kirche behindern sie oft oder widersprechen ihnen sogar. Dies ist das wirksamste Motiv, dieser Kirche den Rücken zu kehren. Sie erscheint als bedeutungslos, als ob sie nichts zu sagen hätte, was Aufmerksamkeit verdiente, weil ihre Existenzsprache, ihre Institutionssprache nicht dem Evangelium entspricht. Statt es zu übersetzen, verrät sie das Evangelium. Bestenfalls ist sie etwas anderes, ein Relikt einer Welt für sich, von der man heute annimmt, sie sei vergangen, veraltet, und über die man lieber einige Erdschollen wirft als Tränen vergießt.

Dieser Primat, den man der Orthopraxis gibt, und der zum Primat des gesellschaftspolitischen, revolutionären Einsatzes im Dienst der Gerechtigkeit in der Welt wird, diese äußerste Relativierung der kirchlichen

Formen und selbst ihrer Lehre, Liturgie und Dienstämter wirken sich auch im ökumenischen Bereich aus. Die jungen Menschen werden vom »säkularen Ökumenismus« angezogen und erleben eine Einheit jenseits der klassischen Trennungen, die man einfach hinter sich lässt wie die unnützen Betonbunker einer Maginotlinie, über die die Panzerfahrzeuge hinwegfahren. Man gelangt zu einer Situation, in der es so etwas wie eine Einheit der Christen ohne Einheit der Kirchen gibt. Ist dies möglich?

Die Zurückweisung der Formen der Kirche hat ihre spezifischen Gründe, erfolgt aber auch aus allgemeinen Motiven: aus der Ablehnung von allem, was »Form« und »establishment«, was Kader oder Norm ist, die man sich nicht selbst gegeben hat, sondern vor uns und ohne uns entstanden ist und die sich uns aufzwingen möchte.[9] Dies kommt treffend darin zum Ausdruck, dass man seit 1968 in Abhängigkeit von Marcuse oder auch unabhängig von ihm wieder neu und massiv die Worte »Repression« und »repressiv« verwendet. Alles, was nicht von mir selber stammt und nicht freier Selbstausdruck ist, gilt als repressiv. Die Schule ist repressiv, die Familie ist repressiv und selbstverständlich die Armee, die »Macht« und schließlich auch die Kirche. Man weist zurück, was man einem auferlegen will, was gelehrt wird. In der Welt der Hippies (im weitesten Sinn) stellt man eine Neigung zu Strömungen oder Verhaltensweisen fest, die nicht beigebracht, von den Eltern übermittelt wurden, wie z. B. der Buddhismus, der Hinduismus – um von den langen Haaren oder dem Kahlschnitt zu schweigen (»Hair«: sich alles dessen, was widerstrebt oder behindert, entledigen).

Stehen hinter all dem nicht ein gewisser Wahrheitsbegriff und eine Auswirkung der vielberedeten »Hermeneutik«? Wahr ist, was Selbstausdruck ist. Es geht nicht so sehr darum, sich nach etwas Vorgegebenem zu richten, sondern darum, in seinem eigenen Streben authentisch zu sein. Was das Vorgegebene betrifft, wissen wir wohl, dass es in jeder Situation neu zu aktualisieren ist, aber so, dass es objektive Norm bleibt. Hermeneutik ist hier Selbstinterpretation, heißt etwa, Paulus oder die Evangelien »secundum meipsum« zu lesen. Was man als Traditionsgegebenheit mit normativem Anspruch ausgibt, gehört der Geschichte an und oft der Archäologie, einer Gesellschaftskritik oder der Erkenntnissoziologie. Es darf nicht den Anspruch erheben, meine Überzeugungen und mein Handeln zu regeln. Man muss man selbst sein, sein Ideal selbst erfinden und ihm treu sein.[10] Die Existenz geht der Essenz voraus und bestimmt sie (Sartre). Folgerichtig wäre somit jede Möglichkeit des Kircheseins, der

Katechese durch eine Kirche hinfällig. Es gäbe nur noch Diskussionsgruppen und Gruppen freier Forschung. Einzelne möchten denn auch so weit gehen.[11]

Oft aber nimmt ein gewisses kirchlich-gemeinschaftliches Element den Platz ein, den die Kirche als Gesellschaft oder Institution verloren hat. Niemand darf vergessen, dass das Christentum nur als Gemeinschaft, in der ersten Person Plural zu existieren vermag. Eine der Chancen des Christentums liegt eben in seiner Befähigung, Gemeinschaft in einem Klima der Zweckfreiheit zu ermöglichen. Sehr oft haben die kleinen Affinitätsgruppen das Bedürfnis, zu verifizieren, ob ihr Glaube auch der der andern ist. Aber dies bildet kein Äquivalent für den Wunsch nach Orthodoxie im herkömmlichen Sinn. Man misstraut dem »Dogmatismus« allzu sehr. Die Gewissheiten, die er bekennt, scheinen unwirklich, unwahrscheinlich zu sein. Man gefällt sich eher in der Unsicherheit. Die Gewissheiten, die man im Verdacht hat, »Sicherungsbestrebungen« zu sein, werden als Schwächen und beinahe als Sünden erachtet.

Wie sind die jungen Menschen?

Es gibt unter ihnen Konservative, ja Integralisten. Man kann auch mehrere Anzeichen dafür wahrnehmen, dass viele zutiefst nach einem anspruchsvollen, intelligenten, in gesunder Weise kritischen und kreativen Christentum suchen, das sich an das Gültige der Tradition hält. Dies läge auch auf der Linie des Konzils. Wie schon gesagt, geht die Infragestellung eines Christentums, das man so übernehmen soll, wie es übermittelt wird, im Wesentlichen auf eine tiefreichende, allgemeine Kulturmutation zurück. Bloß sind die jungen Menschen dafür empfänglicher und spontaner und umfassender darauf eingestellt, auch deshalb, weil sie in diesem neuen Universum geboren sind und aufwachsen. Sie sind sich ohne Weiteres bewusst, dass sie einer ganz neuen Generation angehören, die gewissermaßen keinen Stammbaum hat, und dass sie somit den Glauben nicht auf dieselbe Weise ausdrücken können wie die früheren Generationen. Noch ihre Eltern scheinen in ihren Augen das Christentum anders aufzufassen und vor allem anders zu leben. Sie bemühen sich wenig, die Art der älteren Leute zu verstehen. Leider ist dies oft gegenseitig der Fall.

Jede Generation erkennt und verständigt sich in einer bestimmten Sprache. Dabei denken wir nicht einfach an Worte, sondern an eine bestimmte

Art, an die Wirklichkeit heranzugehen, an ein ganzes kohärentes Gefüge von Ausdrucksformen, die den Menschen und seine Verhaltensweisen ebenso sehr prägen wie zum Ausdruck bringen. In den fünfziger Jahren, als sich gewisse heutige Mutationen bereits abzuzeichnen begannen, waren die jungen Menschen noch willens, die Sprache der Eltern zu verstehen. Es ist zweifelhaft, ob dies auch heute noch in ähnlicher Weise der Fall ist. Zwei Sprachen, zwei Welten – und vielleicht noch mehr – bestehen nebeneinander. Doch die Sprache der jungen Menschen ist vor allem in Bruchstücken vorhanden, die jedoch von einem gemeinsamen Instinkt, einem gemeinsamen Empfinden, von gemeinsamen Allergien zu einer Einheit verbunden werden.

Sie begehren oft gegen die vorkonziliaren Vorstellungen des Katholizismus auf, die mehr von den Großeltern als von der heutigen Katechese herrühren. Man weiß schon seit Timotheus (vgl. 2 Tim 1,5), welche Rolle die Großmutter spielt, denken wir etwa an ihre Bedeutung im heiligen Russland. Sie trägt Veraltetes und Lebendiges weiter. Viele junge Menschen kennen von der Kirche vor allem die rechtlichen Aspekte, die sie für hinderlich, repressiv und rückschrittlich halten. Die Welt, das Leben, könne nichts damit anfangen. Auch das Evangelium habe nichts damit zu tun; man müsse sich davon befreien. Wir geben hier einige Aussprüche wieder, die wir hörten. Die Hierarchie besteht demnach aus alten Herren, die für die Jugend kein Verständnis haben. Man sollte den Papst abschaffen. Es sei idiotisch, sich an Grundsätze zu halten, die vor zweitausend Jahren aufgestellt worden seien, und ihnen blind zu folgen, ohne den eigenen Verstand zu gebrauchen. Ob man glaube oder nicht glaube, sei nicht so wichtig; Hauptsache sei, dass man recht lebe.

Das konkrete Erscheinungsbild der Kirche ist für sie zugleich förderlich und hinderlich. Sie hat etwas zu zeigen, was oft ansprechend ist. Das Fernsehen macht sich die feierlichen Zeremonien, die Prachtentfaltung im Vatikan zunutze. Das Konzil war ein großes Schauspiel. Doch die jungen Menschen erblicken in all dem nur einen politisch-diplomatischen Panzer, den die Kirche ablegen sollte. Ein schrecklicher Mangel an geschichtlichem Sinn hindert sie daran, zu einem besseren Verständnis vorzudringen und die Proportionen wieder richtig zu sehen.

Zugleich wird in der heutigen Kirche eine ungeheure Arbeit geleistet auf den verschiedenen Wissenssektoren: Bibel, Kirchenväter, Philosophie (obwohl zweifellos im letzten Punkt die empfindlichste Lücke besteht). Man strengt sich mächtig an, die Pastoral zu erneuern und die Liturgie auf gültige, ansprechende Weise zu feiern, wenn dabei auch manches fallen gelassen wird. Es gibt Stätten des Gebetes, Klöster, die wirklich das geistliche Leben pflegen. Und der Papst und die Bischöfe sind trotz allem doch noch etwas mehr als eine Kollektion alter, verknöcherter Herren! Man fragt sich, ob es nicht, damit all dies »ankommt«, übermittelt und entgegengenommen wird, in der Kirche bessere Kommunikation geben müsste. Man müsste sich zielstrebig, mit allen Mitteln und auf sämtlichen Registern um Kommunikation bemühen. Nur müsste dabei selbstverständlich zugleich das Streben nach evangelischer Läuterung, nach Reform, nach dem Aufgeben von Fiktionen und nach Redlichkeit weitergeführt werden.

Ein Verständnis des Christentums als Tradition und Bewahrung eines hinterlegten Gutes und ein anderes Verständnis als Aufbruch in eine noch unbekannte Zukunft lassen sich nur dann als gegensätzlich begreifen, wenn man die Tradition nicht richtig versteht, sondern sie mit der mechanischen Weitergabe eines toten Gegenstandes verwechselt, an den man nicht rühren darf. Zwar ist die Tradition Rückbezug auf das Hinterlegte, aber sie ist auch Leben, Geschichte, Wachstum, so wie auch die Apostolizität nicht nur zum Ursprung zurückgewandt, sondern dem Ziel zugewandt ist, das sie von Anfang an anstrebt. Geben wir zu, dass man allzu lange einseitig den ersten Aspekt betont hat. Heute hebt man den zweiten Aspekt hervor, manchmal mit dem Risiko, einer gegensätzlichen, doch ähnlichen Einseitigkeit zu verfallen. Die Wahrheit besteht in der Synthese von beidem. Diese ist nicht so schwer zustandezubringen auf dem Feld der Ideen. In den Institutionen und im Alltag verhält es sich freilich anders.

1 | Yves Agnes in *Le Monde* vom 19. Mai 1974.

2 | George A. Lindbeck, *Le catholicisme a-t-il un avenir?* Paris 1971, 153 (Original: *The Future of Roman Catholic Theology*, London 1970).

3 | Albert Basteni in einer theologischen Lizentiatsarbeit in Leuven mit dem Titel: *Une approche actionnaliste du ‹projet religieux' selon la sociologie d'Alain Touraine*, Brüssel 1971 (unveröff.).

4 | Jürgen Moltmann, These 3 über »Gott in der Revolution«: Evangelische Kommentare 1 (1968/10), 565–571, 567.

5 | *Express* vom 23. Februar und 2. März 1969.

6 | *La jeunesse occidental et l'avenir de l'Eglise*, in: Pro mundi vita, Nr. 33 (1970), 19.

7 | Michel de Certeau und Jean-Marie Domenach, *Le christianisme eclate*, Paris 1974.

8 | Pierre Masset, *Le marxisme dans la conscience moderne*, Paris 1974. Man beachte hierzu die Bemerkung in »Pro mundi vita«, aaO., 16: »Während der letzten Jahre tauchte ein neuer Hinweis auf, den man zwar bisher nicht recht verwerten konnte, der aber immerhin Licht auf diese Frage werfen könnte, nämlich die stets wachsende Schwierigkeit, in den Schulen Religionsunterricht zu erteilen. [...] Man wird übrigens bemerken, dass ähnliche Schwierigkei-

ten auch in den Schulen sozialistischer Länder Mitteleuropas auftreten. Es wird dort immer schwieriger, den Marxismus-Leninismus zu lehren [...]«

9 | Vgl. die Diagnose von André Piettre, *Lettre aux voyous du cœur*, Paris 1972.

10 | Nach Aussagen von Studenten, angeführt in Danièle Hervieu-Léger, *De la mission a la protestation. L'évolution des étudiants chretiens*, Paris 1973: »Jede Programmierung des Forschens und der Äußerung von außen ist zurückzuweisen, namentlich eine solche, die sich aus einer a priori festgelegten Definition ergibt, etwa von einer kirchlichen Körperschaft, welche die Normen der individuellen und kollektiven religiösen Erfahrung bestimmt« (113; vgl. 116 und 126 in Bezug auf den Gottesdienst).

11 | Vgl. beispielsweise John A. T. Robinson, *Eine neue Reformation?* München 1965, 89f (Original: *The New Reformation*, London 1965, 81 f).

Aus dem Französischen übersetzt von Dr. August Berz

Elisabeth Schüssler Fiorenza

Die Rolle der Frau in der urchristlichen Bewegung

1976

Auf der Tagung für Frauenrechte, die 1852 in Syracuse stattfand, brachte Antoinette Brown eine Resolution ein, dass die Frauenrechte von der Bibel gestützt würden. Ernestine Rose wandte sich gegen diesen Antrag, da allzu viele Bibeltexte für die Unterordnung der Frau einträten. Wollten FrauenrechtlerInnen sich auf die Autorität der Bibel berufen, müsste das ganze Buch im Sinn eines Eintretens für die Sache der Frauen umgeschrieben werden. Eine solche Umschreibung versuchte Elizabeth Cady Stanton in der *Women's Bible,* die sie edierte und veröffentlichte. Doch im Jahre 1896 wies die Frauenrechtstagung ihr Buch zurück. Antoinette Brown ist in der Debatte Siegerin geblieben.[1]
In den zahlreichen wissenschaftlichen Arbeiten, die sich in den letzten achtzig Jahren mit der Stellung der Frau in der Bibel und der Kirche befassten, herrscht eine apologetische Interpretation und nicht eine Neukonzeption vor. Die meisten AutorInnen gehen davon aus, dass die Bibel, zumal das Neue Testament, und die modernen Frauenbewegungen keine entgegengesetzten Interessen und Auffassungen vertreten. Da die Stellen, die im Neuen Testament die Unterordnung der Frau fordern, dieser These deutlich widersprechen, haben einige InterpretInnen diese Texte in einem Sinn zu erklären versucht, der an ihrer Autorität festhält und zugleich der Frauenbewegung gerecht wird. Bei der Durchsicht solch apologetischer Interpretationen wird deutlich, dass ihnen bestimmte hermeneutische Positionen zugrunde liegen.

I. Hermeneutische Diskussion

Eine literalistische oder fundamentalistische Deutung hält *erstens* daran fest, dass die Bibel die Unterordnung der Frau unter den Mann als von Gott geoffenbart fordert. Gegenüber der modernen Häresie der Gleichmacherei hätten ChristInnen an dieser Offenbarung von Unterordung festzuhalten, damit auch die Frau des 20. Jahrhunderts diese gottgewollte Unterordnung in ihrem Leben umsetzen könne.

Eine *zweite* Auffassung, die freizügiger sein will, aber anti-jüdisch ist, argumentiert, dass im Unterschied zum Judentum und Hellenismus des 1. Jahrhunderts das Neue Testament, namentlich Paulus, die Emanzipation und Befreiung der christlichen Frau fordere. Paulus lehrt, in Christus sei die Frau dem Manne ebenbürtig. Doch gegenüber den in Korinth herrschenden Tendenzen, die zwischen den Geschlechtern überhaupt keinen Unterschied mehr gelten lassen wollten, betone er, diese Unterschiede seien noch nicht aufgehoben und die Frauen hätten demzufolge noch der Rolle zu entsprechen, die ihnen die Kultur ihrer Zeit zuweise.

Eine *dritte* Deutungsmethode projiziert spätere Kirchenstrukturen in das Neue Testament. Dieser Deutung zufolge würden die Pastoralbriefe es der Frau nicht untersagen, in der Kirche zu lehren, sondern sie sprächen ihr nur das dem Bischof zustehende offizielle Lehramt ab. Andere nehmen an, dass Frauen zu Diakoninnen, nicht aber zu Priestern geweiht werden könnten, weil wohl von der Diakonin Phöbe die Rede sei, aber Frauen im Neuen Testament nirgends den Titel Priester oder Bischof erhalten hätten.

Eine *vierte* Weise, mit den Aussagen des Neuen Testaments über die Frau zurechtzukommen, erklärt den Überlieferungsstrang der Unterordnung für sekundär und somit für nicht maßgeblich. Demnach stellen nicht bloß der Kolosser- und der Epheserbrief sowie die Pastoralbriefe eine nachpaulinische Tradition dar, sondern sind auch 1 Kor 11,2–16 und 14,33b–36 spätere Hinzufügungen, die der nichtpaulinischen Überlieferung entstammen.

Ein *fünftes* Argument schließlich gibt zu, dass Paulus für die Stellung der Frau in der christlichen Gemeinde einschränkende Bestimmungen erließ, doch betont es gleichzeitig, diese Weisungen seien »geschichtlich bedingt« und für uns deshalb nicht mehr verpflichtend. Heute würde ja niemand verlangen, dass Frauen ihren Kopf verschleiern oder dass sie ihre religiösen Probleme mit ihrem Mann besprechen müssen.

Alle diese Versuche, die Bibel vor dem Verdikt der Frauenbewegung zu retten, schlagen infolge ihres apologetischen Charakters fehl.[2] Sie können nicht die Behauptung von Antoinette Brown erhärten, dass die Rechte der Frau von der Bibel gestützt werden. Das Vorhaben von Elizabeth Cady Stanton, dass die Bibel uminterpretiert werden muss, wenn sie für die Sache der Frau eintreten soll, scheint richtig zu sein. Als Historikerin und Exegetin aber würde ich, im Unterschied zu Cady Stanton argumentieren, dass nicht eine Neufassung der Bibel, sondern eine Neukonzeption ihrer Interpretation und der Geschichte des Urchristentums notwendig ist.

Wie die hermeneutische Diskussion zeigt, ist eine wertfreie, objektivistische Geschichtsschreibung eine Fiktion. Sämtliche Deutungen geschichtlicher Texte hängen von den Denkvoraussetzungen, Auffassungen oder Vorurteilen der ExegetInnen und HistorikerInnen ab, die sie interpretieren. Feministische AutorInnen betonen zurecht, dass das biblische Material allzulange ausschließlich von männlichen Historikern studiert wurde, die es bewusst oder unbewusst in einem patriarchalen Horizont verstanden.[3] Bibelwissenschaftler übersetzten die Bibeltexte in androzentrische Sprachen und entschieden textkritische Fragen aus männlicher Sicht. Nicht nur unterließen sie es, die weibliche Bilder- und Symbolwelt der Bibel ans Licht zu heben, sondern sie nahmen auch an, sämtliche AutorInnen der Bibel seien männlichen Geschlechts gewesen. Noch verhängnisvoller für das Selbstverständnis von christlichen Frauen war die unbestrittene Lehre, allein dem Manne komme Autorität zu. Akademische Diskussionen über Kirchenordnung, Jüngerschaft, Gottesdienst oder Sendung im Neuen Testament haben allgemein vorausgesetzt, dass die Leitung der Urkirche ausschließlich in männlichen Händen gelegen habe.

Die meisten Forschungsarbeiten über die Stellung der Frau in den biblischen Traditionen scheinen von den gleichen kulturellen Voraussetzungen auszugehen. Soweit sie die »Stellung der Frau« in der Bibel als ein Sonderproblem behandeln, spiegelt sich in ihnen unsere kultur- und geschichtsbedingte Auffassung wider, wonach das Mannsein die Hochform des Menschseins, der menschlichen Gesellschaft und der Geschichte ist. In dieser Sicht wird einzig die »Rolle der Frau« zu einem besonderen sprachlichen, psychologischen, gesellschaftlichen und geschichtlichen Problem, während die »Rolle des Mannes« und die patriarchalen Strukturen der Gesellschaft und der Kirche nicht in Frage gestellt werden. Da diese kulturbedingte patriarchale Sicht die gesamte Geschichtsschreibung bestimmt hat, wird diese, wie einige feministische HistorikerInnen argumentieren, mit Recht »his-story« (»*seine* Geschichte«) genannt, da sie vom Standpunkt der Vorherrschaft des Mannes aus gesehen und rekonstruiert wird. Simone Weil hat diese hermeneutische Erkenntnis so wiedergegeben: »Die Geschichte ist somit nichts anderes als eine Zusammenstellung der Aussagen, die von Mördern über ihre Opfer und sich selbst gemacht wurden.«[4]

Die heutigen Bibelinterpreten stehen zweifellos immer noch in der langen Tradition der Herrschaft des Mannes, die die Frau zum Opfer macht. Sie rekonstruieren die Geschichte des Urchristentums in diesem Denkrahmen von männlicher Herrschaft. Da sie ohne große Diskussion annehmen, in der frühesten christlichen Bewegung würden sich die Werte und Strukturen der damaligen jüdischen, römischen oder griechischen Gesellschaft widerspiegeln, kann die Frau, wenn sie darin überhaupt eine Rolle gespielt hat, nach dieser anti-jüdischen und anti-paganen Annahme in der frühchristlichen Bewegung höchstens eine Randstellung eingenommen haben. Doch teilen nicht nur die heutigen ExegetInnen und TheologInnen diese Auffassung von der Dominanz des Mannes, sondern auch die AutorInnen des Neuen Testaments. Da sie das Überlieferungsmaterial und die Belege ihrem theologischen Standpunkt entsprechend auswählen, können wir annehmen, dass sie nur einen Teil der wohl sehr reichen Tradition über die frühchristliche Präsenz und Leitung von Frauen in den urchristlichen Gemeinden wiedergeben. Von der echten »her-story« des Urchristentums, d.h. vom Anteil der Frauen an dieser Geschichte, ist somit wohl das meiste verlorengegangen. Die wenigen Fragmente, die auf uns gekommen sind, sind nicht nur vor dieser Tendenz der heutigen InterpretInnen zu retten, sondern auch kritisch aus den patriarchalen Berichten der neutestamentlichen AutorInnen selbst herauszufiltern. Wir dürfen nicht erwarten, eine ausgiebige Dokumentation über die Rolle von Frauen im frühen Christentum zu finden, aber wir sind doch imstande, in der urchristlichen Literatur Spuren von dem, »wie es in Wirklichkeit gewesen ist«, zu entdecken. So wie jede Konzeptualisierung der frühchristlichen Bewegung bedarf die feministische Rekonstruktion der frühesten Geschichte des Christentums nicht nur einer scharfsichtigen Interpretation der Texte, sondern auch eines re-konstruktiven historischen Interpretationsmodells.

II. Die führende Rolle von Frauen in der urchristlichen Bewegung

Wie die Forschungsarbeiten über die gesellschaftlich-kulturellen Kontexte der im Entstehen begriffenen christlichen Bewegung herausgearbeitet haben, stellte diese Bewegung – wie andere Bewegungen im Judentum des 1. Jahrhunderts – soziologisch gesehen eine gesellschaftlich und religiös abweichende Gruppe dar.[5] Jesus und seine JüngerInnen waren fromme JüdInnen, glichen sich aber nicht total ihrer herrschenden Gesellschaft an. Sie übernahmen nicht unkritisch deren Werte und Institutionen, sondern wichen von ihnen ab und stellten sich manchmal in Gegensatz zu ihnen. Im Unterschied zu der Sekte von Qumran war die Jesusbewegung in Palästina nicht exklusiv, sondern eine inklusive Gruppe. Jesus berief nicht nur rechtschaffene, fromme und hochgeachtete Menschen in die Reich-Gottes-Nachfolge, sondern lud auch Steuereintreiber, Sünder und Frauen dazu ein. Nicht den Reichen, Etablierten, religiös Gesinnten verhieß er Gottes Reich, sondern den Armen, Machtlosen und Verstoßenen. Dieser inklusive Charakter der Jesusbotschaft und -bewegung ermöglichte es später, die jüdische Jesusbewegung zu erweitern und HeidInnen aus sämtlichen Nationen in die neue Gemeinde einzuladen, die über die gesellschaftlichen und religiösen Grenzen der jüdischen wie der hellenischen Welt hinauswuchs. In dieser neuen Gemeinde wurden Statusunterschiede aufgehoben oder geringgeschätzt, es gab in ihr weder Herrschaftsstrukturen noch eine patriarchale Leitung.

Das theologische Selbstverständnis dieser urchristlichen Bewegung kommt in Gal 3,28 zum Ausdruck. In der neuen Gemeinde sind alle Statusunterschiede von Rasse, Religion, Klasse und Geschlecht aufgehoben. Alle sind in Christus eins und einander ebenbürtig. Nach dieser weithin akzeptierten Interpretation ist Gal 3,28 eine überkommene Taufformel[6], die von Paulus angeführt wird, um seine Auffassung zu stützen, dass es in der Christusgemeinde zwischen Juden- und HeidenchristInnen keinen Unterschied mehr gibt. In dieser Taufformel äußert sich das Selbstverständnis der neu initiierten ChristInnen im Unterschied und Gegensatz zu den gesellschaftlich-religiösen Auffassungen der griechisch-römischen Kultur. Es war ein rhetorischer Gemeinplatz, dass hellenistische Männer dankbar sein müssten, als Mensch und nicht als Tier, als Mann und nicht als Frau, als Grieche und nicht als Barbar auf die Welt gekommen zu sein. Diese Denkweise wurde vom Judentum übernommen und fand ihren Weg in die Synagogenliturgie: Dreimal täglich dankte der jüdische Mann Gott dafür, dass er ihn nicht als Heiden, als Frau oder als Sklaven ins Dasein rief.[7] Im Unterschied und Gegensatz zu dieser kultur- und gesellschaftsbedingten Denkart bekannten sich die ChristInnen bei ihrer Taufe dazu, dass sämtliche politisch-gesellschaftlichen Unterschiede in Jesus Christus aufgehoben sind. Es ist indes wichtig zu bemerken, dass sich in dieser Tauffformel noch nicht die gleiche Einheitsvorstellung wie in den späteren gnostischen Schriften widerspiegelt.[8]

Während nach verschiedenen »gnostischen« Texten die Frau zum »Mann« oder »dem Manne ähnlich« zu werden hatte, um zu einer VollchristIn zu werden, erhebt Gal 3,28 nicht Männlichkeit zum Richtmaß des neuen Lebens, sondern Christus, in dem Mannsein wie Frausein aufgehoben ist. Da mit »JüdInnen und GriechInnen« sowie mit »SklavInnen und Freien« die Aufhebung der gesellschaftlich-religiösen Unterschiede gemeint ist, dürfen wir annehmen, dass das gleiche auch beim dritten Wortpaar »Mann und Frau« der Fall ist. Das neue Selbstverständnis der Christusgemeinde hob sämtliche Religions-, Klassen- und Kastenunterschiede auf und ermöglichte damit nicht nur Heidenchristen und Sklaven, sondern auch Frauen aller sozialen Gruppen, in der frühchristlichen Bewegung wichtige Ämter zu übernehmen. Frauen waren in dieser Bewegung nicht Randfiguren, sondern übten als Apostelinnen, Prophetinnen und Missionarinnen führende Aufgaben aus.

Wie die Auseinandersetzungen des Paulus mit seinen Gegnern zeigen, war der Leitungsdienst der *Apostel* für die im Entstehen begriffene christliche Bewegung von höchster Bedeutung. Nach der Auffassung von Paulus bleibt das Apostelamt nicht auf die Zwölf beschränkt. Apostel sind alle ChristInnen, die Augenzeugen der Auferstehung waren und vom auferweckten Herrn mit dem Missionswerk beauftragt wurden (1 Kor 9,4). Als Ersatz für Judas konnten nur solche JüngerInnen gewählt werden, die Jesus bei seinem Wirken in Galiläa begleitet hatten und auch Augenzeugen seiner Auferstehung gewesen waren (Apg 1,21). Gemäß allen vier Evangelien trafen diese von Paulus und Lukas aufgezählten Kriterien des Apostelamtes auch auf Frauen zu. Frauen begleiteten Jesus von Galiläa nach Jerusalem und waren Zeuginnen seines Todes (Mk 15,4 par). Überdies waren Frauen gemäß sämtlichen historischen Kriterien die ersten Zeuginnen seiner Auferstehung, denn dieses Kriterion konnte von der Urkirche nicht erfunden sein, da Lukas es schon zu qualifizieren sucht. Der Umstand, dass diese Frauen nicht anonym gelassen, sondern namentlich aufgeführt werden, lässt darauf schließen, dass sie in der christlichen Bewegung in Palästina eine wichtige Rolle spielten. Als ihre Anführerin erscheint Maria von Magdala, da alle vier Evangelien ihren Namen nennen, während in Bezug auf die anderen Frauen die Namen variieren. Somit waren nach den in den Evangelien niedergelegten Tradi-

tionen Frauen die ersten apostolischen Zeuginnen für die Grundaussagen des urchristlichen Kerygmas: Sie bezeugten Jesu Wirken, seinen Tod, sein Begräbnis und seine Auferstehung.
Wenn die Berichte der Evangelien näher geprüft werden, zeigt sich jedoch darin bereits eine Tendenz, die Rolle von Frauen als Zeuginnen und Verkünderinnen des Osterkerygmas zu verringern. Diese Tendenz macht sich im Markusevangelium bemerkbar, das betont: Die Frauen »sagten niemandem etwas davon, denn sie fürchteten sich sehr« (16,8). Sie liegt auch offenkundig vor in der von Lukas gemachten Bemerkung, die Elf und ihre Genossen hätten das alles »für bloßes Geschwätz gehalten und ihnen nicht geglaubt«, sondern seien von ihnen weggegangen (24,11). Und in Apg 1,21 bemüht sich Lukas, die Frauen vom Apostelamt auszuschließen, indem er bloß Männer als Ersatz für Judas in Frage kommen lässt. Die gleiche Tendenz[9] spiegelt sich in dem von Lukas wiedergegebenen Bekenntnis wider: »Der Herr ist wirklich auferweckt worden und ist dem Simon erschienen« (Lk 24,34). Dieses Lukasbekenntnis entspricht der vorpaulinischen Glaubensüberlieferung, die in 1 Kor 15,3ff wiedergegeben wird und Kephas und die Elf als die Hauptzeugen der Auferstehung nennt, aber keine der Frauen anführt. Das Bestreben, das erste Zeugnis von Frauen in seinem Wert herabzusetzen, tritt auch in der Redaktion des vierten Evangeliums zutage, das versichert, Petrus und der Lieblingsjünger, nicht aber Maria von Magdala hätten als erste an die Auferstehung geglaubt (Joh 20,1–18). In der heutigen Exegese scheint ebenfalls die Tendenz vorhanden zu sein, die Bedeutung von Frauen als ersten ZeugInnen für die Auferstehung mit antijüdischen Argumenten abzuschwächen: »Wenn Frauen und nicht Männer als die ersten Zeugen für die Auferstehung geschildert werden, so hat das lediglich eine vorläufige und intermediäre Funktion, denn gemäß dem jüdischen Gesetz waren Frauen nicht zum Zeugenamt zugelassen.«[10]
Wenn wir Röm 16,7 unvoreingenommen lesen, so treffen wir damit auf eine Stelle im Neuen Testament, worin eine Frau Apostel genannt wird. Es liegt kein Grund vor, Junia als eine Kurzform des Männernamens Junianus anzusehen, denn Junia war damals ein bekannter Frauenname. H. J. Lagrange war deshalb der Auffassung, Andronikus und Junia seien ein Missionarsehepaar wie Aquila und Priska.[11] Beide sind Mitgefangene des Paulus. Sie waren schon vor Paulus ChristInnen und sind hervorragende Gestalten unter den »Aposteln«.

Von Anfang an spielten *ProphetInnen* in der frühchristlichen Bewegung eine wichtige Rolle. Da sie als Geist-erfüllte SprecherInnen im Namen des Auferstandenen tätig waren, gründete ihre Autorität auf göttlichen Offenbarungen. Paulus führt die ProphetInnen wiederholt unmittelbar nach den ApostelInnen an. Er bewertet die Gabe der Prophetie höher als die Glossolalie. Trotz des Auftretens falscher ProphetInnen hatten, wie die Apokalypse und die Didache zeigen, die ProphetInnen auch noch am Ende des 1. Jahrhunderts große Autorität. Nach Diadache 13,1–7 stehen den ProphetInnen bei der Eucharistiefeier leitende Funktionen zu.

Wie Lukas sagt, wird der Geist der Prophetie Frauen wie Männern verliehen. Als christliche ProphetInnen erwähnt er besonders die vier Töchter des Philippus (Apg 21,9). Deren Ruf war in der Urkirche so groß, dass nach dem Zeugnis des Eusebius (Eccl. Hist. III,31) die Gemeinden Kleinasiens gegenüber den Forderungen des Papstes Viktor sich auf ihren apostolischen Ursprung beriefen, indem sie darauf hinwiesen, dass die Töchter des Philippus in der Provinz Asien begraben seien. Für Paulus ist es selbstverständlich, dass Frauen prophezeien und liturgische Funktionen ausüben, nur wünscht er, dass sie dies auf passende Weise tun (1 Kor 11,2–16). Am Ende des 1. Jahrhunderts übte in der Gemeinde von Thyatira eine Prophetin großen Einfluss aus (Offb 2,20ff). Wir wissen nicht, wie die Prophetin, die »Jezabel« genannt wird, in Wirklichkeit hieß, doch muss sie offenbar das Haupt einer ganzen Prophetengruppe gewesen sein. Sie und ihre AnhängerInnen befürworteten anscheinend eine andere Haltung gegenüber der heidnischen Umgebung. Während der Prophet Johannes radikalen Widerstand und Opposition gegenüber Rom und seinem Kult forderte, trat diese Prophetin wohl für eine Adaptation und Koexistenz ein. Es ist jedoch zu betonen, dass sie nicht als Haupt einer häretischen Gruppe identifiziert wird, sondern sie übte ihre leitende Rolle innerhalb der Gemeinde aus und ihr Kreis gehörte dieser an. Sie scheint eine ähnliche Autorität und ebenso viele JüngerInnen gehabt zu haben wie der Autor der Apokalypse. Ihr Einfluss muss weitergedauert haben, denn Thyatira wurde um die Mitte des 2. Jahrhunderts zum Zentrum der montanistischen Bewegung, in der ProphetInnen eine hervorragende Rolle spielten (Epiphanius, Heres. 51,33).

Wenn wir die verstreuten Angaben über die führende Rolle von Frauen in der urchristlichen *Missionsbewegung*[12] im Blick halten, sehen wir, dass das Missionswerk von Frauen ebenso bedeutend war wie das von Barnabas, Apollos oder Paulus. Frauen befanden sich unter den wohlhabenden, angesehenen Bekehrten der Urkirche (vgl. Apg 17,2.4). Da sie sich oft zusammen mit ihrer ganzen Familie und dem Gesinde taufen ließen, ergab es sich von selbst, dass sie zu LeiterInnen von Hauskirchen wurden.[13] In Phlm 2 grüßt Paulus Apphia, »unsere Schwester«, die zusammen mit Philippus und Archippus wahrscheinlich ein führendes Mitglied der Hauskirche in Kolossä war. Die Kirche in Philippi begann mit der Bekehrung einer Geschäftsfrau namens Lydia aus Thyatira (Apg 16,14f). Der Autor des Kolosserbriefes spricht von Nympha von Laodizea und der »Kirche in ihrem Hause« (Kol 4,15). Paulus sendet zweimal Grüße an Priska und Aquila und die »Kirche in ihrem Hause« (1 Kor 16,9; Röm 16,5). Die Fragen, die gewisse Personen aus dem Kreis einer Frau namens Chloë an ihn richteten, waren für ihn der Anlass, den Ersten Korintherbrief zu schreiben.

Doch nicht nur als Hausherrinnen spielten Frauen in der Missionstätigkeit der ersten ChristInnen eine führende Rolle, die der Bedeutung der jüdischen Frauen von Nichtjuden in der religiösen Bewegung des Judentums gleichkam, sondern sie beteiligten sich auch aktiv am Missionswerk selbst. Paulus empfiehlt neben einer Maria auch Tryphäna und Tryphosa und »die liebe Persis«, die »für den Herrn große Mühe auf sich genommen hat« (Röm 16,6.12). Das griechische Zeitwort, das er hier verwendet, bezeichnet bei Paulus für gewöhnlich die Missionstätigkeit, die Verkündigung der Frohbotschaft und die Glaubensunterweisung. In Phil 4,2–3 sagt Paulus ausdrücklich, Frauen, nämlich Evodia und Syntyche, hätten an seiner Seite »für das Evangelium gekämpft«. Sie haben, gleichsam in sportlichem Wettkampf mit Paulus, Klemens und den weiteren MitmissionarInnen des Paulus, sich für die Sache des Evangeliums eingesetzt. Paulus hätte sich kaum eines so starken Ausdrucks wie »kämpfen« bedient, wenn er bloß hätte sagen wollen, diese Frauen hätten ihn materiell unterstützt. Er hält den Einsatz der beiden Frauen für so wichtig, dass er befürchtet, ihre Meinungsverschiedenheiten und Konflikte könnten die Gemeinde zu Philippi in ernstliche Gefahr bringen.[14]

Zwei der hervorragendsten Frauen in den paulinischen Kirchen werden in Röm 16 erwähnt. Die erste, Phöbe, wird als *diákonos* und *prostátis* bezeichnet. Die Interpetation der Stelle sucht die Bedeutung beider Titel abzuschwächen, weil sie auf Frauen angewandt werden. Wenn Paulus die Bezeichnung *diákonos* auf sich selbst, auf Apollos, Timotheus, Tychikus oder Epaphras anwendet, übersetzen ExegetInnen das Wort für gewöhnlich mit »Gehilfe« oder »Diakon«, während sie es hier mit »Dienerin« oder »Diakonisse« wiedergeben. Wie aus 1 Kor 3,5.9 deutlich wird, ist der Titel gleichbedeutend mit *synergos*, »Mitarbeiter« im Missionswerk. Nicht nur der Titel bezeichnet Phöbe als Missionarin; sie erhält, wie andere GlaubensbotInnen, auch ein Empfehlungsschreiben. Da Phöbe als *diákonos* der Kirche von Kenchreä bezeichnet wird, muss sie in dieser Gemeinde eine führende Stellung gehabt haben. Zweitens wird Phöbe als *prostátis* bezeichnet, was für gewöhnlich mit »Helferin« oder »Beschützerin« übersetzt wird. Das Wort kommt im Neuen Testament nur hier vor, in der jüdischen Literatur hat es jedoch die Bedeutung von »Anführer«, »Vorsteher«, »Statthalter«, »Protektor« oder »Verwalter«. Paulus verwendet das Zeitwort, aus dem dieses Substantiv gebildet ist, in 1 Thess 5,12, wo er die Gemeinde ermahnt, »die anzuerkennen, die sich bei euch mühen und euch im Namen des Herrn leiten [...]« In 1 Tim 3,4f; 5,17 bezeichnet das Zeitwort den Bischofs-, Diakons- oder Ältestendienst. Darum ist anzunehmen, dass Phöbe in der Gemeinde von Kenchreä ein solches Amt innehatte. Sie war für viele und auch für Paulus eine Autoritätsperson.

Priska war, zusammen mit Aquila, neben Paulus, Barnabas, Timotheus und Apollos eine führende Gestalt in der Heidenmission.[15] Der Umstand, dass von sechs Stellen ihr Name viermal vor Aquila angeführt wird, bezeugt, dass sie eine führende Stellung hatte. Paulus nennt sie seine »Mitarbeiter« und betont, dass nicht nur er, »sondern alle Gemeinden der Heiden ihnen dankbar« seien. Ihr Haus war ein Missionszentrum in Korinth (1 Kor 16,19), Ephesus (Apg 18,18) und Rom (Röm 16,5). Da sich Lukas in der Apostelgeschichte auf den großen Glaubensboten Paulus konzentriert, erwähnt er beide nur nebenbei, doch deuten seine Bemerkungen an, dass seine Quellen mehr von ihnen wissen, als er berichtet. Dass er überhaupt von den beiden spricht, ist ein Zeichen dafür, »dass sie für die Geschichte der christlichen Mission so wichtig waren, dass Lukas sie nicht übergehen konnte«[16]. Wie Apg 18,26 andeutet, hatten sie nicht nur auf Paulus, sondern auch auf Apollos großen Einfluss.

Viele Angaben über die Stellung von Frauen im Urchristentum sind verlorengegangen. Die wenigen Hinweise, die in patriarchalen Berichten auf uns gekommen sind, bilden gleichsam bloß die Spitze eines Eisbergs; sie lassen uns ahnen, was wir verloren haben. Diese wenigen Fragmente sind indes klar genug, um zwei falsche Auffassungen, die unter TheologInnen verbreitet sind, zu korrigieren. Erstens ist zu betonen, dass nicht erst Paulus die Initiative zum führenden Einsatz von Frauen in der urchristlichen Bewegung ergriff und dass er auch nicht der einzige war, der diesen Einsatz förderte. Gewiss schätzte Paulus Frauen als seine MitarbeiterInnen und war ihnen dankbar für ihren tätigen Einsatz, aber er hatte wahrscheinlich gar keine andere Wahl, da sie in der Missionsbewegung bereits führende Gestalten waren. Zweitens: Die Hinweise auf die führende Rolle von Frauen in der im Entstehen begriffenen christlichen Bewegung beschränken ihr Wirken nicht auf den Kreis von Frauen und weisen keine enkratitischen Tendenzen auf. Wir nehmen an, dass Priska verheiratet war, während wir bei Frauen wie Maria, Phöbe, Evodia oder Tryphäna darüber im Ungewissen sind. Diese Frauen waren weder durch ihre Geschlechtsrolle in der Gesellschaft noch durch ihre Beziehung zu Männern in der Kirche bestimmt. Die führende Stellung von Frauen in der christlichen Urgemeinde bildete nicht nur in Bezug auf die Verhältnisse im Judentum oder in der griechisch-römischen Welt, sondern auch in Bezug auf die Zustände in der späteren christlichen Kirche eine Ausnahme.

III. Patriarchale Verhärtung und theologische Rechtfertigung

Die BibelwissenschaftlerInnen sind allgemein der Auffassung, dass Jesus seinen Jüngern keinen Plan hinterlassen hat, wie die Kirche zu organisieren und zu strukturieren sei. Zur Zeit des Apostels Paulus waren die Führungsämter noch sehr verschiedenartig und gründeten auf charismatischer Autorität. Der Prozess der Verfestigung und Institutionalisierung setzte während der zweiten Hälfte des 1. Jahrhunderts nur allmählich ein, und selbst dann sträubten sich manche christliche Gruppen kraftvoll dagegen: In dieser Periode ging die Leitung von Wandermissionaren auf patriarchale Amtsinhaber über, an die Stelle der ApostelInnen und der ProphetInnen traten die Ortsbischöfe und die führenden Presbyter – kurz: Man ging von der charismatischen Leitung zu herkömmlichen Autoritätsformen über. Die Betitelung und Organisation der neuen kirchlichen Ämter wurde hellenistischen, römischen und jüdischen Institutionen nachgestaltet.

Die Pastoralbriefe bezeugen zum Beispiel, dass die christliche Gemeinde und ihre Ämter den damaligen Großhaushaltsstrukturen entsprechend gestaltet wurden. Die Gemeindeautorität wurde auf Presbyter, Diakone und Episkopen aufgeteilt. Kriterien für ihre Auswahl aus den männlichen Gemeindemitgliedern waren: Sie dürfen nur mit einer Frau verheiratet sein und müssen sich dadurch, dass sie ihr Hauswesen in Ordnung zu halten und ihre Kinder gut zu erziehen verstehen, als zur Leitung der Gemeinde befähigt erwiesen haben. Soziologisch gesehen ist die allmähliche Institutionalisierung der christlichen Bewegung und ihre Angleichung an die zeitgenössischen patriarchalen Strukturen verständlich, wenn die christliche Gemeinde wachsen und sich entfalten wollte. Gleichzeitig aber brachte diese strukturelle Verfestigung eine Patriarchalisierung der christlichen Leitungsaufgaben mit sich, sodass Frauen immer mehr von Führungsaufgaben ausgeschlossen und auf untergeordnete weibliche Rollen beschränkt wurden.

Diese Patriarchalisierung der christlichen Bewegung war von Anfang an von egalitären Gegenbewegungen begleitet, die den Frauen weiterhin führende Rollen einräumten (vgl. die »Gegner«, von denen in verschiedenen Schriften des Neuen Testaments die Rede ist, sowie Markion oder den Montanismus). Deshalb kam es in der etablierten Kirche zu verschiedenen Formen der Reaktion und des Widerstandes gegenüber dem Leitungsamt von Frauen. Mit anderen Worten: Je mehr die Christen sich an die Gesellschafts- und Religionsformen ihrer Zeit anpassten und so zu einem genuinen Bestandteil der patriarchalen griechisch-römischen Gesellschaft und Kultur wurden, desto mehr wurde die leitende Stellung von Frauen auf Randgruppen oder auf ihrem Geschlecht zugedachte Rollen beschränkt. Der Ordo der Diakonissen und Witwen zum Beispiel stand nicht mehr im Dienst der Gesamtkirche, sondern widmete sich hauptsächlich der Betreuung von Frauen. Ferner wurden Ämter, die Frauen noch offenstanden, nicht mehr von allen Frauen ausgeübt, sondern nur von solchen, die als Jungfrauen oder Witwen über ihre Geschlechtsrollen hinausgewachsen waren. In »gnostischen« wie in »katholischen« Gruppen wurde das Mannsein zu einer Bedingung des vollen Christseins.

In der paulinischen Traditionsrichtung, die aus theologischen Gründen auf der Unterordnung der Frau besteht, spiegelt sich diese reaktionäre patriarchale Entwicklung der christlichen Gemeinde wider. Darüber, ob Paulus selbst den Anstoß zu dieser patriarchalen Reaktion gegeben hat, sind sich die ExgetInnen nicht einig.[17] Auf alle Fälle hat sich diese theologische Rechtfertigung der Patriarchalisierung der christlichen Leitungsämter auf die Autorität des Paulus berufen. Obwohl 1 Kor 11,2–16 den

Frauen die Gaben der Prophetie und liturgische Funktionen zugesteht, verlangt dieser Text deutlich, dass sich die Frauen dabei an die Rollendefinitionen und Gepflogenheiten ihrer Gesellschaft halten. Diese Forderung wird theologisch gerechtfertigt durch den Rückgriff auf die geoffenbarte Hierarchie: Gott – Christus – Mann – Frau. Um dieser Ordnung willen verbietet 1 Kor 14,33b–36 Frauen, in der Versammlung zu sprechen, und weist sie an, sich in Bezug auf die religiöse Belehrung an ihre Männer zu wenden. Die sogenannten Haustafeln der deuteropaulinischen Literatur halten an der patriarchalen Haushaltsordnung fest. Diese Verhaltensregeln hatten kulturell weithin Geltung und wurden zu einem Bestandteil der christlichen Theologie.[18] Sie bestehen darauf, dass die Formen, in denen Frauen ihren christlichen Glauben ausdrücken und praktizieren, der patriarchalen Gesellschaftsordnung ihrer Zeit entsprechen sollen.

1 Tim 2,9–15 verbindet die »Haushalt-Tradition« mit der »Schweigen-in-der-Kirche-Tradition«. Diese Stelle fordert nicht nur, dass Frauen den Mund halten und sich auch sonst bescheiden, sondern verbietet ihnen auch ausdrücklich, zu lehren oder irgendwelche Autorität über Männer auszuüben. Diese Forderung wird durch die Berufung auf Gen 2 und 3 begründet: Eva ist in der Schöpfungsordnung die zweite, in der Sündenordnung aber die erste. Die Pastoralbriefe formulieren diese patriarchale Theologie, um ihre Gemeinden vor einer christlichen Oppositionsgruppe abzusichern, die unter Frauen großen Erfolg hatte (2 Tim 3,6), wahrscheinlich deshalb, weil sie Frauen immer noch zu Lehr- und Leitungsfunktionen zuließ.

Zusammenfassung

Es wird berichtet, als Bernhard von Clairvaux einmal vor einer Marienstatue gebetet habe, habe diese plötzlich ihren Mund geöffnet und zu sprechen begonnen. »Schweige, schweige!« habe der Heilige in Verzweiflung ausgerufen, »Frauen haben in der Kirche zu schweigen.«[19] Für Frauen wie für HistorikerInnen sind die Worte, die Papst Paul VI. kürzlich an eine Studiengruppe über »Die Kirche und die Frau« richtete, geschichtlich überholt und deshalb inkorrekt: »Die Kirche darf Frauen nicht weihen, weil Christus die Frauen zu ›Jüngerinnen und Mitarbeiterinnen‹ nicht aber zu geweihten Amtsträgern berufen hat, was von der Kirche nicht geändert werden kann.«[20] Die Zulassung von Frauen zu

Führungsaufgaben in der Kirche ist daher nicht bloß eine »Frauenfrage«. Sie ist eine Kirchenfrage! Sie setzt nicht nur eine Entpatriarchalisierung der Bibel voraus, sondern erfordert noch dringlicher eine Entpatriarchalisierung der Kirchenstrukturen und des kirchlichen Lehramts.

1 | Andrew Sinclair, *The Emancipation of the American Woman*, New York 1965, 197–203.

2 | Ein neuestes Beispiel dafür haben wir in André Feuillet, *La dignité et le rôle de la femme d'après quelques textes pauliniens: Comparaison avec l'Ancien Testament*, in: New Testament Studies 21 (1975), 175–191.

3 | Phyllis Trible, *Depatriarchalization in Biblical Interpretation*, in: Journal of the American Academy of Religion 41 (1973), 30–48.

4 | Simone Weil, *The Need for Roots*, New York 1971, 225.

5 | Gerd Theißen, *Legitimation und Lebensunterhalt. Ein Beitrag zur Soziologie urchristlicher Missionare*, in: New Testament Studies 21 (1975) 192–221; John G. Gager, *Kingdom and Community. The Social World of Early Christianity*, Englewood Cliffs 1975, 67–92.

6 | Hans Dieter Betz, *Spirit, Freedom and Law: Paul's Message to the Galatian Churches*, in: Svensk Exeg. Arsbok 39 (1974), 145–160; Robin A. Scroggs, *Paul and the Eschatological Woman*, in: Journal of the American Academy of Religion 40 (1972), 5–17; Wayne A. Meeks, *The Image of the Androgyne*, in: Hist. of Rel 13 (1974), 165–208.

7 | Meeks, *The Image of the Androgyne*, 167f.

8 | Gegen Meeks, *The Image of the Androgyne*.

9 | Somit hat Lukas über die Rolle der Frau in der Christengemeinde nicht eine so positive Auffassung gehabt wie Constance F. Parvey sie ihm zuschreibt in ihrem Beitrag *The Theology and Leadership of Women in the New Testament*, in: Rosemary Radford Ruether (Hg.), Religion and Sexism, New York 1974, 137–146.

10 | Krister Stendhal, *The Bible and the Role of Women*, Philadelphia 1966, 22.

11 | Marie-Joseph Lagrange, *Saint Paul. Epître aux Romains*, Paris 1916, 366.

12 | Die Begegnung Jesu mit der Frau aus Samaria (Joh 4,4–42) basiert wahrscheinlich auf einer missionarischen Überlieferung, die einer Frau eine führende Rolle bei der Mission in Samaria zuschrieb. Die Tendenz, die Bedeutung der Frau herabzumindern, tritt auch hier in Erscheinung (vgl. 4,39–42).

13 | Vgl. Edwin A. Judge, *The Early Christians as a Scholastic Community*, in: Journal of Religious History 1 (1960/61), 125–137.

14 | W. Derek Thomas, *The Place of Women in the Church at Philippi*, in: Expos. Tim. 83 (1972), 117–120.

15 | Adolf von Harnack, *Probabilia über die Adresse und den Verfasser des Hebräerbriefes*, in: Zeitschrift für neutestamentliche Wissenschaft 1 (1960), 16-41.

16 | Ernst Haenchen, *Die Apostelgeschichte*, Göttingen 151968, 547.

17 | Winsome Munro, *Patriarchy and Charismatic Community in ‹Paul'*, in: Judith Plaskow – Joan A. Romero (Hg.), Women and Religion, Missoula 21974, 189–198; William O. Walker, *1 Cor 11,2–16 and Paul's Views Regarding Women*, in: Journal of Biblical Literature 94 (1975), 94–110.

18 | Vgl. James E. Crouch, *The Origin and Intention of the Colossian Haustafel*, Göttingen 1972.

19 | Vgl. Letha Scanzoni – Nancy Hardesty, *All We're Meant to Be*, Waco Texas 1974, 60.

20 | *National Catbolic Reporter*, 2. May 1975, 17.

Die Übersetzung aus dem Englischen von Dr. August Berz wurde von der Autorin für den Wiederabdruck in diesem Band überarbeitet.

Marie-Dominique Chenu

»Kirche der Armen« auf dem Zweiten Vatikanischen Konzil

1977

»Die Kirche der Armen«, »die Kirche als eine arme«: diese Formel, die einen einzigen Bedeutungsgehalt in zweifacher Ausrichtung aufweist und die gerade in der unauflöslichen Verbindung dieser beiden Aspekte einzig ist und zugleich ein Zweifaches beinhaltet, weil sie in zwei verschiedenen Bereichen Forderungen stellt, drückt hervorragend einen jener Gesichtszüge aus, den sich die Kirche auf dem Zweiten Vatikanischen Konzil hat geben wollen. Sie wollte damit sich selbst treu sein in einem intensiven Bewusstwerden ihrer Natur.

Auf dem Konzil betrachtet sich die Kirche im Evangelium, hatte damals Pater Congar gesagt. Ein banaler Vorgang, werden einige sagen; in Wirklichkeit jedoch ein erneuerndes Tun, denn es führt, über die guten Absichten hinaus, zu einer Reform der Strukturen. Es wäre falsch, hier nur die pastorale Beschwörung eines mehr oder weniger romantischen Evangelismus zu sehen: Es geht hier vielmehr um die konstitutive Eigenart der Kirche.

Die Geschichte des Konzils, besonders die der ersten Sitzungsperiode, macht dies deutlich. Man weiß, welche Erschütterung die Versammlung ergriffen und welch harte Reaktionen dies gegen die Vorlage, die ihr vorgelegt worden war, hervorgerufen hatte. Die vorkonziliare Theologenkommission hatte in der Tat ein Schema erarbeitet, das ganz auf einer Ekklesiologie basierte, wie sie seit drei Jahrhunderten gemeinhin gelehrt worden war, insbesondere in den römischen Schulen: Die Kirche ist eine vollkommene Gesellschaft, Mittlerin des Wortes Gottes und dafür mit Lehr- und Hirtengewalt ausgestattet, um die Wahrheit und Effizienz dieses Wortes zu garantieren, dank eines hierarchischen Apparates, der von der höchsten Gewalt des Papstes abhängt, mit dem Ziel, die Einheit der Gläubigen und die Katholizität ihres Glaubens zu sichern.

In diesem Anspruch wird das gnadenhafte Christusereignis mit der Institution identifiziert, diese erweitert sich in zeitliche Institutionen, die direkt oder indirekt die Artikulierungen der menschlichen Gemeinschaft kontrollieren. Dies geht soweit, dass diese Institutionen der notwendige und bevorzugte Durchgangsort des pastoralen Handelns werden.

Die Kirche, das Geheimnis Christi in der Geschichte, wird zu einer christlichen Gesellschaft, einer »Christenheit«, deren Rechte und Privilegien die soziale und kulturelle Eingliederung ihrer Glieder in das profane Leben verwirklicht, das dann seinerseits hier die Garantie seiner Stärke und seiner Beständigkeit findet.

Durch diese Solidarität in der Macht erscheint die Kirche als Hüterin der bestehenden Ordnung und heiligt diese durch ihre Präsenz. Dieses Konkordat muss Meinungsverschiedenheiten mit sich bringen und hat sie in der Tat auch mit sich gebracht, da nämlich, wo es um die fließenden Grenzen dieser Macht geht. Es gibt sich jedoch als einen Dialog friedlichen politischen Zusammenlebens aus, man könnte sagen, als ein komplizenhaftes Zusammenspiel der Macht in sozialer und kultureller Hinsicht.

Es ist klar, dass sich in einer derartigen juridischen und psychologischen Einstellung die Existenz, die Probleme, Hoffnungen und Schmerzen der Armen bis hin zum Paradox des Evangeliums, das die Armen glücklich preist, nicht in erster Linie für eine Definition der Kirche anbieten. Gewiss, diese gelehrten Ekklesiologen behalten das Evangelium mit seinen abrupten Aussagen gegen Reichtum und Macht im Gedächtnis und halten ihm die Treue. Aber diese heilige Perspektive betrifft allein die Einzelnen auf ihrem Weg zur Vollkommenheit und nicht die Kirche als sichtbare Institution: Auf sie muss man die evangelischen Themen der Demut, des Dienstes, der Armut gar nicht erst anwenden. Der vorkonziliare Entwurf erinnerte nur implizit – in einer Analogie zwischen der Kirche und dem menschgewordenen Wort – daran. Schon der Fragebogen, der vor dem Konzil an alle Bischöfe geschickt worden war, war nicht auf eine »Kirche der Armen« hin ausgerichtet. Gewiss, die großen Weltfragen: Hunger, Elend, Arbeit, Krieg und Evangelisierung der Armen wurden darin erwähnt; aber man bemerkte nicht, dass diese Probleme die Struktur der Kirche betrafen.

Dieses Auseinanderklaffen erklärt das Urteil, das man gemeinhin über das Verhalten der Kirche abgibt. Einerseits lässt sich nicht bestreiten, dass die Kirche in ihrer ganzen Geschichte immer die Zufluchtstätte der Schwachen, Verlassenen, Ohnmächtigen und Armen war. Sie hat soziale

Lasten auf sich genommen, die die staatlichen Obrigkeiten nicht zu verwirklichen wussten oder nicht verwirklichen konnten. Die Erziehung der Kinder, die Einrichtung höherer Schulen, Krankenpflege, Altenbetreuung, neuerdings die Fürsorge für Behinderte: Alle diese Funktionen werden heute noch, mitten im Industriezeitalter, in bestimmten unterentwickelten Gegenden von der Kirche ausgeübt.

Andererseits ist es eine landläufige Meinung, dass die Armen kaum Achtung und Stütze vonseiten einer Kirche finden, in der sie – wie in der Gesellschaft – eine Existenz am Rande führen. Sie sind gewiss Objekte bewundernswerter Großmut, haben aber keine »Rechte«, die man im Namen einer sozialen Gerechtigkeit fordern könnte. Die Arbeiterklasse ist außerhalb der Kirche gewachsen, und die Kirche weiß immer noch nicht, wie sie zu diesem überaus großen menschlichen Bereich Zugang finden kann.

In der Kirche wie in den politischen Gesellschaften werden die Armen immer als beunruhigend empfunden, und die bestehende Herrschaft fürchtet und überwacht ihre Forderungen. »Die Armen fühlen sich in der Kirche nicht zu Hause; es wäre besser, man würde den Laden schließen«, sagte ein Bischof auf dem Konzil mit schonungsloser Härte.

Als die Konzilsväter dann während der ersten Sitzungsperiode den vorkonziliaren Entwurf in Stücke rissen, um von einer autoritären Kirche zu einer Kirche überzugehen, die Volk Gottes sein wollte, in einer Gemeinschaft, die im Mysterium Christi ihren Ursprung hat, da war es normal, dass gerade darin die Sensibilität für die menschlichen und evangelischen Probleme der Armut wach wurde. Ziel war es, zugleich die Amtsgewalt zugunsten des Zeugnisses umzugestalten und den messianischen Forderungen der Frohen Botschaft zu genügen.

Im Verlauf der letzten Wochen der Debatten dieser Konzilsperiode (2.–7. Dezember 1962) kam zu den entscheidenden Interventionen der Kardinäle Suenens, Montini und Frings, die das Konzept des ursprünglichen Schemas umstürzten, eine wesentliche Erklärung von Kardinal Lercaro, Erzbischof von Bologna, hinzu. Er erklärte:

»Als ich die Inhaltsübersicht des Schemas, das uns gestern ausgehändigt worden ist, durchlas, war ich nicht wenig überrascht und erschüttert über folgenden Mangel: Alle Schemata, die uns ausgehändigt worden sind oder uns noch ausgehändigt werden, scheinen mit diesem Entwurf, der ausdrücklich und formal mit der geschichtlichen Konjunktur übereinstimmt, folgende wesentliche und ursprüngliche Offenba-

rung des Christusgeheimnisses außer Acht zu lassen: jenen Aspekt, der von den Propheten vorhergesagt wurde als Zeichen der messianischen Konsekration Christi, jenen Aspekt, der in der Geburt, der Kindheit, dem verborgenen Leben und dem öffentlichen Wirken Jesu sichtbar wurde, jenen Aspekt, der das Gesetz und die Grundlage der Gottesherrschaft darstellt, jenen Aspekt, der jedem Ausgießen von Gnade und dem ganzen Leben der Kirche seine besondere Prägung gibt [...] Wir werden unserer Aufgabe nicht wirklich gerecht, wenn wir das Geheimnis Christi in den Armen und die Evangelisierung der Armen nicht zum Zentrum, zur Seele der lehrenden und der gesetzgebenden Arbeit dieses Konzils machen. Es darf nicht ein Thema des Konzils unter anderen sein, sondern muss die zentrale Frage werden. Thema dieses Konzils ist die Kirche, insbesondere insofern sie die Kirche der Armen ist.«

Darauf folgen genaue und konkrete Vorschläge.

Einer der besten Chronisten des Konzils gab daraufhin den Eindruck, den diese Rede damals machte, folgendermaßen wieder: »Diese Intervention des Kardinals von Bologna ist die kühnste und reformfreudigste von allen, die man während der ersten Sitzungsperiode gehört hat: Sie öffnet vielleicht neue Wege.« (P. Rouquette in den *Études*, Februar 1963)[1]

Die Intervention von Kardinal Lercaro, der von der zweiten Sitzungsperiode an einer der vier Moderatoren des Konzils sein sollte, fiel auf einen nicht nur wohlwollenden, sondern fruchtbaren Boden in der Versammlung, und zwar dank einer Arbeitsgruppe, die sich schon vor seiner Rede aufgrund einer spontanen Begegnung zwischen mehreren Prälaten gebildet hatte.

Schon in den ersten Tagen des Konzils war nämlich durch Erzbischof Hakim von Nazaret und Bischof Himmer von Tournai ein kleiner Aufsatz von P. Paul Gauthier, einem früheren Professor am Priesterseminar in Dijon, Frankreich, und dann Arbeiterpriester in Nazaret, mit dem Titel »Jesus, die Kirche und die Armen« verteilt worden. Gut fünfzig Bischöfe und rund dreißig Konzilsexperten, die je nach ihrer Art und ihrem geografischen und apostolischen Lebensraum für das evangelische Problem der Armut sensibilisiert waren, hatten sich am 26. Oktober 1962 im Belgischen Kolleg versammelt.

Zur Illustrierung des Gesagten wird man festhalten, dass an dieser Versammlung die Prälaten, die zu den in der »alten Christenheit« etablierten Kirchen gehörten, nicht oder nur ausnahmsweise teilnahmen. Sie ließen es zwar an persönlicher und funktionaler Großherzigkeit nicht fehlen, aber der Stil, in dem sie ihre »Amtsgewalt« auszuüben pflegten,

war bei ihnen so, dass er die Zustimmung zu den Rechten der Armen doch etwas blockierte.
Diese an sich und in ihrer Arbeit völlig private Kommission stand in ständiger Verbindung mit wichtigen Männern des Konzils. Zunächst einmal hatte sie einen wirksamen Vorsitzenden: Kardinal Gerlier, Erzbischof von Lyon; dann ließ sie es nicht außer Acht, Kardinal Lercaro auf dem Laufenden zu halten. Dieser wiederum informierte den Papst.
Die Interventionen mehrerer Mitglieder dieser Kommission in der Konzilsaula ließen ihre Erfahrungen, Analysen, Lehren und Vorhaben in das Gewebe der Konzilsdebatten eingehen. Mehrere Dokumente von großem Wert gingen von dieser Gruppe aus, die es sich im Übrigen zur Pflicht gemacht hatte, äußerste Diskretion walten zu lassen, um weder die Bischöfe der reichen Länder noch die der armen zu kränken.[2]
Von Anfang an hatte Kardinal Ottaviani wissen lassen, dass er alle Vorschläge hinsichtlich des Platzes der Armut in der Kirche (»die Kirche als arme«) wie auch hinsichtlich der Evangelisierung der Armen (»die Kirche der Armen«) in die Akten der Kommission, deren Vorsitzender er war, aufnehmen würde. In der zweiten Sitzungsperiode (Oktober–November 1963), als der neue Entwurf zur Diskussion vorgelegt wurde und zahlreiche Verbesserungen mit umfangreichen Anmerkungen der Konzilsexperten registriert wurden, wies der endgültige Entwurf tatsächlich eine kraftvolle Theologie der evangelischen Armut auf, die als zur Verfassung der Kirche gehörig dargestellt wurde (*Lumen Gentium* 8).
So wurden während des ganzen Verlaufs des Konzils, bei vielen Gelegenheiten und in allen Bereichen Verweise auf die Armut als wesentlichen Bestandteil christlicher Existenz eingefügt. So in das Kapitel über die Vollkommenheit (*Lumen Gentium* 42), in das Dekret über die Hirtenaufgabe der Bischöfe (*Christus Dominus* 13), bei der Aufzählung der Funktionen und Aufgaben der Priester (*Presbyterorum Ordinis* 20) und schließlich und vor allem in das Konzept der Konstitution *Gaudium et Spes*, insbesondere in das Kapitel über das Wirtschaftsleben, das vom Geist der Seligpreisungen durchdrungen werden muss (*Gaudium et Spes* 72). Man kann das Wort *paupertas* im Stichwortverzeichnis der offiziellen Ausgabe der Konzilstexte (S. 1233) nachschlagen.
Man muss hier den grundlegenden Text, *Lumen Gentium* 8, wörtlich zitieren, denn dort ist ausdrücklich die wesentliche Bedeutung der Rolle der Armen innerhalb des Mysteriums der Kirche aufgezeigt:

»Wie aber Christus das Werk der Erlösung in Armut und Verfolgung vollbrachte, so ist auch die Kirche berufen, den gleichen Weg einzuschlagen, um die Heilsfrucht den Menschen mitzuteilen. Christus Jesus hat, »obwohl er doch in Gottesgestalt war, ... sich selbst entäußert und Knechtsgestalt angenommen« (Phil 1,6); um unseretwillen »ist er arm geworden, obwohl er doch reich war« (2 Kor 8,9). So ist die Kirche, auch wenn sie zur Erfüllung ihrer Sendung menschlicher Mittel bedarf, nicht gegründet, um irdische Herrlichkeit zu suchen, sondern um Demut und Selbstverleugnung auch durch ihr Beispiel auszubreiten. Christus wurde vom Vater gesandt, »den Armen frohe Botschaft zu bringen, zu heilen, die bedrückten Herzens sind« (Lk 4,18), »zu suchen und zu retten, was verloren war« (Lk 19,10). In ähnlicher Weise umgibt die Kirche alle mit ihrer Liebe, die von menschlicher Schwachheit angefochten sind, ja in den Armen und Leidenden erkennt sie das Bild dessen, der sie gegründet hat und selbst ein Armer und Leidender war. Sie müht sich, deren Not zu erleichtern, und sucht Christus in ihnen zu dienen.«

Was an diesem Text auffällt, dessen langdauernde Ausarbeitung eine Erklärung bildet für dieses Textgewebe, ist die wesentlich christologische Sicht. Unter dem Druck des Elends, in dem ein Teil der Menschheit lebt, oder in Hinblick auf die genau zu bestimmenden Beziehungen, die zwischen Ländern mit Hungersnot und Überflussgesellschaften herzustellen sind, hätten die Konzilsväter diese Probleme im Namen der Brüderlichkeit unter den Menschen direkt ansprechen können.

Sie haben die Forderungen aber im Ausdruck der »Verfassung« der Kirche begründet und dieser damit die Dimension des Mysteriums Christi gegeben, der arm geworden ist, um die Schmerzen und Hoffnungen der Kleinen und Armen auf sich zu nehmen; denn dergestalt ist, in Christus, das Mysterium der Kirche.

Dieses Mysterium drückt sich in zwei Bereichen aus, die in dem Text ausdrücklich unterschieden werden: Einerseits wird die Kirche über alle Versuchung zur Macht hinaus zu einer gelebten Armut als Zeugnis für die Armut Christi verpflichtet; hier wird die »Kirche als arme« angesprochen. Andererseits muss die erste Sorge der Kirche den Armen gelten, denen sie die Frohe Botschaft der Befreiung durch den Messias verkünden muss. »Ich bin gekommen, um zu dienen, nicht um mich bedienen zu lassen«: Die Kirche muss Dienst sein und nicht in erster Linie Macht.[3]

Im Verlauf der beiden letzten Sitzungsperioden des Konzils sollte, insbesondere auch für die Redaktion der zweiten Konstitution über »Die Kirche in der Welt von heute« die immer wirksamere Teilnahme der Bischöfe der armen Länder, der Dritten Welt, wie man sie nennt, eine immer größere Rolle spielen, um diese mystische Sicht zu vertiefen und deren konkrete Forderungen deutlich zu machen.

In der Tat kam immer mehr eine scharfsichtige Solidarität zwischen den Bischöfen der reichen Industrieländer und den Bischöfen der Entwicklungsländer zustande. Das dramatische Problem der wirtschaftlichen und politischen Entwicklung der Welt fand einen wirksamen Niederschlag in der Kirche selbst: ein Bewusstwerden, das nur, wenn man so sagen darf, die radikalen Forderungen des Evangeliums um so deutlicher herausstellte. Wir sind noch nicht damit fertig, die strukturelle Bedeutung dieser Revolution, die von da an empfunden und leidenschaftlich beobachtet wurde, richtig abzuschätzen.

Unter so vielen Entwicklungen im Verlauf des Konzils wollen wir auf jene Entscheidung hinweisen, die von Anfang an von der Gruppe im Belgischen Kolleg angeregt worden war, nämlich die, eine Kommission zu errichten, die sich an der Spitze der Kirche und in jeder Nation mit den Problemen der sozialen und politischen Gerechtigkeit befassen sollte. Dies führte zu der offiziellen Kommission »Justitia et Pax« mit ihrem zweifachen Arbeitsbereich.

»Gerechtigkeit«: Hier befinden wir uns sehr wohl im Bereich des Rechts, nicht in dem der Wohltätigkeit und der Nächstenliebe. Man kann heute feststellen, dass sich die Kirche Tag für Tag kompromittiert, um dieser Forderung, die den Blickwinkel der sozialen Moral verschiebt, zu genügen und sich für die wirtschaftliche, soziale, politische und kulturelle Verwandlung der Welt, für die Befreiung der Menschen, engagiert.

Im Verlauf der vierten Sitzungsperiode wollte Paul VI. eine Enzyklika über die Armut veröffentlichen und teilte seinen Plan Kardinal Lercaro mit, der für diese Arbeit einige Bischöfe und einige Theologen engagierte. Das Vorhaben wurde nicht verwirklicht. Aber zu Ostern 1967 wurde die Enzyklika über die Entwicklung der Völker, *Populorum Progressio*, veröffentlicht, die in derselben Sicht die Leitlinien eines Programms zeichnete, in dem evangelische Motivierungen den Anruf von Menschen verstärken.[4] Die verschiedenen Artikel dieses Faszikels illustrieren gut die Gegebenheiten und die Forderungen dieses Programms.

1 | Kardinal Lercaro sollte auf das gleiche Thema zurückkommen in einer Fernsehansprache vom 22. Dezember 1962 (vgl. *Civ. Cattólica* 114, 1963, I, 285–286; *Documentation Cath.* 60, 1963, 317–321); dann, breiter gefasst, in einem Vortrag, den er im April 1964 im Collège des Apôtres

in Junieh, Libanon, hielt. Der Text wurde im Sammelband *Église et Pauvreté,* Paris 1965, veröffentlicht.

2 | Wir wollen davon Abstand nehmen, eine Bibliografie zu veröffentlichen – sie würde zu umfangreich ausfallen. Wir möchten hier aber aufmerksam machen auf das Werk von Paul Gauthier: *Consolez mon peuple. Le Concile et l'Église des pauvres,* Paris 1965, das die Aktivitäten der Gruppe des Belgischen Kollegs beschreibt. Im Anhang ist dort eine Abhandlung von P. Congar zum Thema »Le fondement du mystère de Dieu et du Christ« veröffentlicht.

3 | Um sich ein Bild von der Mühe dieser langdauernden Ausarbeitung zu machen, kann man die geschichtliche Synopse von *Lumen Gentium* konsultieren, die G. Alberigo und das Religionswissenschaftliche Institut von Bologna 1975 herausgegeben haben.

4 | Es macht mir Freude, zum Schluss den Text der »Dreizehn Selbstverpflichtungen« einer anonymen Gruppe von Bischöfen zu erwähnen, der sich mit der konkreten Verwirklichung der Armut nach ihrer Rückkehr in ihre jeweiligen Diözesen befasst. Es ist ein Engagement von sehr genauem evangelischem Realismus, das sie bei Konzilsschluss anonym eingingen.

Aus dem Französischen übersetzt von Elisabeth Pfirrmann

Gustavo Gutiérrez

Die Gewalt eines Systems

1980

Die Armut, in der zwei Drittel der Menschheit leben, ist ein menschliches Problem, das schwerwiegende *Auswirkungen und Infragestellungen für das christliche Gewissen* mit sich bringt.[1] Es handelt sich nicht nur um eine wirtschaftliche oder gesellschaftliche Angelegenheit, sondern um eine Frage der Gerechtigkeit und Liebe, um die Frage einer ethischen Forderung also. Mit dieser Aussage wollen wir uns weder auf die ruhige Ebene der Prinzipien begeben noch einer oberflächlichen, neutralen Harmonisierung mit anderen menschlichen Anliegen den Boden bereiten, noch uns auf einen Appell im Hinblick auf persönliche Verhaltensweisen beschränken. Wir verbinden damit vielmehr die Absicht, die Radikalität dessen deutlich zu machen, was auf dem Spiel steht: nämlich der Sinn des menschlichen Lebens und des gemeinsamen Abenteuers der Menschheit selbst. Eine größere Rationalität des Wirtschaftsgeschehens oder eine bessere Organisation der Gesellschaft sind lediglich der – allerdings unverzichtbare – Ausdruck einer menschlichen Haltung von anderer Qualität: Ein Ausdruck, aber – in einer Kreislaufbeziehung – auch eine Bedingung für das Entstehen dieser anderen menschlichen Qualität. Wenn man all dies unter einem spezifisch theologischen Blickwinkel betrachtet, gelangt man zu der Behauptung, dass das vom Vater immer angebotene Gnadengeschenk der Kindschaft nur in der Bemühung angenommen wird, eine echte menschliche Brüderlichkeit in der Geschichte aufzubauen. Gerade deshalb, weil es Verheißung und Gnade ist, ist das Reich Grund für und Forderung nach Gerechtigkeit und Freiheit, Frieden und Liebe.

Gerechtigkeit, Freiheit, Friede, Liebe, große Worte, die ständig für die Interessen jener missbraucht werden, die sie verleugnen und sich selbst verweigern, indem sie eine Gesellschaftsordnung auf der Ausbeutung und Ausplünderung der Mehrheit des Volkes aufbauen. Um so erstaunlicher, dass nach wie vor diese Begriffe unbeirrt tiefe Sehnsüchte der Menschheit zum Ausdruck bringen, zu großmütigen Taten anstiften und historische Bewegungen prägen. Aus der Sicht der armen Länder wird immer klarer, dass diese Sehnsüchte die Wege bezeichnen und bereichern, die zur Verteidigung einer grundlegenden Errungenschaft führen: *des Rechts auf Leben*. Dies ist in der Tat das letzte Feld, auf dem sich die Diskussion über Wirtschafts- und Gesellschaftsfragen, der Kampf um die Befreiung, der Aufbau einer gerechten Gesellschaft und das evangelische Zeugnis der Liebe Gottes in den Ländern der Dritten Welt abspielt. Es ist eine einfache, elementare Ebene, aber auf ihr ereignet sich das alltägliche Schicksal des Armen. In einem Text, der von mehr als tausend in meinem Land Peru arbeitenden Ordensfrauen und Priestern unterzeichnet wurde, wird folgende Begebenheit berichtet: Bei der wöchentlichen Reflexionsversammlung einer Vorortgemeinde sagt eine betagte Dame: »Nachdem ich nun schon ziemlich lange lebe, bereite ich mich auf den Tod vor; wir Alten sind dem Tod näher.« Eine junge Frau erwidert sofort: »Nein, Großmütterchen, so war es früher, heute sind die Kinder dem Tod näher.«[2] Sich dessen bewusst werden heißt, der Sache auf den Grund zu kommen.

Die Verteidigung des Lebens ist in der christlichen Tradition immer einer der großen Angelpunkte ethischen Verhaltens gewesen. Auch wenn diese Einstellung von einer gewissen Ambivalenz nicht frei ist[3], bleibt sie doch als Grundforderung bestehen; aber die Situation der armen, ausgeplünderten, beiseitegeschobenen, hungernden Massen der Welt stellt eine Forderung nach größerer Radikalität und Konsequenz dar. Sich dessen bewusst zu sein, ist im Übrigen für die Kirche eine Bedingung ihrer Glaubwürdigkeit bei ihrer Verteidigung des Rechts auf Zugang zum Leben, bei ihrer Ablehnung der militärischen Auseinandersetzung als Lösung internationaler Konflikte und anderer Angriffe auf das menschliche Leben.

Auf diesem letzten Feld von Leben und Tod entscheidet sich der Sinn, den die Armen und Unterdrückten ihrem Kampf um eine vollständige Befreiung geben, dem keine menschliche Dimension fehlt. In die Dialektik zwischen Glaubensleben und materiellem Leben (dem Bereich der Ausplünderung des Armen und der Verletzung seiner elementarsten Rechte), zwischen dem Glauben an die Auferstehung und dem zeitlichen Tod hinein treten die Anklage gegen die Sünde eines Unterdrückungssystems und das ethische Verhalten der Jünger Christi.

I. Eine Situation der Sünde

Die armen und unterdrückten Mehrheiten der Länder der Dritten Welt leben in einer Situation ständiger Verletzung ihrer elementarsten Menschenrechte. In Lateinamerika, dem mehrheitlich armen und zugleich christlichen Kontinent, ist dies als ein Zustand »institutionalisierter Gewalt« gekennzeichnet worden.[4] Gewalt in der Tat, denn es handelt sich um die Leugnung und Verachtung des menschlichen Lebens. Diese Situation ist um so schlimmer, als wir es nicht mit einer gelegentlichen oder vorübergehenden Erscheinung zu tun haben, sondern mit einem institutionalisierten Gesellschaftssystem, das auf dem Tod des Armen zum Nutzen – und Reichtum – einiger weniger aufbaut.

Diese Ausdrücke mögen in den Ohren derjenigen stark und vielleicht sogar übertrieben klingen, für die diese Tode statistisches Material und nicht Inhalte täglicher Erfahrung sind. Es ist aber dringend nötig, diese alltägliche Tatsache in ihrem für jeden Menschen und jeden Christen skandalösen, herausfordernden Charakter erkennbar zu machen.[5]

Diese Realität des Todes, der »institutionalisierten Ungerechtigkeit« und »ständigen Verletzung der menschlichen Würde« bezeichnet, wie die Bischofskonferenz von Puebla sagt, nicht nur die von Hunger, Krankheit, Analphabetismus und Mangel an Freiheit geprägte Situation der Völker Lateinamerikas. Zu dieser *Bedrängnis (opresión)* tritt die *Unterdrückung (represión)*, die von den Verteidigern der herrschenden Gesellschaftsordnung bei jedem Versuch, deren Privilegien in Frage zu stellen, gegen sie praktiziert wird.[6] Dies macht die Situation noch härter und konfliktreicher, öffnet uns aber auch die Augen dafür, dass wir nicht die ganze Realität im Blick haben, wenn wir uns darauf beschränken, sie zu beschreiben. Es ist erforderlich, die Ursachen zu ergründen; denn sie erklären die Härte der Repression; sie nicht zu analysieren heißt, sich der Möglichkeit zu begeben, die ethische Forderung nach Veränderung eines unmenschlichen Zustands zu verwirklichen. Aus diesem Grund kritisieren sowohl Medellín als auch Puebla die Situation der Armut als Ergebnis der herrschenden Gesellschaftsordnung, als Resultat einer sozioökonomischen Struktur, mehr noch, als Konsequenz eines »Strukturkonflikts«, in dem der Reichtum weniger auf Kosten der Armut vieler zustande kommt.[7] Es handelt sich um Ursachen, um einen Konflikt noch raffinierterer Art auf der Ebene des internationalen Kapitalismus: äußere Abhängigkeit, multinationale Konzerne usw.

All dies meint das in Medellín und Puebla als »Situation der Sünde« oder »soziale Sünde« Gekennzeichnete. Wir haben es hier mit einem theologischen Urteil über eine gesellschaftliche Realität zu tun. Zu der Behauptung einer Situation des Bruchs der Freundschaft mit Gott und der Menschen untereinander, das heißt, der Sünde, gelangt man nicht auf dem Weg einer sozioökonomischen Analyse. Für diese Überlegung muss man einen anderen Gesichtspunkt heranziehen. Wenn die Armut, die von der zum Gesellschaftssystem gewordenen Ungerechtigkeit hervorgerufen wird, eine Sünde ist, dann darum, weil diese Situation dem von Jesus angekündigten Reich entgegensteht. Sie steht ihm entgegen, und zwar hier und heute. Die Annahme des Geschenks des Reiches in der Geschichte führt zu der Notwendigkeit, eine menschliche und gerechte Gesellschaft aufzubauen, andernfalls akzeptiert man eine Situation der Sünde und beteiligt sich an ihr.

Wenn es in dieser Hinsicht in der Perspektive der Theologie der Befreiung etwas Konstantes gibt, dann ist es ihre Ablehnung des naiven Optimismus der Fortschrittstheologien, die der Sünde innerhalb des geschichtlichen Dramas der Menschheit nicht den ihr gebührenden Ort zuweisen. Aber es geht nicht um die Sünde als private, intime Wirklichkeit, die man zugibt, soweit sie lediglich einer »spirituellen« Erlösung bedarf, aber ohne die Gesellschaftsordnung in Frage zu stellen, in der man lebt. Wir haben es vielmehr mit der Sünde als gesellschaftlicher, geschichtlicher Tatsache, als mangelnder Brüderlichkeit und als Bruch der Freundschaft mit Gott und in der Folge als innerer, persönlicher Zerrissenheit zu tun. Die Sünde zeigt sich in bedrückenden Strukturen, in der Unterdrückung und Ausplünderung von Völkern, Rassen und Gesellschaftsklassen; was sich dem Reich der Liebe und des Lebens entgegenstellt, erscheint so als die letzte Wurzel einer Situation von Ausbeutung und Ungerechtigkeit.

Diese Grundaussagen wollen die zuvor genannten strukturellen Ursachen der Armut nicht einfach überspringen. Es geht lediglich darum, an das Urteil zu erinnern, das diese Situation angesichts der Hoffnung des Reiches verdient; es geht also darum, die menschliche Wirklichkeit in ihrer ganzen Vielfalt und Tiefe zu erfassen. So traditionell dies auch aussehen mag, eine Ethik aus der Sicht einer theologischen Reflexion über die Befreiung darf nicht vergessen, welche Rolle die Sünde, die Verleugnung des Gottes der Liebe in der Zurückweisung des Bruders, in ihren Analysen und Vorschlägen spielt. Das Gesellschaftssystem, das den Tod sät, wird im Lichte des Reiches des Lebens in all seiner Grausamkeit und Perversität gesehen. Diese Wahrnehmung ist in letzter Zeit schärfer geworden, aber sie hat historische Vorbilder.

II. *Gold und Tod*

Im 15. und 16. Jahrhundert findet ein äußerst wichtiges Ereignis in der Geschichte der Menschheit statt: die Begegnung von Völkern, die bis dahin getrennte Wege gegangen waren. Dies führte – dank Francisco de Vitoria und anderen – zu neuen Perspektiven für das Völkerrecht und für das internationale Recht. Man versuchte so auf ethischen Grundlagen die Beziehung zwischen verschiedenen Nationen zu regeln. Es ist interessant, diese Anfangsmomente zu erwähnen, denn oft wird das, was in Amerika, dem damaligen Indien, geschah, für den Ausgangspunkt dieser Reflexion in Sachen internationaler Moral gehalten. In Wirklichkeit aber ging das, was an der indianischen Erfahrung am wertvollsten und evangelischsten war, nicht in diese Arbeit ein.

Neunzehn Jahre lang litten die Bewohner des sogenannten Indien bereits unter der Besetzung, der Misshandlung, der Ausbeutung und dem Tod durch jene, die sich von ihrem eigenen Standpunkt aus, dem der »christlich-abendländischen Kultur«, für die Entdecker dieser Länder hielten. Das Leiden der Indios, die von denjenigen, die nur danach trachteten, »mit dem Blut jener Elenden reich zu werden«, behandelt wurden, »als seien sie unnütze Tiere«, dies Leid veranlasste eine Gruppe von spanischen Ordensleuten, »das Recht mit der Tatsache zu verbinden«. Das heißt, es brachte sie dazu, die Reflexion mit der Kenntnis der Situation zu verknüpfen und jene Unterdrückung mit dem »Gesetz Christi« zu vergleicben.[8]

In berühmten Predigten prangern sie die Unterdrückung an, denen die Indios ausgesetzt waren. Ihre Ideen wurden, wie immer in solchen Fällen, als neu und gefährlich eingeschätzt, abgesehen davon, dass sie – so sagten der König von Spanien und selbst der Superior dieser Ordensleute im Mutterland – im Gegensatz zu dem Ziel der Erlösung in Jesus Christus stünden. Hier ist nicht der Ort, um diese Diskussion im Einzelnen wiederzugeben, aber es ist durchaus wichtig, den Sinn zu ergründen, den diese Mönche ihrer Verteidigung der Indios geben.

In Briefen nach Spanien greifen die Dominikanerpatres das Gesellschafts- und Wirtschaftssystem an, das sich zu etablieren begann, und erklären, es stehe im Widerspruch zu den göttlichen Gesetzen, den Naturgesetzen und den menschlichen Gesetzen. Sie glauben, dies auf vielfältige Weise belegen zu können, aber statt irgendwelcher Überlegungen erscheint ihnen eine handfeste Tatsache als der beste Beweis: »All diese Indios sind bereits oder sie werden an Leib und Seele und in ihrer Nachkommenschaft zerstört ..., sodass sie weder Christen sein noch leben können.« Wir haben hier einen Ausgangspunkt der Argumentation zugunsten des Indios, der später von Bartolomé de las Casas wieder aufgenommen wird und häufig bei all jenen anzutreffen ist, die den Standpunkt des Unterdrückten einnehmen: die Tatsache des ungerechten Todes des Armen.

Die Dominikaner verlangen also die Befreiung der Indios: »Daher scheint uns, dass sie der Gewalt der Christen entzogen und in die Freiheit entlassen werden müssen«; und in aller Klarheit stellen sie fest, bei der Ausbeutung, der sie ausgesetzt seien, sei es für die Indios besser, zu ihrer ursprünglichen Situation zurückzukehren. Dies aus zwei Gründen. Einmal, »weil sie, auch wenn sie für ihre Seele keinen Gewinn hätten, wenigstens an Leben und zeitlicher Vermehrung gewönnen, was immerhin besser ist, als all dies zu verlieren«. Eine gewagte Behauptung, die soviel besagt wie: Die Freiheit und leibliche Gesundheit der Ungläubigen sind mehr wert, als aus ihnen gefangene, dem Tod geweihte Christen zu machen; oder mit Worten, die mehr an Las Casas erinnern: Besser ein ungläubiger Indio, der lebt, als ein christlicher Indio, der tot ist. Niemandem entgeht der »Materialismus« dieser Auffassung, aber diese Mönche fühlen sich in großer spiritueller Freiheit mehr vom Evangelium und dem, was sie in Indien sehen, gedrängt als von den Distinktionen und Rangordnungen, welche die Theologen eingeführt haben.

Nicht weniger bedeutsam ist der zweite Grund. »Weniger schlimm ist es«, so schreiben die Dominikaner, »wenn die Indios in ihren Gebieten so bleiben, wie sie sind, als den Namen Christi so zu lästern, wie er bei den Ungläubigen gelästert wird.« Den Namen Christi lästern genau jene, die die Indios ausbeuten und – wie die Missionare sagen – eher als mit dem Ziel, Indien zu bevölkern, »gekommen sind, um es zu entvölkern«. Schwerlich kann daher der Encomendero (Statthalter einer Indianersiedlung) die ihm anvertrauten Indios im christlichen Glauben unterrichten, »denn wie soll derjenige den Ungläubigen im Glauben unterweisen, der ihn für sich selbst nicht kennt und, was noch schlimmer ist, ihn nicht praktiziert«. Den Glauben nicht zu praktizieren ist schlimmer als ihn nicht zu kennen, oder genauer gesagt, heißt in Wirklichkeit, ihn nicht zu kennen, denn den Armen auszubeuten bedeutet, den Glauben an Jesus Christus zu verleugnen. Der Blickwinkel des Armen und des Unterdrückten holt uns immer aus der Welt der abstrakten Prinzipien heraus, um uns ohne Entrinnen auf den anspruchsvollen Boden der Praxis zu stellen und auf den Boden der Wirklichkeit des Evangeliums.[9]

Die Stellungnahmen und Überlegungen dieser mutigen Gruppe spanischer Dominikaner sind der Beginn der sogenannten *Indienkontroverse*. Die Fortentwicklung der ausgefeilten juridisch-theologischen Doktrinen von Vitoria, Domingo de Soto und anderen, die auf der Theologie des Thomas von Aquin basieren, führte dazu, dass man die von uns berichteten Tatsachen im Licht des Völkerrechts oder aber des Naturrechts und seiner theologischen Implikationen interpretierte. Im Protest der Mönche ist zweifellos die Behauptung der fundamentalen Gleichheit aller Menschen enthalten, und auf dieser Grundlage lässt sich ihre Einstellung und ihre Verteidigung als Postulat eines Menschen- und Naturrechts verstehen. Aber dahinter steht in einem tieferen Sinne die Wahrnehmung des Indios als des Unterdrückten, des Armen, als des Nächsten schlechthin, den es zu lieben gilt. Mit einem Wort, es geht natürlich um Menschenrechte, aber nicht in einer liberalen, formal egalitären Perspektive, sondern in der Linie des *Rechtes der Armen*. Und in diesem Fall – dieser Punkt ist von außerordentlicher Wichtigkeit – sind die Armen nicht als isolierte Einzelwesen gemeint, sondern als Volk, als unterdrückte Nation, als verachtete Rasse, die vom Unterdrücker zu Tod und Vernichtung verurteilt sind. Bei dieser Sicht gibt es keinen Verlust an Universalität der Prinzipien, wie manche zu befürchten scheinen, sondern hier ist wirkliche Universalität durch den Gewinn an historischer Konkretion und evangelischem Realismus, den Wurzeln jeder echten Prophetie.

Im gleichen Gedankenkomplex insistiert Las Casas auf der Verbindung zwischen *Gold* und *Tod*. Die Habgier des Eroberers, der sich nur darum kümmert, »Gelder zu erwerben«, ist das, was den Indio tötet. Dieses Streben nach Gold nimmt »Leben vor der Zeit«. So verwandelt sich das Gold in den neuen Herrn und in das Idol, das man anbetet und dem man menschliches Leben opfert.

Mit gedanklicher Schärfe zeigt Fray Bartolomé jedoch auf, dass dies über die Frage der Intentionen hinausweist und aufgrund der Logik des Systems geschieht, das man etabliert. »Ich behaupte nicht«, schreibt er scharfsinnig an den Indienrat, »dass sie sie direkt töten wollen, aus Hass gegen sie, sondern dass sie reich sein und Überfluss an Gold haben wollen, durch die Strapazen und den Schweiß der niedergedrückten, verängstigten Indios, die von ihnen wie Mittel und tote Werkzeuge gebraucht werden, worauf zwangsläufig ihrer aller Tod folgt.« Der Tod des

Indios wurde demnach als Konsequenz der entfremdeten Arbeit notwendig, auf der die neue Ordnung, das auf die Befriedigung der Interessen und der Habgier des Unterdrückers ausgerichtete Gesellschaftssystem, aufbaute. Den Armen ermordet in Wirklichkeit also nicht ein von bösen Instinkten angetriebener Einzelmensch, sondern ein unterdrückerisches Gesellschaftssystem, das auf dem Interesse und Gewinn des Herrschenden und der Anhäufung des Reichtums in wenigen Händen basiert. So wird eine Situation schweren Unrechts geschaffen, die daher dem Willen Gottes widerspricht. Las Casas kritisiert vom Glauben her die vom Gold als ihrem Mittelpunkt bestimmte Gesellschaftsordnung; »denn«, so schreibt er nicht ohne Sarkasmus, »Christus tat es nicht so; er kam nicht auf die Welt, um für Geld zu sterben, sondern um für die Menschen zu leiden, um so die Menschen zu retten«.

Und genau auf seine Liebe zu Christus und seinen Wunsch, ihm nachzueifern, gründet Fray Bartolomé seine Verteidigung des Indios. Eine Leidenschaft beseelt ihn: die Liebe zu dem in den »armen Gefangenen« Indiens lebendigen, gegeißelten, geohrfeigten, gekreuzigten und gestorbenen Jesus Christus. Daher seine Überzeugung, dass Christus lieben heißt, den Indio zu befreien und zu verhindern, dass »man ihm das Leben vor der Zeit nimmt«. Wiederum finden wir, diesmal in der Identifikation des Indios mit Christus, jenen tiefen Sinn für den Armen und dessen konkretes, materielles, zeitliches Leben. In der Theologie von Las Casas stoßen wir hier auf den Kern: Christus spricht mahnend aus dem Leben und Tod der Unterdrückten. Auf diese Weise wird ein von »denen, die sich Christen nennen« aufgezwungenes Ausbeutungssystem angeprangert und zu einer größeren Treue gegenüber dem Evangelium aufgerufen.

Diese Sicht des Armen finden wir bei Francisco de Vitoria, dem großen Humanisten, nicht. Bei dem Unternehmen, die Grundlagen einer internationalen Moral und eines internationalen Rechts zu setzen, ist sein Standpunkt der der fortschrittlichen Menschheit, die sich dem Verkehr und dem Handel der Nationen untereinander öffnet. Ihm fehlen weder Einsicht in die geschichtliche Phase der Moderne noch die Fähigkeit, die neuen Elemente theologisch zu systematisieren, und erst recht nicht der Sinn für die Gleichheit der Menschen; aber es mangelt ihm an unmittelbarem Kontakt mit der Unterdrückungssituation der indianischen Völker und den sich daraus ergebenden evangelischen Forderungen. Obgleich er die allgemein angeführten Motive, die Indios zu bekriegen und

sich untertan zu machen, energisch zurückweist, räumt er ihre Möglichkeit in der Form von Hypothesen wieder ein, die in gewissen Fällen diese Kriege rechtfertigen würden.
Über diese Position, die eher die Anliegen des fortschrittlichen, modernen Flügels der herrschenden Völker als die der indianischen Nationen im Auge hat, ragt die Einstellung eines Las Casas und anderer Missionare hinaus. Ihnen genügt das ehrenwerte Eintreten für die formale Gleichheit aller Menschen nicht; was sie in Indien erleben, lässt sie einen anderen Standpunkt einnehmen: den der ausgebeuteten Menschheit, des Indios, des Armen nach dem Evangelium, letzten Endes des Gottes des Lebens.
Diese Stellungnahme geschah im Rahmen der Beziehung zwischen Europa und dem, was man später Lateinamerika nennen sollte, aber sie gilt natürlich für jede Kolonial- und Sklavenherrschaft auf der Erde. Und angesichts dessen, was François Perroux als »die Habsucht der Nationen« bezeichnet, zu der die Gewinnsucht der herrschenden Kreise innerhalb der armen Länder selbst hinzukommt, bewahrt diese Einstellung für eine internationale Moral heute ihre volle Gültigkeit.[10]

III. *»Mir ist es nicht gegeben, mein Leben auszudrücken, sondern meinen Tod«*

Diese Radikalität des Ausgangspunktes hindert uns daran, den Kampf um die Befreiung des Indios im 16. Jahrhundert als etwas zu betrachten, das in den Bereich der Vergangenheit gehört oder nur den Kontinent selbst betrifft. Ganz im Gegenteil sind die Infragestellungen, die von den Armen und Unterdrückten ausgehen, in den letzten Jahren nur noch stärker und dringlicher geworden. Es ist das, was die christlichen Basisgemeinden – zweifellos eine der fruchtbarsten Tatsachen der kirchlichen Erfahrung dieser Jahre in Lateinamerika – mit Nachdruck, Phantasie und prophetischer Gabe sagen.
Die Forderungen des Evangeliums ergehen fortwährend und sind eben darum immer neu. Sie lehnen eine auf Ausplünderung und Ausbeutung errichtete Welt ab, denn die elementarsten Rechte der Armen und Unterdrückten mit Füßen treten heißt, den Sohn Gottes zurückzustoßen, der in der Geschichte einer von ihnen geworden ist. Im Verlauf der Jahrhunderte ist dies eine der tiefsten mystischen Erkenntnisse und eine der größten Quellen der Inspiration für das geschichtliche Handeln

der christlichen Gemeinschaft gewesen. Auf dieser Begegnung mit Christus im Armen gründet die Ethik des Jüngers. Sie ist das große Thema des Matthäusevangeliums. Die Verkündigung Jesu beginnt dort mit der Verheißung des Reichs an die Armen (Kap. 5) und endet mit dem Eintritt in das Reich durch die konkrete Geste zum Armen (Kap. 25). Das Reich und die Armen sind unlösbar miteinander verknüpfte Wirklichkeiten.

Die Jüngerethik bewegt sich in der Dialektik Gnade – Forderung. Die Forderung ergeht in der Zeit, in der Geschichte, an den Jünger, das heißt, an die Gemeinschaft der Nachfolger Jesu, an die Kirche. Sie ist Forderung nach Treue zur Praxis Jesu.[11] All dies ist im Geschenk des Reichs enthalten und dessen Konsequenz. Am Anfang von allem steht die grundlegende Gnadenhaftigkeit. Von dorther wird das Handeln des Jüngers beurteilt, und Matthäus gibt uns das Kriterium für dieses Urteil an: »An ihren Früchten werdet ihr sie erkennen« (vgl. Kap. 7). Diese Früchte, deren Fehlen die Ausübung jeden Charismas für das Reich wertlos macht (vgl. Mt 7 und 1 Kor 13), werden in der Bibel mit einem Fachausdruck als »Werke der Barmherzigkeit« oder »gute Werke« bezeichnet. Es handelt sich um konkrete Gesten gegenüber dem Armen: zu essen, zu trinken geben, kleiden. Typisch für Matthäus – und das verleiht diesem Kriterium endgültige Kraft – ist die Aussage, dass wir in jenen Werken gegenüber dem Armen, in der Erfüllung dieser Forderung, Christus selbst begegnen. Und diese Begegnung ist Gnade.

Auf ihrer elementarsten Ebene bedeuten diese Werke Leben geben. Leben, das wir »materiell« zu nennen pflegen, aber es geht um jenes menschliche Leben, das wir die Missionare des 16. Jahrhunderts so energisch haben verteidigen sehen. Dies zeigt uns, dass das Reich Gottes etwas mit Essen, Gesundheit, Kleidung, Trinken zu tun hat, mit alltäglichen Realitäten, außerhalb derer man weder die konkreten geschichtlichen Forderungen der Liebe zum Vater noch die Gnade des Lebens in Fülle und Überfluss wahrnimmt, für die er seinen Sohn in die Welt sandte.

Auf dieser Ebene einfacher und grundlegender Erkenntnisse spielt sich der Versuch der christlichen Basisgemeinden ab, sich in der Gegenwart des lateinamerikanischen Subkontinents in die Dialektik zwischen Gnade und Forderung hineinzustellen. Und es scheint klar, dass diese nur im Kampf gegen das, was den Armen zerstört und umbringt, gelebt werden kann. Um nur ein Beispiel zu nennen: Was dieser Tage in El Salvador geschieht – eine Erfahrung, von der diese Seiten geprägt sind –, stellt die Dinge in diesen Rahmen.

Die Ermordung Erzbischof Romeros markiert sicherlich im Leben der lateinamerikanischen Kirche einen Einschnitt. Mit Sonntagspredigten, Interventionen angesichts des Drucks der großen Staaten[12], mit seiner Unterstützung der Organisationen des Volkes, mit seinem ständigen Eintreten für einen auf Gerechtigkeit gegründeten Frieden setzte Erzbischof Romero sein Leben aufs Spiel. Verschiedentlich erhielt er Morddrohungen. Die Ermordung von sechs Priestern war bereits eine deutliche Warnung.[13] Einen Monat vor seinem eigenen Tod sagte er, an die Machthaber seines Landes gewandt: »Bringen Sie uns nicht gewaltsam zum Schweigen, die wir diese Forderung erheben, fahren sie nicht fort, uns zu töten, die wir durchzusetzen versuchen, dass es eine gerechte Aufteilung der Macht und der Reichtümer unseres Landes gibt!« Und ruhig und mutig fügte er hinzu: »Ich spreche in der ersten Person, denn in dieser Woche erhielt ich die Nachricht, ich stünde auf der Liste derjenigen, die in der kommenden Woche beseitigt würden. Dies aber sei festgestellt: Die Stimme der Gerechtigkeit kann niemand töten.«

Er starb, man tötete ihn, weil er vom lebendigen Gott Zeugnis ablegte – ein beharrliches Thema seiner Verkündigung – in der Solidarität mit dem Leben und den Befreiungsanstrengungen der Armen und Unterdrückten. Sein Glaube veranlasste ihn zu diesem Engagement, darin war er parteiisch – in seiner Option für die Armen.[14] Deswegen lag für ihn bei seiner menschlichen und christlichen Absage an die Gewalt nicht alles auf einer Ebene. Bei zahlreichen Gelegenheiten stellte er fest, der Hauptgrund für das, was in El Salvador geschehe, liege in der jahrhundertealten Situation von Ausbeutung und institutionalisierter Ungerechtigkeit, die mit repressiver Gewalt verteidigt werde. Von daher lässt sich nicht alles befürworten, und Erzbischof Romero tat dies auch nicht, aber es ist wichtig, dies zu berücksichtigen, um die Dringlichkeit und Leibhaftigkeit der Liebe und des Friedens zu verstehen, die er predigte. Am 23. März 1980 appelliert er mit einem angsterfüllten, eindringlichen Schrei an das salvadorianische Militär: »Im Namen Gottes und dieses leidgeprüften Volkes, dessen Klagerufe täglich zum Himmel aufsteigen, ich bitte Sie, ich flehe Sie an, ich befehle Ihnen: Hören Sie auf mit der Repression!« Am Nachmittag des folgenden Tages besiegelte sein Blut den Bund, den er mit seinem Gott, mit seinem Volk und mit seiner Kirche geschlossen hatte.

Das Martyrium ist das letzte Lebenswerk, die konkrete Geste gegenüber dem Armen und in diesem die Begegnung mit dem Herrn. Im Gegensatz zu dem, was man uns oft glauben machen will, bedeutet der Kampf gegen ein unterdrückerisches System, das sich vom Blut des Armen nährt, eine Entscheidung für das Leben. Hierin besteht die Botschaft des Märtyrerbischofs und so vieler anderer vor und nach ihm. Sie alle können mit dem Dichter César Vallejo sagen: »Mir ist es nicht gegeben, mein Leben auszudrücken, sondern meinen Tod.« Mit diesem Märtyrerblut werden diejenigen immer konfrontiert werden, die aus praktischem oder theoretischem Interesse behaupten, in der Verteidigung des Unterdrückten in der Form, wie sie sich heute in unserer Gesellschaft darstellt, gebe es eine Abweichung oder eine Verkürzung der Botschaft des Evangeliums. Angesichts dieses Zeugnisses werden alle Machtspiele, alle Anschuldigungen und Vorbehalte in ihrer Schäbigkeit und ihrer Entfernung vom Evangelium offenbar. Diese Zeugen des Glaubens und der Auferstehung des Herrn, des endgültigen Sieges des Lebens über die Sünde und das Unrecht, beweisen, dass jene, die den Tod säen, mit leeren Händen davongehen werden und nur die Armen die Hände voller Geschichte und Leben haben.

1 | Zu dieser Situation siehe das Dokument *Hacia una Iglesia solidaria con los pobres*, veröffentlicht von der »Kommission zur Beteiligung der Kirchen an der Entwicklung« des Ökumenischen Rates der Kirchen (Genf 1979).

2 | *Danos nuestro pan de cada día*, in: Paginas (Lima, Peru) Dez. 1979.

3 | Marciano Vidal, *El discernimiento ético*, Madrid 1980, 69–87.

4 | Bischofskonferenz von Medellín 1968, Dokument »Frieden«.

5 | Vergessen wir nicht, was mit der Negersklaverei und ihrer Folge von Tod geschah. Für lange Zeit – die noch nicht ganz überwunden ist – wurde diese skandalöse Missachtung einer Menschenrasse zur Alltagstatsache, akzeptiert von einer christlichen weißen Welt, die all die Verkehrtheit und Sündhaftigkeit des Rassismus nicht wahrnahm. Dies prangert die Schwarze Theologie heute mit allem Nachdruck an.

6 | Puebla erhebt Anklage wegen »einer systematischen oder selektiven Repression [...], die von Denunzierungen, der Verletzung der privaten Sphäre, einem unangemessenen Druck, Foltern und Verbannung begleitet ist« (Nr. 42).

7 | Puebla Nr. 1209, gestützt auf eine Aussage Johannes Pauls II. in seiner Ansprache an die Konferenz von Puebla.

8 | Zur Vereinfachung der Anmerkungen: Die auf den folgenden Seiten zitierten Texte sind entnommen Bartolomé de Las Casas, *Historia de las Indias*, Bd. I–II: Obras escogidas, Madrid 1957–1958 sowie Briefen und Aufzeichnungen dieser Zeit, nachgedruckt in *Libro Anual*, hg. v. Instituto Superior de Estudios Eclesiasticos, Mexiko 1974. (Auf Deutsch ist greifbar: Michael Sievernich [Hg.], *Kurzgefaßter Bericht von der Verwüstung der Westindischen Länder*, Frankfurt am Main/Leipzig 2005 – Anm. d. Red.)

9 | Worum es hier geht, ist die Art und Weise, den Glauben zu verstehen. Im Hinblick auf Joh 3,21 (»die Wahrheit tun«), einen in diesem Zusammenhang häufig zitierten Text, kommt Ignace de La Potterie zu dem Ergebnis, es handle sich um eine »biblische und jüdische Ausdrucksweise«, die besage »Gerechtigkeit üben«. In der Absicht, nun zu beweisen,

dass dieser Sinn im Johannesevangelium »Gegenstand einer radikalen Neuinterpretation« sei, behauptet er jedoch, dass diese Formel »keine moralische Verhaltensweise beschreibt«, das heißt, ein »Handeln in Übereinstimmung mit der Wahrheit und von dieser inspiriert«. Es gehe vielmehr um den »Zugang zum Glauben«, den »Weg des Glaubens, die zunehmende Verbundenheit der Menschen mit Jesus«: *»Faire la verité«: Devise de l'orthopraxie ou invitation à la foi?* in: Le Supplement, Nr. 118 (Sept. 1976), 283–293. Es ist zu fürchten, dass die Bemühung, eine bestimmte »Orthopraxie« zu kritisieren, den Autor allzu sehr gefangen genommen hat. Denn trotz der sorgfältigen Darlegung ist schwer zu erkennen, worin die von Johannes vorgenommene »radikale Neuinterpretation« bestehen soll. Tatsächlich ist die Verbundenheit mit Jesus, der lebendige Glaube, nicht die Erkenntnis einer abstrakten Wahrheit, sondern die Nachahmung eines Lebens und einer Praxis. Vgl. dazu Juan Mateos – Juan Barreto, *El Evangelio de Juan*, Madrid 1979.

10 | Vgl. zu diesen Themen das kürzlich erschienene Buch von Vincent Cosmao, *Changer le monde. Une tâche pour l'Eglise*, Paris 1979.

11 | Vgl. die solide und wertvolle Arbeit von Hugo Echegaray, *La práctica de Jesus*, Lima 1980.

12 | Wochen vor seinem Tod sandte Erzbischof Romero einen Brief an US-Präsident Carter, in dem er im Namen seines hingeschlachteten Volkes forderte, die nordamerikanische Regierung solle davon Abstand nehmen, in seinem Land militärisch zu intervenieren, und die Sperrung von Militärhilfe für das salvadorianische Heer verlangte.

13 | Nach seinem Tod ist ein weiterer Priester ermordet worden.

14 | Vgl. die von elf Bischöfen unterzeichnete Stellungnahme vom Tag der Beerdigung Erzbischof Romeros, jenem tragischen Tag, der mit Dutzenden von Toten besiegelt wurde, in: *Páginas*, Mai 1980.

Aus dem Spanischen übersetzt von Victoria M. Drasen-Segbers

Dorothee Sölle

Die Repression des Existentiellen

oder: Warum manche konservativ werden

1981

»Ruf bitte an, egal wie spät«, fanden wir eines Nachts neben dem Telefon, darunter die Nummer einer studentischen Wohngemeinschaft. Ende der 60er Jahre wäre der Kontext für dieses Ereignis eindeutig politisch: eine Demonstration stand an, ein Flugblatt, eine Hilfsmaßnahme für Verfolgte. Ende der 70er Jahre konnte sich unsere Reaktion nur auf psychologische Probleme beziehen: eine Depression, eine Abtreibung, einen Suizidversuch. Die Wirklichkeit vom Sommer 1980 war ganz anders: ein leidenschaftliches Nachtgespräch über den Sinn des Lebens, zu dem eine Gruppe von 12 Studenten ihren Lehrer morgens zwischen 1 und 4 bemühte.

Was kommt da auf uns zu? Diese jungen Leute sind nicht neokonservativ. Sie demonstrieren gegen Atomenergie, den reaktionären Kanzlerkandidaten, sie machen bei »Rock gegen Rechts« mit. Was neu ist, sind die philosophischen Bedürfnisse, die sie artikulieren, die mit Sinn, Absolutheit und Metaphysik zu tun haben. Mit diesen Bedürfnissen fühlen sie sich in der technokratisch verwalteten Konsumgesellschaft allein gelassen, unverstanden aber auch von der alten und neuen Linken.

Eine der letzten großen europäischen Bemühungen, mit den heute nur schüchtern und vage sich hervorwagenden Fragen zu leben, war der Existenzialismus. Es gibt gute Gründe dafür, ihm eine Wiederkehr zu prophezeien. Jürgen Habermas hat 1978 etwa 50 Kritiker, Schriftsteller und Spezialwissenschaftler, darunter auch drei Theologen, aufgefordert, zur »geistigen Situation der Zeit« Stellung zu nehmen, in Erinnerung an das vor fast 50 Jahren erschienene Buch gleichen Titels von Karl Jaspers.[1]

Beim Wiederlesen von Jaspers habe ich mich gefragt, was es mit der Kategorie »existentieller Unbedingtheit« auf sich hat; was Karl Jaspers damit meint; ob es auch heute ein Bedürfnis nach solcher Unbedingtheit gibt und welche Sprache wir hätten, es zu artikulieren; wie man den theologischen Hintergrund dieser Fragestellung erhellen kann; welche Hilfe die Sprache der religiösen Tradition bieten könnte, um die geistige und politische Situation der 80er Jahre besser verstehen zu können.

Jaspers kritisiert den »universalen Daseinsapparat«, der uns erdrückt, im Interesse einer »menschlichen Lebenswelt«. »Wenn aber schließlich nichts mehr in der wirklich mich umgebenden Welt von mir hervorgebracht, geformt, überliefert würde, sondern alles nur als augenblickliche Bedürfnisbefriedigung hinzunehmen wäre, nur verbraucht und ausgewechselt würde, das Wohnen selber sich maschinell gestaltete, kein Geist der eigenen Umwelt mehr bliebe, die Arbeit nur als Leistung für den Tag gälte und sich nichts aufbaute zu einem Leben, so würde der Mensch gleichsam weltlos.«[2] Diese Sätze, lange vor der zweiten industriellen Revolution geschrieben, haben den konjunktivischen Charakter mehr und mehr verloren. Die Anzahl der Menschen, die in ihrer Arbeit etwas hervorbringen, formen oder überliefern, hat weiter abgenommen; der »Geist der eigenen Umwelt« ist nur als Karikatur noch denkbar, weil im Zweithaus an der Mittelmeerküste vollständig privatisiert, die »Kontinuität« der Persönlichkeit verspottete schon Gottfried Benn; sie wird »garantiert durch die Anzüge, die bei gutem Stoff zehn Jahre halten«. Fragt man, was den Menschen vor dem Apparat rette, was seine Welt wieder menschlich machen oder als menschliche erhalten könne, so tauchen bei Jaspers formelhafte Wendungen auf, wie »zum Sein kommen« (39), der »Aufschwung zum eigentlichen Menschsein« (68), als wichtigste die »existentielle Unbedingtheit«, die den »Anspruch der Existenz« wachhält (40). All diese Formeln berühren einen heute als merkwürdig hilflos; wo sie inhaltlich gefüllt waren, sind sie zu einer Kulturkritik verkommen, die sich gegen Marxismus und Psychoanalyse richtet, die mit Rassismus in einen Topf, den der Ideologisierung, geworfen werden. Unabhängig von dieser haltlosen und elitistischen Kritik am Massendasein bleibt aber die Frage bestehen, ob sich nicht in den von Jaspers gebrauchten Formeln und viel zu großen Wörtern vom »Schicksalswillen« und »eigentlichem Menschsein« noch mehr verbirgt als die Ängste bürgerlicher Schichten im Deutschland der 30er Jahre vor dem Prestigeverlust, den die Massenkultur ihnen bescherte. Da wird, unter dem Titel »existentielle Unbedingtheit« etwas gesucht, das schon damals als »Irrationalismus« verdächtigt wurde und doch mehr zu sein scheint als die bloße Negation kritischer Rationalität.

Was ist »Unbedingtheit«? Zumindest das Interesse an einem Dasein, das nicht aufgeht in den Funktionen für andere, die es erfüllt, nicht bloßes Mittel ist für von anderen gesetzte Zwecke. Existenz ist der Titel, unter dem dieses nicht Zurückführbare, nicht Ableitbare, nicht Funktionalisierbare erscheint. Existenz ist das Grundwort einer Befreiungsphilosophie, die eben die Funktionalisierung menschlichen Lebens in den großen Apparaten bekämpft. »Ich existiere« bedeutet, ich bin nicht nur das Objekt anderer. Ich bin mehr, als sie von mir wissen, mehr, als sie benutzen können. Auch wenn ich mich in jeder Hinsicht als bedingt erfahre, bleibt es mein Lebenssinn, Zweck zu sein, nicht einfach Mittel; zu existieren, nicht einfach zu funktionieren.

So wertkonservativ, z. T. reaktionär einen die Jaspers'schen Folgerungen aus diesem Ansatz berühren mögen, es bleibt die Aufgabe, auch innerhalb der Existenzphilosophie zwischen den emanzipativen-humanistischen und den repressiven-elitistischen Zügen zu unterscheiden. Der Anspruch zu ek-sistieren, ein Zweck zu sein, kein Mittel, »Dasein« zu erfüllen, nicht nur eine Funktion, ist eines der tiefsten menschlichen Bedürfnisse, das man nicht dadurch erledigt, dass man es als »irrational« verleugnet. Unbedingtheit, Absolutheit mag ein irreführender Ausdruck sein, weil eben diese Unbedingtheit ja nur unter erforschbaren, ableitbaren Bedingungen sich vollzieht, dieses Absolute nur verstanden werden kann, wenn man sich seiner Relativität vergewissert – die Sache der Unbedingtheit, der unableitbaren Sinnhaftigkeit des menschlichen Lebens ist damit nicht erledigt.

Diese Sache hat sich historisch in der Sprache der Religionen ausgesprochen. Jaspers' gesamte Analyse ist vom Schmerz um die verlorenen Religionen geprägt, es ist eine Philosophie nach dem Tode Gottes, die das, wofür das Wort GOTT einmal stand, aufheben und übersetzen will ins Existentielle. Religion ist eine bestimmte historische Gestalt für dieses Bedürfnis nach Absolutheit gewesen; in einer nachreligiösen Zeit müssen wir eine andere Sprache für die Sache der Unbedingtheit, die Menschen ihres Lebenssinns vergewissert, finden. Diesen Versuch hat Jaspers gemacht. Die Erfahrung von und das Festhalten an »existentieller Unbedingtheit« führte ihn zum »philosophischen Glauben«. Aber ist er nicht auch noch innerhalb dieses verselbständigten, von der Tradition und Institution der Kirchen abgelösten Glaubens mehr im Bannkreis der Religion geblieben, als er selber wusste? Ist nicht das outrierte Bedürfnis nach Sinn, Wahrheit, Absolutheit immer noch, so philosophisch es sich gibt, Teil der Religion? Sodass es im tiefsten Interesse einer existentiellen Unbedingtheit wäre, die religiöse Tradition zu aktualisieren, sodass wir es uns gar nicht leisten könnten, die geronnenen Erfahrungen mit Sinn, als die wir Schrift und Tradition lesen, beiseite zu lassen, wenn es denn darum geht, existentielle Unmittelbarkeit darzustellen und weiterzugeben?

Jaspers lebte am Ende des Zeitalters des Brotes. Noch war Plastik nicht das Hauptnahrungsmittel geworden. Religion war im Absterben begriffen, aber das Sinnbedürfnis hatte sich noch keineswegs erübrigt. Die neue Lage, in der wir uns Jaspers gegenüber befinden, lässt sich so beschreiben, dass es keine Sprache mehr gibt, Sinn, existentielle Unbedingtheit, Glauben glaubhaft zu machen. Das Zeitalter des Brotes ist zu Ende, auch das der philosophischen Brötchen. Die Manipulation der Bedürfnisse, der wir ausgesetzt sind, hat auch das Bedürfnis nach Anders-Sein, nach Neu-Werden, nach Vergewisserung des Sinns in ein Haben-Bedürfnis umfunktioniert. Herrschaft, Manipulation des Bewusstseins, Erziehung zur Zerstörung der eigenen Interessen wird heute nicht mehr ausgeübt durch Religion und Kirche, sondern durch Produktion und Werbung. Die neue Religion ist der Konsumismus, die perfekte und unerbittliche Repression jeder »existentiellen Unbedingtheit«.

Der italienische Schriftsteller und Filmemacher Pier Paolo Pasolini schreibt: »Tatsächlich gibt es nichts Religiöses mehr in dem vom Fernsehen propagierten und verordneten Idealbild des Jungen Mannes und der Jungen Frau. Es sind zwei Personen, deren Leben sich nur über Konsum-Güter bestätigt ...« (41)[3]

Was bedeutet die Aussage »nichts Religiöses mehr«? War denn zuvor das Idealbild eines jungen Paares von einer anderen Aura umgeben? Waren da andere Inhalte im Spiel? War da mehr an Glück versprochen als das, miteinander zu konsumieren? »Einen unbedingten Sinn ohne Gott retten zu wollen, ist eitel.« (Horkheimer) Der mythische Grund des nicht machbaren und nicht dinglich gegebenen Lebens ist in der Vokabel Gott angesprochen. »Ohne Gott« war deswegen eine Illusion, weil, übrigens in der Frankfurter Schule genau wie bei Jaspers, die Gefahr gesehen wird, dass sich dann weltliche, teilhafte, bedingte, spezielle Zwecke als allgemeine unbedingte, göttliche aufspreizen. Sinnvoll, doch ohne Gott zu leben erschien als Ungedanke, weil nur mit Gott die Verwerfung der falschen Götter, der sich breitmachenden Götzen, gelingen konnte. Man muss gerechterweise zugeben, dass in Horkheimers Philosophie »Gott«

ebenfalls zu einer Funktion verflüchtigt zu werden droht, nämlich zur reinigenden, bilderzerstörenden, ideologiekritischen. Positive Aussagen, was Gott will, auf welcher Seite er steht, erhellende, hoffnungstiftende Mythen waren auch hier unmöglich; der unbedingte Sinn wurde nur im Absprung vom Bedingenden jeweils gewonnen. Nicht der Exodus aus Ägypten, sondern das Bilderverbot wurde in den philosophischen Ansatz übernommen. Aus den Jaspers'schen Schwierigkeiten, nämlich einen unbedingten Sinn retten zu wollen ohne Gott, konnte dieser Weg genauso wenig führen. Unbedingtheit ist ohne »Sprung«, ohne Dezision für das Leben, gegen den Tod nicht zu haben. Es gibt keinen »vernünftigen Grund«, schwachsinnige Kinder nicht umzubringen, um nur ein Beispiel zu nennen, an dem »existentielle Unbedingtheit« praktisch-politisch wird.

»Trachtet am ehesten nach dem Reich Gottes, so wird euch solches alles [gemeint: Essen, Trinken, Kleidung] zufallen.« (Matthäus 6,33) Diese Sprache existentieller Unbedingtheit setzt die mögliche Ganzheit unseres Lebens voraus. Es gibt Situationen, in denen wir uns selber als unzertrennt, unabgespalten, mit allen Fähigkeiten und Dimensionen (wie Vergangenheit und Zukunft) erfahren. Das Öl in den Lampen der Jungfrauen, die den Bräutigam erwarten, ist ein Bild für diese Ganzheit; fehlt ihnen das Öl, so fehlt ihnen alles, sie sind »töricht«, unbereit, zerstreut in tausenderlei. Sind ihre Lampen mit Öl gefüllt, so brauchen sie sich um nichts Sorgen zu machen, sie sind, um es im Jargon zu sagen, »voll da«.

Existentielle Unbedingtheit konstituiert sich in der unteilbaren Ganzheit, zu der ich mich entscheide. »Wählt das Leben« setzt voraus, dass es »Leben« in diesem emphatischen, unbedingten Sinne gibt und dass es gewählt, ergriffen oder verworfen und verfehlt werden kann. »Ich nehme Himmel und Erde heute über euch zu Zeugen: Ich habe euch Leben und Tod, Segen und Fluch vorgelegt, dass du das Leben erwählest und du und dein Same leben mögest« (Dtn 30,19). Innerhalb dieser Tradition wurde eine Sprache entwickelt, die eben die Emphase des Lebens, seine Gefährdung und Rettung erinnert, vergegenwärtigt und so ermöglicht.

Das integrative Moment (»Ganzsein«) und das voluntative (»Entscheidung«) konstituieren, was Jaspers »existentielle Unbedingtheit« nannte. Aber auch wenn man diese Sprache auf ihre theologischen Ursprünge zurückführt, so bleibt ein gewisses Unbehagen ihr gegenüber bestehen.

Gerade im Vergleich zu biblischer Sprache wird nämlich die Formalisierung und Entleerung existenzphilosophischer Rede unübersehbar deutlich. Segen und Fluch, Gut und Böse, Land und Vertreibung, aber auch Reich Gottes, Lampen, Hochzeit enthalten mehr als in »existentieller Unbedingtheit« auf den Begriff gebracht ist. In gewissem Sinn ist diese Philosophensprache so hilflos wie die von Jugendlichen, deren wichtigste positive Wörter »echt« und »stark« heißen. Die Existenzphilosophie schärft die Notwendigkeit einer nicht-funktionalistischen Begründung des Lebens ein, aber viel weiter ist sie kaum gekommen. Das vorherrschende Phänomen ist, dass wir gerade keine Sprache haben, die über die geglaubte Sinnhaftigkeit des Lebens, die Wahrheitsfähigkeit des Menschen, die Unbedingtheit und das Ganzsein der Existenz so Auskunft geben könnte, dass Verständigung erreichbar wäre. Diese Sprachlosigkeit treibt Menschen in den Konservatismus; als ob die Beschwörung alter Formeln, traditioneller Regeln, familialer Werte helfen könnte, eben die technologisch bedrohte Existenzialität wiederzugewinnen!

Survivre n'est pas vivre, schreiben die Studenten 1968 an die Mauern in Paris. Aber was ist dieses *vivre*! Lässt es sich nur an seinem Gegenbild, dem *survivre*, exemplifizieren? Können wir nur sagen, was wir nicht wollen und was nicht Leben bedeutet? Pasolini macht seine Kritik am herrschenden *consumismo* unter anderem an der Sprachzerstörung fest, an der wachsenden Zerstörung »expressiver« Sprache. Man verständigt sich zwar noch, drückt aber nichts mehr aus. Die expressiven Sprachfähigkeiten der Menschen, die Pasolini vor allem im Dialekt sieht, werden mit den Dialekten ausgerottet. Die Fernsehsprache ist die herrschende Sprache, die alle anderen, regionalen, ständischen und Gruppensprachen unterdrückt und gleichschaltet. Gleichschaltung bedeutet den Verlust jeglicher Expressivität in der Sprache. Da man sich selbst nicht mehr mitteilt, kann man auch nicht mehr mit anderen kommunizieren. Man verständigt sich sozusagen umweglos. Die Wissenschaftssprache hat ein Tabu gegen die Expressivität aufgerichtet, die es den meisten Frauen sehr schwer macht, sich in ihr verständlich zu machen, da es mit der ihnen zugedachten Rolle, Träger der Expressivität zu sein, in Konflikt steht. Man hat immer das Gefühl, gar nichts zu sagen, wenn man einen normalen Männer-Satz sagt. Die gleichgeschaltete Alltagssprache, zu der die Fernsehwerbung erzieht, arbeitet der Wissenschaftssprache zu.

Der Verlust an Expressivität ist ein Abgeschnittensein von jeder Form des Transzendierens. Das junge Paar, dessen Leben sich im Konsumieren ausdrückt, hat gemäß der herrschenden Fernsehprogrammatik nicht einmal mehr das Bedürfnis nach einer Sprache, die den eigenen Schmerz und die eigenen Wünsche formulierte. Das Leben selber steht gar nicht auf dem Spiel, es ist in der Tat nur so viel wert, wie man und solange man kaufen kann. »Diese leeren Schaufenster, diese Farblosigkeit, da ist das Leben doch nichts wert«, so hört man es von amerikanischen Touristen, die Ostblockländer besuchen. Der *consumismo* wird von Pasolini als neuer Faschismus bezeichnet, weil er sanft, ohne physische Gewaltanwendung, einfach mit seinen neuen Informations- und Kommunikationsmitteln alle humanistischen Werte zerstört. Wenn das Zeitalter des Brotes vorbei ist, welchen Sinn soll es dann noch haben, Brot und Wein miteinander zu teilen? »Es ist klar, dass überflüssige Güter das Leben überflüssig machen ...« (55).

Das Bewusstsein, dass das Leben auf dem Spiel steht, sinnlos werden kann, ist in den religiösen Traditionen artikuliert worden. Die Ängste der Menschen vor Selbst- und Sinnverlust wurden hier benannt; sie können, das versteht sich, manipulativ benutzt werden. »Bewahr uns vor der Hölle«, war ein Jahrhunderte überdauerndes Gebet. Darin sprach sich etwas aus, das heute auch nur zu empfinden man schon reif für die psychiatrische Klinik sein muss: Angst vor dem Verfehlen des Lebens, vor der Zerstörung der Ganzheit, vor dem Verlorengehen. Mitten im Leben leben wir nicht, mitten in den dauergeheizten Räumen nimmt die Kälte zu; »alles tot« ist eine beliebte Antwort, die man von Jugendlichen hört, wenn man fragt, wie es da oder dort sei.

Es ist möglich, das ganze Leben zu verfehlen, es wegzuwerfen, es als einen Wegwerfgegenstand zu behandeln. Man kann es verlieren oder gewinnen, jedenfalls »hat« man es nicht; aber wir haben keine Sprache, die expressiv und transzendierend genug wäre, um darüber miteinander zu sprechen. Ohne diese existentielle Angst um das Leben gibt es aber auch keine tiefere Liebe zum Leben, sondern nur die herrschende oberflächliche, die schnell und dauerfrustrierte aggressive Stimmung, die jederzeit in diffuse Traurigkeit umschlagen kann. Lieben kann man nur etwas, das bedroht, gefährdet ist, das auch anders oder nicht sein könnte, nichts Totes also.

Die existentielle Unbedingtheit geht mit existentieller Angst einher; das emphatische Verständnis von Leben als Weiterwachsen, das Berührtwerden, Berühren, Sich-Entwickeln zu neuer Qualität und anderen Erfahrungen, dieses qualitative Lebensverständnis enthält eine emphatisch-traumatische Beziehung zum Tod. Wir sind tötbar. Das zu wissen ist wichtiger als zu wiederholen, dass wir sterblich sind. Vielleicht weiß niemand das so sehr wie die psychisch Kranken. Auf dem Weg nach dem Geborenwerden und vor dem Sterben lässt sich das Leben verlieren. Wäre es anders, es ließe sich auch nicht gewinnen.

Hat das Leben innerhalb der jüdisch-christlichen Tradition die emphatische Bedeutung von Auf-dem-Spiel-Stehen, von durchaus prämortaler Hölle und Lichteinfällen vom Himmel, so wird auch Glück anders zu definieren sein als der Konsumismus es vorschreibt. Seine Werbeagenten vollziehen zurzeit im Zuge des Abbaus älterer Werte wie Sparsamkeit, Familienleben, Altruismus einen Übergang: »Sie dürfen sich auch mal was gönnen.« Der Adressat der Werbung ist aber immer weniger der anale Sammler und stille Genießer. Der genitale Eroberer wird zum Hauptmodell, Glück ist nicht Sammeln und Verzehren, sondern Inbesitznahme, Besetzen von etwas, das zuvor von anderen besetzt und besessen war. Nicht mehr die Ware, sondern das Verkaufsgeschehen selber steht im Mittelpunkt der Werbung, es wird lustvoll besetzt. Immer unverständlicher wird dabei jenes Hauptmoment, mit dessen Hilfe die religiöse Tradition das Glück zu beschreiben versuchte, als Erfahrung von Gnade.

Der junge Mann und die junge Frau im Fernsehen, denen nichts Religiöses mehr anhaftet, sind gnadenlos: Sie brauchen keine Gnade, sie erwarten keine, niemand kommt auf den Gedanken, »Gott sei ihnen gnädig« zu sagen, wenn er sie ansieht. Eben dies war das Versprechen, die Hoffnung, der Wunsch, der mit dem Paar in unserer Kultur auftauchte. Eine Aura von zerbrechlichem Glück war um diese jungen Menschen und machte sie »rührend«, wie die Sprache noch sagen konnte. Dem heutigen TV-Vorbild kann man noch nicht einmal mehr *»masel tov«* wünschen; wozu denn, was sie erwarten, können sie doch kaufen. So gefriert einem der Wunsch auf den Lippen, und die eisige Kälte all der sehnsucht-frei gewordenen Beziehungen strahlt von den Fernsehschirmen in jedes Wohnzimmer.

Gnade ist ein Konzept, das die Tiefe unseres möglichen Glücks beschreibt. Wenn ich, in existentieller Unbedingtheit, wie Jaspers sagen würde, das Leben wähle, wenn Integration und Dezision zusammenkommen, wenn ich eingewilligt habe in das große Ja und eingeübt werde in den Kampf gegen den Zynismus, dann mache ich eine Erfahrung, die allem wirklichen Glück zugrunde liegt, soweit es innerhalb der uns überkommenen Kultur sprachfähig geworden ist. Ich bemerke, dass es nicht meine Leistung war, die mich in diesen Zustand gebracht hat, der die Teile meiner eigenen Wünsche überhaupt erst freisetzt. Ich verfüge nicht über mein Ja, ich bin nicht der Boss, und ich vergesse, dass ich es werden wollte.

»Unverfügbarkeit« ist die andere Kategorie der Existenzphilosophie, die sich nicht ohne Schaden vergisst. Jedes wirkliche Ja ist antwortend, ist responsiv, und dieser responsive Charakter gehört zur Erfahrung von Glück überhaupt. Glück ist, jemandem oder einer Situation zu ent-sprechen, nicht einfach zu sprechen. Es ist Integration in das Spiel von Nehmen und Geben und nicht bloßes Nehmen, Bekommen, Sich-Aneignen oder reines Handeln, Machen oder Geben. Es ist Gnade, und je mehr Gnade in einem Glück erfahren wird, desto tiefer ist es.

Woher ich das weiß, fragt sich vielleicht ein jüngerer, von der religiösen Tradition unberührter Leser. Die Grenzen meiner Sprache, würde ich antworten, sind die Grenzen meiner Welt. Der Reichtum meiner Sprache ist der Reichtum, den ich erfahren kann. Die Tradition, in der ich stehe, hat mir eine Sprache geschenkt, die meine eigene Erfahrung interpretiert, klärt, durchsichtig macht und bereichert. Eines ihrer Wörter, Gnade, enthält eine Konzeption von Glück, die mir verlockender erschien, als was mir sonst angeboten wurde. Ich fand da meine Wunschfähigkeit respektiert, meine Ängste bearbeitet, mein Bedürfnis nach Sinn unendlich ernst genommen. Meine Glücksfähigkeit wuchs mit meiner Sprachfähigkeit (übrigens auch meine Schmerzfähigkeit, aber die gehört in meiner Tradition unter das Stichwort Reue). Darum empfinde ich den Konsumismus samt dem Daseinsapparat, der ihn hervorbringt, als einen Angriff auf meine Menschenwürde und halte das von Pasolini gebrauchte Wort »Völkermord« für das, was tagtäglich im Konsumismus geschieht, nicht für übertrieben. Solche Ausdrücke zu gebrauchen, setzt allerdings das genannte emphatische Verständnis von Leben, das Rahmenwerk von Himmel und Hölle voraus. Zwischen technokratischem Apparat und *consumismo* bleibt die existentielle Unbedingtheit auf der Strecke. Die strukturelle Repression des Existentiellen gibt jungen Leuten heute das Gefühl zu ersticken. Da bietet sich Konservatismus als die einfachste Lösung an, nicht weniger hilflos als Jaspers 1931 vor dem Hitler-Faschismus.

Religion wäre eine wieder zu entdeckende Sprache – gegen säkularistische Trivialität des bloßen Funktionierens, gegen expressionslose Rede und sehnsuchtfreie Beziehungen. Welchen Grund könnte es geben, dieses Leben zwischen Himmel und Hölle gegen ein säkularistisch-triviales einzutauschen? Warum eine Tradition aufgeben, die über Brot und Wein, über Angst und Schuld, über Koitus und Geburt, über den Tod und die Gerechtigkeit des Reiches Gottes handelt als unverkäufliche Bestandteile des Lebens? Eine Tradition, die das sozialwissenschaftlich zu sagen Erlaubte immer wieder überschritten hat zugunsten eines Versprechens von Leben an alle; in der es möglich war, dass ein Mensch das ungesehene Licht für andere reklamierte: »Er lasse leuchten das Licht seines Angesichts über Dir.«

1 | Vgl. zum Folgenden Dorothee Sölle, »*Du sollst keine andern Jeans haben neben mir*«, in: J. Habermas (Hg.), Stichworte zur »Geistigen Situation der Zeit«, Frankfurt 1979.

2 | Karl Jaspers, *Die geistige Situation der Zeit* (1931).

3 | Pier Paolo Pasolini, *Freibeuterschriften. Die Zerstörung der Kultur des Einzelnen durch die Konsumgesellschaft*, neu hg. von Peter Kammerer, Berlin ²2006.

Helen Schüngel-Straumann

Das weibliche Antlitz Gottes

1995

Die biblische Überlieferung, an der sich alles Reden von Gott messen lassen muss, redet in überwiegend männlicher Sprache von Gott. Dies ist nicht nur ein Problem der Sprache, sondern vor allem der Strukturen der jeweiligen Gesellschaft, und zwar sowohl in alttestamentlicher wie in neutestamentlicher Zeit. Dabei sind die christlichen Vorstellungen in der *androzentrischen Redeweise* von Gott mehr vom Neuen Testament geprägt als von der hebräischen Bibel, weil im Neuen Testament Gott als der Vater Jesu Christi in eindeutig männlicher Ausdrucksweise erscheint. Schaut man aber genauer hin, wie Jesus seinen »Vater« schildert und wie er zu ihm redet, zeigt es sich, dass dieser gar nicht so androzentrisch, auf das männliche Maß reduziert ist, wie es zunächst den Anschein hat. So fehlt etwa in dem Gleichnis vom Barmherzigen Vater bezeichnenderweise die Mutter. In dieser »Familie« hat der gütige Vater ganz die Rolle der Mutter übernommen; er hat die Strenge, auch den Zorn, der üblicherweise der Vaterrolle zugewiesen wird, überwunden.

I. Gott als Vater im Alten Testament

Erst wenn man vom Neuen Testament aus zurück ins Alte schaut, wird dann auch dort an manchen Stellen das Vaterbild – häufig fast unbemerkt – eingetragen. Dies hat oft zur Folge, dass andere Bilder und Symbole für Gott nicht mehr *wahr*-genommen werden, weil dieser einseitige Blick die Realitäten verstellt. Von den recht zahlreichen Hinweisen im Alten Testament, die ein männlich geprägtes Gottesbild aufbrechen bzw. relativieren, sollen einige hier zur Sprache kommen, so vor allem die weibliche Vorstellung der RUAH (Wind, Atem, Geistkraft, Schöpferkraft). Zunächst aber muss das Alte Testament auf das schon erwähnte Vaterbild bzw. dessen Alternativen abgeklopft werden.

Es ist auffallend, dass das Alte Testament äußerst sparsam mit dem Vaterbegriff umgeht. Wenn man bedenkt, dass die alttestamentlichen Schriften in einem Zeitraum von rund tausend Jahren entstanden sind, muss es erstaunen, dass *höchstens an einem Dutzend Stellen* von Gott als »Vater« gesprochen wird. Dabei ist zu beachten, dass mit dieser Bezeichnung nicht eine Sexualisierung Gottes intendiert ist, sondern dass der Aspekt der Verantwortlichkeit und Fürsorge betont wird. Für eine patriarchalische Gesellschaft ist es erstaunlich, dass hier nicht stärker auf die väterliche Autorität gepocht wird. Gerade der Aspekt der Fürsorge wird nämlich auch in mütterliche Bilder und Begriffe gefasst, wie dies besonders bei Deutero- und Tritojesaja, aber auch bei Hosea der Fall ist (Jes 49,15; 66,13; Hos 11).

II. Gott als Mutter in Hos 11[1]

Das Vorverständnis, Gott sei bei diesem Propheten als *Vater* geschildert, findet sich zwar in allen Kommentaren, trotzdem wird es dem Text nicht gerecht. Es geht bereits auf den Evangelisten Matthäus zurück, der den Satz »Aus Ägypten rief ich meinen Sohn« (Hos 11,1) in der Geschichte von der Flucht der heiligen Familie nach Ägypten (Mt 2,15) typologisch auf Jesus hin auslegt. Damit sind klar die Weichen gestellt: Jesus ist der Sohn, Gott ist der Vater. Hosea hat aber eine ganz andere Aussage: Wir haben in Kapitel 11 seine »Altersweisheit«, die Quintessenz eines langen und schmerzlichen Prophetendaseins, das von Enttäuschungen und Misserfolg bestimmt war, vor uns. Für Hosea steht fest, dass Israel den Untergang verdient hat, dass das nahe Ende die Quittung ist für sein Verhalten. In den *ersten vier Versen* werden Aussagen gemacht, wie diese Gottheit mit dem Sohn Israel umgeht: wie mit einem kleinen Kind, einem Säugling, der von der Mutter gepflegt, gestillt und großgezogen wird. Dass es immer um »zu essen geben« geht, ist sowohl in V 3 wie in V 4 klar ausgedrückt. Säuglinge essen aber nicht, sondern sie werden gestillt, und zwar bis zum Alter von ca. drei Jahren. Wir haben hier mit Sicherheit nicht ein Vaterbild vor uns, sondern das Bild einer *Mutter*, die ihren Sohn großzieht, wörtlich durchbringt. Jahwe handelt an Israel wie eine zärtliche Mutter, Israel jedoch wendet sich ab.

Die VV 5–7 schildern die Konsequenz dieses Abfalls, nämlich den kriegerischen Untergang Israels, und schließen mit den verzweifelten Worten:

> *Aber mein Volk hält fest am Abfall von mir:*
> *Zum Baal ruft man,*
> *aber der zieht sie nie und nimmer groß!*

Was also die Mutter tut und kann, nämlich das Kind großziehen, wird dem Gegenspieler Jahwes, dem männlichen Baal, abgesprochen. Er tut es nicht, und er *kann* es auch nicht.
In dieser leidenschaftlichen Rede ist beachtenswert, dass auch in dieser aussichtslosen Lage Jahwe Israel noch anredet mit »mein Volk«; in diesem *mein* steckt seine Zuwendung, seine Liebe, die er nicht zurücknimmt. Damit ist der erste Teil des Textes, der auf den Anfang zurückweist, abgeschlossen.
Im 2. Teil, *ab V 8*, finden wir einen großen Umschwung. Hier ringt Gott mit sich selbst, indem er sich leidenschaftliche Fragen stellt:

Wie soll ich dich preisgeben, Efraim?
ich dich aufgeben, Israel?

Die Konsequenz, die Israel hier verdient hat, kann in der Zeit Hoseas nur als *männliche* definiert werden. Dies wäre: Strafe, Zerstörung, Untergang, was mit Wörtern wie »preisgeben«, »aufgeben«, »verderben«, »den glühenden Zorn vollstrecken« und »zerstören« konkretisiert wird. Genau von diesem männlichen Verhalten distanziert sich jedoch Jahwe! Sein Herz, das für dieses Kind einsteht, wendet sich gegen ihn, parallel dazu steht sein Mutterschoß.[2]

Es kehrt sich gegen mich mein Herz,
ganz und gar ist entbrannt mein Mutterschoß.

Zu dieser Stelle findet sich eine enge, fast wörtliche Parallele in 1 Kön 3,26, in der Geschichte vom weisen Urteil Salomos, der der richtigen Mutter das richtige Kind zuordnet. Als der König das lebende Kind in zwei Teile schneiden will, sagt diese Erzählung über die richtige Mutter:

Es entbrannte in ihr ihr Mutterschoß und sie sagte:
Bitte, Herr, gebt ihr das lebende Kind und tötet es nicht!

Mit dem verwendeten Verb wird hier ein heftiger Affekt beschrieben: Der richtigen Mutter ist es nicht möglich zuzusehen, wie ihr Kind zerteilt wird. *Jahwe* ist es nicht möglich, diesen Sohn Israel dem Untergang zu überlassen; dieser Affekt, der sich im Innern Gottes abspielt, richtet sich *gegen Gott selbst*. Es handelt sich um eine Art Revolte, um einen Umsturz

im Innern Jahwes, die es nicht zulassen kann, die gerechte Strafe an diesem ihrem eigenen Fleisch und Blut zu vollziehen.
Die Begründung für diesen Umsturz haben wir in *V 9, dem Höhepunkt dieses Textes*:

Denn Gott bin ich (ʿel)
und nicht Mann (ʿiš),
in deiner Mitte heilig,
und nicht komme ich, um zu zerstören.

Gott setzt sich hier von einem männlichen Verhalten ab, wie es gerecht wäre und auch erwartet wird, und zwar, weil er *ʿel* = Gott ist und nicht *ʿiš* = Mann. Hosea schildert hier nicht ein allgemein *menschliches* Verhalten, von dem Jahwe sich absetzt, sondern ein spezifisch *männliches* Verhalten. Die meisten Übersetzungen mit »Denn Gott bin ich, und nicht *Mensch*«, haben die klare Aussage des hebräischen Textes verändert in die verallgemeinernde Aussage »Mensch«, und zwar aus einer späteren Gleichsetzung von Mensch = Mann. Weil der Mann als das Maß des Menschlichen gesehen wurde, hatte man keine Scheu, den klaren Wortlaut des Textes zu verwässern (vgl. dagegen Buber).
Hosea schildert hier einen Jahwe, der kein Richter, kein gerechter, strafender oder zürnender Gott ist, sondern ganz »anders« (»heilig«, d. h. abgehoben, andersartig). Dieser Gottheit geht es um die *Rettung ihrer Beziehung*, mehr als um Selbstdarstellung, mehr als um Stolz, Rechthaben, Sichdurchsetzen, konsequent sein, Macht zeigen. Ja, Jahwe erweist sich hier geradezu als *maßlos* inkonsequent! Dieser Jahwe ist alles andere als allmächtig, sondern eine heruntergekommene Gottheit, die so weit geht, lieber sich selbst preiszugeben und bloßzustellen als das geliebte Israel!
Jahwe als Mutter stellt somit für diesen Propheten ein gültiges Gottesbild dar, genau wie er an anderen Stellen das problematische Bild von Jahwe als Ehemann verwendet. Hosea arbeitet sehr gern mit *Gegensatzpaaren*. Hier hat er die männlich-weibliche Polarität so verteilt, dass Jahwe als Mutter dem männlichen Kind (Knabe, Sohn) gegenübersteht Auch an anderen Stellen, z. B. Hos 13,8, wo Jahwe von sich spricht als von einer Bärin, der man die Jungen geraubt hat, verwendet er einen ähnlichen Gegensatz. So ist für diesen Propheten ein weiblich-mütterliches Gottesbild genauso gültig und legitim wie ein männliches. Während aber das Bild von Jahwe als Ehemann und Israel als der (treulosen) Ehefrau – Hosea ist ja

der Prophet, der dieses Bild geprägt hat – eine große und zum Teil äußerst frauenfeindliche Wirkungsgeschichte entfaltet hat, ist das andere Bild von Jahwe als Mutter nicht ernst genommen und nicht rezipiert worden.

Dabei hat Hosea offenbar gerade am Ende seines langen Wirkens, zu dem das Kapitel 11 gehört, die Tragfähigkeit männlicher Gottesbilder als zweifelhaft erfahren. In der hoffnungslosen Situation vor dem endgültigen Zusammenbruch des Nordreichs (722/21 v. Chr.) greift der Prophet auf Bilder zurück, die besser geeignet sind, seine letzten und tiefsten Erfahrungen mit Jahwe, dem Gott Israels auszudrücken. Nur in der *Mutterliebe* Jahwes sieht der Prophet noch eine *letzte Chance* für sein Volk. Auch rund zweihundert Jahre später, nach dem Zusammenbruch des Südreichs (587/86 v. Chr.), lässt sich Ähnliches beobachten: Deutero- und Tritojesaja verwenden ebenso weiblich-mütterliche Bilder, um das verzweifelte Volk wieder aufzurichten. Solche sind für sie besser geeignet, in einer Zeit der Katastrophe Hilfe, Hoffnung und Trost anzubieten. So sind die mütterlichen Gottesbilder Ausdruck von Erfahrung und Reife bestimmter Propheten, denn auch sie sind Kinder (meist Männer) ihrer Zeit, die lernen und Reifungsprozesse durchmachen.

Darum ist es nötig, die Vielfalt der Gottesbilder zu betonen. Nicht die Uniformität, sondern die Vielfalt der Symbole und Gottesbezeichnungen ist geeignet, Gott angemessen zu beschreiben, da anders als in Bildern doch nicht von ihm gesprochen werden kann. Es ist somit genauso legitim, Gott als Mutter wie auch als Vater anzureden, wenn man sich dessen bewusst bleibt, dass *beides* Bilder sind, die in ihrer jeweiligen Ganzheit nicht beabsichtigen, den anderen Teil auszuschließen. Das Göttliche zeigt sich mit verschiedenen Gesichtern, wobei nach Zeit und Umständen einmal das väterliche, dann das mütterliche Angesicht Gottes hilfreicher erscheint. Dabei ist weder eine einseitige Re-Sexualisierung des Gottesbegriffs beabsichtigt noch einfach eine Umkehrung der bisherigen androzentrischen Sicht.

Bei der Rede von der Mütterlichkeit bzw. Väterlichkeit Gottes ist jedoch die kritische Frage berechtigt, ob hier nicht die Gefahr besteht, dass die Mutter dem Vater sozusagen »einverleibt« wird. Erst wenn man sowohl vom »mütterlichen Vater« (Jürgen Moltmann) als auch von der »väterlichen Mutter« sprechen kann, wird die Gefahr gebannt, das Männliche doch wieder als das Grundlegende anzunehmen, in das das Weibliche »integriert« wird. Damit würde erneut ein männlicher Überlegenheitsanspruch festgeschrieben, durch die Rede von »Gott als Mutter« nur leicht relativiert.

III. Interpretationen von Genesis 1–3[3]

Dass das Männliche das Maß bildet und das Weibliche nur ergänzend hinzukomme bzw. als das Andersartige vom Männlichen her definiert wird, wird meist aus der alten und häufig frauenfeindlich ausgelegten Geschichte von Gen 2 und 3 hergeleitet. Die Tatsache, dass die Frau aus dem Mann geschaffen wurde und *für ihn* (Gen 2,18ff), bildet nämlich nicht nur für das Menschenbild, sondern auch für das Gottesbild das Muster. Heute ist auch in weiteren Kreisen bekannt, dass die Erzählungen von der Erschaffung des Menschen weder historische Tatsachen schildern, noch die Art der Erschaffung des Menschen definieren wollen. Vielmehr möchte der theologische Schriftsteller die enge *Zusammengehörigkeit von Mann und Frau* beschreiben, die in dem Ausruf des Mannes gipfelt:

> *Diese endlich ist Bein von meinem Bein und Fleisch von meinem Fleisch! (Gen 2,23)*

Obwohl die Intention dieser Geschichte unterdessen bekannt ist, wird das Grundmuster der Vorordnung, ja Überlegenheit des Mannes – häufig sogar unbewusst – beibehalten. Auch wo ausdrücklich eine naive Auslegung der alten Erzählungen abgelehnt wird, werden die *Folgerungen*, die daraus erwachsen sind, beibehalten, zum Schaden für die Frauen und ihre Entfaltungsmöglichkeiten, aber auch zum Schaden des Gottesglaubens, der auf diese Weise seine Wirkungskraft verliert und von vielen Frauen als einseitig, ja diskriminierend abgelehnt wird.

Denn die Aussagen in Gen 1 über die Erschaffung von Mann und Frau als *Bild Gottes* sind auch so zu lesen, dass in Gott *beides*, Männliches und Weibliches, enthalten sein muss. Wenn die Menschen grundsätzlich nur in ihrer Ausprägung als »männlich« und »weiblich« Bild Gottes sind, dann muss diese anthropologische Aussage auch Rückwirkungen auf das Gottesbild haben. Frau und Mann sind solche, die Göttliches spiegeln; so müssen sie auch im Göttlichen ihr *Ur*bild haben. So ist auch von Gen 1,26–28 her auszuschließen, den Gott des Alten Testaments als rein männlich zu betrachten.

Da jedoch in der ganzen *Theologiegeschichte* bis zur Aufklärung der Text von Gen 1 auf dem Hintergrund der Auslegung der älteren Erzählungen von Gen 2 und 3 gelesen worden ist, wurden die Aussagen über die Gottebenbildlichkeit der Frau wenn nicht ganz geleugnet, so doch wenigstens verkürzt: Das Vorverständnis von der Überlegenheit und schöpfungsmäßigen Vorordnung des Mannes hat den Blick getrübt, den theologisch so prägnanten Text von Gen 1 in seiner differenzierten Aussage überhaupt *wahr*-zunehmen. Denn die Ausleger, die sich durchsetzten und theologische Schulen bildeten, waren so gut wie ausschließlich Männer, die ein Interesse daran hatten, die traditionellen Rangordnungen festzuhalten.

Mit diesem Hinweis auf den Zusammenhang von Gottesbild und Menschenbild ist wohl deutlich geworden, dass die Frage des Gottesbildes nicht isoliert gesehen werden kann. Die Symbole und die Sprache sind weitgehend androzentrisch, darum muss die Dominanz des männlichen Modells abgebaut werden, damit auch das Gottesbild aus seiner Vereinseitigung gelöst werden kann. Ein Grundproblem für die Verengung des Gottesbildes bildet nach wie vor die Vernachlässigung des Alten Testaments bzw. die Meinung, das Alte Testament sei nur im Blick auf das Neue zu lesen. Dabei gerät aus dem Blick, dass das Alte Testament über das Neue hinaus eine Fülle von Gottesbildern und -erfahrungen enthält, die dem Neuen allein schon wegen der kürzeren Zeit seiner Entstehung nicht zur Verfügung standen. Das Alte Testament hält durch seine größere Konkretheit und seine handfeste, der menschlichen Erfahrung und Geschichte entnommene Sprache zahlreiche Anstöße und Korrekturen bereit, die heute besonders not-wendig sind.[4] Das Alte Testament darf somit nicht nur im Hinblick auf das Neue gelesen werden, sondern umgekehrt wäre das Neue Testament wieder vermehrt auf dem Hintergrund des Alten zu lesen, das ja bekanntlich die heilige Schrift Jesu war. Dies setzt allerdings voraus, dass es wieder besser bekannt gemacht werden müsste, damit es das christliche Gottesbild anregen, bereichern und neue Perspektiven eröffnen könnte.

IV. Nicht-personale Gottesbilder

Nun bleibt aber die Symbolik von »Mutter« und »Vater« ganz im familiären Raum. Dies wäre – für sich allein genommen – wiederum einseitig und zu kurz gegriffen, denn es fielen zahlreiche Bereiche heraus. Über die nicht personalen Gottesbezeichnungen hinaus wie z. B. »Licht«, »Quelle des Lebens« u. a. enthält das Alte Testament aber auch rein weibliche Bilder für das Göttliche.

RUAH[5]

Eine wichtige Rolle spielt hier der hebräische Begriff RUAH, Gottes schöpferische Lebenskraft, die anderes in Bewegung, in Schwung bringt; sie wird dann auch als ganz zentrale Kraft in der frühen Kirche begriffen. Bei der »Geburt« der Kirche, wie sie in der *Pfingstpredigt* des Petrus (Apg 2) geschildert wird, wird diese Vorstellung aus der hebräischen Bibel herangezogen, um die neuen Erfahrungen zur Sprache zu bringen und *theologisch* zu bewältigen. Das mütterliche Bild von der Geburt – an diesem Tag tritt die junge Kirche zum ersten Mal an das Licht der Öffentlichkeit – ist keineswegs zufällig. Denn im Zentrum der Petruspredigt stehen Geistaussagen aus dem Alten Testament. Lukas berichtet in den ersten Kapiteln der Apostelgeschichte, wie diese Kraft auf alle, auf Männer und Frauen, die sich versammelt haben, herabkommt, und er beschreibt das Ereignis als einen *Sturm* oder ein Brausen, das ein umfassendes Verstehen bewirkt: Jede/jeder hört den anderen in seiner eigenen Sprache reden! Wie in dem zitierten alttestamentlichen Text aus dem Propheten Joel (4. Jh. v. Chr.) werden die Wirkungen dieser RUAH in dreifacher Weise geschildert: Einmal werden Söhne und Töchter prophetisch reden, d. h. die Geschlechtsunterschiede werden bezüglich des Prophezeiens aufgehoben; weiter werden Greise und Jünglinge gleichgestellt bezüglich ihrer visionär-prophetischen Funktionen, d. h. die Generationsunterschiede fallen dahin; schließlich werden auch noch die Standesunterschiede aufgehoben, das Herr- und Knechtsverhältnis spielt keine Rolle mehr. *Alle* erhalten die gleiche RUAH. Die Geistausgießung hat also eine demokratisierende, befreiende Wirkung für alle. Unter dieser Gotteskraft sind alle Menschen gleich.

Auch *Johannes* schöpft wie Lukas aus der alttestamentlichen Vorstellungswelt, wenn er Jesus im Gespräch mit Nikodemus sagen lässt:

> *Wer nicht neu geboren wird aus dem Wasser und der Geistkraft,*
> *kann nicht in das Reich Gottes eingehen. (Joh 3,5)*

Zwar schreibt Joh am Ende des 1. Jahrhunderts genauso wie Lukas griechisch und spricht von PNEUMA, aber bei beiden ist der semitische Ursprung der weiblichen RUAH-Vorstellung deutlich. Der gesamte Hintergrund der biblischen Geistvorstellung ist ein weiblicher, ganz im Gegensatz zum deutschen *Geist*begriff, der die ursprüngliche Lebendigkeit eher verdeckt als erhellt. So wie die Geistkraft bei Joh 3 neues Leben verheißt, so ermöglicht sie in Joh 14, dass die Jüngerinnen und Jünger wirklich *verstehen*.

Was ist das für eine Kraft, die so Umfassendes bewirkt und die so wichtig ist, dass ohne sie weder ein Wachsen der Kirche noch ein Bestand des Glaubens möglich wäre? Im Alten Testament hat besonders die *Krisenzeit des Exils* (6. Jh. v. Chr.) sich auf die Notwendigkeit und Wirksamkeit der uralten RUAH-Vorstellung besonnen. In einer Zeit, in der Hoffnungslosigkeit und ein Leben ohne Perspektive vorherrschten, beschreibt der Prophet Ezechiel, wie durch die göttliche RUAH neues Leben und neue Hoffnung möglich werden. In seiner Vision, in der er ein Feld von Totengebeinen sieht, die ganz dürr sind (Ez 37), spricht er von einer RUAH, die in verschiedenster Weise – als Wind, als Kraft, als Vitalität des Menschen, schließlich aber auch als Jahwes eigenster Geist – neues Leben, neue Perspektiven und auch einen erneuerten Glaubenswandel bewirkt. In dieser großartigen Vision lässt der Prophet den RUAH-Begriff in allen Varianten schillern: So ist RUAH eine Kraft, die nicht greifbar und nicht definierbar ist. Einzig in ihren *Wirkungen* wird sie erfahrbar, als Kraft, die Lebendigkeit, Ganzheit und Integrität schafft, neue Lebensfreude, neuen Schwung und Mut bewirkt. Diese RUAH ist so überwältigend, dass sie tote, ausgedörrte Knochen wieder zum Leben erwecken kann. Damit wird im Bild die Wiedergeburt Israels als Nation ausgedrückt.

Auch die in der gleichen Zeit anzusetzenden Schöpfungspsalmen (z. B. Ps 104) oder der Schöpfungstext von Gen 1 am Anfang der Bibel sprechen von dieser Leben ermöglichenden RUAH, die als Verbindung von Himmel und Erde, von unten und oben, Schöpfung möglich macht und erhält. Mit RUAH wird somit nicht ein Gott geschildert, der unberührt und unberührbar über der Erde thront, sondern eine Gottheit, die Himmel und Erde miteinander verbindet, die Raum schafft für Leben, indem sie den trennenden Abgrund überwindet und damit auch Zukunft ermöglicht.

Da Sprache nicht beliebig ist, sondern mit der Wirklichkeit zu tun hat, in der sie sich bewegt, ist es wichtig, den weiblichen Erfahrungshintergrund der hebräischen RUAH-Vorstellung zu betonen. Es sind nämlich mit dem Wechsel der Sprache auch starke *inhaltliche Veränderungen* eingetreten: So wurde zuerst an der Grenze zwischen Altem und Neuem Testament der feminine RUAH-Begriff in das griechisch neutrale Pneuma umgeformt. Im Laufe der christlichen Tradition wurde die Vorstellung dann mit dem lateinischen männlichen *Spiritus* wiedergegeben, später dann personifiziert mit *Spiritus sanctus* als dritter Person der Trinität. Bei dieser zweimaligen Übersetzungsarbeit wurde nicht nur der Begriff übersetzt – Übersetzung ist ja immer mehr als eine bloße Übertragung in eine andere Sprache –, sondern es ging auch um die Übertragung in andere Denk- und Vorstellungswelten. Dabei ging von dem alten Erfahrungshintergrund manches verloren; denn RUAH ist nicht einfach identisch mit *Spiritus* oder dem deutschen *Geist*; der Begriff hat viel von seiner Lebendigkeit und Vitalität verloren und wird oft nicht mehr oder anders verstanden als das hebräische RUAH. Was aber in der Sprache verloren ging, blieb oft in der Symbolik erhalten. So wird der Geist auch im christlichen Bereich zumeist durch die Taube dargestellt, das uralte Symbol der altorientalischen Göttinnen. Auch in bildlichen Darstellungen des Heiligen Geistes ist häufig der weibliche Hintergrund – wenn auch oft stark verstellt – noch erkennbar.[6]

Da die Sprache immer die Wirklichkeit spiegelt, in der sie sich abspielt, ist der Kampf um eine gerechte, Frauen nicht mehr diskriminierende Sprache in der Gottesfrage ein entscheidendes Kriterium, an dem sich zeigen wird, wie ernst man die feministische Kritik nimmt.

1 | Vgl. Helen Schüngel-Straumann, *Gott als Mutter in Hosea 11*, in: Tübinger Theologische Quartalschrift 166 (1986), 119–134.

2 | Hebräisch *rehem*, ein Begriff der im AT häufig im Wort *rahamim* = Erbarmen vorkommt und dieses mütterliche Erbarmen Gottes ausdrückt.

3 | Vgl. dazu ausführlich Helen Schüngel-Straumann, *Die Frau am Anfang. Eva und die Folgen*, Freiburg 1989.

4 | Vgl. Herbert Haag, *Vom Eigenwert des ATs*, in: Tübinger Theologische Quartalschrift 160 (1980), 2–16.

5 | Vgl. ausführlich Helen Schüngel-Straumann, *Rûah bewegt die Welt. Gottes schöpferische Lebenskraft in der Krisenzeit des Exils* (SBS 151), Stuttgart 1992.

6 | Etwas anders als mit dem hebräischen RUAH-Begriff ist es bei der Symbolik der *Sophia* (Weisheit), einem griechischen Begriff, der als Übersetzung der hebräischen CHOKMAH in der Spätzeit häufig mit der RUAH parallel gesetzt wird. Es gibt auch Texte, die die beiden weiblichen Vorstellungen einfach wechselweise gebrauchen. Vgl. dazu Silvia Schroer, *Die göttliche Weisheit und der nachexilische Monotheismus*, in: Marie-Theres Wacker – Erich Zenger (Hg.), Der eine Gott und die Göttin (Freiburg 1991), 152–182.

DIETMAR MIETH

Aufbruch und Vision für ein neues CONCILIUM

Wofür stehen wir?

1997

Viele Fragen bewegen uns an der Schwelle zu einer weiteren Reform von CONCILIUM. Wirkliche Kontinuität gibt es nicht ohne Änderung. Warum bleiben wir – die Leute, die CONCILIUM machen – unserem Projekt und unserer Bewegung CONCILIUM treu? Denn CONCILIUM ist nicht nur eine internationale, in vielen Sprachen erscheinende Zeitschrift, sondern eine theologische und kirchliche Bewegung: mit großer geistiger Unabhängigkeit und ohne Subventionen, aufgeschlossen für die Zeichen der Zeit und die Ankündigung neuer Entwicklungen, universale Problemstellungen mit regionaler Präsenz verbindend. Brücken bauend zwischen theologischer Theorie und kirchlicher Praxis. Wir wollen an der Universalität von CONCILIUM, einem Markenzeichen der theologischen Zeitschrift, festhalten. Dennoch bleiben wir sensibel für unterschiedliche Entwicklungen in verschiedenen Weltregionen. Bevor wir die gemeinsame Quelle, den gemeinsamen Maßstab und den gemeinsamen Geist erinnern, ist es notwendig, einen Blick auf die Entwicklung von Kirchen und Theologien in verschiedenen Kontinenten zu werfen.

I. Kontinentale Entwicklungen[1]

Afrika

Die großen Spannungen der politischen und sozialen Verhältnisse beruhen zu einem Teil auf der Konfrontation und Überlagerung verschiedener Welten. Auf der einen Seite sind die verschiedenen Wert- und Symbolsysteme der unterschiedlichen afrikanischen Volksgruppen zu beachten, die sich nicht nur im religiösen Bereich, sondern auch sozialethisch und politisch auswirken. Auf der anderen Seite werden diese Systeme von westlicher Institutionskultur in Politik und Wirtschaft überlagert. Auch die Kirche nimmt an diesen Spannungen und an diesem Ineinander teil. In welchen Schichten sie zu Hause ist, wie sie mit Spannungen umgeht, welche Bündnisse sie schließt oder verwirft, das alles ist wichtig und muss vom theologischen Denken mit vorbereitet werden. Welche Integration der Lebenswelten kann anvisiert werden (z. B. in den Fragen von Ehe und Familie, in der Stellung von Mann und Frau oder in Fragen des Ahnenkultes, der besonderen Lebens- und Solidaritätskultur), und wo sind Konflikte auszuhalten? Immer mehr bildet sich hier eine afrikanische Theologie heraus, die die ihr zugewachsenen Themen eigenständig verfolgt und unter den »überlagernden« europäischen Theologien auswählt.

Diese Spannungen sind in den afrikanischen Gesellschaften nicht nur horizontal, sondern auch vertikal zu verstehen. Die sozialen und wirtschaftlichen Eliten sind von der breiten Masse der Bevölkerung abgehoben. Durch ihre Anpassung an »westliche« Spielregeln in Wirtschaft und Politik (und durch die gleichzeitige Vorspiegelung der Beibehaltung traditioneller Symbole, die zur Legitimation undemokratischer Verhältnisse herangezogen werden) spielen diese ein doppeltes Spiel, das von der Bevölkerung nicht verstanden wird und in das die breiten Massen nicht einbezogen werden. Die Politik der Industriestaaten begünstigt diese »Eliten« in extremer Weise und vertieft so die unterschwelligen Spannungen, statt sie zu verringern.

CONCILIUM wird in seinem neuen Bereich »Globale Perspektiven« solche Fragen vermehrt aufgreifen und immer wieder trotz der logistischen Schwierigkeiten die literarische Zusammenarbeit mit afrikanischen Theologen und Theologinnen suchen.

Lateinamerika

Auch hier gilt, dass viele vom Wirtschaftskreislauf ausgeschlossen sind und wenige groß verdienen. In Brasilien verfügen z. B. 10 Prozent der Bevölkerung über 60 Prozent des nationalen Einkommens. In vielen Ländern ist dies nicht besser, in manchen schlechter. Die Politik der internationalen Institutionen, z. B. der CEPAL, um der inneren Sicherheit willen eine armutsorientierte Strategie zu entwickeln, hat bisher keine umfassenderen strukturellen Veränderungen im Blick. Lateinamerika erlebt zum ersten Mal in seiner Geschichte eine durchgreifende Säkularisierungswelle, die nicht nur, wie in Folge der Aufklärung, schmale Oberschichten erreicht. Diese Welle wird durch die wachsende Präsenz der Massenmedien in breiten Bevölkerungsschichten (eines neuen »Opiums des Volkes«) verstärkt. In der Kälte der säkularen Kultur, oft alleingelassen von verkrusteten kirchlichen Institutionen, suchen die Menschen nach neuer Wärme, nach einer Atmosphäre der Geborgenheit und Hilfe in überschaubaren Gruppen. Eine Folge davon ist die starke Ausbildung zumeist freikirchlicher Sekten. Ihre Anziehungskraft ist damit zu erklären, dass sie versprechen, die Traumatisierung der Menschen durch ihre gesellschaftliche Marginalisierung aufzuarbeiten. Viele dieser Sekten tragen den Charakter von Selbsthilfegruppen, wo solche Erfahrungen integriert werden. Christliche Basisgemeinden vermögen von dieser Situation meist nicht zu profitieren, weil sie den Anschluss bei den (intakten) Familien suchen. Während die traumatisierten Einzelnen hier nicht die unmittelbare Zielgruppe darstellen, geht es in den Sekten speziell um sie und ihre Bedürfnisse. Hinter den Sekten stehen oft auch ganz andere wirtschaftliche Kräfte, als sie den Basisgemeinden über kirchliche Institutionen zugute kommen.

Ein neues, wachsendes Selbstbewusstsein der Indios und der Afro-Gruppen ist zu beobachten. Sie prägen inzwischen auch das städtische Milieu mit und entwickeln autochthone Elemente. In Ablösung von den Kulturmustern der spanischen und portugiesischen Kolonialzeit befindet sich Lateinamerika in einem kulturellen Plurifizierungsprozess, der sich auch auf die Kirche auswirkt. Unterschiedliche Synkretismen gehören dazu. Wie können regionale Kirche und Theologien hier Perspektiven aufzeigen? Die Befreiungstheologie droht, an Bedeutung zu verlieren. Das liegt nicht nur an den Einschränkungen durch die offizielle Kirche, sondern auch an der entschärfenden Vereinnahmung ihrer Sprachregelungen (»Befreiung«, »Option für die Armen«) durch die Institutionen (Kirche, Politik, Wirtschaft), ohne dass es zu einer wirklichen strukturellen Rezeption kommt.[2]

CONCILIUM war mit den Aufbrüchen der Befreiungstheologie und der Basisgemeinden verbunden. Im letzten Jahrzehnt gab es eine eigene Sektion für die Theologie der Dritten Welt. Aber nicht nur darin, auch in vielen Beiträgen zu universalen theologischen Fragen kam die Befreiungstheologie zu Wort. Das wird sich nicht ändern, aber neue Herausforderungen werden dazukommen, z. B. unter sozialethischen Perspektiven (Ethik und Lebensformen) und im neuen Bereich Religion/religiöse Erfahrungen.

Asien

Auch Asien befindet sich in starken Transformationsprozessen: religiöse, kulturelle und wirtschaftliche Entwicklungen tendieren einerseits zu mehr Pluralität, andererseits nehmen sie an den Prozessen der Globalisierung teil. Selbst wenn man die Unterschiede in sozialistischen, wirtschaftsdemokratischen und immer noch autoritären Gebilden beachtet, sind überall neue Herausforderungen durch den Technologiewandel, den Wandel der Wirtschaftsformen und neue Kommunikationsformen der Öffentlichkeit zur Kenntnis zu nehmen. Asien hat in der Zweidrittelwelt den höchsten Anteil an sogenannten »Schwellenländern«. Viele technische Revolutionen in der digitalen und mikrobiologischen Entwicklung treffen in Asien auf kulturelle Vorbereitung für wissenschaftliche und technische Feinstrukturen (z. B. in Japan) und auf eine Zurückhaltung gegenüber westlicher Individualisierung, auch z. B. in Bezug auf die ethische Basis der Menschenrechte. Das überindividuelle Kollektiv, überindividuelle religiöse Motive, das Harmoniedenken mit der Natur, weniger anti-manipulativ als im Sinne einer Kultur der Einbettung zu verstehen – all das sind Merkmale, die der interkulturellen und interreligiösen, auch interethischen Verständigung und Aufarbeitung bedürfen. Die Probleme, die sich daraus ergeben, betreffen alle in Asien präsenten Hochreligionen und fordern deshalb verstärkt den interreligiösen Dialog vor Ort (wie er z. B. bisher in CONCILIUM insbesondere von Aloysio Pieris geführt worden ist und wie er auch in Zukunft verpflichtend bleiben wird). Die Kirche befindet sich dabei zumeist im Status einer Minderheit. Die Stimmen der Theologie entwickeln sich vor allem in Regionen mit starker christlicher Prägung. Sie werden um so mehr gehört, als sie mit praktischen Zeugnissen verbunden sind.

Der Einzug der Säkularisierung und der Massenmedien hat die Struktur der Hochreligionen nicht unberührt gelassen. Vor allem die politisch-religiösen Einheiten oder Balancesysteme sind aufgelöst. Ihre Ansprüche melden sich oft in radikalisierter Form aus dem politischen Untergrund: integralistisch, intolerant und militant. Das Besinnen auf die religiösen Fundamente ist durch die Zerstörung der politischen Verankerungen und im Widerstand gegen die westliche Überlagerung mit einer säkularen Kultur von Fernsehen, Kühlschränken und Coca-Cola in einer prekären Situation. Der Fundamentalismus wird oft als ein Ausweg aus der Krise der Hochreligionen und als eine Alternative zur Globalisierung einseitig dominierter wirtschaftlicher Strukturen betrachtet, ihm mangelt es jedoch an zureichender Differenzierung. Der religiöse, ethische und politische Dialog ist durch die Konzentration der Bereiche von CONCILIUM in Zukunft verstärkt worden.

Europa[3]

Die Defizienzen in der Lage des christlichen Glaubens, die Verluste an gebundener Kirchlichkeit, die steigende Gleichgültigkeit großer Bevölkerungsgruppen gegenüber »metaphysischen« Fragen und die Rückkehr des Religiösen in Form individueller Auswahl-Synkretismen – das alles ist oft beschrieben worden. Aber es gibt auch neue Visionen und Chancen: die neue Abkehr vom nationalstaatlichen Denken in den Prozessen der europäischen Integration, die geistigen Auseinandersetzungen um das so vielfältige Erbe Mittel- und Osteuropas, viele Potenzen alternativen Denkens im Rahmen technologischer und wirtschaftlicher Entwicklungen, darunter auch die Auseinandersetzung mit dem seiner Gegenstütze im Kommunismus beraubten Kapitalismus, mit dem Ethnozentrismus, mit dem religiösen Integralismus oder mit dem platten anarchischen Konsumismus sind ebenfalls zu beobachten.

Eine lebendige europäische Theologie, aber auch die europäischen Kirchen verstehen sich nicht mehr »zentristisch«, d.h. als Mittelpunkte kirchlicher Universalität und globaler theologischer Bemühungen. Globalisierung und Regionalisierungen sind zwei Seiten des gleichen Bewusstseins. Das Erlebnis dieser Dezentrierung ist sicherlich noch nicht zureichend aufgearbeitet, zumal es in divergierende Richtungen geht: Der große theologische Supermarkt Nordamerikas hat sich von Europa gelöst und versteht sich inzwischen weniger als Importbereich, sondern als Exportunternehmen. Auf der anderen Seite gilt das neue Selbstbewusstsein der Theologien und Kirchen der Zweidrittelwelt, das ebenfalls in Europa vielfältige Lernprozesse in Gang gesetzt hat. Der interkontinentale Austausch der Theologien, vor allem in ihren verschiedenen regionalen Gestalten, beeinflussen und befruchten immer auch das europäische theologische Denken und seine neue Ortsbestimmung. Diese Ortsbestimmung enthält mindestens folgende Elemente: die Aufarbeitung des europäischen Scheiterns oder des Erbes europäischer Dominanz (Kolonialismus, Imperialismus, Rassismus, Säkularismus usw.). Die »Versöhnung mit sich selbst« (Martin Buber) nach dem Holocaust ist immer noch offen. Die Herausforderungen der Säkularität werden wahrgenommen – ein Knotenpunkt dafür sind z. B. die derzeitigen bioethischen Auseinandersetzungen im »großen« (Europarat) und »kleinen« (Europäische Union) Europa. Institutionelle Religion, religiöse Indifferenz und religiöser Auswahlindividualismus prallen aufeinander und erzeugen Reibungsflächen. Die ökumenische Dimension ist inzwischen selbstverständlich geworden, und sie greift über die christliche Integrierung hinaus.

Spannungen zwischen akademischer katholischer Theologie und kirchlicher Hierarchie sind offensichtlich. Nach der Krise der Bibelwissenschaften und der Krise der Dogmatik durch die naturwissenschaftlichen Erkenntnisse und die historische Forschung hat sich als dritte Modernismuskrise die Krise der Moraltheologie entwickelt. Sie geht zu Lasten einer wirklichen Auseinandersetzung mit der modernen Lebenswelt, in der es um mehr geht als um Detailfragen der Sexualethik und der Empfängnisregelung.

Rechtsstaaten und Sozialstaaten sind eine, in der Realität immer wieder verratene, missionarische Option Europas. Die Krise der individuellen Ausformung der Menschenrechte und der Zusammenbruch sozialer Solidarität sind neue Herausforderungen, für welche alte Antworten ebenso ungenügend sind wie für die neue ökologische Dimension aller sozialen Fragen.

CONCILIUM ist in Europa und aus der Neubesinnung europäischer Theologie im II. Vaticanum entstanden (man denke an die Gründer: Yves Congar, Hans Küng, Karl Rahner und Edward Schillebeeckx), es wird in Europa verwaltet, aber längst nicht mehr in Europa gemacht. Unter den Namen weltweit übersetzter theologischer Autoren von CONCILIUM finden sich auch europäische (wie Johann Baptist Metz und Jürgen Moltmann), aber immer mehr führten auch andere auf neue Wege (wie Gustavo Gutiérrez, Leonardo Boff, David Tracy, Elisabeth Schüssler Fiorenza, Aloysio Pieris ...). Unter diesen Wegen sei die Feministische Theologie besonders hervorgehoben, seit 1984 eine eigene Sektion in CONCILIUM, nun auf dem Weg, ihre »westlichen« Schwerpunkte durch den Bereich »globale Perspektiven« zu ergänzen, verstärkt auf die Gottesfrage, die interreligiösen und ökumenischen Fragen sowie auf die Ethik Einfluss nehmend. Dies gehört zur Vision von CONCILIUM.

Nordamerika

Eine solche Vision hat vor allem in Nordamerika Fuß gefasst und zu einer weitaus größeren Beteiligung von Frauen am theologischen Wirken geführt. In den Jahren nach dem Zweiten Vatikanischen Konzil hat sich vieles tiefgreifend gewandelt, auch wenn »Tomorrow's Catholics and Yesterday's Church« (Eugene Kennedy) konfliktreich und kooperierend nebeneinander bestehen. Im internationalen Standing hat die nordamerikanische Theologie – nicht nur aus Gründen des großen Binnenmarktes – gewonnen: in der Auseinandersetzung mit allgemein fundierenden theologischen Fragen ebenso wie im biblisch-historischen Bereich und im Gespräch mit den Gegenwartskulturen; dabei spielt auch der fortschreitende Einfluss der nordamerikanischen Gesellschaftsphilosophie in Europa eine Rolle. Auch der Boom der sogenannten angewandten oder praktischen Ethik ist aus der angelsächsischen philosophischen Kultur, die auf neue technologische Herausforderungen flexibler reagiert, hervorgegangen. Hier wie auf anderen Gebieten ist es den Theologinnen und Theologen gelungen, im gesellschaftlichen Diskurs gehört zu werden, ohne dass dabei ihre spezifische oder gar konfessionelle Herkunft unmittelbar eine Rolle spielt. Die Theologie arbeitet daran, die Gräben mit den sie umgebenden intellektuellen Kontexten zu überbrücken. Sofern sie im Kontext mit Religionswissenschaften steht, sind die Chancen gut; aber die katholische Theologie in Nordamerika hat sich auch um die Frage der Kirchlichkeit der Theologie bemüht. In der Auseinandersetzung mit den amerikanischen Bischöfen und mit dem römischen Lehramt sind dabei einige international sehr beachtete Dialogpapiere entstanden.

Dies gilt auch von den dialogischen Prozessen in der Behandlung der zugeschärften sozialen Fragen nicht nur Nordamerikas. Die Wiederbelebung der prophetischen Elemente der christlichen Sozialethik gegenüber einem sich als Ethikersatz gerierenden Ökonomismus hat kritische Aufmerksamkeit gefunden. Hier wird fruchtbar, dass die katholische Kirche in der Minderheit und unter Minderheiten ihre Unabhängigkeit kultivieren konnte.

CONCILIUM ist, wie man an der Entwicklung seines Direktoriums ablesen kann, in den siebziger und achtziger Jahren immer mehr den Weg nach Nordamerika gegangen, ohne doch als universales Unternehmen auf dem nordamerikanischen Markt mehr als freundlichen Respekt in engen akademischen Grenzen zu finden. Die Zukunft wird zeigen, wie die Kooperation noch besser gelingt.

II. *Unsere gemeinsame theologische Wurzel*

CONCILIUM ist verbunden mit den Aufbrüchen des Zweiten Vatikanischen Konzils. Der hermeneutische Schlüssel aller Arbeit bestand darin, die vom Konzil ausgehenden Wegweisungen für die Zukunft aufzugreifen. Deshalb konnte sich CONCILIUM in Richtung auf die Theologien der Dritten Welt und auf die Feministische Theologie weiterentwickeln. Auch andere Schwerpunkte bezeugen den Reichtum der Theologie in den dreißig Jahren nach dem Konzil: die ökumenische Theologie, die politische Theologie und die Befreiungstheologie; die Lektüre der Bibel durch die Kirche der Armen, die theologische Grundlegung neuer Strukturen für die Kirche; die Hermeneutik der Zeichen der Zeit und die narrative Theologie; die Theologie der Religionen; die autonome Ethik im christlichen Kontext.[4] So viele Wege, aber nur eine Quelle; so viele Zweige, aber nur eine Wurzel:

Unsere gemeinsame theologische Wurzel bleibt die Gottesfrage.

Gott, so scheint es vielen in der westlichen Welt, ist »überflüssig« geworden. Eine solche Aussage lässt sich in zwei divergierenden Richtungen deuten: Er kommt nicht mehr vor, oder: Es gibt ihn im Überfluss. Beides, das Verschwinden, welches nicht einmal noch als das Leerwerden eines »Platzes« wahrgenommen wird, und der Massenandrang neuer diffuser oder alter integralistischer Religiosität, können theologisch falsche Auswege sein. Aber es gibt eine gemeinsame Wurzel zwischen dem Glauben an einen sich selbst mitteilenden Gott, einer befreienden gottpräsentierenden Erinnerungspraxis und dem stummen Schrei der um ihre Individualität gebrachten Menschenopfer: die »ungesättigte Flamme« (F. Nietzsche) eines sich im Gottesbedürfnis verzehrenden Feuers, gespeist von der Anerkennung der eigenen Ohnmacht und Kontingenz, eines Feuers, das die theologischen Fragen immer wieder, oft scheinbar aus kalter Asche, neu entfacht.

»Gott ist überflüssig geworden« bedeutet, aus dieser Perspektive betrachtet, etwas anderes: die Anerkennung seiner alle Aufnahmefähigkeit übersteigenden, überfließenden Selbstmitteilung. Von diesem Glauben gehen weiterhin Impulse aus, Wege, die CONCILIUM in Zukunft weiter öffnen und beschreiten will:

III. *Viele Wege des Aufbruchs*

III.1. Wir wollen *ökumenische und konziliare Prozesse* fortsetzen und neue Wege dafür finden. Neben dem ökumenischen Prozess im Christentum, der von uns angesichts seiner Stockungen neue Anstrengungen verlangt (z.B. in CONCILIUM mehr nicht-katholische DirektorInnen), hat sich der praktische konziliare Prozess (Frieden, Gerechtigkeit, Bewahrung der Schöpfung) installiert, ferner die Bemühungen um das Gemeinsame der abrahamitischen Religionen, schließlich weltweit der interreligiöse und interkulturelle Dialog und die soziale Verantwortung des Evangeliums. Ihr entspricht:

III.2. *Der prophetisch-politische Weg.* Aus der intensiven Begegnung mit Gott und mit dem Leben Jesu Christi entsteht eine prophetische Kontrasterfahrung, eine *konkrete* Negation der strukturellen Sünden. Ihre Eigenheit besteht darin, dass sie die *bestimmte* Negation, d.h. die Negation, die dem Negativen, von dem sie ausgeht, in der Auseinandersetzung verhaftet und mit seinem Schicksal verkettet bleibt, durch ihr prophetisches und mystisches Motiv reinigen und relativieren kann. Sie ist daher schöpferisch. Das Negative, von dem sie provoziert wird, ist die Eingangstür zu schöpferischer Vision aus den Quellen der in der Offenbarung geschauten Zukunft: die neue Schöpfung (2 Kor 5,17), das neue Leben, der neue Mensch, die neue Gesellschaft. Diese prophetische Kontrasterfahrung spezifiziert den Einsatz für die Menschenrechte und die Option für die Armen, einen Einsatz mit einer lebendigen Tradition in der CONCILIUM-Bewegung.

III.3 *Der Weg der Frauenbefreiung.* Einige der wesentlichen prophetischen Kontrasterfahrungen sind die Frauenunterdrückung, die Gewalt gegen Frauen und der Sexismus als eine »Divide et impera«-Methode der herrschenden Androzentrik. Die Wiederbelebung einer ins Marginale verdrängten christlichen Traditionsgeschichte der Frauen und die Neufassung kirchlicher Communio- und Amtsstrukturen zur Sichtbarmachung der Frauen gehören zu den zentralen Anliegen von CONCILIUM. Die Frauen in der Bibel und in der Glaubensüberlieferung eröffnen eine Befreiungsgeschichte, die sich heute in einer großen kulturellen und religiösen Vielfalt spiegelt. Aber auch die Vision der neuen Gesellschaft lebt von den Impulsen der Frauenbewegungen.

III.4. *Der Weg der religiösen Erfahrung im Christentum und der christlichen Erfahrung des Religiösen.* Religiöse Erfahrung und religiöse Gleichgültigkeit sind beide ebenso Signaturen unserer Zeit wie der Abbau religiöser Institutionen und der Aufbau religiöser Bewegungen. Das religiöse »tremendum et fascinosum« ist ebenso belebend wie zweideutig; zweideutig, weil es der Aufklärung durch die Vernunft bedarf, aber auch, weil das Christliche sich nicht nur in religiösen Formen manifestiert oder gar darin aufgeht. CONCILIUM steht hier zugleich für eine Belebung bzw. Vertiefung der religiösen Erfahrung und für eine Unterscheidung der Geister.

III.5 *Der Weg der einen Welt.* Die Ausrichtung auf Globalisierung ist notwendig und unverzichtbar. Die Probleme der Tragfähigkeit der Erde, des ökologischen Gleichgewichtes, der Friedenssorge und der Verteilungsgerechtigkeit sind Probleme globalen Ausmaßes, die ein neues globales Denken auf allen Gebieten und in allen Dimensionen des Lebens verlangen. Hier stellen sich Fragen der richtigen Institutionen, der Ethik und des Rechtes. Dabei entsteht die ständige Rückfrage nach der Kooperation der Religionen, nach der Auseinandersetzung mit Integralismen und Fundamentalismen, aber auch nach der Weltvision des »Christentums«, das »Gott als Geheimnis der Welt« (E. Jüngel) betrachtet. Auch die Globalisierung hermeneutischer Fragen in der theologischen Wissenschaft erfordert neue Anstrengungen.

III.6 *Der Weg der regionalen Basis.* Je globaler wir sind, um so regionaler werden wir sein. Diese neue Dialektik, nach welcher mit jedem Schritt zur Globalisierung ein anderer Schritt zur Intensivierung regionaler Eigenheiten verbunden sein wird, um eine Balance zu finden, muss beachtet werden. Es gibt keine angemessene Globalisierung ohne angemessene Solidarität, aber auch nicht ohne angemessene Subsidiarität. Das bedeutet zugleich den Verzicht auf zentralistische Denkfiguren und auf globale Machtkonzentrationen. Ferner bedeutet es die Verstärkung dialogischer Lernprozesse sowie der Gleichberechtigung von Regionen und Kulturen.

III.7 *Der Weg der Gemeinschaften.* Ohne überschaubare, lebendige, in ihrer Pluralität voneinander signifikant verschiedene, die Idee der positiven Konkurrenz gelingender Lebensformen umsetzende, die Einsatzzeichen des Evangeliums erinnernde Gemeinschaften gibt es weder lebendige Kirchen noch menschenwürdige Strukturen des Zusammenlebens. CONCILIUM hat immer von Gemeinschaften gelebt, z.B. von Ordensgemeinschaften und von Basisgemeinden. Dies muss eine pointierte und reichhaltige Fortsetzung finden.

III.8 *Der Weg der Wissenschaft und der Interdisziplinarität.* Die Verpflichtung auf Wissenschaftlichkeit, auf wissenschaftliche Kommunikation und auf wissenschaftliche Innovation ist schon für eine Zeitschrift, die das gesamte theologische Spektrum umfasst und sich in diesem Sinne als theo-logische Zeitschrift versteht, selbstverständlich. Hier entwickeln sich jedoch regional unterschiedliche Profile, die miteinander im Austausch bleiben müssen. Weiterhin muss die theologische Wissenschaft, die ohnehin von der Integrierung ganz unterschiedlicher einzelwissenschaftlicher Methoden lebt, ihre wissenschaftliche Interdisziplinarität verstärken sowie sich ständig am Niveau wissenschaftlicher Entwicklungen messen.

III.9 *Das kreative Gewissen und die Notwendigkeit der Partizipation.* Die Herausforderungen der ethischen Verantwortung sind nicht nur für die globalen Probleme (s.o. III.5) wichtig, sondern auch für die Lebensformen und Lebensstile. Die Frage nach dem guten Leben bzw. nach dem Gelingen und Glücken des menschlichen Lebens in den verschiedenen Lebensbereichen, in den verschiedenen Lebensabschnitten und in den verschiedenen Lebensverhältnissen oder Beziehungen ist eine zentrale Frage der Entfaltung ethischer Autonomie (d.h. freier Selbstverpflichtung) und Solidarität. Der Gewissensbegriff ist für diese kreative Verantwortung des Einzelnen in seinem Leben, aber auch in Kirche und Gesellschaft zentral geworden. Der Anteil der Gewissen an der Kritik, Gestaltung und Erhaltung von sozialen Institutionen wird durch kirchliche und gesellschaftliche Partizipation und eine entsprechende kritisch-konstruktive Öffentlichkeit zur Geltung gebracht. Partizipation ist das notwendige Umfeld der Gewissensfreiheit. Sie setzt freiheitlich-demokratische Verhältnisse voraus, insbesondere die Gewaltenteilung. Dem widersprechen bestimmte jurisdiktionelle Strukturen und faktische Machtverhältnisse in den Kirchen und in den Gesellschaften. CONCILIUM hat in seiner Geschichte immer um ein entsprechendes kritisches Bewusstsein und um notwendige Veränderungen in der Kirche gekämpft. Auch in Zukunft wird dies ein zentrales Projekt sein.

III.10 *Der Weg von den leidenden Menschen zur Frage nach dem Grund unserer Hoffnung.* Die leidenden und sterbenden, die ausgebeuteten und marginalisierten Menschen sind eine bedrückende Signatur unserer Zeit. Vor allem bedrängt uns, deren Gewissen noch nicht abgestumpft ist, die namenlose Qual der unendlichen Zahlen, die einer Erhöhung des Leidens durch seine individuelle Gestalt keine Chance mehr geben. Der Schrei der

Armen verhallt ebenso ungehört, wie der Atem der kaum Geborenen verlöscht, bevor ihr Dasein, außer in dem stummen Entsetzen der Augen ihrer Mütter, überhaupt wahrgenommen worden ist. Man nennt diese Signatur den »Fels des Atheismus«. Wurde die Antwortlosigkeit Gottes von vielen in den »aufgeklärten« Jahrhunderten noch als das gewaltige Mysterium eines mystischen Entzugs erfahren und wird bis zuletzt die Religion als »Kontingenzbewältigungspraxis« für unzerstörbar gehalten, versuchte man, sich in ein Glauben als unthematisches Ahnen und Vermuten zu retten, so sind dies doch keine passenden Modelle für eine Hoffnung aufgrund eines Glaubens an die Selbstmitteilung Gottes. Mag die Distanz zwischen einem konsumistisch-praktischen Atheismus in der modernen Lebenswelt und einem aus der Theodizee geborenen oder »mystischen« Atheismus auch noch so groß sein, sie vereinigen sich als lähmende Signatur der Religionsferne bei gleichzeitiger Freigabe des individuellen religiösen Bedürfnisses und bei gleichzeitiger aggressiver Selbstbehauptung eines deklamatorischen religiösen Fanatismus. Die Frage nach dem Grund unserer Hoffnung angesichts solcher Signaturen führt unmittelbar in die zentrale Begründung der hier gekennzeichneten Wege in der gemeinsamen theologischen Wurzel hinein. Diese Frage wird die Arbeit der TheologInnen von CONCILIUM weiter umtreiben und beunruhigen; es wird in CONCILIUM und seinem Umkreis weder eine satte noch eine gesättigte Theologie geben. Vielmehr geht es um eine Theologie der Befreiung, die aus unterschiedlichen Impulsen der Freiheits-, Friedens- und Gerechtigkeitsbewegungen angetrieben wird, zugleich aber aus der eigenen Quelle der Offenbarungsgeschichte trinkt. Das Grundwort »Befreiung« hat in unserer *Internationalen Zeitschrift für Theologie* längst das Grundwort »Concilium« begleitet und erneuert. Gottes Liebe hat den Weg der Freiheit gewählt, auf dem sie nicht herrschen, sondern bezaubern will, um endlich die geliebten und befreiten Menschen in die Arme zu schließen.

IV. *»Der gemeinsame Maßstab: Jesus Christus«*

Das Christentum erzählt von seinem Propheten Jesus von Nazaret im Sinne einer gottmenschlichen Verifikationsgestalt, d.h. im Sinne einer geschichtlichen Lebensform, in welcher Gottesgeschichte und Menschengeschichte verschmelzen. Dieses Geschehen ist um so provokativer, als es sich in Bildern verdichtet, die um das geschichtliche Ereignis des

Kreuzestodes ranken und die mindestens ebensoviel Schock wie Trost in sich enthalten. Das Kreuz ist eine der schlimmsten Erfindungen menschlicher Grausamkeit. In Zeiten, in denen der Tod so sichtbar und täglich zum Leben gehört, dass seine Zufügung allein keinen Schrecken verbreiten kann, wird der Mensch in den Marterwerkzeugen zur Behauptung der Macht besonders erfinderisch. Das Kreuz ist ein Sinnbild um der Erhöhung und der Entwürdigung willen. Es ist ein Exzess des Bösen als Ausdruck menschlicher Selbstermächtigung. Es bleibt eine Provokation, dass Gott dort als Opfer zu Hause sein soll, wo der Mensch der Schlächter des Menschen ist. Das Kreuz kann christlich aber erst zum Symbol gemacht werden, wenn man es als Ausdruck einer Konsequenz einer Lebensgeschichte betrachtet. Wenn man es aus der Biografie des Jesus von Nazaret herauslöst, kann es bis zum Widersinn umgekehrt werden, wie an den Kreuzzügen der Christen erkennbar wird, die man nur als großen Missgriff der Erinnerung im Namen der Macht interpretieren kann. Der gekreuzigte Jesus ist ein Mensch, der das Scheitern des Menschen in seiner Selbstermächtigung nicht mit den gleichen Machtmitteln bekämpft, dessen göttliche Vollmacht vielmehr in die menschliche Ohnmacht hineinführt. Aber eben gerade dadurch wird die Kontinuität des Bösen unterbrochen. Jeder andere Kampf wird sonst von dem Negativen geprägt, das er bekämpft. Jede Gegenmacht nimmt die Mittel der Macht in sich auf, mit der sie sich auseinandersetzt. Anders ist die im Schicksal des Kreuzes angenommene Ohnmacht des Gottmenschen. Sie ist eine Unterbrechung der Geschichte der Sünde und eine Geburtsstätte neuer, ohnmächtiger, aber befreiender Lebensformen.

Ebenso bleibt das in verschiedener Weise von den Evangelien erzählte Leben Jesu ein Maßstab für das Geschehen der Auferweckung, dessen Zeugenschaft die apostolische Kirche begründet. Denn das Leben Jesu und sein eigenes Zeugnis des Lebens ist so stark, dass die Jünger nicht an sein gekreuzigtes Ende zu glauben vermögen. Die Auferweckung ist zunächst einmal die Auferweckung ihres Glaubens, nachdem er die Nagelprobe der Kreuzigung zu überstehen hatte. Jede Konzentration des Christlichen in abstrakt begrifflichen Aussagen muss wieder an die erzählte Gestalt des Lebens Jesu von Nazaret zurückgebunden werden. Denn hier liegt der Maßstab für die richtige Interpretation des Kreuzes, für das Verstehen der Auferweckung und schließlich auch für den »Geist«, der die Verlebendigung eines gescheiterten Glaubens bewirkt. Die christliche Tradition begreift diese Geschichte als Erkenntnisgeschichte und als Liebesgeschichte. Die Erkenntnisgeschichte lässt sich auch im Wort »Offenbarung« zusammenschließen. Die Liebesgeschichte ist gebunden an den sichtbaren Ausdruck in Lebensformen. Der Geist als das immerwährende Präsens des Göttlichen in der Liebe gibt den Lebensformen, die sich als Zeugnis der christlichen Offenbarung verstehen, ihre gültige Prägung. Von diesen Lebensformen muss zureichend die Rede sein, wenn das Christliche am Christentum verdeutlicht werden soll.

1 | Wichtige Hinweise für die folgende, sicherlich sehr globale Analyse zu Afrika, Lateinamerika und Asien verdanke ich Peter Hünermann, seit August 1996 Präsident des »International Network of Societies for Catholic Theology«.

2 | Vgl. zur Gefahr der Vereinnahmung der Befreiungstheologie, vor allem seitens des Neoliberalismus: Franz J. Hinkelammert, *Über den Markt zum Reich Gottes?*, in: Orientierung 60 (1996), 98–102 und 115–120.

3 | Vgl. zu den Bemerkungen über Europa und Nordamerika: Dietmar Mieth, *Theologie, Profile und Entwicklungstendenzen im internationalen Umfeld*, in: Forschungspolitische Früherkennung, hg. v. Schweizerischen Wissenschaftsrat 156/1995 in Bern. Auch in: Bulletin der Europäischen Gesellschaft für Katholische Theologie 7 (1996).

4 | Vgl. zu manchen Entwicklungen: Rosino Gibellini, *Handbuch der Theologie im 20. Jahrhundert*, Regensburg 1995; vgl. auch Dietmar Mieth – Edward Schillebeeckx – Hadewych Snijdewind (Hg.), *Aufbruch und Vision. Universalität und Regionalität der Theologie im 20. Jahrhundert.* FS Rosino Gibellini, Brescia 1996.

Raimon Panikkar

Fragment und Teil – eine indische Reflexion

1997

Accepit panem et benedicens fregit. (Mk 14,22)

Eigentlich sollte ich über das Thema »Die Fragmentierung der Kirche aus asiatischer Sicht« schreiben, ich möchte mich aber darauf beschränken, dies aus einem *indischen* Blickwinkel heraus zu tun. »Indisch« meint hier die traditionellen Kulturen dieses Subkontinents, wobei in politischer Hinsicht das Land Indien eine – gleichwohl nicht die einzige – Größe darstellt. Hinzuzufügen wäre noch, dass auch die indische Mentalität keineswegs uniform gestaltet ist.

Wenn indische Theologie »in nuce« eine eigene theologische Entwicklung vorweisen kann, so wie es die zahlreichen Veröffentlichungen der Indian Theological Association deutlich nahe legen, dann kann eine theologische Meditation aus diesem Teil der Welt nicht damit ansetzen, diese Frage zu beantworten (und damit der techno-szientistischen Mode zu folgen), sondern sie muss damit beginnen, die Natur des darunterliegenden Problemkomplexes kritisch zu bedenken.[1]

Viel zu lange war die Kirche, vielmehr waren die Kirchen der nichtwestlichen Welt schlicht Kolonien der »Mutter«-Kirchen – nicht bloß in finanzieller, sondern auch in intellektueller und spiritueller Hinsicht. Die Basler Mission zum Beispiel besitzt eine feine und wunderschöne Theologie, aber ich frage mich, welche Wirkung auf eine indische Seele sie haben mag im Unterschied etwa zur anders gearteten Theologie ihres schwedischen Gegenstücks. Wir haben die europäischen Schulstreitigkeiten in Länder exportiert, die diese wichtigen Zusammenhänge zwischen Christus und den theologischen Interpretationen einer Vergangenheit, die ihnen fremd ist, nicht sahen. Und nun entdecken jene Länder das stolze Gefühl ihrer »Unabhängigkeit« – trotz mancher Unzulänglichkeiten ihrer »svarâj«, ihrer Autonomie.

Diese stark vereinfachte Einführung, die die Vergangenheit in keiner Weise kritisieren will, gibt den »Sitz im Leben« für die nun folgenden, stark verkürzten Überlegungen an. Ich betone, dass wir es mit einer Weise des Denkens und Empfindens zu tun haben, in der die Prämissen des geschichtlich gewachsenen Christentums und dessen nachcartesianischer Annahmen, die im Großen und Ganzen die herrschenden Kategorien der modernen theologischen Auslegung des christlichen Glaubens sind, gebrochen erscheinen können. Das notwendige Vorverständnis des christlichen Geheimnisses durch die Kulturen Asiens führt vielleicht nicht zum gleichen »intellectus fidei«, oder, in unserem Fall, zu einem gleichen Verständnis von Kirche. »Die Kirche in Fragmenten.« Welche Kirche? Ich versuche eine dreigeteilte Antwort, die einer asiatischen Sicht entsprechen mag.

Die Kirche ist:

1. als Organisation fragmentiert;
2. als Institution in der Krise;
3. als Organismus verwundet.

I.

Eine Organisation entsteht durch ein äußeres Bedürfnis nach Erfüllung eines bestimmten Zieles und wird durch ein bestimmtes Regelwerk am Leben erhalten. Sie ist durch eine Verfassung oder Gründungserklärung definiert. Sie benötigt Macht und einen Vorstand. Sie lebt dank ihrer eigenen Effizienz. Es versteht sich von selbst, dass solche Organisationen im politischen Leben gebraucht werden. Der Mensch ist ein politisches, ein soziales Wesen.

Ich erinnere mich, wie Pater Daniélou (damals war er noch nicht Kardinal) sagte, dass das, was Kirchen und Sekten in Beziehung zum gesamten Protestantismus darstellten, zu vergleichen sei mit dem Verhältnis der Ordensgemeinschaften (und Kongregationen) zur katholischen Kirche. Fragmente oder Teile?

Ein »Fragment« ist eine »Fraktion«, das Ergebnis einer »Fraktur«, so könnten wir in einem Wortspiel sagen, und weil die Kirche »fragil« war, erlitt sie »Fraktionierungen« – ein Hinweis für Historiker.

Ein »Teil« hat »Anteil« an einem Ganzen, er nimmt an ihm »teil«. Einen Teil für das Ganze zu nehmen (als *pars pro toto*) mag wohl als Schisma gelten, wenn wir räumlich-mechanisch denken. Wenn wir es aber symbolisch-mystisch betrachten, dann kann es Ortskirche bedeuten (*totum in parte*) – ein Hinweis für Theologen.

Wäre die Kirche nur eine Organisation, hätten wir mit einem »Bund der Kirchen« die Antwort auf die Fragmentierung gefunden. Allerdings hält eine bestimmte Theologie daran fest, dass die Brüche zu schwerwiegend seien, als dass man sie durch eine solche Großorganisation heilen könne, obwohl ein solcher Bund als pragmatischer Weg gelten kann, mit diesem Problem umzugehen. Der Geist der angelsächsischen Mentalität mag nichts Befremdliches daran finden, in einem Weltrat der Kirchen eine praktische Antwort zu sehen – trotz weiterer ekklesiologischer Probleme.

II.

Eine Institution entsteht aufgrund einer inneren Notwendigkeit gemeinschaftlichen Lebens. Sie ist ein kulturelles Phänomen. Der Mensch ist ein kulturelles Wesen. Er benötigt eine bestimmte akzeptierte Struktur. Er braucht eine bestimmte anerkannte Ordnung, die sich in einem moralischen Code niederschlägt. »Leges mori serviunt« (Gesetze dienen den Sitten), sagten die westlichen Klassiker. Kaste, Ehe und Staat sind Institutionen. Sie existieren, weil die Menschen, die in ihnen leben, sie zu brauchen glauben – oder, für einen bestimmten Zeitraum, auch aus schierer Unbeweglichkeit. Man braucht Institutionen; trotzdem sollten sie so flexibel bleiben, dass sie ihrer Aufgabe gerecht werden, menschliches Leben zu bereichern. Leben ist der Grund für das Dharma, sagt die Hitopadesha (I, 37). Das Dharma steht der Natur näher als dem Gesetz, der Ordnung näher als der Pflicht.

Es gibt keinen Zweifel daran, dass die Kirche – als Institution – sich in einer Krise befindet. »Christentum – ja, ›Kirchentum‹ – nein«, sagen viele Menschen in Indien. Die Krise hat viele Ursachen. Wir werden nur zwei erwähnen. Da sind zum einen die Unversöhntheiten zwischen dem neuzeitlichen Bewusstsein (mit all seiner Ambivalenz) und der traditionellen kirchlichen Weltsicht (mit all ihrem Reichtum). Nach einer optimistischen Deutung dieser Krise könnte man sie wie der verstorbene Pariser Kardinal Suhard eine »Krise des Wachsens« nennen, eine Ansicht, die auch von Papst Johannes XXIII. geteilt wurde. Die moderne Gesellschaft hat sich – im Guten wie im Schlechten – in einer Geschwindigkeit entwickelt, die nicht dem Rhythmus der Kirche entspricht. Tausende von Büchern sind zu diesem Thema geschrieben worden. Es beschäftigt die Kirche insgesamt, es berührt auch Asien, ist aber kein speziell asiatisches

Problem. Trotz der über 200 Millionen asiatischer Christen ist Theologie noch immer eine hauptsächlich westliche Angelegenheit – wie schon der Name »Theologie« selbst zeigt.

Die zweite Ursache der Krise kann man – wieder in einer optimistischen Sichtweise – als Anpassungskrise bezeichnen, vergleichbar mit der Krise eines Heranwachsenden, der als Adoptivkind aus einem indischen Dorf in eine westliche Familie verpflanzt wird. Es gibt keinen Zweifel daran, dass die Kirche, von einigen historischen Ausnahmen abgesehen, eine westliche Institution ist, die in den Osten verpflanzt wurde, als sie bereits sechzehnhundert Jahre alt war und über eine sehr gefestigte Verfassung verfügte. Da kann es nicht verwundern, dass in den letzten Jahrhunderten eine ganze Reihe traumatischer Dinge geschehen ist.

Ein Weg, die Verletzungen gering zu halten, bestand darin, die Christen von den entscheidenden Problemen des kulturellen und politischen Lebens ihrer Länder fernzuhalten. Man mag das Ghetto-Mentalität, Belagerungssyndrom, Überlegenheitsgefühl, Jenseitigkeit oder ähnlich nennen. Es gab natürlich die theologische Versuchung, diese Haltung damit zu rechtfertigen, dass »wir« die ganze Wahrheit besäßen, die Besseren und eben »katholisch« seien, kurz eine Theologie zu entwickeln, die heutzutage als »exklusivistisch« bezeichnet wird.

Mit der Entkolonialisierung der Welt jedoch wollten auch diese Kirchen (viele von ihnen unterstanden noch der »Propaganda Fide«) ein Mitspracherecht haben und sahen sich verpflichtet, ihre christliche Identität in einer anderen Weise zu artikulieren. Viele moderne Theologen neigen deshalb einer »Inkulturation« und einer »inklusiven« Theologie zu. Auch hierüber ist viel gesprochen worden, und ich möchte der Versuchung widerstehen, dieses Thema hier erneut zu behandeln. Stattdessen möchte ich den indischen Standpunkt nicht mit Hilfe theologischer Lehren untersuchen, sondern auf die besonderen Denkweisen eines wichtigen Teils der asiatischen Bevölkerung eingehen. Um der Kürze willen möchte ich diesen Punkt anhand einiger Beispiele verdeutlichen.

Ein »asiatischer Blick« auf die heutige Situation der Kirche nimmt die gewöhnlichen theologischen Ausführungen über Jesus Christus als den Gründer einer Institution als – zumindest – übertrieben wahr, und die indische Sichtweise findet in vielen westlichen theologischen Diskussionen (über die Zahl der Sakramente, die Ehebestimmungen, Frauenordination, liturgische Regeln etc.), die sich auf den Willen des Gründers, die Übertragbarkeit der Botschaft der Evangelien in die Paragraphen des

Kirchenrechts, das theologische Gewicht historischer Bräuche, die Wichtigkeit »spezifischer Unterschiede« etc. berufen, keinen allzu guten Widerhall, gilt es doch, jetzt Farbe zu bekennen, keine Kompromisse zu machen oder Mittelwege zu beschreiten.

Vielleicht ist es das Kastensystem, das in die indische Psyche eingegraben ist, vielleicht sind dafür andere Gründe ausschlaggebend. Tatsächlich »funktioniert« das ganze Bündel von Religionen, die von außen »Hinduismus« genannt werden (diese Bezeichnung ist in der Tat den traditionellen »Religionen« des indischen Subkontinents fremd), ohne irgendeinen Begriff von Kirche als einer für den religiösen Glauben und das religiöse Leben der Menschen zentralen oder auch nur notwendigen Institution.[2]

Was dem Westen als »Fragmente« einer zerrissenen Kirche Christi erscheint, gilt dem indischen Bewusstsein eher als »Teile«, als Bestandteile eines Ganzen, dessen Zusammenhalt und Einheit jenseits aller Institutionen liegt. Das islamische Empfinden ausgenommen, strebt die indische Seele danach, Unterschiede als Teile eines Ganzen zu sehen, das weder in einem klaren und bestimmten Begriff noch in einer institutionalisierten Weise ausgedrückt werden muss. Zugang zu diesem Ganzen eröffnet sich weder durch das Aufaddieren der Teile noch durch deren internes geregeltes Zusammenspiel. Wären nicht die Warnungen und Verbote der christlichen Kirchen, würden die östlichen Völker gerne bereit sein, an anderen religiösen Ritualen teilzuhaben – als Teil einer geheimnisvollen, einer numinosen Wirklichkeit. Sie fühlen sich nicht voneinander getrennt.

In Japan ist es beispielsweise nicht ungewöhnlich, die religiöse Geburtsinitiation in einem Shinto- Tempel zu begehen, zur gleichen Zeit ein praktizierender Buddhist zu sein und – heutzutage – die Eheschließung in einer christlichen Kirche vorzunehmen, ungeachtet möglicher Oberflächlichkeit und Eklektizismen. Es ist bekannt, dass anlässlich des Papstbesuches in Indien Tausende von Hindus die Eucharistie empfangen wollten, ohne auch nur das geringste Verständnis dafür gehabt zu haben, von dieser Manifestation des Heiligen ausgeschlossen zu sein. Nicht nur die Kirche erscheint in Bestandteilen, auch die Religionen insgesamt werden als Bestandteile jener menschlichen Dimension gesehen, die im Westen als die eine Religion gefasst wird. Man mag das Dharma zwar in Worte fassen, aber institutionalisieren kann man es nicht.

III.

Ein Organismus wird geboren; er wird durch eine Seele oder ein lebendiges Prinzip belebt. Er wird von Eltern gezeugt. Er braucht Gesundheit. Er ist nicht nur politisch, sondern natürlich, nicht bloß das folgerichtige Produkt eines normalen Lebensverlaufs, sondern eine eigene Wirklichkeit. Ein Mensch ist ein lebendiges Wesen. Ein lebendiges Wesen ist ein Organismus, im Letzten ein Wunder. Wurde die Kirche gegründet oder geboren? Ecclesia ab Abel.

Niemand kann zwei Herren dienen. Entweder ist die Kirche »to mystērion tou kosmou«, *sacramentum mundi*, die Fortsetzung der Inkarnation, die Eucharistie (in dem Sinne, in dem sie der verstorbene Kardinal Henri de Lubac in seiner *Meditation sur l'Église* ausgelegt hat) und das Christentum die Religion der Welt (und nicht des Buches) – oder die Kirche ist nicht nur fragmentiert, sondern auch leblos und hat ihre Seele verloren, als die traditionell der Heilige Geist gilt. Die Menschen Indiens und anderer Teile Asiens verstehen nun tatsächlich das Ostergeheimnis und die Eucharistie besser als das Geschehen der Weihnacht und haben zu ihnen einen leichteren Zugang, obwohl alles miteinander verknüpft ist (wie hinduistisches, taoistisches, shintoistisches und buddhistisches Denken auch spontan bestätigen würden).

Wir können nicht leugnen, dass in der heute herrschenden Kultur diese Theologumena praktisch tot oder bedeutungslos sind. Sie bleiben Mystikern oder heiligen Menschen vorbehalten. Vielleicht brauchen wir nach Jahrhunderten geschichtlichen Christentums seit Konstantin noch immer einen Torquemada, und vielleicht hat Dostojewskis Großinquisitor noch immer recht. Aber darf die Saat Christi, die noch immer lebendig ist in der Kirche, mit dem geschmückten Baum westlicher Christenheit identifiziert werden? Um noch einen Kardinal zu zitieren: Einer von ihnen beklagte mir gegenüber – natürlich ganz im Vertrauen –, als er von Papst Johannes' altertümlicher Idee eines ökumenischen Konzils erfuhr: »Aber wer kann auf die Theologie der meisten asiatischen und afrikanischen Bischöfe vertrauen? Ich weiß nur zu gut, wie rudimentär sie ist!« Es klang wie der abwägende Rat an den Konzernvorstand vor einer Jahreshauptversammlung! Sollte das auch für die Kirche gelten?

Es liegt mir fern, die asiatische Sicht der Dinge als nur spirituell oder mystisch geprägt darzustellen; noch behaupte ich, dass eine *ecclesia spiritualis* ohne geschichtliche und irdische Inkarnierung existieren kann. Aber genauso fern liegt die Absicht dieser Zeilen dem Vorschlag einer künstlichen oder gewaltsamen Heilmethode der Wunden der Kirche. Ein lebendiger Organismus besitzt seine eigenen Wege der Regeneration, selbst wenn es sich um eine Knochenfraktur handelt, um in unserem Bild zu bleiben.

Mehr noch, und dies fügt sich leicht in eine asiatische Sichtweise ein: Vielleicht ist die Kirche am Ende gar nicht so fragmentiert, vielleicht befindet sich dieser Geist Christi, dieser mystische Leib wohl und ist durchaus lebendig, obwohl er unserer Kontrolle entwichen ist. Vielleicht weht dieser Geist, der schon vor der Schöpfung »über den Wassern schwebte«, der »alle Kreatur erfüllt und der jeden Ton kennt«, wie stets souverän, wo »sie« will. »Er« brach das Brot in Fragmente und teilte es allen aus. Vielleicht ist es eine dringliche Aufgabe, die gebrochenen Fragmente zusammenzufügen, aber nicht mit einem äußerlichen Bindemittel, sondern dadurch, dass man sie in eucharistischer Verehrung empfängt, um bei der Erlösung der Welt mitzuarbeiten durch den Wiederaufbau des Leibes Christi. Die Veden nennen dies die Wiederherstellung des zerteilten Körpers von Prajâpati.

Zusammenfassung

Die Tatsache, dass eine solche Sprache für viele Ohren fremd klingt, zeigt bereits, dass der Leib Christi wirklich verwundet ist, bis endlich die Fülle der Herrlichkeit erreicht sein wird.

»Welche Einheit?« Betrachtet man es von einem indischen Blickwinkel, bleibt die Einheit der Kirche so lange ein verzweifeltes Unternehmen, so lange wir von einer administrativen Einheit oder einer uniformen Lehre träumen. Sicher, der Mensch ist eine *res cogitans*, ein denkendes Ding, aber der Mensch ist viel mehr als seine Gedanken. Genauso ist die Kirche viel mehr als ein System von Glaubenssätzen. Glaube ist nicht bloß sein intellektueller Ausdruck in Sätzen – so wichtig sie auch sein mögen. Wenn wir die Kirche als fragmentiert erfahren, so kann das daran liegen, dass wir uns mit dieser Bezeichnung nur auf unseren Begriff von Kirche beziehen oder auf ihre äußere Bekleidung, träumend von jenem »nahtlosen Gewand« (Joh 19,23) als unserem Bild der Kirche. Und nun, da wir sie sehen, zerrissen von Sünde und Zeit, vergessen wir, dass »Er« auch andere Kleidung hatte, die in vier Teile zerteilt den Heiden gegeben wurde, und dass auch sein Prototyp Josef ein »Gewand von vielen Farben« (Gen 37,23) trug, so wie die alte christliche Deutung der »circumdata varietate« der

Vulgata (Ps 44,10 LXX) meint – was immer auch der ursprüngliche Text und Kontext sein mag. Wenn wir die Kirche als fragmentiert erfahren, so kann das daran liegen, dass wir den Lebenden noch immer bei den Toten suchen und die von allen Synoptikern wiedergegebene Offenbarung des Engels – »Er ist nicht hier, denn er ist auferstanden« – nicht begriffen haben. Er ist – in einem ausschließlichen Sinn weder in Jerusalem noch auf dem Garizim, weder in Rom noch in Mekka, weder in Vrindaban noch in Bodhgaya, weder in Washington noch in Moskau zu finden.

Man möge mich nicht missverstehen: Die Kirche ist auch eine sichtbare Gesellschaft. Die Kirche Christi subsistiert in der katholischen Kirche, lehrte das II. Vaticanum (*Lumen Gentium* 8) und erkannte einen Unterschied zwischen der Kirche Christi und der römischen Kirche. Die vorherigen Textentwürfe wurden ja geändert und das ursprüngliche »est« (das eine Identifizierung bedeutet hätte) durch »subsistit« (das den Raum für einen weiteren Begriff der Kirche schuf) ersetzt. Ich wage mich noch weiter vor und sage, dass diese »katholische Kirche«, diese »ecclesia universalis« seit Anbeginn der Welt existiert, „a constitutione mundi«, wie es uns die patristische Tradition festzustellen erlaubt.

Ich wiederhole, dass ich den Versuch der Darstellung einer indischen Sichtweise unternehme, nicht den einer theologischen Doktrin. Diese Sichtweise besteht nicht nur in einer »objektiven« Schau, sie hängt hauptsächlich ab vom Auge des Betrachters. Ein Teil der »Fragmentierung« kann an unserer Sichtweise liegen. Es hängt alles davon ab, was wir sehen. Viele asiatische Christen verstehen, dass Tausende Europäer die »Kirche« verlassen, weil sie die kirchenpolitische Richtung einer Kirche nicht mehr unterstützen wollen und deshalb die Zahlung der *Kirchensteuer* [im Original deutsch] verweigern, und sie denken gleichzeitig, dass der mystische Leib, dem sie angehören, wenig mit Cäsars Münzen oder dem konstantinischen Erbe zu tun hat.

»Wir alle sind Brahman«, so glaubt ein Gutteil der asiatischen Menschen in verschiedener Weise. Nicht jeder aber weiß es (dass wir Brahman oder Manifestationen eines unergründlichen Geheimnisses sind, die Buddha-Natur haben etc). »Wir sind alle Kirche« wäre eine Botschaft, die die Tiefen der Psyche asiatischer Christen weit besser erreichte – auch wenn nicht jeder es weiß –, denn »es« (Brahman, Kirche etc.) ist ein Geheimnis. Vielleicht ist die »Fragmentierung« der Kirche die große Herausforderung für die Christen im näherkommenden dritten Jahrtausend, sodass die Begegnung mit Asien und Afrika der Kirche dazu verhelfen kann, erwachsen zu werden. *Ecclesia semper nascitura* – durch das Wirken und die Gnade des Heiligen Geistes. Asiatische Christen verehren Maria auf besondere Weise!

1 | Vgl. Michel Amaladoss u. a. (Hg.), *Theologizing in India*, Bangalore 1981, sowie Gervin van Leeuwen (Hg.), *Searching for an Indian Ecclesiology*, Bangalore 1984.

2 | Vgl. einige diesbezügliche Überlegungen in meinem kurzen Artikel *The Hindu Ecclesial Consciousness: Some Ecclesiological Reflections*, in: Jeevadhara 21 (1974), 199–205.

Aus dem Englischen übersetzt von Michael Krämer

Jürgen Moltmann

Im Ende – Gott

1998

I. Im Ende – der neue Anfang

Die Frage, ob die Welt ein Ende hat, ist eine typisch apokalyptische Frage. Manche sprechen vom »Ende aller Dinge«, andere vom »Ende der Welt« oder vom »Ende der Geschichte«. Warum fragen wir nach dem Ende? Können wir den gegenwärtigen Zustand der Dinge nicht mehr aushalten? Haben wir von dieser Welt genug? Quälen uns die Erfahrungen der Geschichte so sehr, dass wir – wie die Deutschen einst am Kriegsende – sagen: »Besser ein Ende mit Schrecken als dieser Schrecken ohne Ende«? Oder fürchten wir um den Bestand der Dinge, die uns lieb und teuer sind? Können wir von dieser Welt gar nicht genug bekommen, sodass uns ihr mögliches Ende in Furcht und Zittern versetzt? Quälen uns die ökonomischen und ökologischen Krisen der Gegenwart so sehr, dass wir kommende Weltkatastrophen befürchten? Jeder Gedanke an »das Ende« ist zweideutig: Er kann uns faszinieren oder erschrecken.

In der christlichen Theologie werden die Fragen nach dem »Ende« als die »letzten Fragen« in der Eschatologie behandelt.[1] Eschatologie ist die Lehre von den »Letzten Dingen« *(ta éschata)*. »Das Endspiel« hat Hans Urs von Balthasar das letzte Kapitel seiner *Theodramatik* der Weltgeschichte genannt und dabei gewiss an Samuel Beckett gedacht.[2] Zum Schluss soll die »Endlösung« aller ungelösten Probleme im persönlichen Leben, in der Menschheitsgeschichte und im Kosmos kommen. Die apokalyptische Phantasie hat das große Endgericht Gottes am jüngsten oder letzten Tag der Welt stets mit großer Leidenschaft ausgemalt. Dann spricht der ewige Gott das letzte Wort: Die Guten kommen in den Himmel, die Bösen in die Hölle, und die Erde wird im Feuerbrand vernichtet werden. Die Akten der Weltgeschichte werden im Weltgericht geschlossen. Wir kennen auch die Traumbilder vom Endkampf zwischen Christus und dem Antichrist, zwischen Gott und den Teufeln im »Tal von Armageddon«, ein Kampf, der im Mittelalter mit Feuer vom Himmel, im Fundamentalismus der Moderne mit Atom- und Wasserstoffbomben entschieden wird, nicht jedoch, bevor nicht die Frommen auf wunderbare Weise »entrückt werden«, sodass nur die Gottlosen im Feuer vergehen. Vor Hiroshima 1945 war Feuer das Mittel zur apokalyptischen Endlösung, seitdem ist es die Vernichtung *(annihilation)*.[3]

Alle diese Gedanken und Vorstellungen sind zwar gut apokalyptisch, aber nicht christlich. Die christliche Zukunftserwartung hat gar nichts mit solchen Endlösungen zu tun, denn ihr Brennpunkt ist nicht »das Ende« des Lebens, der Geschichte oder der Welt, sondern vielmehr der Anfang: der Anfang des ewigen Lebens, der Anfang des Reiches Gottes und der Anfang »der zukünftigen Welt«, wie das nizänische Glaubensbekenntnis sagt. Es ist der neue Anfang Gottes im Ende des zeitlichen Lebens, der Gestalt dieser Welt und dieser zeitlichen Schöpfung. Die christliche Hoffnung erwartet im Ende den Anfang. Dietrich Bonhoeffer verabschiedete sich am 9. April 1945 von seinen Mitgefangenen, als er zur Hinrichtungsstätte im KZ Flossenbürg geführt wurde, mit den Worten: »Das ist das Ende – für mich der Beginn des Lebens.«[4] Enderwartungen sind erst dann christlich, wenn sie ihre Zukunftshorizonte aus der Erinnerung an den Kreuzestod und der Auferstehung des gekreuzigten Christus in die kommende Herrlichkeit Gottes entwickeln. Auch das Ende Christi – es war und ist doch sein wahrer Anfang! Christliche Enderwartung zieht nicht die Linien der vergangenen und gegenwärtigen Entwicklungen der Weltgeschichte in die Zukunft aus, um dann Mutmaßungen über ein gutes oder meistens ein schlechtes Ende anzustellen. Sie nimmt vielmehr im Kreuz Christi die Vorwegnahme des Endes dieser Weltzeit von Sünde, Tod und Teufel wahr, weil sie in der Auferstehung Christi den Anfang des neuen Lebens und der neuen Schöpfung aller Dinge glaubt und im Geist schon erfährt.

Für die christliche Hoffnung ist Christus die Verheißung, die Ouvertüre und der reale Anfang des wahren Lebens mitten in diesem falschen Leben, die Neuschöpfung aller vergänglichen Dinge zur ewigen Schöpfung und der Einwohnung Gottes mitten in den Fremden unserer Wüsten. Darum gilt hier die Erwartung nicht nur des neuen Anfangs im Ende, sondern auch des Endes im neuen Anfang. Ist der auferstandene Christus der Anführer des ewigen Lebens, dann erkennen wir an ihm auch das Ende dieses zeitlichen Lebens. Ist der auferstandene Christus der lebendigmachende Geist Gottes, dann überwindet er den Tod im Sieg des Lebens. Erst an ihm erkennen wir die »Welt unter dem Kreuz« mit allem, was in ihr verkehrt ist, was zerstört und vernichtet und was zu Ende gebracht wird und verschwinden soll. Nicht das »Ende der Welt« bringt den neuen

Anfang Gottes, sondern umgekehrt bringt der neue Anfang Gottes diese verkehrte Welt zu ihrem verdienten und ersehnten Ende. Wir erkennen die Finsternis der Nacht erst im Licht des neuen Tages und das Böse nur am Guten und die Tödlichkeit des Todes erst an unserer Liebe zum Leben. Die Vernichtung des Lebens oder einer Welt hat an sich nichts Kreatives in sich. Wir können die neue Schöpfung nicht durch die Zerstörung unserer Welt erzwingen.

Das wahre »Ende der Welt« ist nur die uns zugewandte Seite des Anfangs der »neuen Welt Gottes«. Wie wir die Auferstehung des gekreuzigten und toten Christus als einen göttlichen Transformations- und Verklärungsprozess verstehen können, so können wir uns auch das Vergehen der alten und das Kommen der neuen Welt vorstellen. Nichts wird vernichtet, aber alles wird verwandelt werden.[5] Die Schmerzen des Untergangs dieser Welt sind also so etwas wie die Geburtswehen der neuen Welt Gottes, wie Paulus in Röm 8,18f denkt.[6]

Die christliche Zukunftserwartung gibt also auf apokalyptische Fragen nach dem »Ende der Welt« die erinnernde Vergegenwärtigung des gekreuzigten und auferstandenen Christus als Antwort. Das ist die einzige Antwort, die wir mit der Gewissheit des Glaubens geben können. Damit sind nicht alle apokalyptischen Fragen nach der Gerechtigkeit Gottes und der Zukunft der Toten beantwortet. Schließlich ist Christus selbst mit der Frage: »Mein Gott, warum hast du mich verlassen?« auf den Lippen gestorben. Aber in der Gemeinschaft des Gekreuzigten und in der Hoffnung des Auferstandenen können wir mit den unbeantwortbaren »letzten Fragen« leben, ohne voreilige Antworten zu geben oder ohne Antwort in dumpfes Brüten zu versinken.

Vorstellungen vom »Ende der Geschichte« lassen sich danach unterscheiden, ob sie vom *Ziel der Geschichte (télos)* oder vom *Ende der Geschichte (finis)* handeln. Hat die Weltgeschichte ein Ziel, dann ist dieses ihre *Vollendung*, und die Geschichte schreitet stufenweise gegliedert diesem Ziel entgegen. Nach den biblischen Traditionen ist ein solches Ziel der Weltgeschichte »das Tausendjährige Reich«, in welchem Christus mit den Seinen in Frieden über die Völker herrschen wird (Offb 20 nach Dan 7). Nach den tierischen Gewaltreichen kommt das menschliche Reich des Menschensohns. Nach antiker Vorstellung ist es »das goldene Zeitalter« (Virgil), nach moderner Hoffnung »das Reich der Freiheit« (Marx) oder des »ewigen Friedens« (Kant). Für Francis Fukuyama, seinerzeit im State Department Washington, wurden 1989 nach dem Zerfall des Sozialismus der Kapitalismus und die liberale Demokratie zum »end of history«. Endvorstellungen dieser Art nennen wir *chiliastisch* oder *millenaristisch*. Findet dagegen die Weltgeschichte ihre Beendigung im Ende der Welt, dann wird sie durch Katastrophen abgebrochen. Nach biblischen Traditionen ist das der »Weltuntergang«, nach antiker Vorstellung der »Weltenbrand«, nach modernen Befürchtungen die atomare Weltvernichtung oder die ökologische Weltkatastrophe. Endvorstellungen dieser Art nennen wir im neueren Sprachgebrauch apokalyptisch. Ihr »Ende der Welt« gliedert den Verlauf der Weltgeschichte nicht, sondern entzieht jeder Epoche der Geschichte den Sinn. Weltgeschichte ist sinnlose Leidensgeschichte, ihr Ende ist das Beste an ihr.

Der moderne Fortschrittsglaube ist eine säkularisierte Gestalt des heilsgeschichtlichen Millenarismus, moderne Weltuntergangsängste und Weltvernichtungsträume sind Säkularisierungen der alten Apokalyptik. Geschichte ist immer Kampf um die Macht. Wer die Macht hat, ist am Fortschritt der Geschichte interessiert. Er versteht Zukunft als Fortsetzung und Vollendung seiner Gegenwart. Wer ohnmächtig und unterdrückt ist, ist nicht am Fortschritt und an der Vollendung seiner Leidensgeschichte interessiert, sondern allein an ihrem baldigen Ende und einer alternativen Zukunft. Wir müssen die verschiedenen Ziel- und Endvorstellungen auch mit der Frage: »Wem nützen sie?« konfrontieren.

II. Das Ziel der Weltgeschichte: »das Tausendjährige Reich«

Keine Hoffnung hat Menschen so fasziniert und so viel Unheil angerichtet wie die Idee des »Tausendjährigen Reiches«.[7] Christen erwarteten das Friedensreich Christi, Römer »das goldene Zeitalter«, moderne Menschen »das Ende der Geschichte« in einem geschichtslosen und konfliktfreien Zustand. Die erste Erfüllung dieser Hoffnung bot sich in der überraschenden »konstantinischen Wende« an, als aus der verfolgten Christenheit zuerst eine im Römischen Reich »erlaubte Religion« und dann unter den Kaisern Theodosius und Justinian die alles beherrschende römische Reichsreligion wurde. Die mit Christus gelitten haben, werden mit ihm herrschen (1 Kor 6,2; 2 Tim 2,12). Also wurde jene politische Wende millenaristisch als Wende vom Martyrium zum Millennium gedeutet: »Das Heilige Reich« ist schon das Tausendjährige Reich Christi (Offb 20), in welchem Christus mit den Seinen herrschen und die Völker richten wird. Der Heilige des *Imperium Sacrum* war der heilige Georg, der den Drachen, Symbol der Feinde Gottes und des Reiches, tötet. Schutzengel des Reiches war der Erzengel Michael, der den Drachen im Himmel tötet. Auch das *Imperium Sacrum* beginnt mit einem Kreuz. Aber es ist nicht das Kreuz Christi auf Golgata, sondern das Traumkreuz des Kaisers Konstantin, in dessen Zeichen er 312 siegte. So wurde aus dem Märtyrerkreuz Christi das Siegeskreuz des christlichen Reiches. Es findet sich auf den militärischen Orden und den Fahnen der christlichen Nationen (Georgskreuz, Viktoriakreuz, Eisernes Kreuz etc.). Als die Kirche Christi zur Reichskirche des römischen Imperiums wurde, gab sie die Mission des Evangeliums und des Glaubens an die christlichen Herrscher ab, die ihre religiöse Sendung in der Bekehrung der Völker durch ihre Unterwerfung unter das endzeitliche Friedensreich Christi sahen. Die Entscheidungsfrage war nicht: Glaube oder Unglaube, sondern: Taufe oder Tod. So wurden die Sachsen und die Slawen im frühen Mittelalter und die Völker Lateinamerikas zu Beginn der Neuzeit missioniert.

Eine andere Gestalt der Erfüllung dieser Hoffnung ist im epochalen Bewusstsein der Neuzeit zu finden.[8] Mit der »Neuzeit« ist das Dritte Zeitalter der Menschheit gemeint, das der italienische Visionär Joachim von Fiore im 12. Jahrhundert als das kommende »Dritte Zeitalter des Geistes« prophezeit hatte. »Neuzeit« ist immer auch »Endzeit«, denn nach der »Neuzeit« kann nur noch das Ende der Welt kommen. Die Eroberung Amerikas ab 1492 und die wissenschaftlich-technische Machtergreifung über die Natur waren Anlass genug, um die europäische Weltherrschaft als messianische Erfüllung der Weltgeschichte zu verstehen und sie mit diesem Endzeitpathos zu rechtfertigen. Dass die USA sich als die »Neue Welt« vorstellen[9] und auf ihrem Siegel zu lesen steht: »Die neue Weltordnung« *(novus ordo saeculorum)* entspricht den europäischen Ideen vom »Christlichen Zeitalter« und der »Neuzeit«.

Mit der amerikanischen Unabhängigkeitserklärung und der Französischen Revolution 1789 beginnt in Europa das »utopische Zeitalter« der Sozialutopien und der Rechtsutopien: »Alle Menschen sind frei und gleich geboren.« Die Erklärungen der Menschenrechte und die Begründung der einzelnen Bürgerrechte in verschiedenen Staaten auf den allgemeinen Menschenrechten auf der einen Seite und die Vorstellungen von einer »klassenlosen Gesellschaft« in den sozialistischen Arbeiterbewegungen auf der anderen prägten den Geist des 19. Jahrhunderts. Doch der Konflikt zwischen den Freiheitsrechten und den Gleichheitsansprüchen blieb. In beiden Bewegungen – der demokratischen und der sozialistischen – versuchte Europa seine Weltherrschaft durch den Universalismus der Menschheit und eines Menschheitsstaates zu rechtfertigen. Die besonderen Werte der westlichen Welt wurden als die universalen Werte der modernen Welt allen Völkern und Menschen angeboten.

Der vorerst letzte Prophet des westlichen »Endes der Geschichte« war Francis Fukuyama.[10] Als Anhänger der durchaus eigentümlichen Hegel-Deutung des russischen Philosophen Alexandre Kojève in Paris sah er mit dem Zerfall des real existierenden Sozialismus im Sowjetimperium das »Ende der Geschichte« anbrechen. Der Triumph des Westens liegt darin, dass es seit 1989 keine reale Alternative mehr zum Kapitalismus und zur liberalen Demokratie gibt. Überall werden sich ähnliche demokratische Staatsformen ausbilden. Die gemeinsame Befriedigung der materiellen Bedürfnisse übernimmt »die globale Vermarktung aller Dinge«. Wir stehen am Ende der großen Konflikte zwischen verschiedenen politischen und ökonomischen Systemen und am Anfang einer »alternativlosen Welt«. In der pluralistisch-kapitalistischen Demokratie hat die Menschheit endlich gefunden, was sie in allen ihren Experimenten gesucht hatte. Fukuyamas »Ende der Geschichte« ist kein goldenes Zeitalter, sondern eine »traurige Zeit« der Langeweile. Was einmal lebendige, konfliktreiche Geschichte war, kann nur noch im Museum für Geschichte bewundert werden.[11]

Der theo-politische Traum vom tausendjährigen Friedensreich, in dem Christus und die Seinen die Völker beherrschen und richten werden, war ein unmöglicher Traum. Die äußeren und noch mehr die inneren Krisen des Heiligen Reiches führten zu tiefen Enttäuschungen und apokalyptischen Ängsten. Der weltpolitische Traum von der »neuen Welt« und der »Neuzeit«, von Menschenrechten und Menschenwürde für jeden Mann und jede Frau wurde in den beiden europäischen Weltkriegen des 20. Jahrhunderts widerlegt. »Auschwitz« und »Hiroshima« sind die Namen für das Ende dieses messianischen Traumes der modernen Welt. Endlich wird aber auch Fukuyamas »Ende der Geschichte« sich als schlechter Traum erweisen. Die Proteste erniedrigter Menschen und einer vergewaltigten Erde werden den Zustand der Welt nicht so lassen, wie er ist. Nach Hegel ist nicht die Alternativlosigkeit, sondern die Widerspruchsfreiheit das Zeichen für das Ende der Geschichte. Fukuyamas »moderne Welt« produziert aber selbst jene Widersprüche, an denen sie zugrunde gehen oder an deren Lösung eine andere Welt entstehen wird.

Es sind die sozialen und die ökologischen Widersprüche. Die »freie Marktwirtschaft« produziert sie, kann sie aber nicht aufheben.
Die Lehre, die wir aus dem Scheitern der Träume vom Ende der Geschichte – sei es im »tausendjährigen Reich Christi« oder in der »globalen Vermarktung aller Dinge« – lernen, ist einfach: Es ist unmöglich, die Geschichte in der Geschichte zu vollenden.

III. Das Ende der Welt: Apokalypse ohne Hoffnung

Die Furcht vor einem katastrophalen Ende der Welt ist nur die Kehrseite der Hoffnung auf ihre glorreiche Vollendung. Wenn jene Hoffnung scheitert, bleibt meistens nur diese Furcht übrig. Neben den prophetischen Hoffnungen gab es in den biblischen Traditionen immer auch die apokalyptischen Weissagungen.[12] Vorstellungen von einem kommenden »Weltuntergang« finden sich in Jes 24–27, Sach 12–14, Dan 2 und 7 und Joel 3. Im Neuen Testament gibt es die »kleine synoptische Apokalypse« Mk 13 par und die Offenbarung des Johannes. Wir sprechen von Apokalypsen, wenn die Prophezeiungen der Propheten über die Geschichte Israels hinausgehen und weltpolitische oder kosmische Dimensionen annehmen. Dann wird ein »neues Weltzeitalter« oder eine »neue Schöpfung« verheißen, an denen dieses »alte Weltzeitalter« oder diese »alte Welt« ihr Ende finden sollen. Nach Dan 2 werden die großen menschlichen Weltreiche zerstört werden, dann aber »wird der Gott des Himmels ein Reich entstehen lassen, das ewig ist und unzerstörbar bleibt«. Das ist nach Dan 7 das menschliche Reich des göttlichen »Menschensohns«. Nach dem apokryphen Henochbuch (1,7) wird »diese Erde ganz zerschellen und alles auf ihr Befindliche wird umkommen und ein Gericht über alle wird stattfinden«. Danach wird »der Thron Gottes sichtbar werden«, der »Menschensohn wird kommen«, und Himmel und Erde werden »neu geschaffen werden« (45,4).
Die biblischen Apokalypsen vom drohenden »Weltuntergang« gehen auf die Sintflut-Noah-Sage Gen 6–9 zurück, nach der Gott wegen des Frevels der Mächtigen die Menschen mit der Erde verderben wird, um dann mit dem gerechten Noah, der aus dem Untergang gerettet wird, seinen neuen Bund zu schließen, in welchem kein neuer Weltuntergang mehr vorgesehen ist (Gen 9,11). Hinter der biblischen Vorstellung von einem »Weltuntergang« aber steht die tiefere Gottesangst, dass es Gott »gereuen« könnte, Menschen auf dieser Erde überhaupt geschaffen zu haben, und

Gott seinen Beschluss zur Schöpfung überhaupt zurücknehmen könnte. Ein Gott, der den Frevel der Welt »richtet«, ist an ihr interessiert; ein Gott aber, der sich gänzlich abwendet, lässt die Welt im Chaos und Nichts versinken. Das Gericht ist ein Ausdruck von Hoffnung, erst der Untergang ist hoffnungslos.

Im Unterschied zu den apokalyptischen Traditionen der Bibel werden mit »apocalypse now« heute von Menschen gemachte Katastrophen bezeichnet: die atomare Apokalypse, die ökologische Apokalypse etc. Diese Deutungen sind falsch, weil sie Gott anlasten, was Menschen zu verantworten haben. Es gibt kein »nukleares Armageddon«. Den atomaren Exterminismus der Menschheit haben Menschen zu verantworten, während im apokalyptischen Armageddon (Offb 16,16) Gott handelt. Darum ist dieses voller Hoffnung, jener aber ohne jede Hoffnung. Die Selbstvernichtung der Menschheit und die Vernichtung des Lebensraums dieser Erde durch Menschen sind Menschheitsverbrechen und offenbaren nichts Göttliches wie die Apokalypsen der Bibel.

Es ist kein Wunder, wenn heute aus der apokalyptischen Deutung von drohenden Menschheitsverbrechen ein neuer *apokalyptischer Terrorismus* entsteht. Von der passiven Enderwartung zur aktiven Beendigung dieser Welt ist der Weg nicht weit. »Ohne Zerstörung kann es keinen Aufbau geben«, war Mao Tse-tungs Befehl an die Kulturrevolution in China. Sie kostete Millionen von Menschen das Leben und legte die besten Kulturdenkmäler Chinas in Trümmer. Der Massenmörder Pol Pot nahm Maos Devise in Kambodscha ernst. Seine Roten Khmer ermordeten die älteren Generationen, um mit der jungen Generation eine »neue Welt« aufzubauen. Sie hinterließen zwei Millionen Tote in den *killing fields* und ein zerstörtes Land. Apokalyptischer Terrorismus kann zum *Massenselbstmord* der Sektenanhänger führen: 1978 in Jonestown, Guayana, waren es 912 Mitglieder einer Volkstempelsekte; 1993 in Waco, Texas, 78 Anhänger der Davidianer-Sekte und 52 Anhänger einer vietnamesischen Weltuntergangssekte in Vietnam; 53 Mitglieder der Sonnentempler-Sekte in Kanada und der Schweiz 1995; 39 Anhänger eines UFO-Death-Kultes in San Diego, Kalifornien, 1997. Ihre erlösende »Entrückung« aus dieser untergehenden Welt in eine andere, bessere Welt war ihr Motiv. Apokalyptischer Terrorismus kann aber auch zum Massenmord an anderen Menschen um einer besseren Zukunft willen führen. Dschingis Khan fühlte sich als die »Rache Gottes« zum *Massenmord* berufen. Der Oklahoma-Bomber und die amerikanischen *militia men* glauben ähnliches. Die Giftgas-Sekte von Shoko Asahara wusste sich offenbar zum apokalyptischen »Endkampf« berufen.

Die biblischen Apokalypsen sind keine pessimistischen Weltuntergangsszenarien, die Angst und Schrecken verbreiten und die Menschen lähmen wollen; sie halten die Hoffnung auf die Treue Gottes zu seiner Schöpfung in den Schrecken der Zeit aufrecht. »Wenn aber das alles anfängt zu geschehen, dann erhebt eure Häupter, denn eure Erlösung naht«, heißt es in Lk 21,28. Prophetische Hoffnung ist *Hoffnung in Aktion*, apokalyptische Hoffnung ist *Hoffnung in Gefahr*, eine leidensfähige, geduldige und beharrliche Hoffnung: Was auch kommen mag, am Ende steht Gott. Sie ist eine Hoffnungslehre und hat mit den Weltvernichtungsphantasien moderner Propheten und Terroristen nichts zu tun.

IV. Im Ende – die neue Schöpfung Gottes

Nach den biblischen Traditionen beginnt die Weltgeschichte nicht mit dem Sündenfall und endet darum auch nicht mit dem Weltuntergang. Sie beginnt mit dem ursprünglichen Segen der zeitlichen Schöpfung und endet mit der Seligkeit der ewigen Schöpfung. Nicht ein Gerichtsurteil ist Gottes letztes Wort, sondern das Schöpfungswort: »Siehe, ich mache alles neu.« (Offb 21,5) Das ist der »neue Himmel und die neue Erde«, an denen »der erste Himmel und die erste Erde« vergehen sollen (Offb 21,1). Alles, was man sich als Weltgericht oder Weltuntergang vorstellt, ist vorläufig im Verhältnis zur Endgültigkeit der neuen Schöpfung.

Wie soll man sich diese »neue Schöpfung« denken? Es handelt sich nicht um eine andere Schöpfung, die an die Stelle dieser uns bekannten Welt tritt, sondern darum, dass diese uns bekannte Schöpfung radikal anders wird. In der Offenbarung heißt es nicht: Siehe, ich schaffe (hebräisch: *bara*) Neues, sondern: »Siehe, ich mache (hebräisch: *asa*) alles neu.« Das schon Geschaffene wird neu »gemacht«. Was wird anders? Zuerst wird das Gottesverhältnis anders: Der Schöpfer, der sein Werk geschaffen hat, kommt in seiner Schöpfung zu seiner Wohnung und seiner Ruhe. Seine »Einwohnung« (hebräisch: *schechina*) zieht in Himmel und Erde ein und macht beide Welten neu, nämlich zum kosmischen Tempel Gottes. Gottes Herrlichkeit wohnt dann in allen Dingen und erleuchtet und verklärt alle Geschöpfe.[13]

Aus dem Gedanken der kosmischen Einwohnung Gottes folgt der Gedanke der Transformation der zeitlichen und sterblichen Schöpfung zu einer ewigen und unsterblichen Schöpfung. Was an der Herrlichkeit Gottes teilnimmt, wird ewig und unsterblich wie Gott selbst. Vernichtet wird nicht die Schöpfung selbst, sondern nur ihre sündige, zeitliche und sterbliche Gestalt. Verklärt oder – wie die orthodoxe Theologie sagt – »vergöttlicht« wird das geschaffene Sein selbst, denn das endliche Sein nimmt dann am unendlichen Sein des einwohnenden Gottes teil. Der große endzeitliche Transformationsprozess ist der Übergang von den Widersprüchen zur Entsprechung, von der Zeitlichkeit zur Ewigkeit und von der Sterblichkeit zur Unsterblichkeit des »Lebens der zukünftigen Welt«. Weil die Gerechtigkeit Gottes die Basis für eine ewige, ihm entsprechende Welt ist, muss sie zuvor im Weltgericht an allem durchgesetzt werden. Darum geht der Neuschöpfung aller Dinge in der christlichen Erwartung das Weltgericht voran. Aber jene Gerechtigkeit Gottes ist nicht vergeltende Strafjustiz, sondern Recht schaffende und rechtfertigende Gerechtigkeit für die Opfer und die Täter der menschlichen Weltgeschichte. Gott kommt nicht, um hinzurichten, sondern um aufzurichten und zurechtzubringen. In diesem Sinne sagen wir: Im Ende – Gott.

1 | Jürgen Moltmann, *Das Kommen Gottes. Christliche Eschatologie*, Gütersloh 1995.

2 | Hans Urs von Balthasar, *Das Endspiel. Theodramatik IV*, Einsiedeln 1986. Vgl. auch Medard Kehl, *Eschatologie*, Würzburg 1986; Herbert Vorgrimler, *Hoffnung auf Vollendung*, Freiburg i. Br. 1980.

3 | Leonhard Reinisch (Hg.), *Das Spiel mit der Apokalypse. Über die letzten Tage der Menschheit*, Freiburg i. Br. 1984.

4 | Eberhard Bethge, *Dietrich Bonhoeffer. Eine Biographie*, München [6]1986, 1037.

5 | »Vita mutatur, non tollitur", wie es in der katholischen Totenpräfation heißt.

6 | Ernst Käsemann, *An die Römer. Handbuch zum Neuen Testament* 8a, Tübingen [4]1980, 224.

7 | Norman Cohn, *Das Ringen um das tausendjährige Reich*, Bern/München 1961; Walter Nigg, *Das ewige Reich. Geschichte einer Hoffnung*, Zürich 1944; M. Darrol Bryant – Donald W. Dayton, *The Coming Kingdom. Essays in American Millennialism and Eschatology*, New York 1983; Moltmann, *Das Kommen Gottes*, 167ff.

8 | Jacob Taubes, *Abendländische Eschatologie* (1947), München 1991.

9 | Ernest Lee Tuveson, *Redeemer Nation. The Idea of America's Millennial Role*, Chicago 1968.

10 | Francis Fukuyama, *Das Ende der Geschichte. Wo stehen wir?*, München 1992.

11 | Neuerdings hat Samuel Huntington den altbekannten apokalyptischen Dualismus der amerikanischen Politik wiederhergestellt: *Der Kampf der Kulturen*, München 1996.

12 | Gerhard Marcel Martin, *Weltuntergang. Gefahr und Sinn apokalyptischer Visionen*, Stuttgart 1984; Ulrich H. J. Körtner, *Weltangst und Weltende. Eine theologische Interpretation der Apokalyptik*, Göttingen 1988. Für die neue feministische Theologie vgl. Catherine Keller, *Apocalypse Now and Then. A Feminist Guide to the End of the World*, Boston 1996.

13 | Ausführlicher Moltmann, *Das Kommen Gottes*, III/11: Die Wiederbringung aller Dinge (262–286) und IV/5: Der kosmische Tempel: das himmlische Jerusalem (338–350). Zur Exegese siehe: Richard Bauckham, *The Theology of the Book of Revelation*, Cambridge 1993; Elisabeth Schüssler Fiorenza, *Das Buch der Offenbarung. Vision einer gerechten Welt*, Stuttgart 1994.

Leonardo Boff

Kirche – Hierarchie oder Volk Gottes?

Eine unvollendete Vision des Zweiten Vatikanischen Konzils

1999

Sehr sorgfältige historisch-theologische Studien über das Zweite Vatikanische Konzil[1] haben zu folgenden eindeutigen Ergebnissen geführt:

Das Zweite Vatikanische Konzil, insbesondere *Lumen Gentium*, ist geprägt von der Konfrontation zweier ekklesiologischer Paradigmen: des Paradigmas einer Kirche als Gemeinschaft und des Paradigmas einer Kirche als Gesellschaft; unmissverständlich stehen sich ein gemeinschaftliches (kommunionales) und ein juridisches Kirchenbild gegenüber.

Diese Konfrontation spiegelt zwei historische Traditionen wider. Diese trennten nicht nur die Konzilsväter, sondern spalten bis zum heutigen Tag noch immer die Kirche in intellektueller und emotionaler Hinsicht, ohne dass eine Einigung in Sicht wäre. Das erste Paradigma – Kirche als Gemeinschaft – herrschte im ersten Jahrtausend vor, das zweite – Kirche als Gesellschaft – bestimmte das zweite Jahrtausend.

Charakteristisch für die Texte der Vorbereitungsphase und der ersten Sitzungsperiode des Zweiten Vatikanischen Konzils ist die Bekräftigung der Kirche als Gesellschaft.[2] In der zweiten Sitzungsperiode tauchte das Paradigma von der Kirche als Gemeinschaft auf und setzte sich stark in dem Augenblick durch, da das ganze Schema von *Lumen Gentium* (LG) revidiert wurde.[3]

In der dritten und letzten Sitzungsperiode organisierten sich jedoch die Anhänger beider Modelle neu, sodass es zu einer heftigen Debatte zwischen den Vertretern der beiden Paradigmen kam. Um dennoch zu einem Konsens zu kommen, half man sich mit einer typisch katholischen Lösung: Man hielt an beiden Modellen zugleich fest. Wie wir noch sehen werden, ergab sich mit dem Begriff einer *hierarchischen Gemeinschaft (communio hierarchica)* ein brüchiger Formelkompromiss.

Aber die Diskussionen führten im definitiven Text von *Lumen Gentium* zu zwei bezeichnenden Umstrukturierungen, von denen her man eine mögliche künftige Synthese aufbauen könnte. Zunächst fügte man eine Reflexion über die Kirche als Sakrament und Mysterium ein; es handelt sich um eine eminent theologische Vision, aufgebaut um die Kernelemente einer trinitarischen, einer heilsgeschichtlichen Sichtweise sowie einer Vision vom Reich Gottes. Diese Vision will die Spannungen zwischen den historischen Modellen kirchlicher Realität überwinden und bekräftigt die bleibende Bedeutung der Kirche als Zeichen und (sakramentales) Instrument des Heils. Zweitens wird die Abfolge zweier Kapitel verändert. Das ursprünglich zweite Kapitel – die hierarchische Struktur der Kirche, insbesondere das Bischofsamt – wurde jetzt zum dritten; das dritte Kapitel – das Volk Gottes – wurde zum zweiten. Diese Umstellung ist von höchster Bedeutung, weil das Volk Gottes jetzt dem Gedanken der hierarchischen Kirchenstruktur vorgeordnet wird, die auf den Dienst am Volk Gottes hin funktionalisiert wird. Im Übrigen fügt die Kategorie des Gottesvolks der Kirche einen historischen Charakter mit einer offenen Konstruktion hinzu. Sie wird zur Pilgerin in der Zeit, zur Weggenossin der anderen Völker, die auch zu Gott wandern; sie nimmt damit die biblische Vision der Kirche im Hinblick auf den Bund und die Sendung auf.

Wie aber verhalten sich Hierarchie und Volk Gottes zueinander? An diesem Punkt entstehen die Spannungen, denn es handelt sich um zwei Optionen, die schwer miteinander zu vereinbaren sind. In bestimmten wichtigen Sektoren der Kirche sind sie irreduzibel gegenwärtig und werden zur Quelle andauernder theoretischer wie praktischer Konflikte.[4] Die Kategorie des Gottesvolkes wird jetzt im Licht der hierarchischen Kategorie interpretiert; dadurch wird gerade das Neue, das auf dem Zweiten Vatikanischen Konzil eingeführt wurde, zunichte gemacht.

Wir sind der Meinung, dass auf der Linie des Zweiten Vatikanischen Konzils eine Synthese möglich wäre, doch nur um den Preis der Überwindung eines substantialistischen Verständnisses von kirchlicher Macht. Sehen wir uns die Begründungen der einen und der anderen Option genauer an; dabei wird deutlich werden, wie sie mit dem Thema Machtpolitik in der Kirche zusammenhängen.

I. Die ganze Kirche, Kleriker und Laien, sind Volk Gottes

Die Konzilsväter taten gut daran, der Hierarchie die Wirklichkeit des Gottesvolkes vorzuordnen. Vorgängig zu einer jeden Differenzierung (in Kleriker und Laien) sind alle Gläubigen der Kategorie des Gottesvolkes zuzuordnen. Das allgemeine Priestertum und das Amtspriestertum gehören zum einen Priestertum Christi (LG 10). Alle Getauften zusammen bilden das messianische Volk Gottes, mehr noch, alle Völker sind in irgendeiner Weise Volk Gottes (LG 9 und 13), weil sie alle unter dem Regenbogen der göttlichen Gnade stehen. In verschiedener Dichte verwirklicht sich das Gottesvolk auch unter den nicht-katholischen Christen wie in den Religionen der Welt; selbst die Ungläubigen guten Willens, die ein rechtes Leben führen, stehen nicht außerhalb dieser Sphäre (LG 16).

In diesem Horizont lässt sich unter Gottesvolk die Gesamtheit aller Gerechtfertigten verstehen, wenn auch mit unterschiedlichem Grad der Zugehörigkeit zur theologischen Wirklichkeit dessen, was wir »Kirche« nennen (LG 14–16). Man könnte sogar denken, dass die erlöste Menschheit, die die Gnade durch ein gerechtes Leben empfängt, das große Gottesvolk konstituiert.[5] Wenn wir diese auf das Zweite Vatikanische Konzil gestützte Überlegung noch weiter formalisieren, könnten wir sagen: Die Menschheit als ganze bildet das Volk Gottes, sofern sie sich dem Kommen Gottes öffnet. Dann wäre die Kirche in ihrer historischen Institutionalität das *Sakrament* dieses Volkes Gottes und würde so zum *messianischen* Gottesvolk.

Allerdings ist die ganze Konzeption des Zweiten Vatikanischen Konzils vom Volk Gottes durchdrungen von der Notwendigkeit, dass alle Gläubigen gemeinschaftlich am prophetischen, priesterlichen und königlichen Dienst Christi teilhaben (LG 10–12), der aktiv in den verschiedenen kirchlichen Diensten und in den Charismen realisiert wird, die zum gemeinsamen Wohl gegeben sind (LG 12). Dieses Volk Gottes verkörpert sich in den Teilkirchen und in den verschiedenen Kulturen, deren Werte und Gewohnheiten darin aufgenommen sind (LG 13). Trotz der Unterschiede »herrscht zwischen allen letztlich eine wahrhafte Gleichheit in der Würde und im Anteil, die allen Gläubigen im Gesamt des Leibes Christi gegeben sind« (LG 42).

Die Idee des Gottesvolkes bringt die Forderung nach bewusster Partizipation, nach gemeinschaftlicher Organisation im Rahmen eines gemeinsamen Projektes mit sich, die Forderung nach Gleichheit unter allen, nach Einheit in den Unterschieden und nach der Gemeinschaft aller mit allen und mit Gott. Da es sich um ein Volk und nicht um eine Masse handelt, existieren Organe der Leitung und Animation. Aber diese Organe entstehen in der Mitte des Gottesvolkes; sie stehen nicht über oder außerhalb, sondern innerhalb des Volkes Gottes. Eine Kirche, in der beispielsweise die Laien nicht an der geistlichen Macht teilhaben können oder Frauen *von vornherein* davon ausgeschlossen sind und in der Gemeinde nicht das Wort ergreifen können, in der sich die Entscheidungen auf die Kleriker konzentrieren, kann in Wirklichkeit und ohne Metapher nicht Volk Gottes heißen. Ohne ein Minimum an Partizipation, Gleichheit und Gemeinschaft, ohne diese minimalen Bedingungen verwirklicht sich kein Gottesvolk, sondern eine formlose Masse von Gläubigen; sie frequentieren ein Zentrum für religiöse Dienste und werden private Konsumenten auf dem Markt symbolischer Güter.

»Volk Gottes« ist also eine konkrete Definition von Kirche und nicht eine Metapher oder das Resultat eines Netzes von Gemeinschaften, an dem die Gläubigen partizipieren, unter sich die Verantwortlichkeiten aufteilen und die Wirklichkeit der Gemeinschaft leben.

II. Die Kirche, hierarchisierte Gesellschaft von sakraler Macht

Das andere Paradigma von Kirche begegnet uns im dritten Kapitel von *Lumen Gentium,* das von der Hierarchie und besonders vom Bischofsamt handelt. Hier artikuliert sich ein anderer Religionstyp, der einer Körperschaft, parallel zu dem vorhergehenden des Gottesvolkes. Das Maß ist nicht die Gemeinschaft oder das Volk Gottes, sondern Christus und Hierarchie im juridischen Sinn. Die Kategorie der heiligen Herrschaft *(sacra potestas)* liegt diesem Kirchenverständnis zugrunde, das vom Modell der Beziehung einer Gesellschaft zu ihrem Gründer ausgeht. Deshalb ist das entsprechende Paradigma die Kirche als Gesellschaft. Christus, der Gründer der Kirche, übergibt die ganze Macht den Zwölfen, deren Aufgabe es ist, »Gottes Volk zu weiden und immerfort zu mehren« (LG 18), es zu lehren, zu heiligen und zu leiten (LG 25–27). Das Kollegium der Apostel überträgt diese Macht in ununterbrochener Linie seinen Nachfolgern. Diese heilige Macht ist in ihrer ganzen Fülle im Papst und im versammelten Apostolischen Kollegium präsent, sie verteilt sich wie eine Kaskade und in hierarchischer Weise auf die Bischöfe, Presbyter und Diakone. Sie alle erhalten diese heilige Macht im Sakrament der Weihe, indem sie eine besondere Körperschaft (die Körperschaft der Kleriker) bilden, die vom anderen Leib, dem der Laien, getrennt ist (*corpus laicorum*: LG, ganzes Kapitel IV).

Dieses Modell der Kirche ist eher eine Hierarchologie als eine Ekklesiologie. Die Glieder der Hierarchie haben alles, die Gläubigen haben – in Begriffen der Macht gesprochen – nichts; kaum das Recht, etwas zu empfangen. Die Hierarchie produziert (auf der Ebene des Wortes, des Sakramentes und der Leitung) alle religiösen Werte für die Gläubigen, die sie konsumieren. Es handelt sich um eine zutiefst ungleiche, monarchische und pyramidale religiöse Gemeinschaft. Sie verlängert die ekklesiologische Vision des I. Vaticanums, die um die höchste Macht des Papstes zentriert war und im II. Vaticanum um das Modell eines Bischofs ergänzt wurde, der den Papst repräsentiert, und des Presbyters, der auf seine Weise den Bischof repräsentiert (LG 28).

Zwei Punkte zeigen, theologisch gesprochen, die Problematik dieser Sichtweise. Das Amt ist innerhalb einer substantialistischen Ontologie konzipiert, wie die *nota praevia* zu *Lumen Gentium* (Nr. 10b) klar sagt. Das eigentliche Amtspriestertum ist »nicht nur dem Grade, sondern seinem Wesen nach verschieden« (ebd.) vom Wesen der einfachen Gläubigen. Die Ungleichheit bezieht sich nicht auf die Funktionen, sondern auf die Wirklichkeit. Gemäß dieser Sicht ist der kirchliche Leib durch zwei Brüche gekennzeichnet, die die Einheit der Kirche bedrohen. Dementsprechend bekräftigt Papst Gregor XVI. (1831–1846): »Niemand darf verkennen, dass die Kirche eine ungleiche Gesellschaft ist, in der Gott die einen zur Regierung, die anderen zu Dienern bestimmte. Die einen sind die Laien, die anderen die Kleriker.«[6] Die ekklesiologischen Prinzipien, die dieser Bestätigung zugrunde liegen, sind schließlich im 3. Kapitel von *Lumen Gentium* zu finden. Dementsprechend erklärt auch Kardinal Joseph Ratzinger auf dem Weltkongress der kirchlichen Bewegungen in Rom vom 27. bis 29. Mai 1998: »Die Institution der Kirche ist auf das Amt des Ordo gegründet. Er ist die einzige bleibende und bindende Struktur, die die Kirche als Institution konstituiert; dieses Amt liegt allen Sakramenten voraus, d. h., es wird jedesmal von Gott neu geschaffen.«[7]

Diese Sicht führt zu einer Frage: Wie will man diese Konzeption als zentrale Bestätigung des ersten Kapitels von *Lumen Gentium* (LG 4) und des Ökumenismus-Dekrets (*Unitatis Redintegratio* 2) begreifen, gemäß denen die Einheit der Kirche ihr höchstes Modell und Strukturprinzip in der Einheit der Trinität findet, die immer Einheit von drei göttlichen Personen ist, die – als unterschiedliche Personen – in einer ewigen Gleichheit der Natur und der Gemeinschaft leben? Was in der Dreifaltigkeitstheologie Irrtum ist, kann in der Ekklesiologie nicht Wahrheit sein. Hierarchie als solche und Unterordnung sind, an der Trinität gemessen, also Irrtum. Aber nicht mehr irrig, sondern orthodox sollen Hierarchie und Unterordnung in der Kirche sein. Dieser Widerspruch ist theologisch unerträglich. Dieser Typ einer Ekklesiologie repräsentiert die Ideologie derer, die in der Kirche die Macht in Händen haben. Er steht allzu sehr im Widerspruch zur Schaffung von Gemeinschaft und Teilhabe unter allen Gläubigen. In perverser Form legitimiert er die Marginalisierung der Laien und den Ausschluss von Frauen. Er repräsentiert einen pathologischen Zustand, der geheilt werden muss mit einer Vision, die der Utopie Jesu mehr entspricht (vgl. Mt 23,8–12) und theologisch besser fundiert ist.

III. Eine eingestürzte Brücke: die hierarchische Gemeinschaft

Die Konzilsväter spürten das Problem. So führten sie auf dem Zweiten Vatikanischen Konzil die Modifikationen ein, die wir oben analysiert haben, ohne jedoch das Bild von der Kirche als Gesellschaft dadurch zu entkräften. Aber es gibt in den Konzilstexten eine Kategorie, die zwischen der sozietären und der kommunitären Vision als Brücke dienen sollte: die *communio.* Drei Ebenen von Gemeinschaft *(communio)* lassen sich zeigen: die kirchliche (ekklesiale oder geistliche) Gemeinschaft, die am Band zwischen den Getauften und den verschiedenen Einzelkirchen festhält, die ekklesiastische Gemeinschaft, die durch das Band zwischen den verschiedenen Lokalkirchen mit der Kirche von Rom konstituiert ist, und schließlich die hierarchische Gemeinschaft, die das strukturelle und organische Band bedeutet zwischen allen Mitgliedern der Hierarchie untereinander und mit dem Papst als ihrem Haupt.

Diese letzte Form der Gemeinschaft, die Hierarchie, ist die entscheidende, denn nach Gianfranco Ghirlanda, der das Thema minutiös studierte, ist sie »der Interpretationsschlüssel zur Ekklesiologie, die Lumen Gentium vorlegte«[8]. Im Kern geht es um Folgendes: Die Hierarchie ist es, die durch Wort und Sakrament das Volk Gottes erschafft. Ohne Hierarchie gäbe es kein Volk Gottes, gäbe es keine kirchliche Gemeinschaft. So wird deutlich, dass die Hierarchie sich außerhalb vom und über dem Volk Gottes sieht, dass sie deren Urheber und Leiter ist.

Der Ausdruck *hierarchische Gemeinschaft* sollte zur Brücke zwischen den beiden Typen von Ekklesiologie werden. Man nahm aus der Ekklesiologie des Gottesvolkes die Kategorie *communio* und aus der juridischen Ekklesiologie die hierarchische Kategorie. Doch zeigte sich, dass sich diese Begriffe nicht vereinen ließen. Gemeinschaft erträgt keine Hierarchie. Sie ist nämlich der Name für Gleichheit, den freien Lauf des Lebens und des Dienstes unter allen. Die Hierarchie, substantialistisch als dieser ekklesiologische Typ verstanden, führt in die Gemeinschaft einen Bruch ein, weil sie die Ungleichheit etabliert. Die einzige gültige Hierarchie ist die Hierarchie der Funktionen, denn alle können alles tun. Sie unterscheiden sich nach Aufgaben und Diensten, aber ohne die Basiseinheit zu zerbrechen, gemäß der alle gleich und innerhalb der Gemeinschaft von Gleichen und Partnern leben.

Der Ausdruck *communio hierarchica* bildet so eine eingebrochene Brücke; sie vereint nicht, was sie vereinen müsste: Volk Gottes und Hierarchie der Dienste und Gaben.

IV. Eine kohärente Vision der Kirche als Gemeinschaft von Personen, Gaben und Diensten

Um uns eine Brücke zwischen dem Gottesvolk und der Hierarchie zu denken, gehen wir noch einmal aus vom selben Minimum, ohne das es keine Kirche gibt. Dieses Minimum ist die reale und nicht-metaphorische Definition der Kirche als Gemeinschaft der Gläubigen *(communitas fidelium)*. Die Kirche ist nicht in erster Linie eine Körperschaft von Priestern, die Gemeinden schafft, sondern sie ist eine Gemeinschaft von solchen, die im gläubigen Hören auf den Ruf Gottes in Jesus durch seinen Geist antworten. Als Netz dieser Gemeinschaften bilden sie das Volk Gottes, also ist das Volk Gottes die Folge eines Prozesses von Gemeinschaft und Teilhabe. Aus dem Schoß der Gemeinschaften entstehen die verschiedenen Funktionen: einige mit dauerndem Charakter, so etwa die Notwendigkeit zu verkündigen, zu feiern, in der Welt zu handeln, die Zusammenkunft und die Einheit der Glaubenden und der Dienste zu schaffen. Dadurch entstehen Dienste von einer mehr institutionellen Natur, weil sie auf bleibende Bedürfnisse antworten, denen durch die Institutionalisierung von Funktionen besser entsprochen wird. Daneben entstehen auch andere, mehr sporadische Aufgaben: der Dienst der Caritas, die Sorge für die Armen, die Förderung von Recht und sozialer Gerechtigkeit usw. Das eine oder andere Charisma belebt die Gemeinschaft; hinzu kommen solche, die kaum organisiert sind, sondern prinzipiell kreativ sind, Hoffnung und Freude verbreiten – auch dies Wirklichkeiten, die zum Evangelium gehören.

Ein solches Kirchenverständnis bestimmt korrekterweise den Ort der Dienste neu. Ihr Ort ist die Gemeinschaft, sie existieren durch die Gemeinschaft und für die Gemeinschaft. Die Gemeinschaft stellt die grundlegende Realität dar. Sie ist die bleibende Trägerin sakraler Vollmacht, der Vollmacht *(exousia)* Jesu. Mit den Zwölfen beabsichtigte Jesus nicht, eine Hierarchie zu schaffen, sondern eine messianische Gemeinschaft. Durch die Gegenwart des Auferstandenen und durch den Geist animiert, entstanden sie inmitten all dessen, was sie zum Funktionieren bestimmt. Es gibt in ihr die Verschiedenheit von Funktionen, Aufgaben und Diensten, die Paulus Charismen nennt (vgl. 1 Kor 12 und Röm 12). Ort des Charismas ist nicht die Atmosphäre des Außerordentlichen, sondern des Alltäglichen in der Gemeinschaft. Jeder Christ ist ein Charismatiker in dem Sinn, dass innerhalb der Gemeinschaft jeder seinen Ort und seine Funktion innehat, »ein jeder erhält von Gott seine eigene Gabe, der eine so, der andere anders« (1 Kor 7,7), einem jeden ist die Kraft des Geistes zum Nutzen der Gemeinschaft gegeben (1 Kor 12,17). In der christlichen Gemeinde gibt es keine müßigen Mitglieder: »ein jedes Glied steht im Dienst, eines für das andere« (Röm 12,5).

Die Charismen bilden ein Strukturprinzip in der Kirche.[9] Sie sind nicht etwas, das vorkommen, aber auch fehlen kann. Anders gesagt: Sie sind konstitutive Elemente der Kirche, sodass die Kirche ohne Charismen (Funktionen und Dienste) nicht existiert. Insbesondere ist die Hierarchie ein charismatischer Stand. Weder *vor* der Gemeinschaft noch *über* ihr, sondern *innerhalb* ihrer ist ihr Dienst. Wenn alle ihr Charisma haben, dann müssen wir auch zugeben, dass eine Gleichzeitigkeit der verschiedensten Charismen besteht. Diese Verschiedenheit wirft eine grundsätzliche Frage auf: Wer garantiert die Einheit unter den Funktionen und deren Hinordnung auf das Wohl aller?

Daraus ergibt sich die Notwendigkeit des Charismas der Leitung. Paulus spricht von diesem Charisma der Hilfe, der Leitung, der Vorsteherschaft in der Gemeinschaft und der Sorge für deren Einheit (1 Kor 12,28; 1 Thess 5,12; 1 Tim 5,17). Die paulinischen und die deuteropaulinischen Briefe nennen die Presbyter, Episkopen und Diakone. Das Charisma der Einheit muss im Dienste aller Charismen stehen. Es ist ein Dienst unter anderen, aber mit einer ganz speziellen Ausrichtung, nämlich die elementare Brücke zu sein zwischen den verschiedenen Funktionen der Kommunität.

Dies gehört zum Wesen und zum Sinn des Amtspriestertums in seinen verschiedenen Graden hierarchischer Verwirklichung: die Charismen zu koordinieren, sie auf ein gemeinschaftliches Projekt auszurichten, d.h. auch die existierenden, aber nicht erkannten Charismen zu entdecken, diejenigen zu warnen, die immer wieder zur Gefahr für die Einheit der Gemeinschaft werden. In einem Wort: Seine Funktion ist nicht die Akkumulation, sondern die Integration der Charismen.[10]

Daraus wird deutlich: Dieses Bild einer Kirche als Gemeinschaft und Volk Gottes schließt die Hierarchie in der Kirche nicht aus, sondern ein. Es ist ein permanentes Charisma, ein wahrhaftig charismatischer Stand, denn er entspricht einer bleibenden Notwendigkeit der Gemeinschaft: der Einheit untereinander.

Heute ist der Leib der Kirche von oben bis unten entzweit. Wenn wir nicht nach einer kohärenten Vision suchen, die die kirchlichen Machtbeziehungen ins Gleichgewicht bringt, laufen wir Gefahr, dass die katholische Kirche geteilt bleibt, was für die Qualität des christlichen Lebens eine enorme Belastung bedeutet. Unmöglich ist die Aufspaltung: einerseits eine Kirche als Gottesvolk mit egalitären Strukturen, mit Partizipation und Gemeinschaft zwischen allen, und andererseits – im Widerspruch dazu – eine hierarchische, klerikale, pyramidale und zentralisierte Kirche, die ständig Ungleichheiten schafft, reproduziert und legitimiert. Sie hält so Spannungen und Konfrontationen wach, weil sie nicht in den praktischen partizipativen Räumen der Kirche lebt, die schon in der Zivilgesellschaft ausgeübt werden, auch nicht die Werte, die Jesus so teuer sind, sowie die Werte der Gemeinschaft und der Gleichheit aller als Brüder und Schwestern.

Eine Ekklesiologie der Kirche als Gesellschaft schafft kein Heil für die Frauen im Hinblick auf die Integration der Dienste und gemeinschaftlichen Gaben. Sie wären immer marginalisiert, wenn nicht gar ausgeschlossen. Eine solche Tatsache ist unvereinbar mit einer Theologie, die auch nur ein klein wenig evangelisch wäre und die humane Werte aufnehmen muss, weil dies auch göttliche Werte sind. Das ist der zentrale Grund dafür, dass wir eine Ekklesiologie der Hierarchie und der »societas« verlassen und eine Ekklesiologie der Gemeinschaft und des Volkes Gottes erneut stärken müssen.

[1] | Vgl. Antonio Acerbi, *Due ecclesiologie. Ecclésiologia giuridica ed ecclesiologia di comunione nella »Lumen gentium«*, Bologna 1975; Henri Holstein, *Hiérarchie et Peuple de Dieu d'après Lumen gentium*, Paris 1970; Hermann Josef Pottmeyer, *Continuità e innovazione nell'ecclesiologia del Vaticano II*, in: Giuseppe Alberigo (Hg.), Vaticano II: dinamismo e prospettive, Bologna 1981, 71–95; Ángel Antón, *Ecclesiologia postconciliare: speranze, risultati e prospettive*, in: René Latourelle (Hg.), Vaticano II. Bilancio e prospettive venticinque anni dopo 1962–1987, Assisi 1988; Leonardo Boff, *Die Kirche als Sakrament im Horizont der Welterfahrung im Anschluss an das II. Vatikanische Konzil*, Paderborn 1971.

[2] | Siehe Texte und Geschichte in Acerbi, *Due ecclesiologie*, 107–237; vgl. die Texte gemäß den verschiedenen Phasen der Produktion und Diskussion in Gianfranco Ghirlanda, *Hierarchica communio*, Rom 1980, 435–650.

[3] | Vgl. Acerbi, *Due ecclesiologie*, 239–437

[4] | Vgl. Latourelle (Hg.), *Vaticano II. Bilancio e prospettive*; Enrique L. Doriga, *Jerarquía, infalibilidad y comunión intereclesial*, Barcelona 1973.

[5] | Siehe die Überlegungen von Karl Rahner, *Volk Gottes*, in: Sacramentum mundi IV, 1196–1200; vgl. Leonardo Boff, *Was bedeutet theologisch »Volk Gottes« und »Kirche des Volkes«?*, in: ders., Und die Kirche ist Volk geworden. Ekklesiogenesis, Düsseldorf 1987, 47–71.

[6] | Zitiert nach Michael Schmaus, *Der Glaube der Kirche*, Bd. 2, München 1970, 102.

[7] | Zitiert in *Adista* am 15. Juni 1993, 6.

[8] | Vgl. Ghirlanda, *Hierarchica Communio*, 423.

[9] | Vgl. Gotthold Hasenhüttl, *Charisma, Ordnungsprinzip der Kirche*, Freiburg i. Br. 1969; Walter Kasper, *Die Kirche und ihre Ämter*, in: ders., Glaube und Geschichte, Mainz 1970, 355–370; vgl. auch 371–337; Hans Küng, *Die charismatische Struktur der Kirche*, in: CONCILIUM 1 (1965), 282–290.

[10] | Walter Kasper, *Die Funktion des Priesters in der Kirche*, in: ders., Glaube und Geschichte, Mainz 1970, 371–373.

Aus dem Portugiesischen übersetzt von Hermann Häring

Sallie McFague

Andere Gottesbilder für eine andere Welt

2004

»Wir erwachen, wenn wir überhaupt je erwachen, umgeben von Geheimnis, Todesraunen, Schönheit, Gewalt [...] ›Es scheint, dass wir hier einfach abgesetzt wurden‹, sagte mir neulich eine Frau, ›und keiner weiß warum.‹ [...] Irgendein sonderbarer, erlernter Stolz lenkt uns von unserer ursprünglichen Absicht ab, die Nachbarschaft zu erkunden, die Landschaft zu betrachten, den Ort zu entdecken, *wo* wir so überraschend abgesetzt wurden, auch wenn wir nicht erfahren können, warum.«
Annie Dillard, *Pilgrim at Tinker Creek*, 1977[1]

Wenn wir erwachen, umgeben vom Geheimnis, seiner Schönheit und seiner Gewalt, fragen wir, *warum* sind wir hier? »Es scheint, dass wir hier einfach abgesetzt wurden [...] und keiner weiß warum.« In der Tat. Den meisten Religionen geht es darum, Antworten auf diese Frage zu geben, die doch eine teuflisch schwierige Frage ist. Eine etwas leichtere, direktere Frage ist die zweite: Wo sind wir? Wie Annie Dillard behauptet, ist »unsere ursprüngliche Absicht«, wie ein Kind mit seinem Interesse an allem und seinem Staunen über alles bezeugt, »die Nachbarschaft zu erkunden, die Landschaft zu betrachten, den Ort zu entdecken, *wo* wir so überraschend abgesetzt wurden, auch wenn wir nicht erfahren können, warum.«

Wie verändern Gottesbilder und Weltbilder unsere Auffassung von Fragen, die wir über unsere Welt und unser Verhalten in ihr stellen? Ist eine andere Welt möglich, wenn wir an der herkömmlichen Vorstellung des Verhältnisses von Gott und Welt festhalten? Können wir die Möglichkeiten unserer Nachbarschaft, unserer Welt, erforschen, wenn unsere vorrangigen Gottesbilder solch ein Interesse nicht unterstützen? Wenn eine andere Welt möglich sein soll, dann besteht eine Aufgabe darin, *anders* über ihr Verhältnis zu Gott zu denken.

Wie fern, wie nah sind sich Gott und die Welt? Transzendiert Gott die Welt nur, oder ist er ihr auch immanent? Ist das Verhältnis zwischen Gott und der Welt wie das zwischen einem Töpfer und einer Schale oder eher wie das zwischen einer Mutter und einem Kind? Haben wir nur einen äußerlichen Bezug zu Gott oder aber einen innerlichen? Ist die Welt wie ein anderes »Subjekt« gegenüber Gott oder eher wie ein »Objekt«? Ist Gott »Geist«, während die Welt nur »Materie« ist? Hat Gott die ganze Macht über die Schöpfung oder sind Menschen ebenfalls für die Schöpfung verantwortlich? Sind wir Marionetten oder Partnerinnen und Partner? Diese und viele weitere Fragen, die sich mit der *Beschaffenheit* des Verhältnisses von Gott und der Welt befassen, sind der Ausgangspunkt für unsere Wahrnehmung der Welt und unser Handeln in ihr.

Der traditionelle Schöpfungsmythos

Das Erste Vatikanische Konzil (1870) definiert das Gott-Welt-Verhältnis, das trotz einiger Unterschiede den bedeutenden Glaubensbekenntnissen verschiedener christlicher Kirchen seit der Reformation gemein ist und hinter der traditionellen Schöpfungs- und Vorsehungsgeschichte steht:

»Die heilige katholische apostolische Römische Kirche glaubt und bekennt, dass ein wahrer und lebendiger Gott ist, Schöpfer und Herr des Himmels und der Erde, allmächtig, ewig, unermesslich, unbegreiflich, an Vernunft und Willen sowie jeglicher Vollkommenheit unendlich; da er eine einzige, gänzlich einfache und unveränderliche geistige Substanz ist, ist er als der Sache und dem Wesen nach von der Welt verschieden zu verkünden, als in sich und aus sich vollkommen selig und über alles, was außer ihm ist und gedacht werden kann, unaussprechlich erhaben.«[2]

Aus dieser Vorstellung des Gott-Welt-Verhältnisses, das vollkommene Ferne und absolute Verschiedenheit ausdrückt, ergibt sich die Geschichte von Schöpfung und Vorsehung. In ihrer einfachsten Form behauptet diese Geschichte, dass ein absoluter, allmächtiger, transzendenter Gott die Welt (das Universum) ganz ohne Zwang aus dem Nichts erschaffen hat. Gott benötigte die Schöpfung nicht und ist ihr innerlich auch nicht verwandt; sie wurde einzig und allein zur Ehre Gottes geschaffen. Leider »fiel« die Schöpfung durch den Hochmut eines ihrer Geschöpfe – eines Menschen –, und deshalb musste Gott dem Untergang der Schöpfung durch Jesus Christus entgegenwirken, der für die Sünden aller Menschen

Buße tut. In dieser Geschichte sind Schöpfung und Vorsehung Teil eines zusammenhängenden, historischen, umfassenden Dramas, in dem *Gott von Anfang bis Ende die Verantwortung trägt*, indem er alles schafft und durch das büßende Blut seines eigenen Sohnes alles rettet.

Diese mythische Geschichte konzentriert sich auf das Handeln Gottes – Gott ist der Protagonist des Weltdramas –, und ihr Zweck ist die Beantwortung von Warum-Fragen, nicht von Wo-Fragen. Die Geschichte spricht unsere Fragen an, warum die Welt geschaffen wurde, wer für sie verantwortlich ist, warum sie nicht mehr harmonisch ist und wie sie wieder »in Ordnung« zu bringen wäre. Diese Geschichte lässt unser Interesse an der Welt außer Acht und erzählt uns nicht, wie wir uns gegenüber unseren Nächsten verhalten sollen. Tatsächlich sind Menschen in der klassischen christlichen Geschichte von Schöpfung und Vorsehung untergeordnete Akteure. Zudem vollzieht sich die Handlung nicht in unserer physischen Umgebung, in den wirklichen Räumen und Orten, die wir bewohnen, sondern gleichsam über unsere Köpfe hinweg im weiten, umfassenden, historischen Horizont der Zeit mit ihrem Anfang (Schöpfung), ihrer Mitte (Erlösung) und ihrem Ende (Eschatologie). Bei jedem dieser Ereignisse ist Gott ganz und gar verantwortlich; wir sind, wie brave Kinder, allenfalls unserem allmächtigen, all-liebenden Vater dankbar und versuchen, seinem Willen zu entsprechen. Selbst wenn die Sünde und das Böse das Schauspiel von seinem Triumphzug abbringen (und dazu führen, dass wir Glauben und Hoffnung verlieren), wird sich der Herr der Geschichte behaupten, der König wird siegreich sein.

Was in dieser Schöpfungsgeschichte fehlt, ist die Schöpfung selbst, das heißt »die Nachbarschaft«, die einfachen, konkreten, besonderen – und faszinierenden, wunderbaren – Details der physikalischen Wirklichkeit. Tatsächlich scheint es in der Geschichte nicht *um* die Schöpfung zu gehen, sondern um einen Gott, dessen »geistige Substanz [...] als der Sache und dem Wesen nach von der Welt verschieden zu verkünden« ist. Dieser Gott lebt nicht in der Schöpfung; die Annahme, auf der diese Geschichte basiert, besagt in der Tat, dass Geist und Materie völlig verschieden sind und in einem dualistischen, hierarchischen Verhältnis zueinander stehen. Gott – mit allem Geistigen, Himmlischen und Ewigen – ist vollkommen und über alles Stoffliche, Irdische und Sterbliche erhaben, wobei die Letzteren völlig anders als die Ersteren und ihnen unterlegen sind. Es fällt schwer, die Bedeutung dieser Annahme – das dualistische, hierarchische Verhältnis von Gott und der Welt – zu übertreiben. Denn sie fördert nicht nur ein Heilsverständnis als Flucht von Menschen in die spirituelle Welt, sondern rechtfertigt auch die Nichtbeachtung der Entfaltung dieser Welt. Wenn Gott Geist und die Schöpfung Materie ist, dann wohnt Gott nicht auf Erden und wir brauchen sie auch nicht zu hegen und zu pflegen. Was aber wäre, wenn Geist und Materie nicht völlig unterschiedlich wären? Was wäre, wenn alles Leben – Gottes Leben, unser Leben wie auch das Leben aller anderen auf Erden – wie auf einem Kontinuum verstanden würde, mehr wie ein Kreis oder ein Recycling-Zeichen als eine dualistische Hierarchie? Was wäre, wenn Geist und Materie wesentlich verwandt statt diametral entgegengesetzt wären? Würde das nicht einen Unterschied in unserer Vorstellung ausmachen, wo Gott ist und wo wir sein sollen? Würde das nicht unsere Augen auf die Erde richten, ob wir nun nach Gott suchen oder zu verstehen suchen, wo wir hingehören?

Die Welt als Gottes Leib

Was wäre, wenn wir nicht auf einem radikalen Dualismus von Gott und der Welt bestünden, in dem Gott gänzlich Geist und die Welt gänzlich Materie oder Leib wäre, sondern uns ein Modell vorstellten, in dem Gott und die Welt *beides* wären? Das heißt: Was wäre, wenn die Welt als Gottes Leib gesehen würde, der erfüllt von, ermächtigt durch, geliebt von, belebt durch *Gott* ist? Was wäre, wenn die Welt als »innerhalb« Gottes verstanden würde, zwar nicht identisch mit ihm (wie unser Körper auch nicht mit uns identisch ist, da wir über ihn reflektieren, ihn führen und lenken können usw.), aber aufs Innigste verbunden – so wie ein Kind im Mutterleib? Würde ein solches Modell uns die Möglichkeit bieten, eine enge Wechselbeziehung zwischen Gott und der Welt auszudrücken, eine Möglichkeit, die einem inkarnationalen Verständnis des Gott-Welt-Verhältnisses näher ist als das andere Modell, das wir soeben betrachtet haben?

Augustinus hilft uns auf diesem Weg mit seinem wunderbaren Verständnis unserer ontologischen Intimität mit Gott, das im folgenden Textauszug aus den *Bekenntnissen* (I,2) zum Ausdruck kommt.

»Ich bin doch auch – wozu also bitte ich dich, dass du zu mir kommst, wo ich doch nicht wäre, wenn du nicht in mir wärst? [...] Ich wäre also nicht, mein Gott, ich wäre überhaupt nicht, wenn du nicht in mir wärst. Oder soll ich besser sagen: Ich wäre nicht, wenn ich nicht in dir wäre, aus dem, durch den und in dem alles ist? [...] Wo-

hin soll ich Dich hineinrufen, wo ich doch in Dir bin? Oder von wo her kämst du zu mir? Wohin denn soll ich entweichen außerhalb von Himmel und Erde, damit von dort her mein Gott in mich käme, der gesagt hat: ›Himmel und Erde fülle ich aus?‹«[3]

Wenn Gott schon immer Fleisch geworden ist, dann sollten Christen dem Modell der Welt als Gottes Leib Beachtung schenken. Für Christen wurde Gott nicht aus einer Laune heraus Mensch; es gehört vielmehr zu Gottes Natur, verkörpert zu sein, die Eine zu sein, in der wir leben und uns bewegen und unser Sein haben. Im Christentum wird das Gott-Welt-Verhältnis im Lichte der Inkarnation verstanden; folglich ist die Schöpfung »wie« die Fleischwerdung. Jesus Christus ist die Brille, das Modell, womit Christen Gott, die Welt und sich selbst interpretieren. Für Christen unterscheidet sich somit die Schöpfungslehre im Wesentlichen nicht von der Inkarnationslehre: In beiden ist Gott die Quelle allen Seins, die Eine, *in der* wir geboren und neugeboren sind. Nach diesem Verständnis ist die Welt nicht einfach Materie, während Gott Geist ist; zwischen Gott und der Welt besteht vielmehr eine Kontinuität (obgleich keine Identität). Die Welt ist Fleisch von Gottes »Fleisch«; Gott, der unser Fleisch in einem Menschen, Jesus von Nazaret, angenommen hat, hat das schon von jeher getan. Gott ist Fleisch geworden, und zwar nicht als sekundärer Akt, sondern vor allem anderen. Insofern ist die Welt als Gottes Leib ein durchaus angemessenes christliches Modell, um die Schöpfung zu verstehen. Das ist keine Beschreibung der Schöpfung (es gibt keine Beschreibungen); noch ist es unbedingt das einzige Modell; es ist jedoch ein Modell, das der zentralen christlichen Aussage entspricht, dass Gott in Jesus Christus im Fleisch mit uns ist, und es ist ein Modell, das sich vorzüglich eignet, die christliche Schöpfungslehre *in unserer Zeit* zu interpretieren. Seine Vorzüge und Begrenzungen sollten in Relation zu anderen bedeutenden Modellen des Gott-Welt-Verhältnisses betrachtet werden: Gott als Uhrmacher, der das Uhrwerk aufzieht, als König des Reiches, als Vater mit ungeratenen Kindern, als persönlich Handelnder, der in der Welt wirkt usw.

Ein inkarnationales Verständnis der Schöpfung besagt, dass keine Arbeit zu gering, zu körperlich, zu schäbig ist, wenn sie einem Geschöpf hilft, sich zu entfalten. Wir finden Gott, wenn wir den Garten pflegen. Folglich sind wir bei diesem Verständnis der Schöpfung aufgefordert, uns über die Nachbarschaft zu informieren, damit wir uns um sie kümmern können. Dies deutet an, dass die Menschen nicht die einzigen Geschöpfe sind, die von Bedeutung sind; dennoch sind wir etwas Besonderes. Wir sind die Hüterinnen und Hüter, diejenigen, die helfen können, dass der Garten gedeiht, dass Gottes Leib gut ernährt und gesund wird, – oder ihn zerstören. Wir *kennen* den Unterschied zwischen Gut und Böse: Das unterscheidende Kennzeichen der Menschen wie auch unsere größte Bürde besteht darin, *zu wissen, dass wir wissen*. Wir wissen nicht nur, *wie* wir vieles machen können (das wissen alle Tiere), sondern auch, *dass* wir vieles machen können und dass für Gottes Schöpfung, Gottes Leib, unseren planetarischen Garten einiges gut und einiges schlecht ist.

Sehen wir uns zwei Implikationen dieses Modells genauer an. Die Implikationen des Modells der Welt als Gottes Leib sind erstens, dass wir unsere Welt und unseren Platz in ihr kennen müssen; zweitens, dass wir uns zu Gott als der einzigen Quelle allen Lebens, aller Liebe, Wahrheit und Güte bekennen müssen.

Den Leib kennen, den Garten pflegen

In unserem Modell ist der Leib Gottes das ganze Universum; er ist die gesamte Materie in ihren unzähligen, großartigen, uralten und modernen Formen von Quarks bis zu Galaxien. Näherhin ist der Leib Gottes, der unsere Fürsorge verlangt, der Planet Erde, ein winziges Stückchen göttlicher Inkarnation, das unser Zuhause und unser Garten ist. Um diesen Garten zu pflegen, müssen wir ihn gut kennen; um allen Geschöpfen, die Teil dieses Leibes sind, bei ihrer Entfaltung zu helfen, müssen wir verstehen, wie wir Menschen in diesen Leib hineinpassen.

Jedes Verständnis der Schöpfung und der Vorsehung stützt sich auf Vorstellungen von der Welt und dem Platz, den Menschen in ihr innehaben. Die Auffassungen von der Welt und dem Platz der Menschen aus dem mediterranen 1. Jahrhundert, dem Mittelalter und dem 18. Jahrhundert unterscheiden sich; die Sichtweise des 21. Jahrhunderts ist wiederum eine andere. In unserer evolutionären, ökologischen Auffassung von der Wirklichkeit hängt alles miteinander zusammen und voneinander ab. »Ökologische Einheit« ist sowohl radikal individualistisch als auch radikal relational. In einem Organismus oder Körper gedeiht das Ganze *nur* dann, wenn all seine unterschiedlichen Teile gut funktionieren; tatsächlich bedeutet das »Ganze« nichts anderes, als dass jeder einzelne Teil seine bestimmte Aufgabe erfolgreich erledigt. Nichts ist einheitlicher als ein gut funktionierender Körper, nichts verlässt sich aber auch mehr auf komplexe, verschiedenartige Individualität.

Folglich müssen wir lernen, für die Nachbarschaft, in die wir eingebettet wurden, in all ihren unterschiedlichen Teilen und Bedürfnissen zu sorgen. Wir müssen »ökologisch alphabetisiert« werden und das Grundgesetz dieser Bildung verstehen: Das Ganze kann unmöglich gedeihen, wenn nicht *alle Teile* gepflegt werden. Das bedeutet, dass die ausgleichende Gerechtigkeit der Schlüssel zur nachhaltigen Bewahrung der Schöpfung ist, oder, um es anders auszudrücken, dass unser Garten-Zuhause, der Leib Gottes, auf Dauer nur dann gesund sein wird, wenn *alle* seine Teile angemessen gepflegt werden. Allem voran muss die Gemeinschaft, unser Planet überleben (nachhaltige Bewahrung der Schöpfung), und das kann er nur, wenn alle Glieder Zugang zu ihrer Grundversorgung haben (Verteilungsgerechtigkeit). Wir müssen »Hauswirtschaft« lernen, die Grundregeln, wie unser Garten-Zuhause florieren kann – und wissen, was es zerstören wird. Ganz einfach ausgedrückt lauten diese Regeln: Nimm nur, was du brauchst; räume hinter dir selbst auf; und erhalte das Haus in gutem Zustand für andere.

Wir müssen so handeln, weil wir als der selbst-reflektierende Teil des Leibes Gottes – der Teil, der weiß, dass wir wissen – bei der Bewahrung einer gesunden Schöpfung Partnerinnen und Partner Gottes geworden sind. Wir sind nicht mehr die Krone der Schöpfung, die über allen anderen thront und für die die anderen geschaffen wurden; vielmehr sind wir gleichzeitig die Bedürftigsten und die Mächtigsten aller Geschöpfe. Wir können höchstens einige Minuten ohne Luft, einige Tage ohne Wasser oder einige Wochen ohne Pflanzen leben, sind aber mit unserer Bevölkerungszahl und unserem rasanten Lebensstil auch die einzige Spezies, die das Wohlergehen des Planeten beeinträchtigen kann, wie globale Erwärmung, die abnehmende Artenvielfalt und die wachsende Kluft zwischen Reichen und Armen veranschaulichen. In einem merkwürdigen Paradox sind wir, die unerhörte Macht über den Planeten haben, ihm gleichzeitig hilflos ausgeliefert: Wenn er nicht gedeiht, können wir es auch nicht.

Zweifellos unterstützt und betont diese erste Implikation eines Schöpfungsmodells, das den Leib Gottes als Vorbild sieht, eine radikal ökologische Weltanschauung. Sie lehnt den Kult des Individualismus, den die moderne Religion, der moderne Staat und die moderne Wirtschaft gutheißen, entschieden ab. Sie alle behaupten, dass Menschen grundsätzlich einzelne, isolierte Individuen seien, die Beziehungen eingehen, wann sie wollen. Dieses Menschheitsbild liegt sowohl dem New-Age-Gedankengut, dem Christentum der »Wiedergeborenen« als auch dem Marktkapitalismus und der amerikanischen Demokratie (»Leben, Freiheit und das Streben nach Glück«) zugrunde. Die wichtigste Implikation der Vorstellung von der Schöpfung als Leib Gottes ist vielleicht die neue Anthropologie, die sie erfordert: Wir sind – grundsätzlich, an sich und jederzeit – interrelationale, auf einander angewiesene Wesen, die in völliger Abhängigkeit von den anderen leben, die den Leib bilden, während wir gleichzeitig für das Wohlergehen eines winzigen Teils dieses Leibes, des Planeten Erde, Verantwortung tragen.

Gott als die Quelle von Leben und Liebe

Eine zweite Implikation des Modells der Schöpfung als Leib Gottes ist die Radikalisierung der Transzendenz wie auch der Immanenz Gottes. Dieses Modell wurde gelegentlich als pantheistisch, als die Gleichsetzung von Gott und der Welt kritisiert. Ich glaube nicht, dass das stimmt. Wenn Gott sich zum Universum verhält, wie sich jede und jeder von uns zu unserem Körper verhält, dann sind Gott und die Welt nicht identisch. Sie sind sich jedoch vertraut, nah und innerlich so sehr verbunden, dass es dem Christentum unangenehm werden kann, wenn es seinen Inkarnationalismus vergisst. Wir Christen sollten jedoch nicht vor einem Modell zurückschrecken, das die göttliche Transzendenz wie auch die göttliche Immanenz ganz und gar unterstreicht. Wie kann es das tun?

In der Welt als Gottes Leib ist Gott der Ursprung, die Mitte, die Quelle, der Geist all dessen, was lebt und liebt, all dessen, was schön und wahr ist. Wenn wir »Gott« sagen, meinen wir genau das: Wir meinen die Macht und den Ursprung aller Wirklichkeit. *Wir* sind nicht der Ursprung unseres eigenen Seins; folglich bekennen wir die radikale Abhängigkeit von allem, was ist, von Gott. Das ist wahre Transzendenz: der Ursprung von allem zu sein, das ist. Unser Universum, der Leib Gottes, ist der Widerschein des Seins Gottes, der Herrlichkeit Gottes; es ist das Sakrament der Gegenwart Gottes bei uns. Das radikalste transzendente Verständnis von Gott ist dann gleichzeitig das radikalste immanente Verständnis. Weil Gott immer inkarnational, immer verkörpert ist, können wir die Transzendenz Gottes *immanent* sehen. Gott zu begegnen ist kein flüchtiger »geistiger« Moment; vielmehr ist Gott der Äther, die Wirklichkeit, der Leib, der Garten, *in dem wir leben*. Gott ist niemals abwesend; Gott ist

Wirklichkeit (Sein); alles, was Sein hat, leitet es von Gott her (wir sind von Gott geboren und durch Gott neugeboren). Der gesamte Kosmos ist von Gott geboren wie auch jedes einzelne Geschöpf. Wir sind von dieser Quelle des Lebens und der Erneuerung vollkommen abhängig. Dieses zu begreifen ist eine überwältigende Erfahrung der Transzendenz Gottes; sie erweckt Ehrfurcht und unermessliche Dankbarkeit. *Dennoch* ist Gott, wie Augustinus es ausdrückt, uns gleichzeitig näher, als wir uns selbst sind. Wohin können wir gehen, wo Gott nicht ist, da Gott Himmel und Erde erfüllt: »Oder soll ich besser sagen: Ich wäre nicht, wenn ich nicht in dir wäre [...]? Der Gott, dem wir durch die Erde begegnen, ist nicht nur der Ursprung meines Seins, sondern allen Seins. Wir sehen einen Abglanz von Gott in der Schöpfung (Gottes Leib) und wir sehen denselben Gott deutlicher in Jesus Christus, dem Hauptmodell Gottes für Christen.
Die zweite Implikation unseres Modells ermöglicht es uns, Gott im Garten, auf der Erde, zu Hause zu begegnen. Wir müssen nicht irgendwo hingehen oder warten, bis wir sterben, oder gar »religiös« sein. Wir begegnen Gott inmitten unseres ganz normalen Lebens, denn Gott ist jederzeit, in jedem Hier und Heute gegenwärtig. Diese zweite Implikation unterstreicht die erste: Da Gott hier in unserer Welt ist, sollten wir uns unbedingt um unsere Nachbarschaft, unseren Planeten und seine Geschöpfe kümmern. *Welche andere Berufung könnten wir denn haben, außer für Gottes Leib zu sorgen?*

Schluss: Schöpfungs- oder Erlösungschristentum?

Das Modell der Welt als Leib Gottes weist auf ein schöpfungsorientiertes Christentum hin im Gegensatz zur traditionellen Betonung der Erlösung. Letzten Endes bestehen zwischen den beiden Perspektiven viele Ähnlichkeiten. Denn in jeder ist Gott *sowohl* Schöpfer *als auch* Erlöser. Der größte Unterschied zwischen ihnen ist jedoch, »wo wir zu Hause sind«. Im Schöpfungschristentum sind wir hier auf der Erde, die innerhalb Gottes ist, zu Hause. Wir können vielleicht nicht wissen, warum wir hier hingesetzt wurden, wir wissen jedoch, wo wir sind: Wir leben in Gottes Innerem. Wir leben in Gottes Innerem vor unserer Geburt, während unserer Zeit auf Erden, und nach unserem Tod. Wir sind immer am gleichen Ort – in Gottes Innerem.
In der anderen Version der christlichen Geschichte sind wir auf der Erde nicht zu Hause. Gott kam zwar zu einem bestimmten Zeitpunkt in der

Inkarnation des Erlösers Jesu Christi auf die Erde, ansonsten aber hat Gott nur einen externen Bezug zur Welt. In beiden Geschichten gehören wir Gott, aber in der erlösungsbezogenen Geschichte können wir Gott nur in und durch Jesus Christus und in der und durch die Gemeinde, die von ihm gegründet wurde, finden. Wir sind in der Kirche »zu Hause«, im Leib Christi, aber nicht in der Welt (die nicht als Leib Gottes verstanden wird). Unser endgültiges Zuhause, wo wir wirklich hingehören, existiert in einer anderen Zeit und an einem anderen Ort: Wir erreichen diese Welt des ewigen Lebens, indem wir Christi versöhnenden Tod für unsere Sünden annehmen. Weder Gott noch wir sind auf Erden zu Hause; sie ist nicht der Ort, wo Gott ist oder wo wir (eigentlich) hingehören.

Aber im Modell der Welt als Gottes Leib gibt es nur eine Welt, unsere Erde, die wir bewohnen und deren Ursprung, Quelle und Macht Gott ist. Gott ist primär und immer inkarniert und die Schöpfung bezeugt diese kontinuierliche Anwesenheit mit uns. Christen und Christinnen glauben, dass die verkörperte Anwesenheit Gottes ihren Höhepunkt in Jesus von Nazaret erreicht; das Implizite wird explizit; die Schatten göttlicher Liebe und Güte, Wahrheit und Schönheit werden erleuchtet. *Wir sehen die Offenbarung Gottes im Antlitz Jesu Christi.* In Jesu Dienst, die Hungrigen zu speisen, die Kranken zu heilen, Partei für die Armen und Unterdrückten zu ergreifen – Handlungen, die gegen herkömmliche Sitten verstießen und zu seinem Tod führten – sehen wir ganz konkret, was es bedeutet, im Leib Gottes recht zu leben. In der Geschichte Jesu werden wir sozusagen mit der Gegenwart Gottes konfrontiert, in der wir immer gelebt und die wir zuweilen auch anerkannt haben. In dieser Geschichte lernen wir zweierlei darüber, wo wir sind: Wir sind in Gott und wir werden aufgerufen, als Jüngerinnen und Jünger Jesu zu leben. Wir leben in Gott; wir können uns deshalb entspannen und das Leben genießen. Denn wir sind zu Hause und es gibt keinen anderen Ort, wo wir sein möchten. Wir leben auch (und gleichzeitig) auf der Erde und können uns deshalb an die Arbeit machen, unser Garten-Zuhause zu pflegen. Zudem bietet uns die Geschichte Jesu eine Vision, wie wir uns um dieses Zuhause im Reich Gottes sorgen sollen, nämlich das eucharistische Mahl, *zu dessen Teilnahme wir alle eingeladen sind.* Die Geschichte von der ökologischen Wirtschaft – Hauswirtschaft für den Planeten Erde – bietet uns eine Möglichkeit, auf diese Vision hinzuarbeiten: durch das Teilen von Ressourcen mit allen Geschöpfen, damit die Erde gedeihen kann (Verteilungsgerechtigkeit für die nachhaltige Bewahrung der Schöpfung).

Wir schließen mit einer weiteren Mahnung, dass alle Modelle einseitig und inadäquat sind. Kein Modell reicht *allein* aus, denn jedes ermöglicht es uns, einige Aspekte des Gott-Welt-Verhältnisses zu sehen, schließt jedoch andere aus. Das Modell der Welt als des Leibes Gottes soll ein Korrektiv gegenüber der Tradition, jedoch kein Ersatz für sie sein. Es wird als *ein* Modell vorgestellt, das der zentralen inkarnationalen Lehre des Christentums entspricht und für die Entfaltung aller Geschöpfe Gottes in unserer Zeit förderlich ist. Das letzte Wort zu diesem Modell und allen Modellen ist jedoch eine Warnung: »Seid vorsichtig, wie ihr die Welt interpretiert; sie *ist* so.«[4]

1 | Annie Dillard, *Pilgrim at Tinker Creek*, 1977, 2, 12; deutsche Ausgabe: *Der freie Fall der Spottdrossel*, Stuttgart 1996.

2 | Erstes Vatikanisches Konzil, Dogmatische Konstitution *Dei Filius*, Nr. 1, DH 3001.

3 | Aurelius Augustinus, *Bekenntnisse*, übers. von Kurt Flasch, Stuttgart 1989.

4 | Erich Heller, *The Disinherited Mind*, Harmondsworth 1961, 211; deutsche Ausgabe: *Enterbter Geist. Essays über modernes Dichten und Denken*, Frankfurt am Main, 1954, 1981.

Aus dem Englischen übersetzt von Martha M. Matesich

MARCELLA MARÍA ALTHAUS-REID

Queer-Theorie und Befreiungstheologie

Der Durchbruch des sexuellen Subjekts in der Theologie

2008

Meine Erfahrungen mit Welten, für die ich anders war, haben mich über die Verhandelbarkeit grundlegender Wahrheiten belehrt.
George Mentore (2005, 16)

Brennende Flaggen

Es war am 15. August 2003, dem Fest Mariä Himmelfahrt. Das traditionelle Hochamt in der Kathedrale von Santiago de Chile war fast beendet, als sich am Kirchenportal eine Gruppe von Menschen versammelte. Die letzten Klänge der liturgischen Feier wurden von anderen Stimmen und Liedern übertönt. Die Menschen am Tor der Kathedrale waren Aktivisten des chilenischen *Movimiento de Integración y Liberación Homosexual* (MOVILH). Sie waren zusammengekommen, um gegen die vatikanische Haltung zur Homosexualität und darüber hinaus gegen die Tatsache zu protestieren, dass die chilenische Gesetzgebung sich so strikt an die Lehren der Kirche hält. Solche Protestakte waren in Lateinamerika keine Seltenheit, doch diesmal war es anders: Die Demonstranten verbrannten die vatikanische Flagge.[1] Schauplatz dieses Ereignisses war Chile, ein Land, in dem die Geschicke von Kirche und Staat schon immer eng miteinander verknüpft waren. Es spricht für sich, dass es in Lateinamerika kein Pendant zu dem Wort »säkular« gibt. Es wird in der Regel mit *laico* übersetzt, doch dieser Begriff stammt selbst aus dem religiösen Bereich und beschreibt die gegenwärtige Welt aus der Sicht einer kirchlichen Ideologie. So weist etwa das nationale Zivilrecht starke Parallelen zum Kirchenrecht auf. Vor diesem Hintergrund war die Verbrennung der vatikanischen Flagge durch die MOVILH-Aktivisten nicht einfach nur Ausdruck einer Meinungsverschiedenheit unter Christen, sondern eine Demonstration nationaler Souveränität. Dies wurde durch eine Presseerklärung unterstrichen, in der der MOVILH-Präsident deutlich machte, dass man mit der Verbrennung der Flagge gegen vatikanische Eingriffe in die »Unabhängigkeit« (Souveränität) der nationalen Gesetzgebung zur Homosexualität habe protestieren wollen. Bei dieser Gelegenheit setzten sich die Protestler nicht für die chilenische Gesetzgebung, sondern für jene Art einer liberalen Sexualgesetzgebung ein, wie man sie in den USA findet.

Was unter der vatikanischen Flagge O.K. ist

Das Verbrennen der vatikanischen Flagge kann als komplexe Erzählung gelesen werden, die aus vielen skandalösen Schichten besteht. Ein Skandal folgt auf den nächsten – so wie die ideologischen Grenzen ständig neu gezogen werden, so wie die Menschen immer wieder neue Bündnisse eingehen, um in einer globalisierten Welt zu überleben, in der sie ständig davon bedroht sind, ausgeschlossen zu werden. Wer hätte gedacht, dass Chilenen jemals öffentlich für die USA Partei ergreifen würden? Das allein war für viele schon ein Skandal. Tatsache ist jedoch, dass Sexualität und insbesondere die Theologien der Sexualität bei der Neuziehung der Grenzen in Lateinamerika historisch gesehen eine entscheidende Rolle gespielt haben. Denken Sie etwa an die Ereignisse in Buenos Aires im Juni 1945, als das argentinische Parlament ein Gesetz verabschiedete, das den bis dato als »illegitim« klassifizierten Kindern das Bürgerrecht gewährte. Statistiken aus dieser Zeit zeigen, dass damals allein in Buenos Aires 200 von 1000 Kindern als *»adulterinos«* (aus außerehelichen Beziehungen hervorgegangen) oder *»incestuosos«* (aus inzestuösen oder von der Kirche nicht gebilligten Beziehungen hervorgegangen) kategorisiert wurden. Im Norden des Landes waren die Zahlen noch höher: Hier wurden 400 von 1000 Bürgern als religiös, politisch und gesellschaftlich illegitim eingestuft. Das bedeutete, dass ihnen die der übrigen Bevölkerung zuerkannten Bürgerrechte vorenthalten wurden. Illegitime Kinder wurden vom Schulsystem in der Regel nicht erfasst und waren dazu verurteilt, als Ausgebeutete am Rande der Gesellschaft zu leben.[2]

Als die Regierung beschloss, dieser Klassifizierung von Kindern nach den Umständen ihrer Geburt ein Ende zu setzen, nutzte die Kirche das Fronleichnamsfest zu einer öffentlichen Demonstration: In einem öffentlichen Akt wurde die argentinische Flagge vor der Kathedrale von

Buenos Aires durch die vatikanische Flagge ersetzt. Die Argumente, die im Laufe dieses Flaggenkriegs vorgebracht wurden, sind zahlreich, doch sie lassen sich in einem Satz zusammenfassen: In Lateinamerika zählt nicht, was man glaubt, sondern welches politische Bündnis das mächtigste ist. Deshalb sind Argentinien 1945 und Chile 2003 Beispiele für eine komplexe Neufestlegung rechtlich-theologischer Grenzen zwischen unterschiedlichen Souveränitätsansprüchen – und beide hängen mit der Sexualität zusammen. Denn die Sexualität ist für die lateinamerikanische Bevölkerung nun einmal eine öffentliche Angelegenheit, die sich an vielen Punkten mit Fragen der Identitätsdefinition überschneidet. Und sie ist die Grundlage, auf der viele zu Armut und Elend verurteilt werden (Solberg 1974, 128).

Chile ist – wenn wir einmal die Tatsache beiseitelassen, dass wir in einer Welt leben, in der täglich an so unterschiedlichen politischen Schauplätzen wie G8-Gipfeln und besetzten Gebieten Flaggen verbrannt werden – ein Land, in dem der Kampf um die Menschenrechte eine lange Geschichte hat und von Jahrzehnten des Terrors geprägt worden ist, als das Land von einem der meistgefürchteten Militärregimes des ganzen Kontinents beherrscht wurde. Diese historischen Ereignisse sind eine pädagogische Lektion: nicht nur für die Bevölkerung, die gelernt hat, für ihre Rechte einzutreten, sondern auch für die Kirche. Ich beziehe mich hier in erster Linie auf die chilenische Kirche, die mit der *Vicaría de la Solidaridad*[3] einen hohen Preis bezahlt hat, um diese Rechte gegen ein Regime zu verteidigen, das Konzentrationslager errichtet und selbst die elementarsten Bürgerrechte eingeschränkt hat.

Sexualität und die Option für die Armen

Als ob das Verbrennen der vatikanischen Flagge und das augenscheinliche Bündnis der Schwulen mit den USA noch nicht genug wären, wartet die Geschichte dieser Ereignisse mit einer weiteren Wendung auf, die die tief verwurzelte Komplexität von *Queer*-Theologie und Sexualität verdeutlicht. Im weiteren Verlauf des Geschehens schrieb und unterzeichnete der Präsident von *TravesChile*, einer der größten Transvestitenorganisationen des Landes, einen offenen Brief an die Kirche, in der er sich im Namen der Transvestitengemeinschaft von den Vorfällen distanzierte. »Wir sind zutiefst verstört«, so heißt es darin, »und wir bitten die Kirche um Vergebung, denn wir wollen klarstellen, dass MOVILH und sein Präsident [...] nicht die Gesamtheit aller homosexuellen Gemeinschaften in Chile repräsentieren. Wir [Transvestiten] sind der Jungfrau Maria in tiefer Verehrung zugetan.«[4] Diese Episode, an der sich so viele Schichten der Unterdrückung ablesen lassen, ist noch heute als der »Schwulenverrat« der chilenischen Transvestiten an der Homosexuellenbewegung in Lateinamerika bekannt. Doch vielleicht war es gar kein Verrat: Jedenfalls versetzt uns gerade die Komplexität dieses Vorfalls in die Lage, entscheidende Aspekte unseres Nachdenkens über Theologie, *Queer*-Theorie und Sexualität zu untersuchen.

In den Adern der lateinamerikanischen Kirche fließt, wenn man so will, das Blut einer langen befreiungstheologischen Geschichte. Hunger und die verheerenden Auswirkungen der sozialen Deprivation sind Gegebenheiten des Alltagslebens, die keine Kirche, unabhängig von ihrer theologischen Position, ignorieren kann. Orthodox oder liberal – auch Christen müssen essen. Mit anderen Worten: Die Randgruppen sind kein Teil eines Diskurses über das *Anderssein* – es sind dieselben Menschen, die Sonntag für Sonntag unsere Kirchenbänke füllen. Auf einem Kontinent, wo selbst die weltfernsten Kirchen der USA früher oder später Suppenküchen organisieren, hat die Speisung der Armen einen sakramentalen Status. Doch bis jetzt hat sich keine Kirche weder aus dem konservativen noch aus dem befreiungstheologischen Lager trotz ihrer Ausgrenzung und trotz der Tatsache, dass zuweilen sogar straflos Verbrechen gegen sie begangen werden, der Homosexuellen angenommen. Mit der einzigen Ausnahme der Transvestiten. Wir wollen uns kurz mit der Frage beschäftigen, warum das so ist.

Die Tatsache, dass die Kirche die Transvestiten in einigen Fällen in das weite Spektrum ihrer Option für die Randgruppen mit hineingenommen hat, hat vermutlich mehrere und vielschichtige Gründe. Zunächst stellen die Transvestiten in Lateinamerika eine der ärmsten und verletztlichsten dieser Randgruppen dar. Darüber hinaus ist es jedoch auch denkbar, dass Transvestiten mit ihrer äußerst weiblichen Performativität auf einem extrem patriarchalischen Kontinent mit streng festgelegten und stereotypen Gender-Konstruktionen als nicht so bedrohlich empfunden werden wie Homosexuelle. Vieles davon haben die Medien zu verantworten. Vielleicht stimmen einige der prägenden Identitätsmerkmale von Transvestiten in Lateinamerika mit Elementen der weiblichen Gender-Konstruktion überein. Transvestiten werden in den Medien als Archetypen der Weiblichkeit und Koketterie und nicht unbedingt als Intellektuelle, sondern vor allem als Menschen mit einem stark ausgeprägten emotionalen Leben dargestellt. Wie oft habe ich den Gemeinplatz gehört, Transvestiten bräuchten in ihrem Leben viel Zuneigung! Der Dualismus von Rationalität und Emotion hat im Transvestismus eine neue Verkörperung gefunden.

Ist es diese von den Medien so gerne porträtierte Aufführung *(performance)* einer verletzlichen, ja geradezu häuslichen Weiblichkeit, die die Transvestiten als eine schwache, aber auch abhängige Gruppe erscheinen lässt? Ist es das, was das Mitleid der Kirche erregt? Mag sein – doch vielleicht gibt es auch andere Gründe, die Transvestiten als Gruppe zu bemitleiden. Sie gehören zu den Ärmsten der Armen mit dem geringsten gesetzlichen Schutz. Prostitution scheint für sie de facto die einzige Möglichkeit zu sein, sich ihren Lebensunterhalt zu verdienen, obwohl die Transvestiten selbst lange Zeit um die Chance gekämpft haben, in anderen Bereichen Arbeit zu finden.

Wir flicken Blusen mit Nadel und Faden

In der Zeit der Ereignisse, die letztlich zur Verbrennung der vatikanischen Flagge führten, unterstützte die chilenische Kirche Bildungsprojekte für Transvestiten wie Näh-, Koch- und Frisierkurse. Ein Schnellkurs mit dem Titel *Con Hilos y Agujas Zurcimos Cierres y Blusas* (»Wir flicken Blusen mit Nadel und Faden«) war besonders erfolgreich. Die Kirche hatte auch die Einrichtung einer Suppenküche für Transvestiten in die Wege geleitet. Ein Foto auf der Website von *TravesChile* zeigt einen Priester, der in einer dieser Suppenküchen das Tischgebet spricht, während die Transvestiten in betender Haltung vor ihren Tellern sitzen. Hier geht es nicht um Sexualität, sondern um Armut und Not.

Solche von der Kirche unterstützten Sozialprojekte, aber auch die dort erfahrene Fürsorge und Zuneigung mögen der eigentliche Grund dafür gewesen sein, dass die Transvestiten sich gegen die Verbrennung der vatikanischen Flagge wandten. Sie fühlten, dass die Kirche ihnen tätige Liebe schenkte, nachdem die Gesellschaft und die religiösen Strukturen sie längst im Stich gelassen hatten.

Dennoch müssen wir zwei wichtige Aspekte bedenken: Erstens bezieht sich die Option der Kirche in Chile nicht auf Transvestiten, sondern auf arme Transvestiten. Zweitens herrscht trotz der gemeinsam erfahrenen Unterdrückung unter Transvestiten und Schwulen keine Homogenität, weder, was die Identitätsfragen, noch was die Ziele betrifft. Beide Gruppen haben unterschiedliche Interessen und eine unterschiedliche Unterdrückungsgeschichte. Hier sind vielfältige ideologische Bündnisse und Konflikte denkbar, zumal es auch zu Überschneidungen mit der Klassen- oder Rassenproblematik kommen kann. Zudem mag die patriarchalische Ideologie mehr Spuren bei Schwulen als bei Lesben und Transvestiten hinterlassen haben.

Diesen Überlegungen liegt, auch wenn sie noch unspezifisch sind, bereits eine *queere* Konzeption von Sexualität zugrunde. Die *Queer*-Theorie geht nicht von homogenen sexuellen Identitäten unter homosexuellen Menschen aus, weil auch unter heterosexuellen Menschen keine solche Homogenität besteht. Überdies sind sexuelle Identitäten für die *Queer*-Theorie instabil und zwangsläufig durch politische oder religiöse Grundlagen bedingt. Dies gilt auch für die Instabilität von Heterosexualität, obwohl es sich bei dieser um eine anerkannte sexuelle Ideologie handelt. Die *Queer*-Theorie ist für die theologischen Implikationen von Sexualität deshalb wichtig, weil die Theologie sich auf hermeneutischer Ebene mit dem historischen Durchbruch des sexuellen Subjekts auseinandersetzen muss – ebenso, wie die Befreiungstheologen sich mit dem Durchbruch der Kirche der Armen oder der »Underdogs der Geschichte« (Gustavo Gutiérrez) auseinandersetzen mussten. Die Konstruktion des einheitlichen Subjekts erfolgt sowohl in der Sexual- wie auch in der Kolonialforschung nach Macht- und Unterwerfungsprinzipien, doch in Zeiten des postkolonialen Bewusstseins sollte die Theologie inzwischen klüger geworden sein.

Queer-Theorie und Befreiungstheologie

Wenn der Durchbruch des sexuellen Subjekts *per se* (also losgelöst etwa von der Kategorie der Armen) polemisch ist, dann sollten wir auch bedenken, dass jeder Versuch der Kirche, eine Theologie mit einem neuen theologischen Subjekt zu entwickeln, ebenfalls immer von Konfrontation und Polemik geprägt gewesen ist. Die letzten Jahrzehnte haben hierfür zahlreiche Beispiele geliefert: Auf die Armen als theologisches Subjekt folgten die Frauen als Fokus der feministischen Theologie und schließlich auch die kontextuellen schwarzen und asiatischen Theologien, in denen sich das Ringen um die Autonomie des Anderen in der Theologie manifestierte.

Das liegt daran, dass der Durchbruch des Anderen jedermanns Leben verkompliziert: das Leben der Theologie, der Theologen und der Kirche. Warum? Weil das Anderssein mit an Bord zu nehmen sehr viel mehr heißt, als das Andersartige in einen vertrauten Diskurs zu integrieren, wie dies beispielsweise bei der Indigenisierung geschieht, die eine kooptative Vorgehensweise ist. Das Anderssein mit an Bord zu nehmen heißt, sich auch den hermeneutischen und kirchlichen Herausforderungen eines Subjekts zu stellen, das bis dato zum Schweigen gezwungen war. Ein so definiertes Subjekt ist in einem System, das einen symbolischen und apriorischen Ausschluss praktiziert, unrepräsentiert und unrepräsentabel. Mithin steht uns nicht nur ein thematischer Wandel, sondern eine radikale Kritik an bestehenden theologischen Methoden bevor, die unvollständig sind, weil sie das lebendige Potential des Anderen aus unserer Mitte herausschneiden.

Das Andere in puncto Gender, Rasse, Klasse oder Sexualität bringt die Kritik an der Theologie jedoch nicht nur mit sich, sondern verkörpert selbst eine lebendige Kritik – wie das biblische Blut des Gerechten, das zum Himmel schreit und vor Gott Klage führt über die Verbrechen, die in jeder theologischen Orthodoxie gegen das Andersartige verübt worden sind. Die historisch Unbedeutenden (wie Gutiérrez sie nennt), also diejenigen, die keiner sozialen, politischen oder theologischen Bedeutung für würdig erachtet werden, stellen den Offenbarungshorizont der Kirche dar. Und Offenbarung ist eine epistemologische Frage.

Das sexuelle Subjekt der Theologie

Das sexuelle Subjekt ist schon immer theologisch bedeutungslos gewesen. Aus diesem Grund hat die Sexualtheologie als solche nie existiert: Wir haben nicht einmal eine angemessene Theologie von Beziehungen wie beispielsweise der Ehe. Wir haben liturgische Entwicklungen und Gesetze, aber historisch gesehen haben wir die Chance verpasst, aus den tatsächlichen sexuellen Erfahrungen der Menschen zu lernen. Deshalb fehlt es der Kirche auf diesem Gebiet an ernsthafter Reflexion. Als die Gender-Forschung die Theologie mit der ideologischen Konstruktion der weiblichen (und männlichen) Rollen in der Gesellschaft konfrontierte, bestand die einzige Reaktion der Kirche darin, sich gegen die bloße Möglichkeit einer seriösen Beschäftigung mit den realen sexuellen Subjekten der Geschichte zu verschanzen. Man muss nur einen kurzen

Blick in eine römisch-katholische Zeitschrift wie das britische Journal *The Tablet* werfen, um einen Eindruck von dem zu gewinnen, was ich vor einiger Zeit als »Festung Vatikan« bezeichnet habe: eine Kirche, die mannhaft gegen eine ganze Armee von sexuellen Fragen kämpft. Nehmen Sie zum Beispiel die Ausgabe vom 21. September 2007. Im internationalen Teil finden sich Artikel über lesbische Partnerschaften in Kanada, einen Fall von sexuellem Missbrauch durch einen Priester in Deutschland und die Meinungsverschiedenheiten innerhalb der anglikanischen Kirche zur Weihe von schwulen Bischöfen. Zeitungen in katholischen Ländern enthalten Diskussionen über Abtreibung, Empfängnisverhütung und Sexualerziehung in Schulen. Trotz alledem aber gibt es keine Sexualtheologie, die als Basis für eine ausgewogene Beschäftigung mit irgendeiner dieser Fragen dienen könnte.

Die Kontrolle heterosexuellen Verhaltens und die Zuweisung von Geschlechterrollen haben in der Kirche eine lange Entwicklungsgeschichte. Doch damit ist das Thema nicht abgeschlossen. Schwule und später auch lesbische Theologien entstanden aus dem Wandel sexueller Paradigmen. Die Medikalisierung der Sexualität stellte die Theologie vor neue Herausforderungen. Es besteht ein deutlicher Unterschied zwischen mittelalterlicher Biologie und einem Verständnis von Sexualität innerhalb politischer und religiöser Machtprozesse. Weil die schwulen und lesbischen Theologien Aspekte der Sexualität, aber auch Aspekte von Politik und Gesellschaft in Frage stellten, mussten die sexualepistemologischen Grundlagen des Christentums aus der Perspektive eines neuen sexualtheologischen Subjekts überdacht werden.

Das ist aber noch nicht das Ende der Reise: Sie geht weiter und führt uns zu dem, was wir als *Queer*-Theorie bezeichnen.

Die *Queer*-Theorie ist konstruktivistisch, doch das ist die Gender-Theorie auch. Geschlechtsverhalten wird nicht als Teil der unveränderlichen Gesetze Gottes aufgefasst. Dennoch geht die *Queer*-Theorie weiter und analysiert nicht nur Geschlechterrollen, sondern auch Sexualitäten als ideologisch produzierte Konstruktionen. Wir sollten uns also etwas detaillierter damit befassen, was »*queer*« eigentlich ist.

Queer-Theorie

»Hey, queer!« Keine Antwort. Kein Bekenntnis.
Donald Hall (2003, 18)

Wie die Befreiungstheologien hat sich die *Queer*-Theorie Begriffe des Spotts und der Ablehnung zu eigen gemacht. Der ursprünglich abwertend gebrauchte Begriff »*queer*« (= schräg, seltsam, verdächtig, zweifelhaft, schwul) ist positiv umgedeutet worden, um die Betonung auf Elemente der Unkonventionalität, des Nonkonformismus und der Gebrochenheit zu legen. Dasselbe aber könnte man auch von den Begriffen »Kirche der Armen« oder »Volkstheologie« sagen, obwohl wir uns inzwischen vielleicht an sie gewöhnt haben. Nach Jahrzehnten eines positiven Diskurses über die vorrangige Option für die Armen wird heute leicht vergessen, dass die Armen nie als theologisches Subjekt mit einer eigenen Wertigkeit betrachtet worden sind. Und auch die Popularkultur galt nie als ernst zu nehmender theologischer Partner. Vor einigen Jahren, als ich mich in Großbritannien niederließ, fragten mich meine Verleger, was ich mit dem Begriff »Volkstheologie« eigentlich meinte – sie vermuteten darin eine womöglich ironische Bezeichnung für eine nicht akademisch betriebene Theologie.
Wie die Befreiungstheologien ist auch die *Queer*-Theorie nicht in akademischen Kreisen, sondern unter Randgruppenaktivisten entstanden. Sie stammt aus der Frauenbewegung der *Chicanas* in den USA, die sich gegen die kulturellen, rassen- und klassenbezogenen Implikationen der Definition (und Normativität) zur Wehr setzten, die ihren lesbischen Identitäten durch den privilegierten Diskurs in den USA auferlegt wurden. Gleichzeitig fühlten sich indigene Menschen nicht angemessen repräsentiert, wenn sie mit der homogenen Identität der Armen im lateinamerikanischen Befreiungsdiskurs konfrontiert wurden. Und es gab Frauen in der indigenen wie auch in der städtischen Bevölkerung, die mit dem Idealismus pauschaler Armutsdefinitionen brachen. Das verkomplizierte das Leben der Befreiungstheologen, die aus vielen – auch strategischen – Gründen ein einheitliches Subjekt vorgezogen hätten.
Das Problem liegt darin, dass die Theologie nicht an instabile Subjekte gewöhnt ist: Sie verhält sich vielmehr wie ein Verfassungs- oder Rechtssystem, das keine Ausnahmen zulässt, solange diese nicht zuvor genehmigt worden sind. Die *Queer*-Theorie hat auch in mehrfacher Hinsicht mit den geschriebenen Gesetzen sexueller Identitäten gebrochen. Ers-

tens hat sie unterschiedliche sexuelle Subjekte wie Bisexuelle und Transvestiten zur Geltung gebracht. Zweitens hat sie es abgelehnt, den verschiedenen sexuellen Optionen homogene Identitäten zuzuordnen. Drittens hat sie gezeigt, dass nicht nur das Gender, sondern auch die Sexualität erlernt und einstudiert ist. Genau das ist der pädagogische Aspekt der Geschlechterrolle. Wenn man einer Frau beibringt, wie sie sich zu kleiden, wie sie bestimmte Aufgaben zu erledigen, wie sie zu gehen oder in welchem Tonfall sie zu sprechen hat, dann bringt man ihr bei, eine Frau zu werden. Das ist kurz gesagt das, was Butler als Gender-Performativität bezeichnet: »[d]ie stillschweigende kollektive Übereinkunft, diskrete und entgegengesetzte Geschlechtsidentitäten als kulturelle Fiktionen aufzuführen, hervorzubringen und zu erhalten«. Und sie fügt hinzu, dass diejenigen, die »die Glaubwürdigkeit dieser Produktionen« in Frage stellen, bestraft werden (Butler 1991, 205). Gender erfordert Glauben, und so überrascht es nicht, dass viele Sünden auf Gender-Ungläubigkeit beruhen.

Doch lassen Sie uns noch etwas eingehender über die *Queer*-Theorie nachdenken. Die Entwicklung dieser Forschungsrichtung hat der Pionierarbeit von Michel Foucault, Eve Kosofsky Sedgwick und Judith Butler vieles zu verdanken. Michael Warner definiert die *Queer*-Theorie wie folgt: »[Die *Queer*-Theorie] stellt ... einen Widerstand gegen die Herrschaft des Normalen dar« (Warner 1993, xxvi). Das »Normale« ist hierbei eine ideologische Konstruktion, die sich nicht nur auf wirtschaftliche und kulturelle Erzeugnisse, sondern auch auf ein sozioreligiöses Erzeugnis, nämlich das Identitätsgefühl der Menschen auswirkt. Die Konzeptualisierung der sexuellen Identität ist verhältnismäßig jung. Sie ist aus den medizinischen Diskursen des späten 19. Jahrhunderts erwachsen, doch biologische Darstellungen der sexuellen Identität gehen über Augustinus, der Inzest und Vergewaltigung für eher akzeptabel hielt als Masturbation und Homosexualität (Hampson 2002, 189), bis auf Aristoteles zurück. Theologen haben sich bei ihrer Konzeptualisierung von Sexualität nicht nur auf biologischen Determinismus, sondern auf unwissenschaftliche mittelalterliche Vorstellungen gestützt, die sie in anderen Bereichen wie der Wirtschaft oder der Kommunikation keine Sekunde lang in Betracht gezogen hätten.

Die *Queer*-Theorie erforscht ferner die Frage der Identität, und man ahnt schon, inwiefern dies für die Kirche im Hinblick auf die Konstruktion des theologischen Subjekts zu einer Herausforderung wird. Der Schlüssel der *Queer*-Theorie – übrigens auch im Fall der chilenischen Transvestiten, die sich (zumindest bei dieser einen Gelegenheit) von der Schwulenbewegung distanzierten – heißt Diversität. Dasselbe gilt für das Diversitätsverständnis, das die indigenen Nationen Lateinamerikas seit Jahrhunderten, nämlich seit der sogenannten »Entdeckung« des Kontinents fordern. »Entdeckung« hätte etwas Gutes und Positives sein und zu einem Begriff für eine Begegnung mit dem Anderen werden können, bei der dieses Andere nicht zerstört und die kulturellen, religiösen und politischen Unterschiede nicht ausgemerzt worden wären. Auch die schwarzen und asiatischen Theologien rufen dazu auf, die Diversität zu achten. Das Recht, ihre eigenen Identitäten zu definieren, ist ihnen wichtig: Theologisch gesprochen ist es sogar entscheidend, denn Identitätsbildungsprozesse sind nicht neutral.

Mithin kann *Queer*-Theorie als ein Oberbegriff für einen Forschungszweig betrachtet werden, der sich mit Prozessen der Bildung sexueller Identität im Verhältnis zur Macht beschäftigt. Das schließt auch die Herrschaft der von Rassen- und Klassenidentitäten diktierten Normalität mit ein.

Queer-Theologie

> Es gibt ein »Eines« vor dem Gender.
> *Judith Butler* (1993, 21)

Die *Queer*-Theologie (genauer gesagt, die *Queer*-Theologien) ist das komplexe Ergebnis eines theologischen Nachdenkens darüber, was die unterschiedlichen Konstruktionen von Sexualität und Gender für unser Verständnis von Gott, Liebe und Gemeinschaft bedeuten. Die *Queer*-Theorie war von der poststrukturalistischen Bewegung beeinflusst, die sich gegen die Vorstellung von einem stabilen Subjekt wandte und sich mit der ideologischen Bildung sexueller Identitäten auseinandersetzte. Ausgehend von diesen Überlegungen sind es vor allem zwei zentrale Elemente der theologischen Fragestellung, die näher untersucht werden müssen: erstens ihre mutmaßliche Prämisse, dass Heterosexualität eine allgemeingültige und stabile sexuelle Identität und als solche Teil einer natürlichen (geheiligten) Ordnung ist. Und zweitens der Umgang mit der Tatsache, dass hegemoniale Konstruktionen sexueller Identität historisch gesehen zur Verfestigung unterdrückerischer Machtstrukturen in der christlichen Kirche und in der Theologie beigetragen haben.

Dies klingt nach einem postmodernen Trend, doch wir sollten uns daran erinnern, dass die Frage nach Macht und Identität in der Theologie bereits zu einem Zeitpunkt gestellt worden ist, als es die postmoderne Bewegung noch gar nicht gab. Tatsächlich war den Theologen der Disput über ideologische Aspekte der Identität niemals fremd – man denke nur an die zahlreichen kontextuellen Theologien, die im 20. Jahrhundert aufgekommen sind: Die schwarzamerikanischen, afrikanischen, feministischen, indigenen, postkolonialen und anderen Theologien sind nichts anderes als das Ergebnis einer »*queeren*« Sicht auf die universalistischen Ansprüche des theologischen Subjekts, wie es die kolonialen Tendenzen der nordatlantischen Theologie hervorgebracht haben. Die feministische Theologie hat als erste den von Gender-Ideologien getragenen patriarchalischen Machtdiskurs der klassischen Theologie aufgezeigt, der mit Kategorien wie »normal« oder »natürlich« arbeitet und diese als Ausdruck des göttlichen Willens für heilig erklärt. Dadurch, dass die Theologie die Unterschiede zwischen den theologischen Subjekten nicht in Betracht zog, ignorierte sie die historische religiöse Erfahrungs- und Gedankenwelt nicht etwa von Minderheiten, sondern tatsächlich von Mehrheiten. Unzählige Frauen, Schwarze, indigene Gemeinschaften oder Homosexuelle wurden den theologischen hierarchischen Strukturen religiöser und sozialer Diskriminierung, Kontrolle und Unterdrückung unterworfen.

Doch so wichtig die Gender-Kategorien auch gewesen sind, scheinen sie den *Queer*-Theologien im Hinblick auf Identitätsbildungsprozesse in der Theologie doch weniger entscheidend zu sein als der Sexualitätsdiskurs. Schon Mitte der 1970er Jahre bezeichneten schwule und lesbische Theologien die Heterosexualität als eine alles durchdringende und prägende Ideologie, die nicht nur zur Schaffung einer Struktur der Ungleichheit und Gewalt, sondern auch zur Missachtung der religiösen Erfahrung nicht-heterosexueller Menschen beigetragen habe. Wie John D'Emilio gezeigt hat, besteht ein Zusammenhang zwischen den Kategorien der Heterosexualität und Homosexualität und dem Aufkommen des industriellen Kapitalismus im 19. Jahrhundert (D'Emilio 1977, 170). Demnach sind sexuelle Identitäten keine natürlichen, sondern konstruierte Identitäten, die eng an soziopolitische und kulturelle Vorstellungen gebunden und keineswegs so in sich stimmig und historisch stabil sind, wie sie immer dargestellt werden. Schwule und lesbische Identitäten wurden mithin als das Ergebnis des von nicht-heterosexuellen Gruppen geführten Kampfs um Gerechtigkeit und Frieden betrachtet. Sexuelle Identitäten sind nicht biologisch, sondern politisch zu definieren. In dieser Hinsicht und auch aufgrund ihrer Anfechtung der Heterosexualität als der einzig gültigen epistemologischen Basis von Kirche und Gesellschaft verfolgen Sexualtheologien wie lesbische und schwule und *queere* Theologien gemeinsame Interessen, obwohl die Unterschiede zwischen ihnen nach wie vor bestehen bleiben. Der Hauptunterschied liegt in der Auffassung, dass, wenn sowohl Homosexualität als auch Heterosexualität konstruierte Identitäten sind, es darüber hinaus andere Sexualitäten geben muss, die sich nicht zwangsläufig in eine der beiden genannten Kategorien einordnen lassen. Und wenn Homosexualität eine auf der Grundlage heterosexueller Vorstellungen erfundene Kategorie ist, dann ist sie womöglich in sich von Merkmalen des heterosexuellen Denkens geprägt. Mit anderen Worten: Die *Queer*-Theorie stellt nicht nur die Heterosexualität als Ideologie in Frage, sondern zieht auch in Erwägung, dass nicht-heterosexuelle Identitäten sich um die Achse innerer Kohärenz herum entwickelt haben, mit der die Heterosexualität sich selbst organisiert. So wird beispielsweise die Schwulenehe in Schwulenkreisen kontrovers diskutiert. Sollte die Ehe, eine zwar emotionale, aber auch wirtschaftliche und zudem in der patriarchalischen Heterosexualität entstandene Einrichtung, übernommen oder verändert werden?

Theologisch gesprochen sind mit der Hinterfragung des epistemologischen Status der Heterosexualität tiefgreifende Herausforderungen verbunden. Selbst der Begriff »nicht-heterosexuell« hat sich in Abhängigkeit von kolonialen Konzeptionen entwickelt und trägt dazu bei, die Vorstellung vom ideologischen Primat der Heterosexualität aufrechtzuerhalten. Die *Queer*-Theologie dagegen zieht, indem sie sexuelle Identitäten außerhalb der begrifflichen Polarität von Heterosexualität und Homosexualität postuliert, andere theologische Subjekte und sexuelle Epistemologien wie beispielsweise Bisexualität, Transgenderismus und Transsexualität in Betracht. Überdies ermöglicht die *Queer*-Theologie eine kritische Reflexion über die soziale Konstruktion von Heterosexualität und darüber, inwiefern auch die heterosexuellen Menschen selbst vom heterosexuellen Denken betroffen sind.

Queer-Theorien sind komplex. Judith Butler, eine der wichtigsten *Queer*-Forscherinnen, hat auf der Grundlage der Figur der *Dragqueen* als eines pädagogischen Mittels zur Personifizierung oder Theatralisierung des Geschlechts (wie oben bereits angesprochen) eine anspruchsvolle Theorie darüber entwickelt, welche Rolle das Geschlecht in der heterosexuellen Bildung spielt. *Dragqueens* imitieren, und zwar imitieren sie ein spezifisches Geschlecht, das in Wirklichkeit gar nicht existiert. Es existiert nur als oberflächliche Produktion, denn Frausein hängt nicht davon ab, wie man sich kleidet, wie man das Haar trägt und wie man im Sitzen die Beine übereinanderschlägt. Diese Gender-Imitation bezeichnet Butler als Performativität, durch die der Rezipient pädagogisch angerufen wird. Anrufung (Interpellation), daran sollten wir uns erinnern, ist der Begriff, den Althusser verwendet, um zu erklären, wie Ideologien die Menschen kooptieren, statt Widerstand hervorzurufen. Ähnlich hat auch Freire die Neigung der unterdrückten Mehrheiten in Lateinamerika, ihren Herren fraglos zu gehorchen, als Verinnerlichung der Unterdrückung bezeichnet.

Geschlechterrollen sind also Imitationen ohne Originale, und doch sind sie es, die die Frau das Frausein und den Mann das Mannsein lehren. Um ihren Anspruch auf Natürlichkeit aufrechtzuerhalten, muss die Heterosexualität ihre eigenen Gender-Akte permanent wiederholen. Und doch beweisen vielleicht gerade diese Wiederholungsstrategien der Heterosexualität, dass Geschlechterrollen lediglich pädagogische Kunstgriffe sind, die in erster Linie dem Zweck dienen, die vorherrschende sexuelle Identität zu lehren. Für Butler besteht eine mögliche Veränderungsstrategie darin, die Vorführung der Herrschaft des Normalen, die sich in immer gleichen Geschlechterrollen wieder und wieder selbst inszeniert, zu unterbrechen.

Abschließende Überlegungen: Risikobereite Theologien

> Das Risiko besteht darin, nicht nach dem tiefsten, sondern nach dem unschuldigsten Wissen zu streben.
> *Yuderkys Espinosa-Miñoso* (2004, 143)

Damit sind wir am letzten Punkt unserer Überlegungen angekommen. Wir haben uns mit der Bedeutung und den Herausforderungen einer Theologie befasst, die offen ist für neue historische Subjekte. Doch wir sollten noch einen Schritt weitergehen und uns im Licht der *Queer*-Theorie fragen, wie die Konstruktion einer obligatorischen Heterosexualität unser Verständnis von Gott und der Kirche beeinflusst und beeinträchtigt hat. Oder, um der befreiungstheologischen Praxisnähe gerecht zu werden: Wie können wir den Gemeinschaften mittelloser Transvestiten dazu verhelfen, dass sie während des Prozesses in einer Weise vertreten werden, die ihre eigene (und ihre christliche) Identität respektiert? Meine Antwort lautet, dass dies wichtige Themen für eine *Queer*-Theologie der Einfühlung und des Handelns sind, die auch einen dialogischen Prozess des gegenseitigen Lernens und Teilens beinhalten werden. Und es ist womöglich einiges, was die Kirche von der Gegenwart Gottes unter den Armen – auch unter Schwarzen, Frauen und Transvestiten – lernen kann.

Das Sexualitätsverständnis der *Queer*-Theorie wird der Ungenauigkeit menschlicher Identitäten gerecht. Das an sich ist bereits ein wirkungsvolles Element des Widerstands nicht nur gegen einen autoritären sexuellen Diskurs, sondern auch gegen die ideologische Domestizierung Gottes. Die Kirchengeschichte durch diese Brille zu lesen bedeutet, versteckte und zerstörende sexuelle Elemente in der kirchlichen Geschichte und Tradition zu entlarven. *Queer*-Theologen waren außerdem aktiv an der Entwicklung von Strategien für die Schriftauslegung beteiligt, um für diese Texte ein anderes als das bisher angenommene Subjekt zu postulieren.[5] Auf diese Weise treten Elemente zutage, die die Herrschaft des »Normalen« in der Interpretation des Wortes Gottes untergraben und herausfordern. Überdies wirkt sich die *Queer*-Theorie auf die christliche Ethik und die praktische Theologie aus, indem sie zum Beispiel die Sexualökonomie der christlichen Familie und Ehe, den Ein-/Ausschluss des Leiblichen in der christlichen Liturgie und die Lenkung von Spiritualität in Frage stellt. Ferner haben *Queer*-Theologien Beiträge auf dem Gebiet der Sakramentenlehre, der Christologie und der Dogmatik geleistet. Doch *Queer*-Theologien sind plurale Theologien. Sie weisen kontextuelle Schwerpunkte und unterschiedliche Ansätze auf, die von den jeweiligen historischen Umständen und den Bedürfnissen bestimmter Gemeinschaften abhängen.

Als lateinamerikanische Theologin habe ich projektweise an einer *queeren* Befreiungstheologie gearbeitet, die die *Queer*-Theorie mit dem marxistischen Denken verknüpft. Andere Kollegen wie Tom Hanks und Nancy Cardoso Pereira haben ebenfalls anspruchsvolle theologische Denkansätze entwickelt, die die Klassenanalyse mit *queerer* Hinterfragung kombinieren.[6] In den USA haben führende Theologen wie Robert Goss, Mary Hunt, Carter Heyward und Mark Jordan Pionierarbeit geleistet. Goss war besonders einflussreich bei der Entwicklung einer *queeren* Befreiungstheologie. Sein Diskurs thematisiert Ausgrenzung und Ablehnung und ruft in aller Deutlichkeit zu sozialem Wandel auf. Goss' einflussreiches Buch *Jesus Acted Up* (1993), das auf Foucaults Theorie basiert, entlarvt die Ideologie der Homophobie im Kontext der christlichen Theologie. Auf der Basis einer befreiungstheologischen Methodologie prangert es Unterdrückung an und beschreibt Aktionen gegen Ungerechtigkeiten wie die Stonewall-Revolte und die AIDS-Krise. Die Kategorie des »Coming-out« ist wichtig für Goss. Jesus hat in seiner Verkündigung dessen, was Ada María Isasi-Díaz das Reich Gottes genannt hat (2001), in radikaler Solidarität mit den Ausgegrenzten und Unterdrückten »aufbegehrt« (*to act up*). Wenn Goss Jesus als *queer* bezeichnet, bezieht er sich damit nicht unbedingt auf seine sexuelle Identität. Goss verwendet den Begriff *»queer«*, um theologische homophobe Praktiken in der Christologie, Ekklesiologie und biblischen Hermeneutik zu identifizieren und zu erschüttern.

Ich möchte gerne mit dem Gedanken fortfahren, dass die *Queer*-Theologie eine Befreiungstheologie ist, die auf einer kritischen Reflexion über vielfältige Identitätskonstruktionen basiert. Sie ist eine kritische Theologie, die das Element zur Sprache bringt, das alle Diskurse und öffentlichen Schlachten der Kirche beherrscht: die Sexualität. Sie sollte keine Theologie der »sexuellen Inklusivität«, sondern der Unterschiedlichkeit sein. Sie ist ein Aufruf zur Entwicklung einer *queeren*, christuszentrierten Theologie des Nachdenkens und Handelns, ein Aufruf zu einem sozial engagierten und verwandelten Jüngersein inmitten jener mächtigen ideologischen Aussagen, die sich in Rasse, Geschlecht, Sexualität und Klasse ausdrücken und frühere christliche Theologien durchdrungen haben. Doch auch *Queer*-Theologien bedürfen der Selbstreflexion und Kritik. Einige Theologen sind nicht unbedingt glücklich darüber, dass die *Queer*-Theorie sexuelle Identitäten auslöscht – vor allem dann, wenn sie dabei die politischen Kämpfe vergisst, die Schwule und Lesben ausgefochten haben, um ihre Identitäten überhaupt erst einmal zu etablieren. Manche *Queer*-Theologen können überdies im Lauf ihrer Arbeit *déraciné* werden, ihre Wurzeln im Leben der Gemeinschaften verlieren oder sich in ihrem Diskurs unbewusst von den Klassen- und Rassenbegriffen privilegierter Gruppen leiten lassen.

Abschließend ist zu sagen, dass *Queer*-Theologien sich von Natur aus einfachen Definitionen entziehen. Sie sind kontextuelle Theologien mit einer Option für jene, die von heterosexuellen Ideologien an den Rand gedrängt werden. Als solche sind sie dekonstruktivistische Theologien, die die binäre Einheit von Sexualität und Geschlecht in der christlichen Theologie in Frage stellen und gleichzeitig danach streben, alle Strukturen der Sünde in der Gesellschaft zu verwandeln. Das Ziel, das auch die Befreiungstheologen ursprünglich für sich in Anspruch genommen haben, besteht letztlich darin, Gott selbst von den ideologischen Unterdrückungsstrukturen zu befreien, mit denen das Christentum im Lauf der Geschichte das Verständnis des Heiligen, das Lesen der Schrift und die Sicht von Kirche umbaut hat. Die Befreiungstheologen des 20. Jahrhunderts sind ein großes Risiko eingegangen: Sie zahlten einen hohen Preis – manche bezahlten mit ihrem Leben – für ihr Anliegen, das Evangelium unter den Ausgegrenzten zu verkünden. In diesem neuen Jahrhundert sind die Risiken nicht kleiner geworden, denn es wird immer schwieriger, Armut, Elend und ein globalisiertes System strafloser Ungerechtigkeit zu bekämpfen. Bei alledem ist die Aufgabe, sexuelle Ideologien in der Theologie zu entlarven, keine Kleinigkeit. Sie ist ein wichtiger Beitrag zu der historischen Befreiung der Macht der Liebe Gottes und der Botschaft des Evangeliums zu einer Zeit, in der die Armen begonnen haben, theologische Subjekte zu werden. Der Kampf darum, die Liebe Gottes von unseren eigenen vergänglichen ideologischen Konstruktionen einer auf Sexualität, Geschlecht, Rasse, Religion oder Kultur basierenden Macht zu befreien, muss von den Gläubigen weitergekämpft werden.

1 | Einzelheiten sind nachzulesen in dem Artikel *Homosexuales quemaron bandera del Vaticano en frontis de Catedral Chilena*, in: Opus Gay, Primer Periódico Gay de Chile, September 2003.

2 | Vgl. den Artikel von Carl Solberg, *Farm Workers and the Myth of Export-Led Development in Argentina*, 1974. Die Hauptthese des Autors besagt, dass die sogenannten illegitimen Kinder aufgrund des fehlenden Zugangs zu Bildungssystemen und aufgrund ihrer Ausgrenzung bis in die 1950er Jahre dazu beigetragen haben, Argentinien mit billigen Arbeitskräften zu versorgen. Das Gesetz von 1945 sollte möglicherweise dem Zweck dienen, die argentinischen Arbeitnehmer zu integrieren und auf ein Zeitalter der Neuindustrialisierung vorzubereiten.

3 | Die *Vicaría de la Solidaridad* wurde auf Antrag von Kardinal Raúl Silva Henríquez von Papst Paul VI. geschaffen. Zwischen 1976 to 1992 fungierte sie als kirchliche Einrichtung für die Verteidigung der Menschenrechte. Heute besteht sie als Archiv weiter, in dem über 80.000 Zeugnisse und Dokumente jener Vorgänge aufbewahrt werden, die die Kirche während der chilenischen Diktatur zur Unterstützung von Familien eingeleitet hatte.

4 | Vgl. Carla Antonelli in: *Diario Digital de Información Transexual*, August 2003, S. 14.

5 | Siehe z.B. den Artikel von Tom Hanks, *Good News for Sexual Workers*, in: Robert Goss/Mona West (Hg.), Take Back the Word. A Queer reading of the Bible, Cleveland 2000.

6 | Eine Sammlung von Beiträgen lateinamerikanischer Befreiungstheologen zur Queer-Theologie findet sich in dem von mir herausgegebenen Buch *Liberation Theology and Sexuality*, London 2005.

Literatur

Althaus-Reid, Marcella, *Indecent Theology*, London 2000

Althaus-Reid, Marcella (Hg.), *Liberation Theology and Sexuality*, London 2005

Butler, Judith, *Das Unbehagen der Geschlechter*, Frankfurt am Main 1991

Butler, Judith, *Critically Queer, in: GLQ: A Journal of Lesbian and Gay Studies 1 (1993), 17–32*

Espinosa-Miñoso, Yuderkys, *A una década de la performatividad: de percepciones erróneas y malos entendidos*, in: Josefina Fernández/Mónica D'Uva/Paula Viturro (Hg.), Cuerpos Ineludibles, Buenos Aires 2004

Goss, Robert, *Jesus Acted Up. A Gay and Lesbian Manifesto*, Scranton 1993

Goss, Robert /West, Mona (Hg.), *Take Back the Word. A Queer reading of the Bible*, Cleveland 2000

D'Emilio, John, *Capitalism and Gay Identity*, in: Roger Lancaster/Micaela Di Leonardo (Hg.), The Gender/Sexuality Reader, London 1997

Isasi-Díaz, Ana María, *Mujerista Theology*, New York 2001

Gutiérrez, Gustavo, *Theologie der Befreiung*, Mainz [10]1992

Hall, Donald E., *Queer Theories*, Hampshire 2003

Hampson, Daphne, *After Christianity*, London 2002

Mentore, George P., *Of Passionate Curves and Desirable Cadences. Themes on Waiwai Social Being*, Lincoln 2005

Solberg, Carl, *Farm Workers and the Myth of Export-Led Development in Argentina*, in: The Americas 31 (1974/2), 121–138

Warner, Michael, *Introduction*, in: ders. (Hg.), Fear of a Queer Planet: Queer Politics and Social Theory, Minneapolis 1993, vii–xxxi

Aus dem Englischen übersetzt von Gabriele Stein

Luiz Carlos Susin

Schwester Dorothy Stang

Ein Modell für Heiligkeit und Martyrium

2009

Am 12. Februar 2005, einem Samstag, überraschte die Nachricht von der Ermordung von Schwester Dorothy Stang ganz Brasilien. Tatsächlich hat ein großer Teil Brasiliens erst bei dieser Gelegenheit von der Existenz und dem missionarischen Engagement der kleinen, 73-jährigen Schwester mit der sanften Stimme und dem breiten Lachen erfahren.

An diesem Morgen hatten die angeheuerten Pistolenschützen, die Schwester Dorothy beseitigen sollten, sie allein auf einem Weg mitten im Amazonas-Urwald angetroffen. Sie hatte ihr Neues Testament und einige schriftliche Unterlagen mit Informationen über das PDS (*Projeto de Desenvolvimento Sustentável* = Projekt für nachhaltige Entwicklung) bei sich. Diesem Projekt widmete sie sich mitten im Urwald leidenschaftlich zusammen mit den Mitschwestern aus ihrer Ordensgemeinschaft und einigen führenden Persönlichkeiten aus dem Volk. An diesem Morgen war Schwester Dorothy wie so oft zu einigen Familien unterwegs, die im Urwald wohnten und in das PDS einbezogen waren. Als sie den bewaffneten jungen Männern auf dem Weg begegnete, wurde ihr, die schon Todesdrohungen erhalten hatte, die unmittelbare Gefahr bewusst, und sie versuchte mit ihnen ins Gespräch zu kommen. Fast wäre es ihr gelungen, ihnen die Hinrichtung auszureden, und sie begann ihnen einige Verse aus dem Evangelium vorzulesen, wobei sie ihnen sagte, ihre Waffe sei dieses heilige Buch. Doch die Stimme des wenigen in Aussicht gestellten Geldes war lauter, und sechs Schüsse aus einer Entfernung von weniger als einem Meter streckten die Schwester nieder. Sie fiel in der Einsamkeit des Waldes mit dem Gesicht auf den Boden. Dann setzte ein heftiger tropischer Regen ein, und das Blut der Schwester tränkte den Boden, den sie liebte und verteidigte. Und in dieser Atmosphäre der Trostlosigkeit, gemeinsam mit dem Urwald in Tränen, fanden sie die Familien, zu denen sie unterwegs gewesen war, auf. Der leblose Körper blieb bis in den späten Abend auf die Erde ausgestreckt, da man auf die Polizei wartete, und um ihn herum weinte und betete die Bevölkerung der Gegend zusammen mit den Mitschwestern ihrer Kongregation, und sie nahmen sich dabei an den Händen. Dies war ein Tag, an dem der Amazonas eine Kämpferin verlor und einen Engel dazubekam, wie es Felício Pontes Júnior, der junge Staatsanwalt und Mitstreiter von Schwester Dorothy im Kampf für die Völker des Regenwaldes ausdrückte.

Warum hat man Schwester Dorothy umgebracht? Warum stellte sie eine Gefahr dar, sie, die schon so alt war, eine so sanfte Stimme und ein so herzhaftes Lachen hatte? Dafür bekamen wir beim *Weltforum für Theologie und Befreiung* in Belém (Hauptstadt des Bundestaates Pará) von Staatsanwalt Felício Pontes eine klare Erklärung: Schwester Dorothy wurde im Zuge des Aufeinanderprallens zweier großer Projekte ermordet: des Projektes des Lebens und des Projektes der Wirtschaft. Beide befinden sich zurzeit im Bundesstaat Pará, der zusammen mit dem Bundesstaat Amazonia die größte Fläche des Amazonasregenwaldes umfasst, in erbittertem Kampf.[1] Mehr als andere Gegenden des Amazonasgebietes stellt Pará heute die Frontlinie, oder um es mit den Worten der brasilianischen Ex-Umweltministerin Marina da Silva auszudrücken, die »Raubgrenze« des Amazonasgebietes dar. Auf der einen Seite gibt es da das traditionelle Leben der Menschen, die im Regenwald und in harmonischer Einheit mit ihm an den Ufern seiner zahlreichen Flüsse, bei den Seitenarmen der Flüsse, in den Flussbetten und den *igarapés* (falschen Flüssen) leben. Der Wald, aus dem sie ihre Ressourcen beziehen, ist die Grundlage ihrer Wirtschaft, auf seinen Lichtungen pflanzen sie und errichten sie ihre Siedlungen. Es handelt sich nicht nur um indigene Völker, die ihre Sprache und Kultur bewahren, sondern in deutlich größerer Zahl um eine Mischbevölkerung, einfach um *amazonische* Bevölkerung. Sie verfügen über keine verbrieften Eigentumstitel an dem Land, das sie von ihren Vorfahren übernommen haben; sie sind Söhne und Töchter der Erde. Und auf der anderen Seite gibt es das Projekt des Agrobusiness, des Holzexports, des Handels mit Bodenschätzen, Fleisch und Soja. Die großen Landbesitzer (*fazendeiros*) sind mit Gewalt ins Amazonasgebiet eingedrungen, um es auszuplündern, ihre großangelegten Systeme von Anpflanzungen, Weiden und Viehzucht zu etablieren. Natürlich ist das Exportgeschäft im Rahmen der zurzeit stattfindenden ökonomischen Globalisierung der Weg, um mehr Geld zu verdienen und mehr Reichtum anzuhäufen. Und das Agrobusiness ist der wichtigste Teil des brasilianischen Exportsektors.

Doch das geschieht auf Kosten der Umwelt und der Bevölkerung, die in den riesigen Gebieten des Landesinneren lebt. Schwester Dorothy hat Vorläufer: Beim Aufeinanderprall dieser beiden Projekte starb Chico Mendes an einer anderen Stelle des Urwalds. Er war ein führender Gewerkschafter, der auf Befehl von mächtigen Landbesitzern aus der Gegend ermordet wurde. So starb auch der junge Priester Josimo Tavares, der Koordinator der Kommission für die Landpastoral, so starb auch Schwester Adelaide Molinari. Doch darüber hinaus geht die Zahl der führenden Persönlichkeiten aus dem Volk im Rahmen dieses Aufeinanderprallens in die Hunderte, und man hat ganze Gruppen niedergemetzelt.

Doch eine permanente Konfrontation inmitten der Bevölkerung geht diesen extremen Fällen der Ermordung Schwester Dorothys und so vieler anderer voraus. Einerseits ist das Volk in Regionen, in denen es dem Staat noch nicht gelungen ist, sich durchzusetzen – wo es kein Finanzwesen, keine offiziellen Aufzeichnungen, keine durch eine Polizei garantierte Sicherheit gibt und wo die Institutionen in hohem Maß korrupt sind –, bedroht und wird von seinen Wohnorten vertrieben. Gewaltbereite Großgrundbesitzer eignen sich auf unsaubere Weise Land an, sie bringen fingierte Dokumente bei und dehnen ihre Besitztümer in so missbräuchlicher Weise aus, dass eine Länderei drei oder mehr Besitztitel haben kann. Andererseits werben dieselben Grundherren Arbeiter an, die aus unterschiedlichen Regionen Brasiliens kommen, vor allem aus dem Landesinneren des Nordostens, wo Trockenheit und Armut herrschen. Auf diese Weise nimmt die *Sklavenarbeit* zu, eine wahrhafte Pest, die verborgen im Inneren der riesigen Großgrundbesitze wütet. Innerhalb dieses komplizierten und von Gewalt geprägten Szenarios muss man den Tod, aber zuvor noch das missionarische Leben und die geniale Initiative von Schwester Dorothy begreifen.

Sie kam aus dem Nordosten, aus dem Bundesstaat Maranhão, wo sie zusammen mit ihren Mitschwestern von der Kongregation Notre Dame de Namur mitten unter der armen Landbevölkerung arbeitete. Ihre Familie stammte ursprünglich aus Irland; sie selbst kam aus den Vereinigten Staaten mit missionarischem Geist nach Brasilien, ließ die geordneteren Arbeitsmöglichkeiten an Lehranstalten und Instituten hinter sich, um sich in die arme Landbevölkerung zu integrieren. Sie erinnert ein wenig an eine Mutter Teresa von Kalkutta für Brasilien. Doch sie hat auch etwas, was sie von ihr unterscheidet: Sie setzte sich dafür ein, dass die Leute aus dem Volk, insbesondere die Frauen, zu Subjekten ihres eigenen Geschicks werden – was schwierig und vor allem gefährlich ist. Vier Jahrzehnte lebte sie in Brasilien und ließ sich einbürgern, um auf noch radikalere Weise mit dem Volk verbunden zu sein. Als sie jedoch sah, dass die Bevölkerung ihrer Gegend – im Nordosten von Maranhão – ins Amazonasgebiet nach Pará abwanderte, kam sie zusammen mit den Schwestern ihrer Ordensgemeinschaft zum Entschluss, dass sie ihre Zelte abbrechen und die Abwanderer begleiten müssten. Nach einer Reise durch verschiedene Teile Parás, auf der sie an der Seite des Volkes Leid und Verfolgung durchmachten, ließen sie sich in Anapu, im »Land der Mitte« auf öffentlichem, also staatlichem Grund und Boden, 670 km von Belém, der Hauptstadt Parás entfernt, nieder. Auf Einladung des Bischofs der Diözese Altamira, Erwin Kräutler, ging sie in eine konfliktträchtige Gegend im Regenwald. Erwin Kräutler ist einer der drei katholischen Bischöfe, die zu dem guten Dutzend derer gehören, gegen die im Bundesstaat Pará Todesdrohungen ausgesprochen wurden. Mit Unterstützung des Bischofs und mit Zustimmung der INCRA (*Instituto Nacional de Colonização e Reforma Agraria*, das ist die staatliche Behörde, die mit der Landvergabe beauftragt ist) erreichte es Schwester Dorothy, dass die staatlichen Ländereien der Region dem PDS übereignet wurden. Die Grundlage dieses Projektes war, dass 20 Prozent des Bodens für die Landwirtschaft genutzt wurden und auf 80 Prozent der Fläche der Regenwald erhalten werden sollte; sie unterlagen einer »dem Regenwald angepassten Nutzung«, die die unermessliche Artenvielfalt respektiert. Dabei geht es um eine nachhaltige Nutzung der Naturressourcen und eine Förderung des natürlichen Baumbestandes, der Früchte und andere nutzbringende Güter hervorbringt. Das PDS bekam die Unterstützung von Organisationen der Zivilgesellschaft, von Seiten der Regierungsbehörden des Bundesstaates und Brasiliens, darunter auch vom Umweltministerium, von Universitäten und pastoralen sozialen Bewegungen. Und sie begannen, Früchte und Hoffnung zu produzieren.

Doch dann begannen die Konfrontationen: Die *grileiros* (das sind Großgrundbesitzer, die sich auf gewaltsame Weise Land aneignen, gefälschte Dokumente vorlegen und die Bevölkerung vertreiben) drangen in dieselben Gebiete vor. Sie stießen auf den organisierten und gut vernetzten Widerstand der Bevölkerung, und in der Hauptstadt des Landes wurden

Rechtsstreitigkeiten ausgefochten. Und da beschlossen sie, Schwester Dorothy zu beseitigen. Es wurde hinterher klar, dass der Auftraggeber des Mordes ein ganzes »Konsortium« war. Man hat sich zusammengetan, um einen Mittelsmann zu bezahlen, der seinerseits die jugendlichen Pistolenschützen anheuerte und das Leben Schwester Dorothys zum Preis von fünfzig Reais verkaufte, das sind etwa zwanzig US-Dollar.

Bei der Begräbnisfeier in Anapu sagte eine ihrer Mitschwestern im Angesicht der brasilianischen Umweltministerin, des Bischofs und des Volks, das sie liebte: »Wir werden Schwester Dorothy jetzt nicht beerdigen, wir werden sie vielmehr *pflanzen*.« Die Bedeutung ihres Namens ist tatsächlich »Geschenk Gottes«, und sie ist ein wahres Geschenk für den Regenwald und die Völker des Amazonasgebietes. Der Same, den sie ausgesät hat, hört nicht auf, Früchte zu tragen: Ihr Kampf um ein harmonisches Miteinander von Regenwald und Bevölkerung hat ganz Brasilien ergriffen. Im Bundesstaat Pará wurde das *Komitee Dorothy* gegründet, das sich mit verschiedenen Organisationen und Einzelpersonen, Juristen, Ordensleuten, Politikern, Akademikern und vielen Jugendlichen vernetzt. Dieses Komitee führt Aktionen auf verschiedenen Gebieten durch: Es betreibt Bewusstseinsbildung, klagt Missstände an, führt Projekte durch und begleitet Aktionen zugunsten des Regenwaldes und der in ihm wohnenden Bevölkerung. Auf diese Weise führen viele Dorothys Traum weiter. In der Tat gibt es viele Dorothys in der Gegend, deren Namen man kaum kennt. Einer der größten Erfolge war die Übernahme der Elemente des PDS für ganz Brasilien durch das Umweltministerium. Jetzt müssen kraft Gesetz 80 Prozent des Regenwaldes im ganzen Land der »waldgemäßen Nutzung« vorbehalten bleiben. Dies ist ein großer Erfolg – so groß wie ganz Brasilien – der kleinen und sanften Schwester Dorothy, die bis zum Ende, selbst angesichts ihrer Mörder, standhaft und liebenswürdig blieb.

Nicht nur die Mörder selbst, sondern auch der Mittelsmann und der Hauptauftraggeber des Mordes wurden verhaftet und vor Gericht gestellt. Das *Komitee Dorothy* begleitete den Prozess sehr intensiv, damit es auch vor Gericht zu einer exemplarischen Verurteilung komme und die Straflosigkeit der Gewalt gegen die Bevölkerung und den Regenwald in dieser Region abnehme. Alle Angeklagten wurden in erster Instanz verurteilt, doch man ging in Berufung und änderte die Version vom Mordgeschehen. Dies führte zu skandalösen Freisprüchen, die, wie dies bei den meisten Mordfällen in der Gegend der Fall ist, das Problem der notwendigen tatsächlichen Gerechtigkeit ungelöst lassen. Nun zeigt der Dokumentarfilm eines jungen amerikanischen Regisseurs, *Por que mataram Irmã Dorothy* (»Warum haben sie Schwester Dorothy getötet?«), auch diese dunkle Seite, wie sich die Justiz lächerlich macht. Dieser Film dokumentiert auch den Versuch des Rechtsanwaltes des Angeklagten, glaubhaft zu machen, dass Schwester Dorothy eine vom CIA eingeschleuste Amerikanerin gewesen sei. Und er dokumentiert den entsprechenden Kommentar des Richters: »Schwester Dorothy ist keine Amerikanerin und keine Brasilianerin, sie ist Weltbürgerin.«

Unsere theologische Schlussreflexion hat tatsächlich mit folgender These zu tun: Schwester Dorothy kann als neues Paradigma von Heiligkeit und Martyrium in Zeiten der Einbeziehung der Mutter Erde in die Spiritualität und Gerechtigkeit betrachtet werden. Die Heiligkeit im christlichen Sinn ist durch die Liebe definiert, und das Martyrium im christlichen Sinn ist Hingabe dieser Liebe bis zum Ende, *usque ad sanguinem*. In einem traditionellen Verständnis fügt man hinzu: *propter Christum*, das bedeutet: als Zeugnis des Glaubens an Christus. Die Zeitschrift CONCILIUM hat zweimal das »jesuanische« Martyrium behandelt[2], d. h. das Martyrium derer, die in der Nachfolge Christi und von seinem Wort und Geist bewegt ihr Leben bis hin zum Blut *propter Regnum* hingaben und noch immer hingeben, also aus demselben Grund, aus dem auch Christus sein Blut gegeben hat. So wurde zum Beispiel Bischof Oscar Romero nicht ausdrücklich »aufgrund des Hasses gegen den christlichen Glauben«, sehr wohl aber »aufgrund des Hasses gegen die Gerechtigkeit« ermordet – einer Gerechtigkeit, wie sie von Gott und Christus gewollt ist. Es könnte wie ein leeres Gedankenspiel erscheinen, wenn man behauptet, dass Gott die Gerechtigkeit gegenüber seinen Geschöpfen mehr liebt als den Glauben an ihn – dass dies gerade das Eigentümliche der reinen und keineswegs narzisstischen Liebe Gottes ausmacht. Denn in Wahrheit war es ein und derselbe Akt des Glaubens und der Liebe zu Gott, der für Schwester Dorothy die Liebe zu Gottes Geschöpfen, die Liebe auf die Weise, wie Gott selbst sie liebt, einschloss.

Im Martyrium von Schwester Dorothy wird dem historischen Jesus selbst etwas hinzugefügt, was vielleicht Jesus zu seiner Zeit und an seinem konkreten Ort nicht widerfahren konnte: der Hass gegenüber der Mutter Erde, der sich in deren Ausplünderung, in der gewaltsamen und ungerechten Aneignung äußert und der einhergeht mit dem Hass gegenüber den Söhnen und Töchtern der Erde, dem Hass gegenüber dem Volk, das auf dieser Erde lebt. Im Gegensatz dazu liebte sie das Volk und den Regenwald, die Artenvielfalt und die Gerechtigkeit in ein und derselben Liebe, in der Liebe zu Gott. Sie half schließlich mit, die Tische der Händler abzuräumen oder zumindest an ihnen zu rütteln, der Händler, die den Tempel der Schöpfung schänden und das Volk in Verzweiflung stürzen. Und deshalb wurde sie umgebracht. Ihr Leben und Tod in der Nachfolge Jesu bringt etwas Neues an Jesus selbst zum Ausdruck: In die Schöpfung mit ihrer Artenvielfalt, mit ihren Söhnen und Töchtern ist das Reich Gottes und seine Gerechtigkeit einbegriffen, das Reich Gottes, das die Hingabe von Leben und Tod bis zum Ende wert ist. Deshalb ruft das Volk Amazoniens: »Schwester Dorothy, mit dem offenherzigen Lachen und der sanften Stimme: Bitte für uns!«

1 | Der Regenwald umfasst praktisch halb Brasilien und erstreckt sich über acht Bundesstaaten. Dazu kommen noch weitere fünf lateinamerikanische Staaten.

2 | Vgl. die CONCILIUM-Hefte »Martyrium heute« (3/1983) und »Martyrium in neuem Licht« (1/2003).

Aus dem Portugiesischen übersetzt von Dr. Bruno Kern M.A.

Felix Wilfred

Von der Weltmission zu globalen Formen des Christentums

Eine Perspektive aus dem Süden

2011

Seit der ersten Weltmissionskonferenz vor einhundert Jahren in Edinburgh hat sich die christliche Demographie deutlich verändert. Anhand von Statistiken haben Philip Jenkins und andere Wissenschaftler gezeigt, dass sich das Gravitationszentrum des Christentums südwärts verschoben hat.[1] Die überwältigende Mehrheit der Christen lebt im Süden, und diese Christen zählen zu den Ärmsten der Armen. Zudem sind die Bevölkerungen im Süden jung, d. h., das dortige Christentum ist eine Religion der jungen Menschen – was man angesichts der grauhaarigen Senioren, die sich in den meisten europäischen Ländern zu den Sonntagsgottesdiensten versammeln, vielleicht nicht unbedingt vermuten würde. Und auch das Image des Christentums hat sich gewandelt: von einer Religion der reichen Kolonialherren des Westens zu einer Religion der kolonialisierten Völker und Randgruppen dieser Welt.

Der vorliegende Artikel will die Christentümer des Südens in ihrer globalen Bedeutung kartographieren und mit Blick auf einen möglichen Dialog zur religiösen Situation des Nordens – und insbesondere Europas – in Beziehung setzen. Da die Situation in Nordamerika einen Sonderfall darstellt, kann sie hier nicht berücksichtigt werden; mit Norden ist also im Großen und Ganzen Europa gemeint. Ich weise ferner ausdrücklich darauf hin, dass die Christentümer des Südens ihre eigenen, schwerwiegenden Probleme haben und in keiner Weise romantisiert werden dürfen. Vielerorts, und dessen bin ich mir durchaus bewusst, ist zudem das südliche eine bloße Kopie des abendländischen Christentums. Und schließlich sind religiöser Fundamentalismus, menschenunwürdige Massenarmut, Umweltzerstörung und andere soziale Konflikte grausame Realität und müssen thematisiert werden. Dies kann der vorliegende Beitrag jedoch nicht leisten.

I. Einige Merkmale des südlichen Christentums

In den Christentümern des Südens spielen drei Bewegungen eine wichtige Rolle, nämlich die *Befreiungsbewegung*, die *Pfingstbewegung* und die *interreligiöse Bewegung*. Die Inkulturation war ein postkolonialer Versuch, dem Christentum im Süden eine neue Bedeutung zu geben. Dieser Ansatz ist jedoch völlig inadäquat, und im Christentum des Südens werden derart begrenzte Projekte inzwischen von der Wirklichkeit eingeholt. Die Inkulturation ist zu einem Unterfangen mit Verfallsdatum geworden. Wir haben es im Süden mit einer neuen Landschaft des Christentums zu tun, die von den genannten drei Bewegungen geprägt ist.

Die Sicht auf die Religionen ist im Süden heute eine ganz andere als im Norden, und auch die Prioritäten im Bereich der Religion und der religiösen Erfahrung werden unterschiedlich gesetzt. Dies wirkt sich nicht zuletzt auf den Zugang zum Christentum aus. Zunächst einmal ist eine Verschiebung zu beobachten: weg von der intellektualisierenden Bekenntnisidentität des Christentums und hin zu einer stärkeren Betonung des Erfahrungsaspekts und dem dringenden Anliegen, das Christentum zu einer Praxis zu machen – einer Praxis des Gottesreichs. Hierin liegt auch der Schnittpunkt der drei Bewegungen: der Befreiungsbewegung, der Pfingstbewegung und der Bewegung für die Begegnung der Religionen.

Charakteristisch für das südliche Christentum sind sein Pluralismus und seine Vielfalt. Wir müssen an dieser Stelle auf die Fähigkeit der Christen im Süden hinweisen, Grenzen zu verhandeln – Grenzen zwischen dem Indigenen und dem Globalen, zwischen dem christlichen Glauben und anderen religiösen Erfahrungen, zwischen Theorie und Praxis, Intellekt und Emotion, Geist und Leib, zwischen dem Menschlichen und der Natur. Hinzuzufügen ist außerdem die Aufgeschlossenheit für den spirituellen Weg des Einzelnen, der dennoch mit einer gemeinschaftlichen und solidarischen Glaubenspraxis einhergeht.

Doch das südliche Christentum weist noch ein weiteres, wichtiges Merkmal auf: Es *pulsiert*. Dies ist darauf zurückzuführen, dass es den Charakter einer *Bewegung* angenommen hat. Man bemüht sich, von den Metaerzählungen – um einen postmodernen Ausdruck zu verwenden – freizukommen und Fragmente in den Blickpunkt zu rücken; anstelle des Ewigen stehen nun das Vorübergehende, das Vergängliche und das Hier und Jetzt im Fokus. Die drei Bewegungen lassen sich anhand dreier Schlüsselbegriffe charakterisieren: *Praxis*, *Erfahrung* und *Begegnung*. Gemeinsam drücken diese drei Begriffe aus, was das Christentum im Süden ist – eine *Bewegung* – und wie es gedeutet werden kann.

Vielen südlichen Formen des Christentums ist ein sehr feines Gespür für die Präsenz des Bösen und des Leidens eigen. Die Gläubigen des Südens ringen mit diesem Mysterium, weil sie arm sind, und aus demselben Grund versuchen auch die Pfingstler, die Erfahrungen der neutestamentlichen Welt in der Gegenwart zu reproduzieren – Erfahrungen, die etwas mit dem Kampf gegen Mächte und Fürstentümer und gegen die Krankheit von Leib und Seele zu tun haben. Hinzu kommen kämpferische Bestrebungen, sich mit den Strukturen der Sünde und Unterdrückung auseinanderzusetzen und die Sünde der Ungerechtigkeit und Gewalt, die den Armen so viel Leid bereitet, zu entlarven. Neben der Erfahrung des Bösen und des Leidens stellen wir außerdem fest, dass die Gläubigen des Südens inmitten aller Probleme, mit denen sie zu kämpfen haben, Hoffnung und eine große Widerstandsfähigkeit ausstrahlen.

II. Einige Merkmale des nördlichen Christentums

Was Europa betrifft, müssen wir nicht nur die Tatsache berücksichtigen, dass das Christentum aus verschiedenen historischen, sozialen und kulturellen Gründen an Kraft verloren hat, sondern dass außerdem viele der noch aus der Zeit der Aufklärung stammenden Gewissheiten Stück für Stück zerbröckelt sind – etwa der Glaube an den Primat der Rationalität oder an den linearen Fortschritt, das Geschichtsverständnis, die Sicht auf die Religion und vieles mehr. Als religiöses Phänomen hat das Christentum des Südens die Denkschemata der Aufklärung ebenso erschüttert wie die säkularistischen Erklärungsmuster. Die Tendenz der Europäer, andere Gesellschaften und Völker aus der Perspektive dessen zu sehen, was ihnen selbst widerfahren ist, gerät ins Wanken. Aus der Sicht des Südens wird immer deutlicher, dass die Situation in Europa eher die Ausnahme als die Regel ist.

In Europa selbst gibt es entgegen allen Vorhersagen neue Erscheinungs- und Ausdrucksformen von Religion, angesichts deren man zu Recht von einer »*Rückkehr der Religion*« sprechen kann. Im Grunde handelt es sich hierbei allerdings um ein *neues* Streben nach religiöser Erfahrung – neu insofern, als es von einem Sinn für Authentizität geprägt ist, der sich nicht in das vorher Festgelegte und Gegebene fügen will.[2] Die Rückkehr zur Religion geht mit der Forderung einher, Sinne und Körper als wesentlichen Bestandteil der spirituellen Existenz zu respektieren. Im Gegensatz zur Verdinglichung des Leibes oder der getrennten Betrachtung von Leib und Seele, wie wir sie aus der konventionellen Religion kennen, können wir – sowohl im Norden als auch im Süden – beobachten, dass der Körper mehr und mehr zu einem Schauplatz spiritueller Erfahrung wird. Während die Säkularisierung in Westeuropa bestrebt war, der Religion jeglichen öffentlichen Einfluss zu nehmen, versuchten die totalitären Sozialismen in Mittel- und Osteuropa mit ihrer zwiespältigen Einstellung zur Moderne sie entweder zu eliminieren oder zu domestizieren und vor den Karren parteilicher oder staatlicher Interessen zu spannen. Die Eliminierung Gottes und der Transzendenz durch systematische Indoktrinierung wirkte sich so nachhaltig auf die Psyche und das Leben der Menschen in den betreffenden Teilen Europas aus, dass die Folgen auch nach dem Zusammenbruch des sozialistischen Systems im Jahr 1989 noch immer zu spüren sind. Die sozialistische Säkularisierung war so »erfolgreich«, dass die neue Atmosphäre der Religionsfreiheit den Kirchen in Ländern wie der Tschechoslowakei und Ungarn keinerlei Zustrom beschert hat.

Im Lauf der Geschichte hat das Christentum dazu beigetragen, die *nationale Identität* vieler europäischer Völker zu formen. Heutzutage haben die traditionellen religiösen Identitäten allem Anschein nach einen nur mehr *symbolischen Wert*, und die auch von staatlicher Seite anerkannte Fähigkeit der Kirchen, sozialen Zusammenhalt zu schaffen, basiert eher auf der historischen Erinnerung und dem Erbe, für das sie stehen. Tatsächlich haben wir es in Europa mit einer großen Anzahl »unkirchlicher« Menschen zu tun, denen es keineswegs an Glauben, spiritueller Suche und Sehnsucht fehlt. Die Suche nach dem Spirituellen geschieht auch außerhalb der Institutionen und der traditionellen Grenzen; und dasselbe gilt für die Suche nach Selbstveränderung und einer neuen spirituellen Identität. Das ist das Ergebnis des Individualisierungsprozesses und der *»subjektiven Wende«* in der modernen Kultur.

Im Bewusstsein der Menschen und in der Öffentlichkeit ist die Präsenz des Christentums vor allem eine symbolische. Dies zeigt sich bei gewissen Anlässen und Ereignissen und vor allem in Krisenzeiten und ist dem historischen Erbe Europas geschuldet. Viele Europäer sind keine praktizierenden Christen; sie bezeichnen sich selbst als säkular und wollen nicht mit dem Christentum in Verbindung gebracht werden. Andererseits hätten sie jedoch nichts dagegen, wenn die christliche Religion weiterhin von einer Minderheit ausgeübt und damit gewissermaßen das Erbe der gemeinsamen Vergangenheit bewahrt und gepflegt würde. In diesem Sinne wird das Christentum, mit Grace Davie gesprochen, zu einer »Stellvertreterreligion«[3].

Und schließlich ist im europäischen Christentum eine hermeneutische Strömung zu beobachten: nämlich das Bestreben, die jahrhundertealte Verbindung zwischen Christentum und Metaphysik in Frage zu stellen und auf diesem Weg zu einer Neuinterpretation des Christentums zu gelangen. Man kehrt zurück zu einem anderen Christentum, und diese Rückkehr vollzieht sich über den *pensiero debole*, das »schwache Denken«, und über ein Abrücken von einem metaphysisch verstandenen Christentum. Die Loslösung von der Metaphysik macht den Weg frei für ein anderes – dynamischeres, offeneres und flexibleres – Christentum in Europa.

An dieser Stelle sei darauf hingewiesen, dass alle drei Bewegungen des Südens – die Befreiungsbewegung, die Pfingstbewegung und die interreligiöse Bewegung – letztlich ein Christentum in Frage stellen, das an die Metaphysik der Anwesenheit und des erkenntnistheoretischen Fundamentalismus gebunden ist, und daher in ihrem Charakter und ihrer Ausrichtung als »post-metaphysisch« beschrieben werden könnten.

Als die erste Euphorie über den Zusammenbruch der kommunistischen Systeme verflogen war, sahen sich die Kirchen in Osteuropa mit einer neuen Situation konfrontiert, auf die sie auch in theologischer Hinsicht schlecht vorbereitet waren. Die Kirchen in Mittel- und Osteuropa haben es heute mit zahlreichen sozialen Problemen wie Fremdenfeindlichkeit, Minderheitsfragen, Gewalt, Sinnverlust u. ä. zu tun. Es bleibt abzuwarten, wie sie auf diese Fragen antworten und auf die Sehnsucht der Menschen nach Sinn und Sicherheit in einem ideologischen Vakuum reagieren werden. Und es ist ebenfalls nicht klar, welche soziale, kulturelle und politische Rolle die Kirchen in dieser Region in der postkommunistischen Ära übernehmen werden.[4]

Die Antwort auf die veränderten Bedingungen in Europa ist weder eine nostalgische Rückkehr zur Christenheit noch eine wie auch immer verstandene *Neuevangelisierung*[5] und auch keine vom Säkularismus inspirierte Verbannung des Religiösen in den privaten Bereich. Nichts davon wird der gegenwärtigen Situation in Europa gerecht, geschweige denn, dass es Hoffnung für die Zukunft weckt. An diesem kritischen Punkt scheint mir ein intensiver und wechselseitiger Austausch zwischen den Christentümern des Südens und des Nordens überaus wichtig. Die Interaktion zwischen dem europäischen Christentum einerseits und den drei wichtigsten Strömungen des südlichen Christentums andererseits wäre ein sehr kreativer und erfrischender Ausblick in die Zukunft. Gemeinsam werden sie zur Entstehung globaler Christentümer beitragen.

III. Befreiungsbewegungen und Pfingstkirchen im Süden

Die Befreiungstheologie zählt zu den bedeutsamsten Entwicklungen in der Geschichte des 20. Jahrhunderts. Oft ist sie eine Stimme in der Wüste – und doch entscheidend, wenn es darum geht, uns zum Herzen und zum Geist des Evangeliums zurückzuführen. Dass das Christentum auf dem asiatischen Kontinent nach der desaströsen Erfahrung des Kolonialismus seine Glaubwürdigkeit zurückgewinnen konnte, war der christlichen Befreiungsbewegung und ihrem Einfluss auf die heutigen asiatischen Gesellschaften zu verdanken. Die Befreiungstheologie schlägt eine Brücke zum Sauerteig der Befreiung und den Befreiungsbewegungen in anderen religiösen Traditionen.

Die Befreiungsbewegungen und die Pfingstkirchen haben vieles gemeinsam. Sie haben dieselbe Anhängerschaft: die Armen und die Ausgegrenzten. Sie stützen sich auf Basisgruppen – christliche Basisgemeinden und Kleingruppen auf der einen, unabhängige Kirchen auf der anderen Seite. Zudem finden wir in beiden Bewegungen aktiv engagierte Frauen. Keine von ihnen befürwortet den Status quo. Beide engagieren sich für Wandel und Veränderung. Angesichts dieser Gemeinsamkeiten sollten wir darauf verzichten, die Befreiungstheologie vereinfachend als Option *für* die Armen, das Pfingstlertum hingegen als Option *der* Armen zu karikieren. Einige Aspekte der Befreiung sind für die Pfingstkirchen durchaus ein Thema.[6] Zuallererst erinnert die Bewegung uns an die Bedeutung von *Selbstveränderung* und *Umkehr* zu Gott und zu Gottes Wirken im Hier und Jetzt. Und auch die Befreiung kann im Hier und Jetzt erfahren werden. Obwohl all unser Streben auf den Horizont der letztgültigen Gerechtigkeit im Himmelreich ausgerichtet ist, werden Gerechtigkeit und Befreiung im richtigen Leben oft nur in kleinen Schritten Wirklichkeit: von weniger Gerechtigkeit zu mehr Gerechtigkeit, von weniger Befreiung zu mehr Befreiung. Etwas von dieser kleinschrittigen, aber unmittelbaren Befreiung ist in der Pfingstbewegung spürbar. Für viele arme Frauen ist die Abschaffung des Patriarchats beispielsweise ein Traum, eine Befreiung, die in weiter Ferne liegt. Doch Befreiung beginnt für sie bereits, wenn ihre Ehemänner von Alkohol, Drogen und häuslicher Gewalt ablassen und aufhören, fremdzugehen und mehrere Familien gleichzeitig zu unterhalten. Für die ethnischen Minderheiten und die als »Unberührbare« Diskriminierten beginnt Befreiung, wenn sie nicht länger von der Gemeinschaft ausgegrenzt, sondern akzeptiert werden und das Gefühl haben dürfen dazuzugehören. Diese Gruppen erfahren einige Dimensionen ihrer Befreiung in den Pfingstbewegungen. David Barret berichtet, »dass die Hälfte aller Pfingstler, etwa zweihundert Millionen Menschen, in tiefster Armut in Slums leben«[7]. Der Zustrom der Armen zu den unabhängigen Kirchen und zur Pfingstbewegung erinnert uns an das Schriftwort: »Das Törichte in der Welt hat Gott erwählt, um die Weisen zuschanden zu machen, und das Schwache in der Welt hat Gott erwählt, um das Starke zuschanden zu machen. Und das Niedrige in der Welt und das Verachtete hat Gott erwählt: das, was nichts ist, um das, was etwas ist, zu vernichten« (1 Kor 1,27–28).

Ist das Pfingstlertum fundamentalistisch? Selbst wenn einige Gruppierungen innerhalb der Pfingstbewegung in extremistische Positionen verfallen, kann die Bewegung insgesamt nicht als fundamentalistisch bezeichnet werden. Die meisten Formen des Pfingstlertums weisen keines jener Merkmale auf, die mit dem Fundamentalismus in Verbindung gebracht werden.[8] Fundamentalisten sind rückwärtsgewandt, Pfingstler dagegen *zukunftsorientiert* und von einer intensiven Erfahrung der Gegenwart des Gottesgeistes hier und jetzt geprägt. Angemessener wäre es wohl, die Pfingstbewegungen als *Erneuerungsbewegungen* zu charakterisieren. Als solche versuchen sie den Geist der christlichen Ursprünge wiederzubeleben, statt wie die Fundamentalisten die Vergangenheit zu verabsolutieren.[9] Überdies sind Pfingstbewegungen flexibel und stellen, anders als die fundamentalistischen Bewegungen, keine antimodernistische, reaktionäre Kraft dar.

Natürlich gibt es Unterschiede zwischen den Befreiungs- und den Pfingstbewegungen. Das ist jedoch kein Grund zur Polarisierung. Es ist wichtig, darauf hinzuweisen, dass es vielfältige Formen des Pfingstlertums gibt – genauso, wie man ja auch im Katholizismus oder Protestantismus verschiedene Strömungen kennt.

Mir ist bewusst, dass einige der Pfingstgruppen das sogenannte »*Wohlstandsevangelium*« verkünden und die herrschenden Mächte unterstützen, wenn diese ihnen im Gegenzug Verkündigungsfreiheit und andere Vorteile zubilligen. Dies mag der Bewegung ein politisch rechtes oder bestenfalls unpolitisches Image verleihen. Doch man muss kein Pfingstler sein, um politisch rechts zu sein. Franco und Salazar waren keine Pfingstler! Nicht nur die Evangelikalen, sondern viele Angehörige auch der großen Kirchen treten nicht weniger offen für eine liberale Philosophie und die Anhäufung von Wohlstand ein.

Theologen wie Harvey Cox, Richard Shaull und Allen Anderson und Soziologen wie Paul Freston, Simon Coleman, David Martin, Waldo Cesar und andere sehen in der Pfingstbewegung ein großes Potential für sozialen, politischen und kulturellen Wandel.[10] Ein historisches Beispiel sind die Quäker aus England, deren Praktiken denen der Pfingstler zu ähneln schienen, die sich aber mit der Zeit zu einer sozialen Kraft entwickelten, die Missständen wie Gewalt und Sklavenhandel die Stirn bot.[11]

IV. Die Bewegung hin zur Begegnung der Religionen

Die Begegnung zwischen den Religionen ist die dritte wichtige Bewegung, die die Christentümer des Südens und insbesondere Asiens charakterisiert.[12] Diese Begegnung hat viele Dimensionen. Da ist erstens der Versuch, den christlichen Glauben und die Botschaft des Evangeliums mithilfe der spirituellen Einsichten anderer religiöser Überlieferungen zu erfahren; die christlichen Schriften mithilfe der Schriften anderer Glaubensgemeinschaften zu lesen, zu verstehen und zu interpretieren; spirituelle Praktiken zu übernehmen, die helfen, den Glauben in seiner Tiefe zu erleben. Zweitens ist da der Versuch, im Alltag auf dem Weg der Freundschaft, des Teilens und eines wechselseitigen Gebens und Nehmens Beziehungen zu Andersgläubigen zu knüpfen, die über den lehrmäßigen und bekenntnishaften Rahmen hinausgehen; auf der Grundlage dieser Erfahrungen eine Religionstheologie zu entwickeln, die anderen Religionen ihren Platz in der göttlichen Ökonomie zugesteht; die Religiosität der Armen und Ausgegrenzten ernsthaft in Betracht zu ziehen und in eine Religionstheologie zu integrieren, die eine befreiende Stoßrichtung hat.

Was ich hier in aller Kürze zu beschreiben versucht habe, passt vielleicht nicht in das Paradigma von Exklusivismus, Inklusivismus und Pluralismus – jener westlichen Standardklassifizierung, die zum Allgemeingut der Religionstheologien geworden ist. Sie ist formalistisch und stützt sich kaum auf Erfahrungswerte. Ein solches Schema lässt gerade diejenigen Aspekte der Begegnung außer Acht, die am meisten mit Kreativität und Erfahrung zu tun haben, und dasselbe gilt auch für die befreiende Dimension der Religionen der Armen. Das Christentum des Südens drängt auf einen befriedigenderen theologischen Ansatz im Umgang mit der religiösen Vielfalt. Wo anerkannt wird, dass diese religiösen Traditionen in sich wertvoll, heilsbedeutend und Träger der göttlichen Offenbarung sind, wird man sie nicht länger als Fremdkörper oder Rivalen behandeln. Zurzeit sind die meisten Gruppierungen innerhalb der Pfingstbewegung noch nicht wirklich bereit für die Dynamik einer echten Begegnung mit anderen Religionen, weil sie an der Besonderheit ihrer spirituellen Überzeugungen festhalten. Doch der multireligiöse Kontext des Südens könnte sie dazu herausfordern, sich in dieser Hinsicht zu öffnen.

Andere Religionen als Bedrohung oder als Fremdkörper zu betrachten hieße für Europa, dass sich die desaströse Vergangenheit, an der auch die Religionen nicht unbeteiligt waren, zu wiederholen droht. Man täte besser daran, die Anwesenheit anderer Religionen als Bereicherung der europäischen Religionslandschaft zu sehen. Thomas Bremer hat die Frage, um die es hier geht, treffend formuliert:

»Welche Heilsbedeutung hat es, wenn Islam, verschiedene asiatische Religionen, Judentum und viele weitere Erscheinungsformen von Religion in Europa nicht nur durch einzelne Gläubige vertreten sind, sondern ihre Präsenz stabilisieren und sogar unter Menschen, die ursprünglich Christen oder nicht religiös waren, Anhänger gewinnen können? Welche Wege gibt es für die christlichen Kirchen, mit dieser Herausforderung theologisch umzugehen?«[13]

Diese Herausforderung seitens einer *stabilisierten Präsenz* von Andersgläubigen ist ein alltägliches Phänomen.[14] In der Antwort des heutigen europäischen Christentums wird sich auch seine Einstellung gegenüber diesen Andersgläubigen spiegeln – ob man sie als Partner in Gottes Erlösungsprojekt oder als Fremde betrachtet, die toleriert werden müssen.[15]

V. Eine Begegnung zwischen dem Süden und Europa

Auf welche Weise und in welchen Bereichen könnten die Christentümer des Südens einen Anreiz bieten, über die konventionellen Formen hinaus neue Wege der christlichen Spiritualität wiederzuentdecken?

Die Erfahrungsdimension des christlichen Glaubens, die in den vielfältigen Christentümern des Südens eine große Rolle spielt, übt auch auf Europa keine geringe Faszination aus. In Großbritannien und vielen anderen Teilen Europas, wo man in einem experimentellen Rahmen versucht hat, etwa die Erfahrungsdimension oder auch gewisse »Wohlfühlfaktoren« in den Gottesdienst einzubringen, hat der christliche Glaube wieder größeren Anklang gefunden. Und die Christentümer des Südens haben noch mehr zu bieten.

Zuallererst stehen die Christentümer des Südens für neue Paradigmen des Glaubens. In ihrem Blickpunkt stehen nicht Doktrin und Glaubensinhalte, sondern die Praxis – das gelebte Evangelium und das lebendige Zeugnis. Das neue Paradigma des Glaubens wird vielleicht nicht ausdrücklich genannt, ist aber in den drei Strömungen – Befreiungsbewegung, Pfingstbewegung und Bewegung der religiösen Begegnung – implizit präsent. Zudem liegt in allen drei Strömungen der Akzent auf dem, was Gott auch heute noch unter den Armen und Fremden wirkt. Sie sind weniger auf die Tradition bedacht, der, gemessen am Wirken Gottes und seines Geistes, eine bloß relative Bedeutung zukommt. Ferner zeichnen sich die Christentümer des Südens dadurch aus, dass sie die religiöse Erfahrung und Spiritualität als eine *beständige Suche* verstehen. Besonders deutlich wird dies in der Beziehung des Christentums zu anderen religiösen Traditionen, ihren Symbolen, ihrer mystischen Erfahrung usw.[16] Und auch der *Geist der Solidarität*, der Gemeinschaft und des Miteinanders, der das Leben der christlichen Gläubigen im Süden kennzeichnet, verdient Erwähnung.

Wie und unter welchen Bedingungen wird Europa imstande sein, die Christentümer des Südens zu verstehen? Die Fähigkeit, Einblicke in das Leben und die Praktiken der südlichen Christentümer und insbesondere in ihre Beziehung zu anderen religiösen Traditionen zu gewinnen, setzt – ähnlich wie die Überwindung einer Metaphysik der Anwesenheit – voraus, dass man sich von der gesamten Vorstellung eines spirituellen Evolutionismus verabschiedet. Wenn wir Hegel auf den Kopf stellen, könnten wir sagen, dass der Versuch, das Absolute zu erreichen, nicht im Christentum gipfelt und mit dem Christentum alle anderen Versuche überflüssig geworden sind (wie es dem hegelianischen Konzept der *Überwindung* entspräche), sondern dass das Christentum umgekehrt eine Abwärtsbewegung des Göttlichen ist, in der sich das göttliche Selbst entleert[17], und dass man sich diesem Mysterium eben nicht auf dem Wege einer Überwindung der anderen religiösen Erfahrungen nähern kann. Dies hat zahlreiche Konsequenzen für die Religionstheologie und könnte sogar ihren Diskussionsrahmen und die ihr zugrundeliegenden Begriffe – wie »absolut«, »einzig«, »unwiderruflich« – verändern, die die traditionelle Sprache der christlichen Theologie im Westen so lange geprägt haben.[18] Ein so offener Ansatz wie der, der den asiatischen Bemühungen um die Begegnung mit anderen religiösen Traditionen zugrunde liegt, könnte sich auch auf die europäische Mainstream-Religionstheologie auswirken und der Beziehung zu anderen religiösen Traditionen neue Perspektiven eröffnen.

Wenn wir einen Blick zurück in die Geschichte werfen, sehen wir, dass sowohl die kirchliche als auch die zivile Macht dazu beigetragen haben, die *convivencia* zu zerstören, die das alltägliche Leben wechselseitiger Beziehungen zwischen Christen, Muslimen und Juden zum Beispiel im südlichen Spanien und in Sizilien geprägt hatte. Die heutige Situation muss als eine neue Chance betrachtet werden, die Vergangenheit in einer Weise ungeschehen zu machen[19], die einer neuinterpretierten christlichen Identität entspricht – einer Identität, die sich nicht von anderen Identitäten abgrenzt, sondern zu ihnen in Beziehung tritt. Und die Säkularisten sollten sie als Herausforderung begreifen, dem religiösen Pluralismus gegenüber dieselbe Toleranz an den Tag zu legen, die sie ihrerseits von den Religionen erwarten.

Genau hier, so glaube ich, könnte die Erfahrung der Christentümer des Südens sowohl zu einem frischen theologischen Verständnis anderer Religionen als auch zu einem säkularen Toleranzverständnis beitragen. Denn es gibt andere Quellen der Toleranz als nur die europäische Aufklärung. Wir müssen nach globalen Wurzeln der Toleranz Ausschau halten.[20] Die europäische Toleranztradition, die aus der rationalistischen Tradition der Aufklärung hervorgegangen ist, muss durch ein Toleranzverständnis bereichert werden, das sich von der Erfahrung tiefer Freundschaften und einer Kultur des Gebens und Nehmens im Zusammenleben mit Andersgläubigen herleitet. Wenn man sieht, wie quälend schwer sich das heutige Europa im Umgang mit Migrantengruppen tut, die andere religiöse Traditionen pflegen, dann wird die Unzulänglichkeit der aufklärerisch inspirierten Toleranz nur allzu deutlich.

VI. Globales Christentum und aufkommende Gemeinschaftsformen

Traditionell ist die Kirche vor allem dort, wo der Geist des Individualismus wütet, ein Raum der Gemeinschaft, Gemeinsamkeit und Zugehörigkeit. Andererseits spüren wir, dass das Zusammengehörigkeits- und Gemeinschaftsgefühl schwächer wird und in vielen Fällen in Europa bereits ganz geschwunden ist. Dennoch ist die Sehnsucht und Suche nach Gemeinschaft ungebrochen und hat sogar zugenommen angesichts einer Welt, in der Unsicherheit und Sinnverlust Einzug halten und das Licht der Hoffnung nur noch müde flackert. Denken wir doch nur an die Jugendlichen, die zu Tausenden nach Taizé strömen, weil sie nach etwas suchen, das über die Gewöhnlichkeit des alltäglichen Lebens hinausgeht. Diese spirituelle Suche ist ein individuelles und zugleich kollektives Phänomen: eine Suche, die von Authentizität geprägt ist und sich nicht mit vorgefertigten Formen und Mitteln des Glaubens zufriedengibt.

Auch die Attraktivität der Pfingstbewegung im Süden erklärt sich aus dem starken Gemeinschafts- und Zusammengehörigkeitsgefühl, das sie zu vermitteln vermag. Wir dürfen uns nicht auf diese oder jene bestimmte Form von Gemeinschaft beschränken. Es ist wichtig, in dieser Hinsicht aufgeschlossen und flexibel zu sein. Und zwar, lassen Sie mich dies hinzufügen, in dem Bewusstsein, dass es die Situation des europäischen Christentums kaum bedeutend verändern wird, wenn wir noch hartnäckiger auf der institutionellen Gemeinschaftsform der Kirche, ihrem Gottesdienst und ihren Ämtern beharren.

VII. Wege in die Zukunft

Ich denke, dass das Christentum einer strahlenden Zukunft entgegensieht, wenn diese drei Strömungen – die Befreiungs-, die Pfingst- und die interreligiöse Bewegung – zu einer engeren Gesprächsführung, Verständigung und wechselseitigen Bereicherung gelangen könnten. Es gibt schon jetzt Anzeichen dafür, dass dies wahrscheinlich geschehen wird. Vor allem die progressiveren Varianten der Pfingstbewegung arbeiten an einer Ausweitung ihrer sozialen Dienste, die millenaristischen Zukunftsvisionen verlieren an Bedeutung, und die gegenwärtige Situation und ihre Veränderung finden größere Beachtung. Der Bezug auf das Göttliche, den Geist und die Gotteserfahrung könnte als machtvoller Impuls zu einer eher prophetischen Ausrichtung der Pfingstbewegung unter den Armen im Süden fungieren. Die Religionstheologie in Asien ihrerseits rückt zunehmend die Befreiung und die soziopolitischen Gegebenheiten in den Blickpunkt. Dies kann helfen, die traditionellen theologischen Ansprüche weniger absolut zu formulieren und sich auf eine Zusammenarbeit mit Andersgläubigen einzulassen. Die Zukunft wird davon abhängen, ob es dem Christentum gelingt, sich selbst als einen *Weg* zu präsentieren und auf seine Absolutheitsansprüche zu verzichten, die zumindest in den meisten asiatischen Ländern zu seiner Entfremdung beigetragen haben und im Norden wie im Süden eine Quelle religiöser Konflikte gewesen sind.

Vielleicht dürfen wir dann auch damit rechnen, dass ein großer Teil der vielen meist jungen Europäer, die sich auf einer spirituellen Suche befinden, das Evangelium und seinen Geist wiederentdecken werden. Der Weg dorthin könnte über eine tiefere Kenntnis der Überlieferung und Praxis anderer Religionen führen. Es ist schwer vorherzusagen, welche Arten von Christentum womöglich durch eine solche vom Hinduismus, Buddhismus oder anderen religiösen Erfahrungen geprägte Neu-Wahrnehmung entstehen werden. Doch eines wird schon jetzt deutlich: Das Christentum wird nicht mehr dasselbe sein. Die Grenzen verschwimmen, und früher oder später werden sich die konfessionellen Identitäten vielleicht nicht mehr so klar definieren lassen. Manche werden ihre Zugehörigkeit zum institutionellen Christentum ostentativ bekunden. In anderen Fällen wird sich das Christentum durch die Begegnung mit anderen Weltanschauungen, wie sie von anderen religiösen Traditionen und indigenen Kulturen vertreten werden, deutlich verändern. Und angesichts der wachsenden Zahl von Muslimen in Europa wird die künftige Form des Christentums auf diesem Kontinent auch davon abhängen, wie gut und auf welche Weise es den Islam und sein von den dortigen Muslimen gelebtes spirituelles und religiöses Erbe integriert. Dasselbe ließe sich auch von den anderen religiösen Minderheitengruppen und vom Judentum sagen.

Wie werden Mission und Ökumene in Zukunft verstanden werden? Die Ökumene als das Bestreben, die Wunden der Vergangenheit zu heilen und die Spaltung unter den Christen zu überwinden, wird bald Geschichte sein und Platz machen für die neue Ökumene des Dialogs zwischen einer Vielfalt von Christentümern. Das liegt auch darin begründet, dass die Menschen von einer Krisensituation und Bedrohung betroffen sind, die ihnen allen gemeinsam ist und sich daher nicht mit den konfessionellen Spaltungen der Vergangenheit vereinbaren lässt. Die historisch verfestigten konfessionellen Identitäten werden sich nach und nach aufweichen, und die Ökumene wird einen neuen Kurs einschlagen.

Schluss

Als die erste Weltmissionskonferenz in Edinburgh tagte, gab es weder Pfingstbewegungen noch Befreiungsbewegungen und auch keine Religionstheologie, wie wir sie heute haben. Die Länder selbst, die man damals als Missionsgebiete definierte, haben innerhalb von einhundert Jahren neue Kräfte hervorgebracht, denen es bestimmt ist, das globale Christentum im 21. Jahrhundert auf bisher nicht dagewesenen Wegen zu erneuern. Das Christentum im Süden wird mehr und mehr zu *einer Bewegung* – das heißt zu einem überaus dynamischen und pulsierenden Phänomen.

Das Projekt der Inkulturation ist im Hinblick auf die Zukunft des Christentums im Süden ebenso untauglich wie die Neuevangelisierung als Zukunftsstrategie für ein neues und wieder geeintes Europa. Beide Projekte gehen von Voraussetzungen aus, die einer gründlichen Analyse der Situation in den jeweiligen Regionen – im Süden und in Europa – nicht standhalten. Die Inkulturation wird dem Bewegungscharakter des südlichen Christentums nicht gerecht, und die Strategie der Neuevangelisierung ignoriert in der Regel die »Säkularisierung des europäischen Denkens«[21].

Die seit Edinburgh deutlich veränderte Situation der Christentümer des Südens macht es erforderlich, Begriffe und Vorstellungen wie Mission, Zeugnis, Ökumene usw. von Grund auf zu überdenken, zumal die Christen des Südens unter Andersgläubigen oder inmitten indigener Religionstraditionen leben. Mission ist nicht mehr das, was man in Edinburgh darunter verstanden hat. In unserem heutigen globalen Kontext ist Mission Dialog und besteht darin, die eigenen religiösen und spirituellen Erfahrungen mit anderen zu teilen, einander zu bereichern und die Gegenwart Gottes und seines Reichs über alle Grenzen und Schranken hinweg anzuerkennen. Mission ist keiner bestimmten religiösen Erfahrung vorbehalten; sie ist etwas, das alle Gläubigen praktizieren müssen, solange sie auf ihrer spirituellen Reise dem Göttlichen begegnen. Ökumene ist heute eine Frage des Dialogs und Austauschs zwischen den vielfältigen

Christentümern im Norden und im Süden, die eine globale Vision von Gemeinschaft haben.

Wir haben gesehen, dass sich das Gravitationszentrum in den Süden verlagert hat. Und das ist kein bloß demographischer Befund. Auch theologisch gesehen verschiebt sich das Gravitationszentrum in den Süden, denn von dort kommen einige der kreativsten theologischen Unternehmungen, die den fruchtlosen und selbstverliebten Theologien des Nordens heute den Rang ablaufen. Zudem lassen sich aus den drei Bewegungen des Südens erfrischende theologische Impulse für die globalen Christentümer schöpfen.

Schließlich werden die Christentümer der Zukunft sehr unterschiedlich sein und sich allen Uniformitätsbestrebungen widersetzen. Dies ist jedoch nichts völlig Neues. Wenn wir uns die zweitausendjährige Geschichte näher ansehen, werden wir feststellen, dass es auch in der Vergangenheit viele Christentümer gegeben hat, die sich durch diverse – geographische, kulturelle, historische u. a. – Merkmale voneinander unterschieden haben. Aus ihnen wurden letztlich unterschiedliche Kirchentraditionen. In Zukunft wird es neue Formen von Christentümern geben, die keine Wiederholung der alten sein werden. Die alten Formen werden vielleicht einige ihrer Eigenschaften bewahren, doch viele von ihnen werden verschwinden, um für etwas Neues Platz zu machen. Was beispielsweise wie eine Abwanderung aus den Kirchen aussieht, könnte in Wirklichkeit eine Suche nach neuen Kirchen sein, die erst noch entstehen müssen und deren Beschaffenheit sich schwer voraussagen lässt. Wichtig ist, dass der Dialog unter den verschiedenen globalen Christentümern fortgesetzt wird. Und ebenso wichtig für das Überleben und Gedeihen dieser Christentümer ist es, dass sie mit Pluralismus und Vielfalt in jedem Bereich der gegenwärtigen Welt und vor allem mit der Situation wachsender religiöser und spiritueller Vielfalt vertraut sind.

1 | Vgl. Philip Jenkins, *Die Zukunft des Christentums*, Gießen/Basel 2006; Todd M. Johnson – Kenneth R. Ross (Hg.), *Atlas of Global Christianity 1910–2010*, Edinburgh 2009.

2 | Vgl. Charles Taylor, *Ein säkulares Zeitalter*, Frankfurt a. M. 2009; vgl. ebenso Bertelsmann Stiftung (Hg.), *What the World Believes. Analyses and Commentary on the Religion Monitor 2008*, Gütersloh 2008.

3 | Grace Davie, *Sociology of Religion*, London 2001, 127. Vgl. ebenso Grace Davie, *Europe: The Exceptional Case – Parameters of Faith in the Modern World*, London 2002.

4 | Vgl. Bruce R. Bergman – Brian Porter-Szücs, *Christianity and Modernity in Eastern Europe*, Budapest 2010.

5 | Dieses Stichwort findet sich allerdings in den Dokumenten der Römischen Synoden für Europa (1999 und 2003). Vgl. auch Johannes Paul II., Nachsynodales Schreiben *Ecclesia in Europa* (Text unter www.vatican.va).

6 | Dies zeigen einige der wichtigen jüngeren Veröffentlichungen über die Pfingstbewegung. Vgl. Donald E. Miller – Tetsunao Yamamori, *Global Pentecostalism – The New Face of Christian Social Engagement*, Berkeley 2007; Richard Shaull – Waldo Cesar, *Pentecostalism and the Future of the Christian Churches*, Grand Rapids 2000; Donald M. Lewis (Hg.), *Christianity Reborn – The Global Expansion of Evangelicalism in the Twentieth Century*, Grand Rapids 2004; Allan Anderson, *An Introduction to Pentecostalism*, New York 2004; Mary Farrell Bednarowski (Hg.), *A People's History of Christianity – Twentieth-Century Global Christianity*, Minneapolis 2008; Luis N. Rivera-Pagan, *Pentecostal Transformation in Latin America*, in: Farrell Bednarowski (Hg.), A People's History of Christianity, 190–210.

7 | Zitiert nach Shaull – Cesar, *Pentecostalism*, 127.

8 | Dies ist eine der wichtigen Schlussfolgerungen der Fundamentalismusstudie der Universität Chicago. Vgl. Davie, *Europe: The Exceptional Case*, 66–67. Vgl. auch Miller – Yamamori, *Global Pentecostalism*, aaO., 216 ff; Harvey Cox, *Fire from Heaven*, Cambridge, MA 2001, 15.

9 | Vgl. Miller, *Global Pentecostalism*, ebd.

10 | Vgl. Simon Coleman, *The Globalization of Charismatic Christianity: Spreading the Gospel of Prosperity*, Cambridge 2001; Paul Freston, *Evangelicals and Politics in Asia, Africa and Latin America*, Cambridge 2001; David Martin, *Tongues of Fire: the Explosion of Protestantism in Latin America*, Oxford 1990; ders., *Pentecostalism: the World their Parish*, Oxford 2001.

11 | Pink Dandelion, *The Quakers – A Very Short Introduction*, New York 2008.

12 | Vgl. Theologische beratende Kommission (TAC) der Föderation asiatischer Bischofskonferenzen, *Theses on Interreligious Dialogue: An Essay in Pastoral Theological Reflection*. Zum Text vgl. Vimal Tirimanna, *Sprouts of Theology from the Asian Soil – Collection of TAC and OTC Documents (1987–2007)*, Bangalore 2007, 1–18.

13 | Thomas Bremer, *Christentum in einem multireligiösen Europa*, in: Concilium 40 (2004/2), 206.

14 | In dieser Hinsicht scheint es ein richtiger Schritt, dass das deutsche Bildungsministerium neben den Instituten für katholische oder evangelische Theologie drei neue Zentren für islamische Theologie eingerichtet hat (in Tübingen, Münster und Osnabrück). Vgl. Christian Walter, *Die Zähmung der Religion*, in: Frankfurter Allgemeine Zeitung, 2. Dezember 2010, 8.

15 | Vgl. Georges de Schrijver, *Recent Theological Debates in Europe. Their Impact on Interreligious Dialogue*, Bangalore 2004.

16 | Vgl. Diana L. Eck, *Encountering God. A Spiritual Journey from Bozeman to Banaras*, Boston 2003; Francis X. Clooney, *Hindu God, Christian God*, Oxford 2001; James L. Fredericks, *Buddhists and Christians. Through Comparative Theology to Solidarity*, New York 2004; S. Wesley Ariarajah, *Not Without My Neighbour. Issues in Interfaith Relations*, Genf 2003.

17 | Vgl. Gianni Vattimo, *Jenseits des Christentums*, München/Wien 2004; vgl. auch Gianni Vattimo – René Girard, *Christentum und Relativismus*, Freiburg i. Br. u. a. 2008.

18 | Vgl. Felix Wilfred, *Some Tentative Reflections on the Language of Christian Uniqueness: An India Perspective*, in: Pro Dialogo Bulletin 85–86 (1994/1), 40–57.

19 | Vgl. Rollin Armour, *Islam, Christianity and the West. A Troubled History*, New York 2002.

20 | Vgl. Felix Wilfred, *Asian Public Theology*, Delhi 2010.

21 | Owen Chadwick, *Secularization of the European Mind in the Nineteenth Century*, Cambridge 1975.

Aus dem Englischen übersetzt von Gabriele Stein

Hans Küng

Das Buch »Christ sein« im Rückblick

2011

I. »*Christ sein*« *in nucleo*

Fünf Jahre nach Konzilsschluss, vom 12.–17. September 1970, fand in Brüssel der von CONCILIUM organisierte erste Weltkongress für Theologie statt: zur Thematik »Die Zukunft der Kirche«[1]. Mehr als tausend Theologen aus 32 Ländern fanden sich zu den zum Teil dramatischen Diskussionen ein. Das zweite der drei Einzelthemen stellte die Frage »Was ist die christliche Botschaft?« Dazu präsentierten am 14. September Karl Rahner, der amerikanische Exeget Raymond Brown und ich konzise Antworten. Rahners hochdogmatisches Statement wurde in der anschließenden Diskussion als zu abgehoben und abstrakt angegriffen, sodass er auf mein Statement verwies, das vom Jesus der Geschichte her sehr schön und verständlich formuliert sei. So könne man seiner Meinung nach die christliche Botschaft für die heutige Zeit zusammenfassen.

Die fortschrittliche Theologie schien geeint. Es wurden *gemeinsame theologische Leitlinien* verabschiedet. Ich hatte vor allem für zwei Resolutionen den Entwurf geliefert, der das *spezifisch Christliche* (»the Christian difference«) deutlich herausstellt:

– Resolution 4: »Die christliche Botschaft ist Jesus Christus selbst. Er, der gekreuzigte, auferstandene und lebendige Herr ist das Kriterium für die Verkündigung und das Handeln der Kirche Christi.«

– Resolution 6: »Die großen christologischen Bekenntnisse und Definitionen der Vergangenheit haben auch für die Kirche der Gegenwart eine bleibende Bedeutung. Sie können jedoch nicht außerhalb ihres historischen Kontextes interpretiert oder nur stereotyp wiederholt werden. Um Menschen verschiedener Epochen und Kulturen anzusprechen, muss die christliche Botschaft immer wieder wirklich neu ausgesagt werden.«

Mein Statement von 1970 enthielt in nucleo das Buch mit dem neuartig schlichten Titel *Christ sein*, welches ich schon vorbereitete und das 1974

erschien.[2] Bald erreichte es die Spitze der Bestsellerliste des *Spiegel*, blieb dort wochenlang, zusammen mit Solschenizyns *Archipel Gulag*, und erreichte schon bald eine Auflage von 160.000 Exemplaren. Oft lässt erst der Rückblick die historische Bedeutung eines Ereignisses erkennen.
Unbestreitbar ist jedenfalls: Ungezählte Menschen haben durch das Buch *Christ sein* Mut zum Christsein gewonnen. Der Verfasser weiß dies aus zahllosen Rezensionen, Briefen und Gesprächen. Denn viele Menschen, die durch die Praxis und Verkündigung mancher christlichen Großkirchen abgestoßen sind, suchen nach Wegen, glaubwürdig Christ zu bleiben, suchen nach einer Theologie, die ihnen nicht abstrakt und weltfremd, sondern konkret und lebensnah erklärt, worum es beim Christsein der Sache nach geht. Dieses Buch ist dazu seit fast vierzig Jahren eine wichtige Hilfe.

Dies ist verstanden worden auch über den deutschsprachigen Raum hinaus, liegt dieses Buch doch mittlerweile in einer holländischen, italienischen, portugiesischen, spanischen, englischen, amerikanischen, französischen, russischen, chinesischen und kroatischen Ausgabe vor. Darüber hinaus erschienen Kurzfassungen unter dem Titel *Die christliche Herausforderung*[3] in deutscher, englischer, spanischer, schwedischer, norwegischer, isländischer, koreanischer und arabischer Sprache. Schließlich erschienen die *20 Thesen zum Christsein*[4] unter anderem auf Finnisch, Tschechisch und Ungarisch.

II. Eine hohe Messlatte für eine zeitgenössische Theologie

Das Buch *Christ sein* wollte die Menschen nicht durch Rhetorik »verführen« oder mit Predigtton überrumpeln. Es wollte theologisch nicht einfach proklamieren, deklamieren und deklarieren. Es wollte begründen: dass, warum und wie auch ein kritischer Mensch von heute es vor seiner Vernunft und seiner gesellschaftlichen Umgebung verantworten kann, Christ zu sein.
Um eine simple Anpassung an den Zeitgeist ging es dabei nicht. Gewiss: Über umstrittene Fragen wie Wunder, Jungfrauengeburt und leeres Grab, Himmelfahrt und Höllenfahrt, Kirchenpraxis und Papsttum musste Kritisches gesagt werden. Dies aber nicht, um einem billigen Trend der Kirchenfeindlichkeit oder des Pankritizismus zu folgen, sondern um vom Maßstab des Neuen Testamentes selber her die Sache des

Christseins von allen religiösen Ideologien zu reinigen und glaubwürdig zu präsentieren.
Die Originalität dieses Buches liegt also nicht in den kritischen Passagen. Sie liegt anderswo und setzte dort Maßstäbe, die für viele Kolleginnen und Kollegen in der Theologie Herausforderungen darstellen. Denn in diesem Buch habe ich versucht,

- nicht nur Einzelfragen und Einzelgebiete der Theologie anzugeben, sondern das Ganze der christlichen Botschaft vor dem Horizont der heutigen Ideologien und Religionen zur Darstellung zu bringen: in einer umfassenden, in sich stimmigen und bis ins Detail einheitlich durchgestalteten systematischen Synthese, wie sie gerade bei der Spezialisierung der theologischen Disziplinen von einem Einzelnen versucht werden muss;
- ohne kirchenpolitische Rücksichten und unbekümmert um theologische Frontbildungen und Modetrends in Unbestechlichkeit die Wahrheit zu sagen: auf neuestem wissenschaftlichem Forschungsstand und in intellektuell redlicher Argumentation eine ungeschmälerte theologische Kritik, verbunden mit einem unerschütterlichen Vertrauen in die christliche Sache;
- konsequent nicht von theologischen Fragestellungen der Vergangenheit, sondern von den weiträumigen und vielschichtigen Fragen des heutigen Menschen auszugehen und von daher bei aller Fülle der Information in immer wieder neuer Konzentration zur Mitte des christlichen Glaubens vorzustoßen: sodass das Menschliche, das Allgemeinreligiöse, das Außerkirchliche fundierter als sonst ernst genommen und doch zugleich das unterscheidend Christliche schärfer als sonst herauskristallisiert und das Wesentliche vom Unwesentlichen geschieden wird;
- ohne biblische Archaismen und scholastische Dogmatismen, aber auch ohne modischen Theologenjargon in der Sprache des heutigen Menschen zu sprechen: mit größtmöglicher sprachlicher Anstrengung einfach und für den theologisch nicht vorgebildeten Zeitgenossen verständlich und doch zugleich präzis, differenziert und packend zu formulieren;
- aufgrund persönlicher Forschungsarbeit von der Rechtfertigungslehre bis zur Christologie und Ekklesiologie auch die konfessionellen Differenzen zu integrieren und so das den christlichen Konfessionen Gemeinsame als erneuten Aufruf endlich auch zur praktisch-organi-

satorischen Verständigung herauszustellen: keine neue Theorie neben anderen, sondern der heute mögliche grundlegende Konsens nicht nur zwischen den christlichen Kirchen, sondern auch den wichtigsten theologischen Richtungen;

- die oft kaum feststellbare Einheit der Theologie – auf der Grundlage der exegetischen und historischen Forschung von der Fundamentaltheologie über Dogmatik und Ethik bis zur praktischen Theologie – derart zum Ausdruck zu bringen, dass von der Gottesfrage bis zur Kirchenfrage der unverbrüchliche Zusammenhang von glaubbarer Theorie und lebbarer Praxis, von Individualem und Sozialem, von Zeitkritik und Kirchenkritik, von persönlicher Frömmigkeit und Reform der Institutionen nicht mehr übersehen werden kann.

III. *Eine verpasste Chance*

An öffentlicher Anerkennung hat es dem Buch *Christ sein* nicht gefehlt. Meine Bemühungen, nicht nur sachlich richtig, sondern auch literarisch geschliffen zu schreiben, wurden belohnt durch die Aufnahme in das PEN-Zentrum (für *Poets, Essayists, and Novelists*) der Bundesrepublik Deutschland. Ebenso wurde ich in die amerikanische Sektion des PEN aufgenommen. Eine große Freude bedeutete für mich auch, dass das Buch mit einem eigenen Artikel im monumentalen, zwanzigbändigen *Kindlers Neues Literaturlexikon*, Band IX, behandelt wird.

Dieses Buch war eine Chance auch für die Kirchen und hat hier ebenfalls viel Zustimmung gefunden. Doch es darf nicht verschwiegen werden: Deutsche und römische Hierarchen haben alles getan, um diese Chance zu vereiteln. Sie haben sich nicht davor gescheut – angesichts des Erfolges dieses Buches auch beim Klerus – die Rechtgläubigkeit des Verfassers von *Christ sein* öffentlich in Zweifel zu ziehen, ja zu diffamieren. Es nützte dem Verfasser nichts, dass er seinen Christusglauben noch einmal im Buch *Existiert Gott? Antwort auf die Gottesfrage der Neuzeit* (1978), das vier Jahre nach *Christ sein* erschien, umfassend verdeutlichte. Die römische und deutsche Hierarchie nahmen die hier vorgelegte Christologie mit zum Anlass, den Entzug der »Missio canonica« für den Verfasser unmittelbar vor Weihnachten 1979 theologisch abzustützen, obwohl gegen *Christ sein* und *Existiert Gott?* nie ein lehramtliches Verfahren durchgeführt worden war. Auf diese Weise versuchte man die Diskussion von der peinlichen Unfehlbarkeitsfrage auf die christologische Frage zu verla-

gern, nicht zuletzt um die evangelischen Christen mitzugewinnen. Zudem waren den reformunwilligen Hierarchen die auch in diesem Buch ausgesprochenen innerkirchlichen Reformforderungen lästig.
So unterstützte die deutsche Hierarchie den damals einsetzenden Restaurationskurs des polnischen Papstes und musste dafür teuer bezahlen: mit Glaubwürdigkeitsverlust in der Öffentlichkeit und antikirchlicher Animosität in der öffentlichen Meinung. Immer mehr katholische Pfarreien in Deutschland sind ohne Pfarrer, und immer mehr Kirchen sind ohne Gottesdienstbesucher. Eine dramatische Abnahme der Akzeptanz der traditionellen Glaubensartikel auch im treuen Kirchenvolk ist zu beobachten. Sogar der erzkonservative Kölner Kardinal Joachim Meisner sagte dreißig Jahre nach *Christ sein* (September 2004): »Die katholische Kirche in Deutschland hatte noch nie so viel Geld wie in den letzten fünfzig Jahren – und trotzdem hat sie nie so viel an Glaubenssubstanz wie in den letzten Jahrzehnten verloren.«
In aller Bescheidenheit: Manches wäre in kirchlicher Verkündigung und Seelsorge sicher anders gelaufen, wenn man sich dem Angebot von *Christ sein* nicht verweigert hätte. Aber wie auch immer: Für mich selber wurde *Christ sein* Ausgangspunkt einer neuen theologischen Entwicklung und einer Spiritualität, der allen gegenwärtigen Schwierigkeiten zum Trotz die Zukunft gehören dürfte.

IV. Christliche Spiritualität

Wie ungezählte andere Katholiken vor dem Vaticanum II bin ich aufgewachsen mit dem traditionellen Christusbild des Glaubensbekenntnisses, der hellenistischen Konzilien und byzantinischen Mosaiken: Jesus Christus als thronender »Gottessohn«, ein menschenfreundlicher »Heiland« und früher für die Jugend der »Christkönig«. Im Katechismusunterricht lernten wir dogmatische Formeln, ohne sie zu verstehen: Jesus Christus sei die »zweite Person der allerheiligsten Dreifaltigkeit«, sei »eine göttliche Person in zwei Naturen«, einer menschlichen und einer göttlichen. Darüber hörte ich dann in Rom eine ganzsemestrige Vorlesung über »Christologie«, mit all den Häresien, gegen die die Konzilien vorgegangen waren, und mit all den Antworten auf die schon damals und auch heute noch angemeldeten Schwierigkeiten. Zwar bestand ich all die nicht ganz einfachen lateinischen Examina problemlos – aber meine Spiritualität? Das war eher etwas anderes, das blieb unbefriedigt.

Lange Zeit interessierte mich am meisten die geistreiche paulinische Theologie, die Evangelien kamen mir dagegen zu vertraut und eher langweilig vor. Richtig interessant wurde für mich die Christusfigur erst, als ich sie nach meinen römischen Jahren aufgrund der modernen Bibelwissenschaft als reale Gestalt der Geschichte kennenlernen durfte. Das gründliche Studium der katholischen wie evangelischen exegetischen Literatur im Zusammenhang meiner Vorlesungen, Seminare und Publikationen war angetrieben durch meine ungeheure Wissbegierde nach diesem »unbekannten Jesus«.

Denn das Wesen des Christentums ist ja nichts abstrakt Dogmatisches, ist keine allgemeine Lehre, sondern ist seit eh und je eine lebendige *geschichtliche Gestalt*: Jesus von Nazaret. Jahre hindurch habe ich mir so das einzigartige Profil des Nazareners aufgrund der überreichen biblischen Forschung der letzten zweihundert Jahre erarbeitet, habe alles in leidenschaftlicher Anteilnahme durchdacht, präzise begründet und systematisch dargeboten. Ja, ich habe sogar über das ganze Markus-Evangelium vom ersten bis zum letzten Vers gepredigt, und anschließend auch über die Bergpredigt.

Seit *Christ sein* weiß ich, wovon ich rede, wenn ich ganz elementar sage: Das christliche *Lebensmodell* ist schlicht dieser Jesus von Nazaret als der Messias, Christós, Gesalbte und Gesandte. *Jesus Christus* ist das Fundament echter christlicher Spiritualität. Ein herausforderndes Lebensmodell für unsere Beziehung zum Mitmenschen wie auch zu Gott selbst, das für Millionen Menschen in aller Welt Orientierung und Maßstab wurde. Wer also ist ein Christ? Nicht derjenige, der nur »Herr, Herr« sagt und einem »Fundamentalismus« huldigt – sei er biblizistisch-protestantischer, autoritär-römisch-katholischer oder traditionalistisch-östlich-orthodoxer Prägung. Christ ist vielmehr, wer auf seinem ganz persönlichen Lebensweg (und jeder Mensch hat einen eigenen) sich bemüht, sich an diesem Jesus Christus praktisch zu orientieren. Mehr ist nicht verlangt.

Mein eigenes und so manches andere Leben mit seinen Höhen und Tiefen und auch meine *Kirchenloyalität* und *Kirchenkritik* kann man nur von daher verstehen. Gerade meine Kirchenkritik kommt wie die so vieler Christen aus dem Leiden an der Diskrepanz zwischen dem, was dieser geschichtliche Jesus war, verkündete, lebte, erkämpfte, erlitt, und dem, was heute die institutionelle Kirche mit ihrer Hierarchie repräsentiert. Diese Diskrepanz ist oft unerträglich groß geworden. Jesus beim Pontifikalamt im

Petersdom? Oder im Gebet mit Präsident George W. Bush und dem Papst im Weißen Haus? Nicht auszudenken. Mit Dostojewskis Großinquisitor würde man ihn wohl fragen: »Warum kommst du, uns zu stören?«
Am allerdringendsten und befreiendsten für unsere christliche Spiritualität ist es folglich, uns für unser Christsein theologisch wie praktisch nicht so sehr an traditionellen dogmatischen Formulierungen und kirchlichen Reglementierungen zu orientieren, sondern wieder mehr an der einzigartigen Gestalt, die dem Christentum seinen Namen gegeben hat.

V. Weitere theologische Horizonte

Das Buch *Christ sein* blieb für mich die theologische Grundlage für die Exploration großer theologischer Arbeitsfelder, in die ich mich in den letzten vier Jahrzehnten mit aller theologischer Leidenschaft begeben durfte. Was dieses Buch nur andeutet, ist mittlerweile weiter vorangetrieben worden: der Dialog mit den Weltreligionen, die in *Christ sein* noch den »Horizont« bilden; die Diskussion mit der neuzeitlichen Religionskritik, die in *Christ sein* aus Platzgründen stark zurückgedrängt werden musste; der Dialog mit der modernen Literatur, der in diesem Buch für die Jesus-Frage aufgenommen wurde; sowie eine theologische Analyse der Gegenwartssituation, die ich nun mit Hilfe der Paradigmentheorie viel grundsätzlicher durchführen konnte.

Zum Verständnis von *Christ sein* bleibt wichtig: Hier sollte keine konfessionalistische Theologie mehr getrieben werden, sondern eine Theologie für alle Christen, eine wahrhaft ökumenische Theologie. Dem Verfasser sollte man seine katholische Herkunft und seine Bindung an die katholische Glaubensgemeinschaft zwar noch anmerken, aber so, dass seine Art des Christseins auch von allen anderen verstanden und nachvollzogen werden konnte. So ist auch dieses Buch für mich im besten Sinne des Wortes ein Stück angewandter ökumenischer Theologie, wie ich sie in meinen Studien der 60er-Jahre über Fragen der Ekklesiologie nur skizzieren konnte. Das allen Christen Gemeinsame, Jesus als der Christus selber, ist hier herausgearbeitet. Und mit dieser solide begründeten christlichen Basis, die mir als Christ geistige Identität vermittelte, konnte ich es wagen, mich in die geistigen Abenteuer des Dialogs mit Nichtchristen aller Art zu stürzen. Die Basisformel, mit der dieses Buch endet, hat mich durch all die Jahrzehnte begleitet und drückt auch heute und hoffentlich bis zu meinem Ende in aller Kürze mein »Credo« aus:

In der Nachfolge Jesu Christi
kann der Mensch in der Welt von heute
wahrhaft menschlich leben, handeln, leiden und sterben:
in Glück und Unglück, Leben und Tod gehalten von Gott
und hilfreich den Menschen.

1 | Dokumentiert in: *Die Zukunft der Kirche*. Berichtband des CONCILIUM-Kongresses Brüssel 12.–17. 9. 1970, Einsiedeln/Zürich/Mainz 1971.

2 | Hans Küng, *Christ sein*, München 1974; Lizenzausgaben: Bertelsmann Club u. a., Gütersloh 1974; Deutscher Bücherbund, Stuttgart 1974; Taschenbuchausgaben: dtv-Taschenbuch 1220, München 1976; Piper-Taschenbuch SP 1736, München 1993, [5]2008.

3 | Hans Küng, *Die christliche Herausforderung*, München 1980 u.ö.

4 | Hans Küng, *20 Thesen zum Christsein*, München 1975.

Jon Sobrino

Christsein heute

2011

Aguilares und das Hervorbrechen des Christentums

Um die Frage zu beantworten, was Christsein bedeutet, beginne ich mit einer persönlichen Erfahrung, die seinerzeit etliche Christen machten. Ich kam in Aguilares, dreißig Kilometer von San Salvador entfernt, am 12. März 1977 mit dem Christentum in Berührung. Der Priester Rutilio Grande war zusammen mit zwei Bauern ermordet worden. An diesem Tag und im unmittelbaren Geschehen danach brach ein Christentum hervor, wie ich es noch niemals erlebt oder erahnt hatte. Die Regeln von Gut und Böse waren außer Kraft gesetzt worden, obwohl die Grausamkeiten gegen die Armen bereits vorher begonnen hatten. Doch in Rutilio und in Bischof Romero, der sich von diesem Tag an zum Verteidiger des Armen *von Amts wegen* bekehrte, gab sich auch Jesus von Nazaret, der mir vertraut war und mit dem ich mich seit Jahren beschäftigt hatte, zu erkennen – *ophte*. Und plötzlich trat ein Leib der Kirche in Erscheinung, der gezeichnet war von der Bekehrung zum Armen, der Verrücktheit der Seligpreisungen und der je größeren Liebe – ein Leib, der wie niemals zuvor vereint und zur Nachfolge entschlossen war. Viele beteten zum himmlischen Vater. Die Glaubensüberzeugung, das Engagement und der Stolz, Christ zu sein, waren förmlich zum Greifen. Es war eine neue Taufe.

Für jemanden, dem die *Geistlichen Übungen* des Ignatius von Loyola vertraut sind, war das Geschehen dieser Tage wie ein neues *Prinzip* und *Fundament*. Es war keineswegs das Ganze, aber es war sehr wohl *Prinzip*, also Anfang, denn es eröffnete eine Wirklichkeit des Christseins, wie man sie vorher nicht kannte. Und es war *Fundament*, denn alles ruhte auf diesen Dingen auf, und nicht nur auf Dogmen, Institutionen und Normen. Im weiteren Verlauf dieses Beitrags werde ich konkrete Dinge zur Sprache bringen. An dieser Stelle möchte ich mich darauf beschränken, lediglich zwei Überzeugungen zu erwähnen, die sich als sehr tiefgehend erwiesen haben.

Die erste lautet, dass Christsein eine *reale* Sache ist. Der Christ ist im Verborgenen mit Gott, doch das Christentum strömt in die Geschichte ein.

In Aguilares nahm das die konkrete Gestalt der Verteidigung des Lebens an, also der Verteidigung dessen, was den Bauern am meisten am Herzen lag; es nahm die Gestalt der Anklage und Einforderung der Gerechtigkeit, des Aufsichnehmens von Verfolgung, Gefahren und Risiken an. Und gemäß dem Paradox des Christentums nahm es auch die Gestalt der Gnade an, denn diese Wirklichkeit hat uns getragen und zur Geschwisterlichkeit geführt. Real waren das Gebet und zuweilen sogar die Vergebung. Jesus ähnlich zu werden und einer Kirche anzugehören, die ihn in diesen Tagen deutlich gegenwärtig werden ließ, waren reale Dinge. Die *Texte*, selbstverständlich die Heilige Schrift, waren weiterhin wichtig und notwendig. Doch man verstand sie ausgehend von dem, was passiert war. Und damit sagen wir nichts Außergewöhnliches, denn genau so beginnt der erste Johannesbrief: »Was wir mit unseren Ohren gehört, mit unseren Augen gesehen und mit unseren Händen ergriffen haben ...«

Dies verhalf zur Klarheit und dazu, zwei ernsthafte Gefahren zu überwinden, die das Christentum stets bedrohen. Die eine ist der *Doketismus*, das heißt, in einer irrealen Welt zu leben, vor allem, ohne an ihrem Leid teilzuhaben. Die andere ist der *Gnostizismus*, das heißt, das Heil in ein zeitloses und von der Erde losgelöstes Wissen von Eingeweihten zu verlegen. Die Voraussetzung für die Vermeidung dieser beiden Gefahren ist das grundlegende Erfordernis des »ehrlichen Umgangs mit der Wirklichkeit«.

Es wurde auch klar, dass *Christsein* eine *gute* Sache ist, was, wenn man es in historischer Perspektive betrachtet, keine Selbstverständlichkeit ist. Es lässt den Menschen und dessen endgültige Bestimmung gut sein, doch es bedeutet auch Heil für die Geschichte. Bei allen Begrenzungen, die allem Menschlichen eigen sind, gingen von Aguilares Impulse aus, das Unrecht in Gerechtigkeit, die Sklaverei in Freiheit, die Lüge und Verschleierung in Wahrheit, die Abstumpfung in Mitleiden, den Egoismus in Solidarität, die Welt des reichen Prassers und des Lazarus in Gleichheit, die Traurigkeit in Freude, den Tod in Leben zu verwandeln. Und von Aguilares gingen auch Impulse aus, dass die Menschen, vor allem die Bauern, ihr Vertrauen in einen Gott setzten, der ein *Vater* ist, und sich einem Vater anheimgaben, der *Gott* ist.

So weit meine persönliche Erinnerung. Sie ist idealisiert, denn das geschilderte Neue war mit Begrenzungen und Sünde verbunden. Mehr noch: Die Dinge haben sich sehr verändert, und »Aguilares« kann kein Modell für heute sein. Doch ich meine, man darf es auch nicht ignorieren, denn stets von Neuem können Lichtblitze des Christentums *zum Durchbruch kommen*. Bei aller Bescheidenheit kann diese Erfahrung die Funktion haben, die Damaskus für Paulus oder Manresa für den heiligen Ignatius hatte. Ich werde nun konkret zwei Haltungen in Erinnerung rufen, die grundlegend bleiben, auch wenn sich die Zeiten ändern. Danach werde ich einige Inhalte analysieren.

»Wachsam sein« und das »Hereinbrechen der Armen in die Geschichte«

Christsein heißt eine Tradition weiterführen, die bereits in lang zurückliegender Vergangenheit begonnen hat, und es heißt die Zeichen der Zeit erkennen. Doch es heißt auch, sich von der Wirklichkeit des Christentums »durchdringen« zu lassen, wenn sie hervorbricht. Mit Rutilio, Romero und anderen brach das Christentum hervor, das heißt, es war nicht bloß die Schlussfolgerung aus einer guten Theologie oder aus der Soziallehre der Kirche, ja es war nicht einmal die aktualisierte Rezeption des Zweiten Vatikanischen Konzils, auch wenn all dies wichtig ist. Das, was hervorbrach, drängte sich von sich selbst her als etwas *Wahres* auf, das ein *Potential* hatte, Menschen und Gruppen in der Kirche effektiv zu formen. Dies habe ich die »Fähigkeit zu durchdringen« genannt.

Doch ich meine, das Wichtigste, das wir uns klar machen müssen, ist, dass sich dieses Hervorbrechen des Christentums im Kontext eines ursprünglicheren Vorgangs ereignete: des Hereinbrechens der Armen und mit ihnen Gottes in die Geschichte. Dies war das grundlegende Geschehen in Medellín[1], und es ereignete sich an anderen Orten der Dritten Welt sowie auch in Armutsgebieten der Ersten Welt. Dabei will ich nun verweilen, denn so, wie die Welt ist, bleibt die Tatsache des Hereinbrechens der Armen und die Bereitschaft, dieses zu erfassen, weiterhin von grundlegender Bedeutung.

Medellín setzte nicht mit einer Rede über Christus oder sein Sakrament, die Kirche, ein. Es begann mit dem »Elend als Massenerscheinung«, als Produkt einer »Ungerechtigkeit, die zum Himmel schreit«, und deshalb gab es seinem ersten Dokument die Überschrift *Gerechtigkeit*. Dies *charakterisierte* sicherlich die Wirklichkeit, doch es war mehr als ein Zeichen der Zeit. Es verkündete die letztgültige Wahrheit des Kontinents, ohne dass man hier lange Überlegungen anstellen müsste und ohne die Möglichkeit eines Irrtums. Und es verlangte von der Kirche eine radikale Bekehrung: in wirklicher Armut zu leben, Gerechtigkeit zu üben, eine Option für die Armen zu treffen und ihr Elend auf sich zu nehmen – und die Bereitschaft, den Preis ihrer Verteidigung zu zahlen.

Dieses Hereinbrechen erweckte aus dem Traum, den Antonio Montesinos im Jahr 1511 beklagte: »Wie lethargisch seid ihr eingeschlafen und träumt.« Christsein setzt vor allem voraus, die Courage zu haben, »aus dem Traum der grausamen Unmenschlichkeit zu erwachen«, so wie Kant den Mut eingefordert hat, aus dem »dogmatischen Schlummer« zu erwachen. Und mit dem Armen brach *Gott* in die Geschichte herein. Dom Pedro Casaldáliga hat beide ineins gesetzt: »Alles ist relativ, außer Gott und dem Hunger.«

Das Hereinbrechen des Armen sorgte auch dafür, dass die Sünde, die Montesinos anklagte, nicht mehr verschleiert werden konnte: »Wie haltet ihr sie in solcher Unterdrückung und qualvoller Mühe, ohne ihnen zu essen zu geben oder sie in ihren Krankheiten zu heilen, die das Ergebnis der über alles Maß hinausgehenden Arbeiten sind, welche ihr ihnen auferlegt, und woran sie sterben, oder besser gesagt: womit ihr sie tötet, damit ihr jeden Tag Gold aus der Erde holt und an euch reißt?« In Mittelamerika brach diese Unterdrückung unter der imperialistischen Herrschaft der USA herein, ohne dass die anderen Demokratien ernsthaft irgendetwas unternahmen, um das zu verhindern. Zehntausende wurden als unschuldige und wehrlose *Opfer* ermordet. Und bis heute sterben sie an Hunger. Sie sind das *gekreuzigte Volk*, der leidende Knecht Jahwes. Dies war das Makaberste, doch das am meisten Neue war das Hervorbrechen der stets größeren Liebe. In El Salvador gaben Hunderte von Bauern, darunter viele Christen, 17 Priester, fünf Ordensschwestern und zwei Bischöfe ihr Leben für die Gerechtigkeit hin. Ähnlich war die Zahl in Guatemala. Dies sind die *jesuanischen Märtyrer*, diejenigen, die in Leben und Tod Jesus ähnlich werden.

Das Erbe dieser Zeit ist unter anderem die Einsicht, dass Christsein »wachsam sein« bedeutet, um das zu erkennen, was hervorbricht. Diese Haltung ist immer den Armen gegenüber erforderlich, aber auch gegenüber anderem Neuen, das sich zu erkennen gibt. So ist zum Beispiel die Frau in Welt und Kirche hereingebrochen, doch dieses Hereinbrechen muss man in Dankbarkeit annehmen und in konsequentes Handeln übersetzen.

»*Seinen Weg in Demut gehen*«, *im Rhythmus der Armen*

Micha 6,8 erläutert gut, was Gehen bedeutet. Gott entlarvt die falsche Auffassung des Menschen, dass wir ihn mit Gottesdienst und Opfer auf unsere Seite ziehen. Vor allem aber verkündet er, was das Menschliche in seiner richtigen Auffassung ist: »Es ist dir bereits gesagt worden, Mensch, was gut ist, und was Jahwe von dir fordert. Nichts anderes als Gerechtigkeit und Recht zu üben, im Geist der Treue und Zärtlichkeit, und in Demut mit deinem Gott den Weg zu gehen.« Dieses Gehen entspricht einem »Gott auf dem Weg«, und nicht einem »Gott des Kultes«. Dieser Kultgott ist zugänglicher, doch der Gott auf dem Weg entspricht mehr der Wahrheit. Und man darf nicht vergessen, dass Gott sich vor uns auf den Weg machte: Er stieg vom himmlischen Thron, um ein Volk zu begleiten, zu verteidigen und zu befreien. Und auch von Jesus wird gesagt, dass er »ging, unterwegs war, um Gutes zu tun, die vom Teufel Besessenen zu heilen, weil Gott mit ihm war«. Und er ging den Weg bis hin zum Kreuz. Über das Gehen möchte ich sagen, dass es nicht nur das existenzielle Gehen meint, welches den Fokus auf den richtet, der unterwegs ist und das von Antonio Machado gut in die Verse gefasst wird: »Wanderer, es gibt keinen Weg. Der Weg entsteht im Gehen.« Pedro Casaldáliga nimmt die Größe und Schönheit dieser Worte auf, korrigiert sie jedoch zugleich:

»Weg, der jemand ist, den jemand beim Gehen erzeugt.
Damit andere, die unterwegs sind, den Weg finden können.
Damit diejenigen, die nicht weiterkommen, neuen Mut fassen können.
Damit die Toten nicht aufhören zu sein.«[2]

Das Unterwegssein gehört zur *Conditio humana*, zu den Daseinsbedingungen des Menschseins, doch es kann von sich her eine Hilfe für die Verirrten, für die, die nicht weiterkommen, und für die Toten sein. Diese Art zu gehen erfüllt bereits die Forderung des Propheten Micha, doch Pedro Casaldáliga weist dem Volk, den Armen, darüber hinaus eine entscheidende Rolle zu. »Mach den Gesang deines Volkes zu deinem Marschrhythmus.« Die unaufhörlichen Karawanen der Frauen, die mit ihrem Hausrat auf dem Kopf und Kindern auf dem Arm aus Ruanda flohen, geben dem christlichen Gang den Rhythmus vor. Es ist ein demütiges Unterwegssein mit dem Volk.

Jesus ähnlich werden

Dies ist die klarste Antwort auf die Frage, was Christsein bedeutet, klarer noch als die, dass es »an Christus glauben« meint. Denn Jesus ähnlich zu werden ist die erste »Mystagogie«, das heißt die Einweisung in das Geheimnis, in das An-Christus-Glauben, welches an zweiter Stelle kommt. Tatsächlich kamen etliche Christen zu einer Vorstellung von Jesus mit *eigenen Gesichtszügen*, blieben von einem *Geist des Evangeliums* durchdrungen und wurden von der *Bereitschaft zu einer jesuanischen Praxis* geformt. Dies ging zuweilen bis zur Lebenshingabe.

Wir werden hier nur einige Elemente dessen erwähnen, was es heißt, »Jesus ähnlich zu werden«. Und wie die vorherigen Überlegungen vor dem Hintergrund »der Armen« entwickelt wurden, so bildet nun »das Kreuz Jesu« den Hintergrund. Und dies aus zweifachem Grund. Einerseits ist unsere Welt in ihrer Grausamkeit gegen die Bevölkerungsmehrheiten eine Welt des Kreuzes. Andererseits sagte bereits Martin Kähler: »Etwas herausfordernd könnte man die Evangelien Passionsgeschichten mit ausführlicher Einleitung nennen.«[3] Und diese Einleitung beginnt mit einem Hinweis auf das Kreuz: Jesus geht nach Galiläa, »nachdem man Johannes ins Gefängnis geworfen hatte« (vgl. Mk 1,14). Und es ist entscheidend, festzuhalten, dass das Ende Jesu kein natürlicher Tod war, sondern dass er getötet wurde.

Hier liegt kein Masochismus vor, sondern lediglich Aufrichtigkeit. José I. González Faus besteht im Kontext des religiösen Pluralismus auf dem »Exklusivismus des Gekreuzigten als dem unaufgebbar Christlichen«[4]. Es ist das Nicht-Verhandelbare und absolut Notwendige in unserer Welt. Alle fünf Sekunden stirbt ein Kind aufgrund von Ungerechtigkeit, »es wird ermordet«, wie Jean Ziegler klarstellt, denn dieser Tod kann heute ohne Schwierigkeiten überwunden werden. Doch die Welt des Überflusses tendiert dazu, sich in die Sphäre des *light* zu begeben. Wenn man das Kreuz der Welt und das Kreuz Jesu nicht ernst nimmt, dann, so sagt José Comblin, »dient das Evangelium der Befriedigung der Bourgeoisie«[5].

Betrachten wir nun einige wichtige Elemente an diesem Jesus. Sie betreffen Menschen, doch wir möchten insbesondere die Kirchen dabei im Auge behalten.

Jesus forderte *Umkehr: metanoiete*. Er selbst machte Versuchungen durch, und soweit es die Evangelien erkennen lassen, musste er seine Vorstellung vom Kommen des Reiches Gottes radikal ändern. Die Möglichkeit unserer Umkehr erblickt Jesus in der *Aufnahme durch den himmlischen Vater,* und das bleibt für das Christsein von grundlegender Bedeutung. Es erleichtert darüber hinaus die Vergebung, die wir denen schulden, die uns beleidigen. Doch auch das Kreuz kann uns zur Umkehr bewegen. Der heilige Ignatius von Loyola konfrontiert denjenigen, der sich den *Geistlichen Übungen* unterzieht, mit dem gekreuzigten Jesus und fordert ihn auf, sich drei Fragen zu stellen: »Was habe ich für Christus getan, was tue ich für ihn und was werde ich für ihn tun?« Ignacio Ellacuría forderte einzelne Menschen und die Kirchen auf, sich vor das gekreuzigte Volk hinzustellen und sich dieselben Fragen zu stellen: »Was haben wir getan, dass dieses Volk gekreuzigt ist? Was werden wir tun, um dieses Volk vom Kreuz herabzuholen und dafür, dass dieses gekreuzigte Volk aufersteht?«[6] Diese drei Fragen angesichts der Gekreuzigten erschallen noch immer laut. Zuweilen scheinen sie kein Echo zu haben, weder in der Welt noch in der Kirche. Zuweilen aber doch, und dann bedeutet die Umkehr die Rückkehr zu Quellen lebendigen Wassers. Und das erzeugt Freude. Das Paradox des Christentums ist damit erschlossen.

Das *Mitleiden* war die Definition Jesu: Immer reagierte er auf das »Herr, hab Erbarmen mit uns« von Kranken, Besessenen, Sündern und in ihrer Würde verletzten Frauen, ob sie nun etwas sagten oder stumm blieben. Er machte aus dem Erbarmen etwas Letztgültiges, denn es ist das, was aus den Eingeweiden kommt: *splachnon*. Ausgehend vom Erbarmen definierte er Gott, den Vater des verlorenen Sohnes und des Menschen im Vollsinn des Wortes, des Samariters. Wiederum fügt das Kreuz dem besondere Dimensionen hinzu, die es gerade heute zu bewahren gilt, um das Erbarmen nicht auf die *caritas*, die Werke der Barmherzigkeit, zu reduzieren. Davon unterscheidet sich das Erbarmen des Priesters Maximilian Kolbe, der stellvertretend für einen zum Tod Verurteilten dessen Schicksal auf sich nahm, einer Mutter Teresa, die sich für diejenigen verausgabte, denen man den geringsten Wert beimaß, eines Ignacio Ellacuría, der sich für eine Verhandlung engagierte, die zu Gerechtigkeit und zum Ende des Konfliktes führen sollte, was ihm wie Bischof Romero das Kreuz eintrug. In der Dritten Welt ist der Kampf für die Gerechtigkeit zur hauptsächlichen konkreten Gestalt der Barmherzigkeit geworden. Diese Barmherzigkeit findet mehr als deren andere Formen ihre Ausdrucksgestalt im Kreuz Jesu. Und sie fügt der Barmherzigkeit des Samariters zwei Merkmale hinzu: Sie ist *konfliktiv*, denn sie führt nicht nur dazu, denen, die leiden, zu »helfen«, sondern die Opfer zu »verteidigen« und die Konfrontation mit denen, die sie zu Opfern machen, aufzunehmen. Und sie ist *konsequent,* denn sie hält sich nicht nur über die Zeiten hinweg durch, sondern auch inmitten von Gefahren und Verfolgungen, was immer dies kosten mag und wohin immer dies führen mag. In jedem Fall aber, ob es nun um die alltägliche oder die heroische Barmherzigkeit geht, ist es für das Christentum wesentlich, dass ihr Letztgültigkeit zukommt. Und wiederum geht daraus Freude hervor. »Für dieses Volk ist es nicht schwer, ein guter Hirte zu sein«, sagte Bischof Romero, der tausend Probleme damit hatte, dieses Volk zu verteidigen.

Hoffnung bedeutet – wenn man sie hat und vor allem, wenn man sie anderen vermittelt –, Jesus ähnlich zu werden. Im Christentum ist ihr symbolischer Ausdruck schlechthin die Auferweckung Jesu, das Leben in Fülle gegen und über den Tod hinaus. Doch auch das Kreuz *als solches* bringt Hoffnung hervor. In sehr tiefsinnigen Worten bringt dies Jürgen Moltmann zum Ausdruck: »Nicht jedes Leben gibt Anlass zur Hoffnung, wohl aber dieses Leben Jesu, das in der Liebe das Kreuz und den Tod auf sich nahm.«[7] Dies lässt die Frage nicht verstummen, warum ein guter und gerechter Mensch ermordet wurde und wozu sein Tod gut war. Doch es bleibt wahr, dass Bischof Romero, der wegen der Liebe zu seinem Volk ermordet wurde, weiterhin Hoffnung weckt. Andere Sichtweisen der Hoffnung gehen für gewöhnlich nicht über den Optimismus hinaus.

Und schließlich die *Erlösung*: Heute wird nicht viel über die Erlösung gesprochen, und unter uns hat sich der Ausdruck Befreiung durchgesetzt, um das Heil zu umschreiben, das Jesus gebracht hat. Doch das bedeutet nicht, dass die Erlösung nicht wesentlich zum Christentum gehört. Dem Heil kommt es zu, *mit der Last des Kreuzes zu beladen*. »*Nulla salus sine effusione sanguinis*«, sagte Ellacuría in einer wichtigen ethisch-politischen Rede. Es geht darum, ernst zu nehmen, was es bedeutet zu kämpfen, um das Böse auszutilgen, und zwar nicht von außen, sondern von innen her, indem man bereit dafür ist, dass das Böse seine zerstörerische Gewalt über einen ausübt. Genau das hat Jesus getan. Ohne an die Märtyrer zu erinnern und sie lebendig im Gedächtnis zu bewahren und ohne die wenigstens angestrebte persönliche Haltung der Selbsthingabe versteht man wenig vom Christsein.

In vieler anderer Hinsicht können wir Jesus ähnlich werden: in Armut und ohne Machtausübung leben, in Demut und ohne Überheblichkeit leben, nicht isoliert, sondern in Gemeinschaft leben. Dies ist die Kirche, die Gruppe der Menschen, die Jesus nachfolgen und in einer Weise organisiert sind, die dem Evangelium entspricht. Die Geschichte zeigt, dass es alles andere als leicht ist, eine Kirche *im Geiste Jesu* zu schaffen. Heute geht es eher darum, diejenige Kirche zu rekonstruieren, die aus dem qualitativ Neuen des Zweiten Vatikanischen Konzils und aus dem Aufbruch von Medellín hervorgegangen ist, und nicht so sehr die Kirche, die aus der Ökumene mit anderen Kirchen, Religionen und Humanismen heraus entstanden ist. Es sei mir lediglich eine Überlegung gestattet: Wir teilen den Wunsch vieler, »zum Konzil zurückzukehren«, doch wir meinen, dass es nach all dem, was wir hier über die Armen und das Kreuz gesagt haben, dringender ist, »zu Medellín zurückzukehren« – wobei wir keineswegs das Zweite Vatikanische Konzil vergessen und für die Anstrengungen und die Hingabe vieler Konzilsväter und Theologen dankbar sind. Der Grund dafür ist, dass sich auf dem Zweiten Vatikanischen Konzil die Kirche der Armen nicht durchsetzen konnte – die Zeit war dafür nicht reif –, was eine Reihe von Bischöfen aus Lateinamerika und anderen Weltregionen, die sich in der *Domus Mariae* trafen, bald erkannte. Schließlich verfassten sie einen Text, in dem sie sich verpflichteten, persönlich und als Institution Kirche in Armut zu leben und den Armen zu dienen. Sie nannten dies den »Katakombenpakt«. In der Welt, in der wir leben, ist es, so schwer es auch sein mag, das Wichtigste, was die Kirche tun kann und muss, zur Armut und zu den Armen »zurückzukehren«. Es bildet die kirchliche Grundlage, um Jesus inmitten der Wechselfälle der Geschichte ähnlich zu werden.

Der Glaube an Gott

Dies ist die persönlichste und schwierigste Überlegung, doch wenn man vom Christsein redet, dann muss man dazu etwas sagen. Ich meine, was mit dem Ereignis von Aguilares am deutlichsten wurde, ist, dass mit den Armen auch Gott in die Geschichte hereinbrach. Und wenn mir eine kühne Art zu reden gestattet ist: Der Arme ist derjenige, der dafür sorgt, dass Gott in der Geschichte zur Fülle gelangt. »*Gloria Dei vivens pauper*«, sagte Bischof Romero. Im Unterschied zu dem, was andernorts passierte, wurde Gott hier auch in aktiver und dialektischer Weise erfasst, als Gott des Lebens im Gegensatz zu den Gottheiten des Todes, den Götzen. Der Gott des Lebens bleibt unergründliches und erquickendes *Geheimnis*. Die Götzen sind unsinnige *Rätsel*, eindeutig historischer Natur, aber absolut durchschaubar. Sie fordern – »wie der Gott Moloch« – Opfer, um sich am Leben zu erhalten: die Armen – so drückte es Bischof Romero aus.

Auf diesem tatsächlichen Weg, und nicht nur im Denken mit Hilfe von Begriffen, sind an Gott mehrere dialektische Momente sichtbar geworden. Gott ist Vater und Mutter. Er ist transzendent innerhalb der Geschichte, nicht jenseits von ihr (Ignacio Ellacuría). Und er ist transzendent, um kondeszendent werden zu können (Leonardo Boff). Diesen Gott gilt es zu betrachten und zu praktizieren (Gustavo Gutiérrez). Es ist ein Gott, auf den man vertrauen und in dem man zur Ruhe kommen kann, denn er ist *Vater*. Doch dieser Vater lässt uns nicht zur Ruhe kommen und verlangt unsere Bereitschaft, denn er ist *Gott*, so sagen wir.

Auch bei uns macht sich die Zweideutigkeit der Gotteserfahrung bemerkbar. Wir können die Erfahrung machen, dass uns jemand aufnimmt und uns einen Namen gibt, und dann wiederum vernehmen wir von ihm nichts als Schweigen. Und niemals kommen die Fragen zur Ruhe. Vernunft und Herz empören sich angesichts unschuldiger Opfer, seinerzeit in Auschwitz, heute in El Mozote, auf Haiti ... Viele ringen mit Gott wie Jakob. Sie müssen den »Unglauben als theologisches Problem«[8] ernst nehmen, wie J. B. Metz sagte, und immer bleiben Zweifel und Unruhe. »Rahner geht mit ihnen auf elegante Weise um«, sagte Ellacuría, und ich glaube, dass sich das auf ihn selbst anwenden ließ. Es kann ein gequälter Glaube gedeihen, wie der M. de Unamunos, der auf seiner Grabinschrift zu Gott sagte: »Nimm mich auf, ewiger Vater, an deine Brust, geheimnisvolle Heimstatt. Dort werde ich schlafen, denn ich komme völlig erschöpft von der harten Mühe.« Oder ein Glaube wie der des Padre Arrupe[9], der nur in diesen wenigen Worten zum Ausdruck kam: »So nahe war uns der Herr vielleicht niemals, da wir ja niemals so ungesichert gewesen sind.«

Doch soweit man sich in diesen Dingen ein Urteil erlauben kann, waren bzw. sind Dom Hélder Câmara, Bischof Romero und Dom Pedro Casaldáliga Mystiker mitten unter uns. Andere durchliefen in der Nachfolge Jesu eine Mystagogie, um sich dem Geheimnis Gottes zu nähern, ohne zur Höhe der Mystik zu gelangen. Sie können auch dahin gelangen, etwas von den kühnen Worten des Paulus und des Johannes über die Liebe Gottes am Kreuz Jesu zu verstehen. Wir aktualisieren diese Worte mithilfe derer von Martin Luther King, dessen Weg sicherlich dem ähnelte, der bei uns mit Aguilares begann. »Ihr könnt tun, was ihr wollt, aber wir werden weiter lieben. Sie stecken uns ins Gefängnis, und auch dort werden wir sie lieben. Sie werfen Bomben auf unsere Häuser, bedrohen unsere Kinder, und, so schwer es uns auch fallen mag, wir werden sie auch dann noch lieben. Sie schicken in der Dunkelheit der Nacht Killer zu unseren Häusern, sie machen sich über uns her, und selbst sterbend werden wir sie lieben.« Es ist der gekreuzigte Gott, der unter uns gegenwärtig ist. Und es ist auch der Gott der Auferstehung, der Auferstehung Jesu, der Auferstehung Bischof Romeros und der vieler Märtyrer und Gefallener. Die Sehnsucht, dass »der Henker nicht über das Opfer triumphiert« (Max Horkheimer), wird historische Wirklichkeit.

Den Glauben an diesen Gott kann man nicht programmieren, aber man kann ihm einen Ort geben. Rahner sagte vor etlichen Jahren, dass »der Fromme von morgen« ein Mystiker sein oder überhaupt nicht sein werde[10], und das erweist sich auch unter uns als immer zutreffender. Doch Pedro Casaldáliga wandelt das Wort Rahners von den Armen her ab, so wie er es schon mit den Worten Machados getan hat: »Der Christ der Zukunft wird arm oder solidarisch mit den Armen, oder aber gar nicht sein.« Mystik, Armut, Solidarität mit den Armen sind das *ubi* des Glaubens an Gott.

Und über den Glauben an Christus sagen wir nur ein Wort. Wenn man wie Jesus von Nazaret auf dem Weg ist, dann erschließen sich das Humane, sein Sinn und seine Zukunft, mehr und mehr. Von diesem Jesus kann man also sagen, dass er mehr ist als der Mann aus Nazaret. Er ist das Sakrament Gottes.

Ein Wort zum Schluss

Christsein hat ein eigenes Profil. Das Reich Gottes aufzubauen verleiht ihm »Gewicht«. Das Kreuz verleiht ihm »Kanten«. Die Dialektik Gott-Vater verleiht ihm Dynamik. Wenn wir so auf dem Weg sind, dann werden wir Jesus ähnlich. Wir können existenziell eine Anthropologie des »Ecce homo« entwickeln: In Jesus von Nazaret ist der Christus nicht nur als *vere homo* erschienen, in dem der *homo* unabhängig von Jesus erkannt werden könnte, sondern als der *homo verus*, sodass von Jesus her der Mensch in seiner Fülle erkannt werden kann. Und eine Theo-logie des »Ecce Deus«: In Jesus ist Gott nicht nur als *vere Deus* erschienen, sondern als *Deus verus*, sodass wir Gott nur von Jesus her kennen.

Am Schluss dieser Überlegungen bemerke ich, dass ich vom Christentum die ernste Seite stärker betont habe als die froh machende, und einer der Gründe dafür mag sein, dass in Lateinamerika im Unterschied zu anderen Regionen der Dritten Welt diejenigen, die die Armen unterdrücken,

Christen sind. Es erschallt also das Wort: »Um euretwillen wird der Name Gottes entehrt«, und das gebietet Ernst. Und die in diesem Beitrag oftmals zitierten Märtyrer wollen »den Unterdrückten verteidigen« und das Antlitz Gottes vom Schmutz befreien. Dem christlichen Paradox gemäß gehen Ernst und Freude Hand in Hand. So bringt es Karl Rahner in programmatischer Weise in einem universalen Kontext genau da zum Ausdruck, wo er über das Christsein spricht. Er wählt dazu Worte von großem theologischem Tiefgang:

»Christsein ist also eine ganz einfache Aufgabe und die schwere-leichte Last, wie es im Evangelium heißt. Wenn man sie trägt, trägt sie einen selbst. Je länger unser Leben währt, desto schwerer und leichter wird sie.«[11]

Am Ende bleibt allein das Geheimnis. Aber es ist das Geheimnis Jesu. Von unserem Kontext, von »Aguilares« her, sprach Bischof Romero ohne Umschweife vom Sein »wie Jesus«:

»Viele Salvadorianer und viele Christen sind dazu bereit, ihr Leben hinzugeben, damit es ein Leben für die Armen gibt. Wie Jesus in die reale Welt eingelassen, bedroht und angeklagt wie er, ihr Leben hingebend wie er, geben sie Zeugnis vom Wort des Lebens.«

1 | Der deutsche Text findet sich in: Sekretariat der Deutschen Bischofskonferenz (Hg.), *Die Kirche Lateinamerikas. Dokumente der II. und III. Generalversammlung des Lateinamerikanischen Episkopates in Medellín und Puebla* (Stimmen der Weltkirche, 8), Bonn 1979.

2 | Verse aus dem Gedicht *Camino que uno es*, in: Pedro Casaldáliga, Cantares de la entera libertad, Managua 1984, 47.

3 | Martin Kähler, *Der sogenannte historische Jesus und der biblische Christus*, München 1961, 60.

4 | José Ignacio Gonzáles Faus, *El rostro humano de Dios*, Santander 2007, 203.

5 | Joseph Comblin, *El proyecto de Aparecida*, in: Revista Latinoamericana de Teologia 72 (2007), 281.

6 | Ignacio Ellacuría, *Las Iglesias latinoamericanas interpelan a la Iglesia de España*, in: Sal Terrae 3 (1982), 230.

7 | Jürgen Moltmann, *Umkehr zur Zukunft*, München 1970, 76.

8 | Johann Baptist Metz, *Der Unglaube als theologisches Problem*, in: CONCILIUM 1 (1965), 286–301; vgl. LThK², Bd. 10, 62–71.

9 | Pedro Arrupe: ehemaliger Ordensoberer der Jesuiten; Anm. d. Übers.

10 | » ...der Fromme von morgen wird ein ›Mystiker‹ sein, einer, der etwas ›erfahren‹ hat, oder er wird nicht mehr sein ...«: Karl Rahner, *Frömmigkeit heute und morgen*, in: ders., Schriften zur Theologie, Bd. 7, Einsiedeln 1971, 22.

11 | Karl Rahner, *Glaubensbegründung heute*, in: ders., Schriften zur Theologie, Bd. 12, Einsiedeln 1975, 40.

Aus dem Spanischen übersetzt von Dr. Bruno Kern M.A.

Elizabeth A. Johnson

Schöpfergeist und ökologische Ethik

Ein uraltes Neuland

2011

Die Wahrnehmung der Großartigkeit der Erde als eines kleinen Planeten, auf dem es Leben gibt, wächst in unseren Tagen bei allen Völkern. Es ist eine *ökologische* Wahrnehmung, wobei »ökologisch« vom griechischen *oikos* stammt und Hausgemeinschaft oder Zuhause bedeutet: Dieser lebende Planet ist unser einziges Zuhause in dem riesengroßen Universum. Gleichzeitig wird uns zunehmend bewusst, dass das Handeln der Menschen den lebensstützenden Systemen der Erde tödlichen Schaden zufügt und dabei ihre Identität als Wohnort des Lebens verwüstet. Dieses Paradox signalisiert, dass die Zeit gekommen ist, die uralten Themen von der schöpferischen Einwohnung des Heiligen Geistes, vom heiligen Wert der Natur und von der Ethik der Bewahrung der Erde theologisch wiederzuentdecken.

Das Vergessen des Geistes

In der Bibel sowie in der patristischen und mittelalterlichen Theologie gleicht die Glaubensvorstellung einem dreibeinigen Hocker, bei dem Gott, Menschheit und Natur in einer engen wechselseitigen Beziehung stehen. Das Bindemittel, das den Hocker zusammenhält, ist die Einwohnung des Schöpfergeistes. Vom Beginn der Genesis an, wo der Geist Gottes bei der Schöpfung über dem Wasser schwebt (Gen 1,2) bis hin zum Schluss der Offenbarung, wo der Geist alle, die nach dem Wasser des Lebens dürsten, einlädt, zu kommen und sich zu erfrischen (Offb 22,17), ist die Gegenwart des Geistes die unfassbare Macht, die die Welt im Sein erhält und dem dynamischen Leben der Menschen wie auch der Natur neue Energie einhaucht.

Diese dreifache Wechselbeziehung blieb während der ersten 1500 Jahre der christlichen Tradition im Großen und Ganzen lebendig. Im 16. Jahrhundert jedoch wurde die Kirche durch einen erbitterten Streit über die theologische Frage der Erlösung des Menschen gespalten. Die intensive Beschäftigung mit der Frage, wie Sünder gerettet werden, ob durch den Glauben allein (der protestantische Standpunkt) oder durch den Glauben und gute Werke (der katholische Standpunkt), verengte die Sichtweise der Theologie. Wie bei jedem länger währenden Streit verloren die Menschen die größere Wirklichkeit aus den Augen. In den nachreformatorischen Jahrhunderten verknüpfte die katholische Kirche den Geist rigoros mit dem Kirchenamt und den Glaubenssätzen des Lehramtes, während die protestantische Theologie auf dem rechtfertigenden Wirken des Geistes im Individuum beharrte. Beide Seiten vergaßen weitgehend das Zeugnis der Tradition von der *kosmischen* Gegenwart und Tätigkeit des Geistes Gottes.[1] In der Folge geriet die natürliche Welt als eine Angelegenheit von religiösem Interesse aus dem Blickfeld.

Die nachreformatorische Theologie hat sich Gott nach dem Modell eines Monarchen an der Spitze der Seinspyramide vorgestellt. »Er« – denn es war immer ein männlicher Herrschender, der für dieses Konstrukt Modell stand – weilte jenseits der Welt und war von ihrer Unordnung nicht kontaminiert. Selbst wenn dieses Höchste Wesen als wohlwollend dargestellt wurde, wie es die besten Theologien taten, war »Er« immer noch grundsätzlich fern und musste einbrechen oder eingreifen, um Änderungen im Naturgesetz wie Wunder zu bewirken. So meisterhaft großartig diese Theologie die Transzendenz Gottes auch behandelte, sie vergaß dennoch die ebenso wichtige Wahrheit der göttlichen Immanenz, die traditionell mit dem Heiligen Geist verbundene Einwohnung Gottes im Herzen der Welt. Sie vergaß, dass alles *in* Gott weilt, denn in ihm »leben wir, bewegen wir uns und sind wir« (Apg 17,28), und er wiederum umfasst alles, da er »über allem und durch alles und in allem ist« (Eph 4,6).

Diese historische Umrahmung unseres Themas soll gleich zu Beginn verdeutlichen, dass sich die Theologie nicht mit einem Novum befasst, wenn sie sich der Wiedergewinnung einer kosmischen Pneumatologie zuwendet. Wir versuchen, einen wesentlichen Teil des christlichen Erbes zurückzuholen, das dritte Stuhlbein, das in den letzten 500 Jahren abhanden gekommen ist. Das ist Neuland, das uralten Reichtum sucht.

Das Erinnern an den Geist

Um die Einwohnung des Geistes überzeugend wiederzugewinnen, benötigt die Theologie einen trinitarischen Rahmen. Im christlichen Glauben wird der eine unbeschreibbare Gott als transzendent, fleischgeworden und in der Welt immanent erfahren und bekannt. Im späten 2. Jahrhundert erhellte Tertullian die ökonomische Trinität anhand einer Fülle von Bildern. Wenn Gottvater der Sonne gleicht, dann ist Christus der Sonnenstrahl, der auf die Erde trifft und der Geist die Sonnenbräune, der Wärmefleck, wo die Sonne tatsächlich ankommt und etwas bewirkt. In ähnlicher Weise kann die erste Person der Trinität mit einer aufwallenden Wasserquelle, die zweite Person mit dem sich daraus ergießenden Fluss und die dritte Person mit dem Bewässerungsgraben verglichen werden, wo das Wasser die Pflanzen erreicht und ihr Wachstum verursacht. Der dreifaltige Gott kann auch mit der Wurzel, dem Schössling und der Frucht eines Baumes verglichen werden: mit seinem tiefen, unerreichbaren Fundament, seinem in die Welt aufkeimenden Spross und seiner Fruchtbarkeit, die Blüte, Duft, Frucht und Samen hervorbringt (*Adversus Praxean* 8,5–8,7). Das alles sind Metaphern für den Gott, der jenseits von uns ist, der als Gott im Leib der Geschichte hervorbricht und der als Gott allgegenwärtig in der Welt wirkt.

In dieser trinitarischen Perspektive ist der Geist immer Gott, der in jedem Augenblick tatsächlich ankommt – mit lebensspendender Macht nähert er sich und geht vorüber. Die Sprache, mit der wir über den Geist reden, verweist primär auf den lebendigen Gott, der in der ganzen Welt gegenwärtig und tätig ist: menschlich, planetarisch, kosmisch. Das Bekenntnis von Nicaea drückt das wunderschön aus, wenn es den Glauben an den Heiligen Geist bekennt, der »Herr ist und lebendig macht«, auf Latein *vivificantem,* den Belebenden.

Dimensionen der Gegenwart

Am Ende seines einflussreichen Buches *Eine kurze Geschichte der Zeit* stellt Stephen Hawking die berühmte Frage: »Wer bläst den Gleichungen den Odem ein und erschafft ihnen ein Universum, das sie beschreiben können?«[2] In der Redlichkeit seines Festhaltens am Atheismus lässt er die Frage offen. Der biblische Glaube jedoch wagt zu antworten, dass es der Geist ist, der diesem üppigen Universum Leben einhaucht. Das Geheimnis des lebendigen, gänzlich transzendenten Gottes ist auch die Kraft im

Herzen der Welt und ihrer Evolution. Das verweist auf göttliches Handeln nicht nur am Anfang, sondern auch über Milliarden von Jahren hindurch und selbst heute, da sich das Universum weiter in die Zukunft hinein ausformt.

Martin Luther verwandte ein schlichtes Beispiel, um die Sache auf den Punkt zu bringen: »Denn wie kann doch die Vernunft leiden, dass die göttliche Majestät so klein sei, dass sie in einem Körnlein, an einem Körnlein, über einem Körnlein, durch ein Körnlein, inwendig und auswendig, gegenwärtig und wesentlich sei? Und ob's wohl eine einige Majestät ist, dennoch ganz und gar in einem jeglichen besonders, deren so unzählig viel sind, sein kann? [...] Wiederum, dass auch dieselbe Majestät so groß ist, dass weder diese Welt noch eitel tausend Welten sie können umfangen und sagen: Siehe, da ist er. [...] Sein eigen göttlich Wesen kann [...] doch wiederum nirgend und in keiner [...] umfangen sein, dass er wohl alle Dinge umfängt und darinnen ist, aber keines ihn umfängt und in ihm ist.«[3]

Die heutige Theologie unterscheidet zumindest drei Dimensionen dieser göttlichen Gegenwart, wobei die erste klassischer ist, während die anderen beiden erst jetzt ins Blickfeld rücken.

Schöpferische Gegenwart: Das innere Geheimnis der Schöpfung liegt darin, dass der Geist im entstehenden, ringenden, lebenden, sterbenden und sich erneuernden Lebenskreis dieses Planeten wie auch um ihn herum wohnt. Gott ist hier zu Hause, wie wir es auch sind. Es ist aufschlussreich zu beobachten, wie die Bibel, wenn sie von der schöpferischen Tätigkeit des Geistes spricht, kosmische Bilder verwendet, die sich von dem des herrschenden Monarchen unterscheiden: wehender Wind *(ruah)*, flammendes Feuer, ziehende Wolken, fließendes Wasser. Keines dieser Bilder hat eine endgültige Form; sie können andere Dinge durchdringen und umfassen, ohne dass sie ihren Charakter verlieren; ihre Gegenwart wird durch die von ihnen herbeigeführten Veränderungen wahrgenommen. In ähnlicher Weise deuten weibliche Bilder des Geistes wie die besorgt umherflatternde Vogelmutter, die Hebamme und die mütterliche Weisheit auf die Nähe und Fürsorge der Liebe hin. Ganz ähnlich ist der Schöpfergeist der unaufhörliche Strom liebender Energie, die die Welt ins Dasein mitreißt. Diese göttliche Kreativität ist fortwährend tätig, um neues Leben hervorzubringen, um Beziehungen innerhalb der Gemeinschaft des Lebens zu knüpfen und um das Angesicht der Erde zu erneuern, wenn Schäden angerichtet werden.

Kreuzförmige Gegenwart: Es bleibt noch mehr zu sagen, denn die natürliche Welt ist nicht nur schön in ihren Harmonien, sondern auch ein unerbittlich brutaler und blutiger Ort voller Leiden und Sterben. Die leibliche Existenz muss genährt werden; folglich gehören Beutezüge unvermeidlich zum Vollzug des biologischen Lebens. In großem Rahmen hängt die Geschichte des Lebens selbst vom Sterben ab; ohne das Sterben gäbe es keine evolutionäre Entwicklung von Generation zu Generation. Die Geschichte des Lebens ist eine Geschichte von Leiden und Sterben über Millionen von Millennien. Die Versuchung ist groß, die Gewalttätigkeit zu leugnen und in eine romantische Sicht der natürlichen Welt zu flüchten. Es gibt jedoch eine andere Möglichkeit, nämlich den Schöpfergeist inmitten des Schmerzes zu suchen.[4]

Um das zu bewerkstelligen, vollführt die Theologie ein typisches Manöver, indem sie den Blick von der unmittelbaren Frage abwendet, um das Evangelium zu Rate zu ziehen. Die christliche Theologie deutet Jesus als das Wort und die Weisheit Gottes, dessen Leben, Sterben und Auferstehung den Charakter des lebendigen Gottes offenbart. Was wird durch diese Linse erblickt? Eine barmherzige Liebe, die keine Grenzen kennt, eine Mitleidenschaft, die in die Tiefe von Sünde, Leid und furchterregendem Sterben der Menschen eindringt, um neues Leben hervorzubringen. Eine ökologische Sichtweise erlaubt es der Theologie, die Gattungsgrenze zu überspringen und diese göttliche Solidarität auf alle Geschöpfe auszudehnen. Der Schöpfergeist wohnt in anteilnehmender Solidarität bei jedem lebendigen Wesen, das leidet – von den Dinosauriern, die durch einen Asteroiden ausgelöscht wurden, bis hin zum Impala-Baby, das von einem Löwen gefressen wurde. Kein Spatz fällt vom Himmel, ohne wissende Fürsorge im Herzen Gottes auszulösen (Mt 10,29). Eine solche Vorstellung soll das Leiden nicht verherrlichen. Das ist eine Falle, die sorgfältig umgangen werden muss. Mit dem Blick auf das göttliche Mitleiden jedoch kann dieser Gedanke eine Auswirkung der Beziehung des belebenden Geistes zu einer evolutionären, leidenden Welt ausmachen. Dem Aufschrei der Natur begegnet der Geist, der mit den Geburtswehen der gesamten Schöpfung seufzt, um das Neue zu gebären (Röm 8,22–23). Somit wird das Muster von Kreuz und Auferstehung in kosmischem Maßstab wahrgenommen.

Verheißende Gegenwart: Das Universum ändert sich ständig und ist kein festgegefügter Ort. Am Anfang gab es ein homogenes Meer der Ausstrahlung. Statt auf einer granulären Ebene zu verharren, entfaltete sich das

Universum im Laufe der Zeit überreichlich und bildete sich zu immer aufwendigeren Formen bis hin zu den Menschen heraus. Wenn wir weit zurückblicken, können wir sehen, dass das Universum von Anfang an mit Verheißung gesät wurde und mit Überraschungen schwanger war. Aus wenig entstand regelmäßig mehr. Die kosmische Geschichte ist die eines ruhelosen Abenteuers, das das wirklich Neue hervorbringt.[5]

Die Gegenwart des Schöpfergeistes, der die Welt mit kreativer Mitleidenschaft bewohnt, ist zukunftsweisend und lockt die Welt auf die Wege kreativen Fortschritts. Diese Erkenntnis verbindet die natürliche Welt ohne Umschweife mit der biblischen Erzählung, in der Gott ein Gott der Überraschungen ist, der sich mit einem Ruf nähert, vorwärts in die verheißene, aber unbekannte Zukunft »zu kommen« (siehe den Ruf Abrahams oder siehe Maria bei der Verkündigung). In der menschlichen Geschichte handelt die göttliche Gegenwart nach wie vor unerwartet, um die Zukunft zu eröffnen. Das Gleiche tut sie auch in der Natur. Der belebende Geist ist stets am Werk und bringt dabei in großzügiger Weise immerzu Neues hervor. Und das Abenteuer ist noch nicht zu Ende. Die natürliche Welt ist die Trägerin göttlicher Verheißung, die sich auf den letzten Tag hin bewegt, wenn Himmel und Erde durch göttliche Gnade verwandelt werden: »Seht, ich mache alles neu« (Offb 21,5).

Gottes geliebte Schöpfung

Die Kehrseite der schöpferischen, kreuzförmigen, verheißenden Gegenwart des Geistes in der Welt besteht darin, dass die Natur, statt vom Heiligen getrennt zu sein, von einem spirituellen Glanz durchdrungen ist. Denn der Geist erschafft und bewohnt jede Materie – Sterne, Planeten, Pflanzen, Tiere, ökologische Gemeinschaften, Körper aller Art – und bewegt sich in diesen ebenso dynamisch wie in Seelen, Geistern, Gedanken. Die katholische Theologie der Sakramente hat von jeher gelehrt, dass einfache materielle Dinge – Brot und Wein, Wasser, Öl, die geschlechtliche Vereinigung der Ehe – sichtbare Träger der unsichtbaren, heilenden Gnade göttlicher Liebe sein können. Es wird heute wieder deutlich, dass dies so ist, denn der Schauplatz der gnadenreichen Einwohnung des Geistes ist gleich zu Beginn die ganze materielle Welt selbst, ein ursprüngliches Sakrament göttlicher Gegenwart.

Thomas von Aquin hat einen Gedanken entwickelt, der dieser Vorstellung intellektuelle Klarheit verleiht, nämlich die Idee der Partizipation.

Wegen des Beziehungsgeflechts der Schöpfung existiert jedes geschaffene Sein durch die Teilnahme am göttlichen Wesen. Jedes wirkende Geschöpf agiert durch die Teilnahme am göttlichen Wirken. Jedes Macht ausübende Geschöpf tut es durch die Teilnahme an der göttlichen Kraft (*Summa theologiae* I, q. 8). Thomas verwendet das biblische Bild vom Feuer, um das zu erklären. Genauso wie Feuer das entzündet, was es streift, so entflammt die Gegenwart des lebendigen Gottes auch Geschöpfe ins Dasein. Thomas sagt, wir wissen, dass Feuer vorhanden ist, wenn etwas Feuer fängt. So wissen wir auch, dass der Schöpfergeist gegenwärtig ist, wenn etwas mit dem Feuer der Existenz auflodert. Dank dieses Partizipationsverhältnisses ist die Schöpfung selbst eine Ikone des Göttlichen, ein Sakrament der göttlichen Schönheit, Energie und Liebe.

Die ethische Reaktion

Die Wiederentdeckung der wirkenden Gegenwart des Schöpfergeistes in der Natur führt zu der entscheidenden Erkenntnis, dass die natürliche Welt ihren eigenen immanenten Wert vor Gott genießt. Sie wurde weder nur zum menschlichen Nutzen geschaffen, noch ist sie einfach ein Instrument, um menschlichen Bedürfnissen zu dienen. Die Theologie kann die göttliche Fürsorge nicht mehr auf eine neu auftretende Spezies, nämlich uns, den *homo sapiens,* reduzieren. Weit davon entfernt, nichts anderes als eine Kulisse für unser menschliches Leben oder eine Bühne für unser Drama von Sünde und Gnade zu sein, ist die natürliche Welt eine geliebte Schöpfung, die um ihrer selbst willen von Gott geschätzt wird.

Das wirft ein starkes moralisches Licht auf gegenwärtige ökologische Zwangslagen. Die Weise, wie Menschen Ressourcen konsumieren, ausbeuten und verschmutzen, zerstört buchstäblich die Gemeinschaft des Lebens. Die Litanei sorgt für furchtbare Schlagzeilen: globale Erwärmung, schmelzendes Polareis, brennende Regenwälder, zerstörte Feuchtgebiete, zusammengebrochene Fischgründe, verwehte Ackerböden, toxische Ölteppiche. Die Kehrseite der weitverbreiteten Zerstörung der Ökosysteme ist das Aussterben der Pflanzen- und Tierarten, die in diesen Lebensräumen gedeihen. Nach einer konservativen Schätzung starben im letzten Viertel des 20. Jahrhunderts 10 Prozent aller lebenden Arten aus – und das Sterben geht weiter. Wir töten das Gebären selbst, indem wir die Zukunft unserer Mitgeschöpfe auslöschen, die Millionen von Jahren zu ihrer Entwicklung benötigten. Ihr Sterben sendet ein Frühwarnsignal über das Sterben unseres Planeten selbst. In der ungeschminkten Sprache des Ökumenischen Rates der Kirchen heißt es: »Das typische Zeichen unserer Zeit ist ein aufs Äußerste gefährdeter Planet in unseren Händen.«[6]

Das Bild verdunkelt sich noch, wenn wir uns mit der tiefgründigen Verbindung zwischen ökologischer Zerstörung und sozialer Ungerechtigkeit befassen. Arme Menschen leiden unverhältnismäßig stark unter Umweltschäden; die Zerstörung der Menschen und die Zerstörung des Landes, von dem sie abhängig sind, gehen Hand in Hand. Mangels einer gerechten Verteilung des Landes wird zum Beispiel die enteignete Landbevölkerung im Amazonasbecken an die Ränder der Regenwälder gedrängt, wo sie Brandrodungslandwirtschaft betreiben, um am Leben zu bleiben, und dabei unberührte Lebensräume zerstören, seltene Tiere töten und indigene Völker vertreiben. In den Vereinigten Staaten verlagern führende Unternehmen ihre Arbeitsplätze in Fabriken jenseits der mexikanischen Grenze *(maquiladoras)*, die Tausende von jungen Landfrauen zu Billiglöhnen beschäftigen, um hochwertige Konsumgüter für den Export zu produzieren, während diese Frauen in ungesundem Elend in einer Umgebung leben, die durch Giftmüll schwer belastet ist. Die wirtschaftlich Gutgestellten können sich wiederum dafür entscheiden, mitten im Grünen zu leben, während arme Menschen in der Nähe von Fabriken, Raffinerien oder Müllverarbeitungsanlagen untergebracht werden, die die Umwelt stark verschmutzen. Die Bitternis dieser Situation wird durch Rassenvorurteile weiter verschärft, da der Umwelt-Rassismus farbige Menschen zwingt, in diesen Quartieren zu wohnen.

Die feministische Analyse verdeutlicht weiter, wie sich die Not der Armen gerade bei armen Frauen zeigt, deren eigene biologische Gebärfähigkeit durch das ausgelaugte Umfeld Schaden nimmt und deren Kinderpflege auf Schritt und Tritt aus Mangel an sauberem Wasser, Nahrung und Brennmaterial erschwert wird. Von Frauen initiierte Projekte wie die Chipko-Bewegung in Indien, bei der Dorffrauen Waldbäume buchstäblich umarmen, um Interessenverbände der Holzindustrie daran zu hindern, sie zu fällen, und die von der Nobelpreisträgerin Wangari Maathai etablierte Green-Belt-Bewegung in Kenia, bei der Frauen Millionen von Bäumen pflanzen und ein kleines Einkommen für deren Pflege erhalten, zeigen, wie sich die Erneuerung der Erde mit dem Gedeihen von armen Frauen und ihren Gemeinschaften wesenhaft verwebt. Es ist völlig unsinnig, soziale Gerechtigkeit von ökologischem Wohlergehen abzukoppeln und die beiden gegeneinander auszuspielen. Die Armut und ihr Heilmittel haben ein ökologisches Gesicht.[7]

Heutzutage wird es deutlich, dass ein nur auf Menschen begrenztes moralisches Universum nicht mehr angemessen ist. Die ethische Reflexion muss die Aufmerksamkeit über die Menschheit hinaus ausweiten und die moralische Betrachtung entschieden auf die gesamte Gemeinschaft des Lebens neu zentrieren. Eine ökologische Theologie des Schöpfergeistes ruft die Kirche dazu auf, Liebe und Gerechtigkeit inklusiv auszuüben und mit verantwortlicher, durchsetzungsfähiger Sorge für die Erde zu handeln.

In seinem Brief zum Weltfriedenstag im Jahre 1990, der das erste päpstliche Dokument ist, das sich ganz der Ökologie widmet, hat Papst Johannes Paul II. ein erstaunliches Prinzip artikuliert, das eine solche Praxis unterstützt. Er schrieb: »Die Achtung vor dem Leben und vor der Würde der menschlichen Person beinhaltet auch die Achtung vor der und die Sorge für die Schöpfung.«[8] Wir müssen das Leben respektieren und uns gegen die Todeskultur nicht nur unter Menschen, sondern auch »unter anderen Spezies« wehren. Bei der Entfaltung dieser Idee malt sich Brian Patrick aus, wie Jesus die Frage: »Und wer ist mein Nächster?« heute beantworten würde. Es sei daran erinnert, dass Jesus mit dem Gleichnis vom barmherzigen Samariter antwortete. Jetzt aber überschreitet das Liebesgebot die Gattungsgrenze und erstreckt sich auf alle Mitglieder der Gemeinschaft des Lebens. »Wer ist mein Nächster?« fragt Patrick. »Der Samariter? Der Ausgestoßene? Der Feind? Ja, ja, selbstverständlich. Aber der Nächste ist auch der Wal, der Delfin und der Regenwald. Unser Nächster ist die ganze Gemeinschaft des Lebens, das ganze Universum. Wir müssen alles als unser wirkliches Selbst lieben.«[9]

Die fortdauernde Zerstörung der Erde durch von Menschen begangenen Ökozid, Biozid und Geozid ist eine zutiefst sündige Entweihung. In der Tradition geistinspirierter biblischer Prophetie und im Geiste Jesu muss die Kirche dieser Zerstörung entgegentreten, indem sie prophetisch für die Pflege, Wahrung, Wiederherstellung und Heilung der Natur handelt, auch wenn dies mächtigen wirtschaftlichen und politischen Interessen zuwiderläuft – und das tut es. Wenn die Natur die neue Arme ist, wie Sallie McFague behauptet, dann muss sich die Leidenschaft für die Schaffung von Gerechtigkeit für die Armen und Unterdrückten ausweiten, um leidende Menschen *und* Lebenssysteme und andere bedrohte Spezies zu umfassen.[10] »Rettet den Regenwald« wird zur konkreten moralischen

Umsetzung des Gebotes »Du sollst nicht töten«. Das moralische Ziel ist die Sicherstellung von pulsierendem Leben in einer Gemeinschaft für alle.

Schluss

Eine gedeihende Menschheit auf einer gedeihenden Erde in einem sich entwickelnden Universum, alle gemeinsam erfüllt von der Herrlichkeit Gottes – das ist die globale Vision, zu der die Theologie in dieser Krisenzeit der Not der Erde aufgerufen ist. Jeder Kontinent muss seinen Beitrag leisten, wobei er aus seiner eigenen Kultur schöpft. Die Nichtbeachtung der Vision wird die Kirche weiterhin an die Bedeutungslosigkeit ketten, während sich das entsetzlich echte Drama von Leben und Tod in der natürlichen Welt abspielt. Die Wiederentdeckung des einwohnenden Schöpfergeistes bringt die Kirche jedoch auf den Weg zu einem großen spirituellen Abenteuer. Statt als rücksichtslose oder gierige Ausbeuter zu leben, werden wir durch Gottes eigenen Geist dazu ermächtigt, als Schwestern und Brüder, Befreundete und Liebende, Priester und Prophezeiende, Mit-Schöpfer und Mit-Schöpferinnen wie auch Kinder der natürlichen Welt zu leben, die Gott so sehr liebt.

1 | Vgl. Elizabeth Johnson, *Losing and Finding Creation in Christian Tradition,* in: Dieter Hessel – Rosemary Radford Ruether (Hg.), Christianity and Ecology, Cambridge, MA 2000, 3–21. Diese Reihe enthält zehn Bände über Weltreligionen und Ökologie – Hinduism and Ecology, Islam and Ecology usw. – und bietet eine Fülle von Erkenntnissen.

2 | Stephen Hawking, *Eine kurze Geschichte der Zeit,* Reinbek bei Hamburg 1988, 217.

3 | Martin Luther, Werkausgabe Bd. 23: 136,8–136,36 bzw. 137,8–137,36.

4 | Vgl. Mark Wallace, *The Wounded Spirit,* in: Hessel – Ruether, Christianity and Ecology, 51–72, und Denis Edwards, *Ecology at the Heart of Faith,* Maryknoll, NY 2006, Kapitel 3.

5 | Vgl. John Haught, *The Cosmic Adventure,* New York 1984 und *God After Darwin: A Theology of Evolution,* Boulder, CO 2000.

6 | Walter Müller-Römheld (Hg.), *Im Zeichen des Heiligen Geistes. Bericht aus Canberra 1991. Offizieller Bericht der Siebten Vollversammlung des Ökumenischen Rates der Kirchen, 7. bis 20. Februar 1991 in Canberra/Australien,* Frankfurt am Main 1991, 59.

7 | Beispiele in: Rosemary Radford Ruether (Hg.), *Women Healing Earth: Third World Women on Ecology, Feminism, and Religion,* Maryknoll, NY 1996; David Hallman (Hg.), *Ecotheology: Voices from South and North,* Genf 1994; Leonardo Boff – Virgil Elizondo (Hg.), *Ecology and Poverty,* Maryknoll, NY 1995.

8 | Johannes Paul II., *Friede mit Gott, dem Schöpfer, Friede mit der ganzen Schöpfung. Botschaft von Papst Johannes Paul II. zur Feier des Weltfriedenstages am 1. Januar,* in: L'Osservatore Romano Nr. 50 vom 15. 12. 1989, Wochenausgabe in deutscher Sprache, 8.

9 | Brian Patrick, zitiert in: Michael Dowd, *Earthspirit,* Mystic, CT 1991, 40.

10 | Vgl. Sallie McFague, *The Body of God: An Ecological Theology,* Minneapolis 1993, 200–202.

Aus dem Englischen übersetzt von Martha M. Matesich

Erik Borgman

Was heißt es, ein europäischer Theologe zu sein?

Gottes verborgene Gegenwart als Raum für einen gewaltfreien Antagonismus

2014/2015

Wenn ein Treffen mit dem Redaktionskollegium von CONCILIUM 2014 in Sarajevo stattfindet, so ist das ein besonderes Ereignis. Als Stadt ist Sarajevo ein bedeutender Orientierungspunkt in der jüngeren europäischen Geschichte. Theologisch gesehen fordert unser Hiersein einen Text, der auf nicht-abstrakte Weise über das spricht und nachdenkt, was in Sarajevo geschehen ist und geschieht. Als theologischer Ort, als *Locus theologicus* im buchstäblichen Wortsinn verlangt Sarajevo ein Bekenntnis. Wir brauchen keine Theologie, die *über* Sarajevo reflektiert, sondern eine Theologie, die *Sarajevo reflektiert.*

In Sarajevo zu sein heißt, in Europa zu sein, und zwar nicht nur an einem bestimmten Ort, sondern auch auf eine bestimmte Weise. Es lehrt uns etwas darüber, was es bedeutet, in Europa theologisch zu arbeiten. Das zumindest ist die Überzeugung, die ich an der *Franjevačka teologija Sarajevo* versucht habe, mit folgenden Worten zum Ausdruck zu bringen.

Angestammte Würde

Es trifft vermutlich zu, wenn ich sage, dass Sarajevo mein Leben verändert hat. Nicht in der kurzen Zeit, die ich in diesem Jahr hier zugebracht habe, sondern vor ungefähr zwanzig Jahren. Mein Leben hat sich durch die Lektüre eines Sarajevo-Portraits verändert, das der Schriftsteller, Kritiker und Literaturprofessor Dževad Karahasan 1993 veröffentlicht hat. Das Buch hieß *Dnevik selidbe*, was man, wenn ich mich nicht irre, mit *Tagebuch der Umsiedlungen* wiedergeben könnte. In englischer Sprache erschien es unter dem Titel *Sarajevo: Exodus of a City*. Die niederländische Übersetzung setzt jedoch einen etwas anderen Akzent: *Sarajevo: Portret van een in zichzelf gekeerde stad*, das heißt: *Sarajevo: Portrait einer in sich gekehrten Stadt.* Die niederländische Ausgabe enthält außerdem Aufnahmen des niederländischen Photographen Frank Vellenga, auf denen die riesigen Vorhänge zu sehen sind, die die Menschen auf der Straße vor den Blicken der Heckenschützen verbargen, die üblicherweise auf den Dächern der Wohnhäuser in Stellung gingen.[1] So viel zum Ideal einer offenen Stadt! Sarajevos wegen begann ich vor zwanzig Jahren zu ahnen, dass es vielleicht gar nicht unbedingt die Offenheit, sondern eher eine in sich gekehrte Haltung ist, die dafür sorgt, dass das Leben weitergeht.

Besonders verstört hat mich in Karahasans Buch die Darstellung einer Unterhaltung mit einem Besucher aus Frankreich, in der sehr unterschiedliche Erwartungen aufeinanderprallen. Dieser Besucher war – genau wie ich als Leser – aufrichtig daran interessiert, was sich im belagerten Sarajevo abspielte. Er versuchte herauszufinden, was in diesem ersten »heißen Krieg« auf dem europäischen Kontinent nach dem Ende des Kalten Krieges geschah. Nach einer intensiven Debatte hatte die niederländische Regierung im Mai 1993 beschlossen, Truppen nach Bosnien zu entsenden. In der Folge wurde, wie Sie sich erinnern werden, Srebrenica an die bosnischen Serben unter General Ratko Mladić übergeben und am 13. Juli 1995, der sich im nächsten Monat zum 19. Mal jährt, ein Völkermord an über 8000 muslimischen Männern und Jungen verübt.[2]

1993 lebten wir in den Niederlanden noch in der Illusion, zur humanitären Welt-Avantgarde zu gehören, doch Karahasan hat in seinem Buch aufgezeigt, wie schwierig es ist, eine Situation wirklich zu verstehen – oder auch nur zu verstehen, dass man sie nicht versteht. Der Franzose ist nicht in der Lage, wirklich auf das zu hören, was Karahasan ihm über das Leben in Sarajevo erzählt, weil er sich bereits ein Bild von der Situation gemacht hat. Er glaubt, schon zu wissen, was es heißt, ein Kriegsopfer zu sein wie Karahasan und in beständiger Gefahr und dauernder Not zu leben; er braucht Karahasan nur, um einige Lücken zu stopfen – mit dem Ergebnis, dass Karahasan sich zutiefst missverstanden fühlt. Er kann dem Franzosen die Geschichten nicht liefern, die dieser sich ganz offensichtlich erhofft hatte, und kann ihm andererseits auch nicht vermitteln, wie es den Menschen selbst in Extremsituationen irgendwie gelungen ist, ihr Leben in Würde zu leben.

»Mein Kind hat Gott sei Dank alles, was es braucht«, habe ein Mann, so Karahasan, auf die Frage geantwortet, warum er die Babydecken und die

Babykleidung, die die UNICEF ausgab, abgelehnt habe. »Und was wäre das?«, fragt Karahasan ungläubig. Darauf der Mann: »Es hat die Möglichkeit, in Würde zu sterben.«[3] Das ist die kühnste Unabhängigkeitserklärung, die man sich vorstellen kann. Ich maße mir nicht an zu verstehen, wie der Mann so etwas sagen konnte, doch ich weiß, dass es zutiefst wahr ist. Menschen lassen sich nicht auf das reduzieren, was sie haben oder was ihnen fehlt. Sie leben ihre angestammte Würde, zum Guten oder zum Schlechten. Und notfalls auch im Verborgenen.

Verborgenes Geheimnis

In einem Buch über die Geschichte Europas im 20. Jahrhundert bezeichnet Mark Mazower Europa als »dunklen Kontinent«.[4] Das ist ironisch gemeint. Unter Europäern war es lange Zeit üblich, von Afrika als »dem dunklen Kontinent«, dem Inbegriff der Gewalt und des unbegreiflichen Chaos zu sprechen. Mazower zeigt, dass Europa insofern selbst der »dunkle Kontinent« ist, als es den Kräften, die es sich angeblich vom Leibe halten will, tatsächlich eine mustergültige Pflege angedeihen lässt. Und diese Kräfte sind mitnichten Naturgewalten, die sich durch den zivilisierten Einfluss der Kultur domestizieren ließen. Wenn wir unsere europäische Geschichte lesen, müssen wir ehrlicherweise schlussfolgern, dass dieselbe Zivilisation, die den Anspruch erhebt, die Dunkelheit mit ihrem Licht zu bezwingen, paradoxerweise die gewalttätigen antagonistischen Kräfte ebendieser Dunkelheit weckt und am Leben erhält. In dem aufklärerischen Drang, Wahrheit und Unwahrheit, Freiheit und Gefangenschaft, Frieden und Gewalt fein säuberlich voneinander zu trennen, halten wir die Logik von Krieg und antagonistischem Kampf für die eigentliche Grundlage unserer Wirklichkeit. Wenn das Ziel darin besteht, die Kräfte der Dunkelheit völlig auszumerzen, dann werden die vermeintlichen Kräfte des Lichts früher oder später selbst zu Kräften der Gewalt und Zerstörung. Wir haben einen Namen für diesen Mechanismus: Dialektik der Aufklärung.[5] Aber hilft uns das bei dem Versuch, nicht selbst zu Opfern dieser Dialektik zu werden?

Das Johannesevangelium überliefert uns ein Jesuswort, das fest auf dem gesunden Menschenverstand fußt: »Jeder, der Böses tut, hasst das Licht und kommt nicht zum Licht, damit seine Taten nicht aufgedeckt werden. Wer aber die Wahrheit tut, kommt zum Licht, damit offenbar wird, dass seine Taten in Gott vollbracht sind« (Joh 3,20–21). Der »dunkle Kontinent« Europa hat jedoch Situationen geschaffen, in denen das Gute und das Wahre nur unter dem Deckmantel der Dunkelheit überleben konnten. Das Licht ans Licht zu bringen hieß, es zu verlieren und die, die es hüteten, der Verfolgung, Verhaftung und nicht selten auch der Folter und dem Tod preiszugeben.

Sie wurden als Feinde des wahren menschlichen Fortschritts angeprangert und erklärten sich in manchen Fällen sogar selbst dazu. Um noch einmal den johanneischen Jesus zu zitieren: »Denn mit dem Gericht verhält es sich so: Das Licht kam in die Welt, und die Menschen liebten die Finsternis mehr als das Licht; denn ihre Taten waren böse« (Joh 3,19). In der Geschichte des europäischen Kontinents ist die zunehmende Dunkelheit wieder und wieder mit der lange ersehnten Dämmerung verwechselt worden – mit dem Resultat, dass das Licht selbst sich im Gewand der Dunkelheit verstecken musste, um ganz einfach – und doch paradox – zu überleben.

Ich halte es deshalb, vorsichtig formuliert, für einigermaßen merkwürdig, dass wir europäischen Theologen insbesondere seit der Mitte der 1960er Jahre augenscheinlich mit allen Mitteln versuchen, nur ja nicht den Eindruck zu erwecken, wir könnten womöglich *nicht* auf der Seite jener Kräfte stehen, die in unserer Epoche gemeinhin als aufklärerisch gelten. Selbst jetzt noch versuchen wir oft, jeden möglichen Verdacht zu vermeiden, dass es etwas zu verbergen gibt, dass die biblische Botschaft etwas zutiefst Verstörendes enthält, ein Geheimnis, das geheim bleiben muss, um nicht angegriffen zu werden. Waren wir Europäer, sind wir Europäer nicht immer noch in einer einzigartigen Position, um zu entdecken, dass das Reich Gottes nicht als Projekt oder utopische Vorstellung betrachtet werden sollte, sondern ein verborgenes Geheimnis ist?

»Mit dem Himmelreich«, sagt Jesus im Matthäusevangelium in *dem* Verborgenheitsgleichnis par excellence, »mit dem Himmelreich ist es wie mit einem Schatz, der in einem Acker vergraben war. Ein Mann entdeckte ihn, grub ihn aber wieder ein. Und in seiner Freude verkaufte er alles, was er besaß, und kaufte den Acker« (Mt 13,44). Die Erde gehört Gott – nicht aufgrund dessen, was sie sichtbar nach außen kehrt, sondern aufgrund des Geheimnisses, das sie in sich birgt. Und das impliziert – so deutet es der Apostel Paulus in seinem Kolosserbrief an –, dass wir uns freuen sollten, ebenfalls verborgen zu sein: Seiner Überzeugung nach sind die Christen in ihrer Taufe alledem gestorben, was gemeinhin als das Leben gilt und an der Oberfläche sichtbar ist; ihr eigentliches Leben aber ist

»mit Christus verborgen in Gott« (Kol 3,3). Und Christus wiederum ist Gottes Geheimnis, in dem »alle Schätze der Weisheit und Erkenntnis verborgen« sind (Kol 2,3).

Der Trost des Mitgefühls

In Erinnerung an unsere dunkle Geschichte müssen wir europäischen Theologen das Mysterium und das Geheimnisvolle der biblischen Tradition entdecken und behaupten und – um das Paradox zum Äußersten zu führen – *aufdecken*. In meinem konkreten Kontext besitzt diese Aufgabe eine besondere Dringlichkeit. In den Niederlanden verlangen unsere verschiedenen Regierungen – die Landesregierung und das Bildungsministerium, aber auch die leitenden Gremien unserer Universitäten –, dass unser Lehren und Forschen keinerlei Unklarheiten aufweisen darf. Unsere Lehre soll, was ihre Zielsetzung und ihre nachweisliche Wirkung betrifft, dem Arbeitsmarkt dienen. Unsere Forschung soll klare Antworten auf wirtschaftlich und politisch relevante Fragen erbringen. Es ist durchaus möglich, dass am Ende dieses Prozesses ein theologisches Curriculum steht, das in den Augen unserer Welt sinnvoll ist; doch wenn dieser Traum wahr werden sollte, worin besteht dann überhaupt noch die Notwendigkeit oder auch nur der Sinn der Botschaft, dass »das Reich Gottes nahe ist« – außer für die, die wir gar nicht in den Blick nehmen, damit sie unsere Weltsicht nicht stören?

Der irisch-britische Literaturwissenschaftler und Gesellschaftskritiker Terry Eagleton deutet an, dass wir die störenden Aspekte unseres Lebens so erfolgreich übersehen, dass unsere Gesellschaften jene Art von Religion, die Karl Marx mit dem Opium verglichen hat, nicht länger brauchen. Der gelegentliche Drink, die gelegentliche Partydroge, die gelegentliche therapeutische Dosis Spiritualität reichen uns zum Überleben.[6] In dieser Situation sollte die Theologie nicht auch noch dazu beitragen, die Religion und das Christentum zu domestizieren. Meiner Überzeugung nach müssen wir die Tatsache entdecken, behaupten und aufdecken, dass die biblischen und nachbiblischen Überlieferungen ein Geheimnis bewahren – und dass sie mit diesem Geheimnis auch uns bewahren.

Dževad Karahasan vertraut seinen Lesern ein Geheimnis an – ein öffentliches Geheimnis, ein Geheimnis, das er öffentlich macht und das dennoch immer ein Geheimnis bleiben wird. Karahasan beschreibt, wie er im belagerten Sarajevo einen Brief von seinem Freund Albert Goldstein erhält und vor einem Dilemma steht:

»Wir können ihn nicht lesen, solange draußen Gottes Tag ist, denn das Licht muss benutzt werden, um Trinkwasser und etwas zum Essen zu besorgen, und nachts können wir ihn nicht lesen, weil Goldsteins Handschrift zu winzig ist, um bei der Tranfunzel entziffert zu werden.«[7]

Als schließlich ihre Nachbarn bei einem nächtlichen Angriff schwer verletzt werden, sodass sie sich noch verlorener und einsamer fühlen, beschließen Dževad Karahasan und seine Frau Dragana, nicht länger verantwortungsbewusst zu sein, sondern das einzig Vernünftige zu tun:

»Ich bereitete noch zwei Öllampen vor, legte den Brief auf den Tisch, stellte die drei Öllampen um ihn herum und begann mit dem Versuch, Goldsteins Handschrift zu dechiffrieren. Drei Abende verbrauchten wir verschwenderisch unser Öl, um den Brief zu lesen, der aus freundschaftlicher Sorge und sympathetischem Verstehen unserer Probleme geboren war. Diese Vergeudung brachte uns zwar um unser Öl, um den Brief zu lesen, aber sie erneuerte auch die Hoffnung in uns und das Gefühl, wirklich zu existieren [...]. In unserem intimen Kalender, dem einzigen sinnvollen in diesem Krieg, haben wir die drei über dem unleserlichen Freundesbrief verbrachten Nächte als ›Orgie des Trostes‹ vermerkt.«[8]

Inmitten der Dunkelheit unseres dunklen Kontinents haben Europäer – das ist das einfache Geheimnis – dank eines Mitgefühls und einer Fürsorge überlebt, in denen die unveräußerliche Würde anderer erkennbar wurde und sie an ihre eigene unveräußerliche Würde erinnerte. Menschen sorgen sich um uns, und deshalb können wir anfangen zu glauben, dass es auf uns ankommt. Vielleicht befreit uns das von unserer Furcht vor dem, was uns angeblich bedroht: vor anderen Menschen, die uns fremd sind – aber nicht fremd in ihrem Wunsch, das Leben zu leben, das sie für richtig halten und das ihrer Würde gerecht wird.

Die Wahrheit sagen

Ebendies ist das Geheimnis, das Christen leben und das die Theologen bedenken und in den kulturellen Debatten vertreten sollten: Wir leben dadurch, dass wir einander in unserer Würde respektieren und voneinander in unserer Würde respektiert werden. Dieses Geheimnis verlangt unsere rückhaltlose Hingabe: dass wir uns absolut verwundbar machen und uns als abhängig wahrnehmen – abhängig von der Freundschaft und Liebe anderer, die uns in der Vergangenheit geschenkt worden ist und die uns hoffentlich auch in Zukunft geschenkt werden wird.

Um Ihnen einen Eindruck davon zu vermitteln, was es bedeuten könnte, dieses Geheimnis zu bedenken, möchte ich auf eine Geschichte des in Ungarn geborenen Schriftstellers Danilo Kiš zurückgreifen, der der Sohn eines jüdischen Vaters und einer montenegrinischen christlichen Mutter war, sich selbst als Jugoslawen betrachtete und 1989 mit 54 Jahren in Paris an Krebs verstarb.[9] In Kiš' Leben sind zentrale und oft sehr schmerzliche Paradoxa unserer europäischen Geschichte verkörpert. Die Geschichte, die ich meine, hilft mir, mir darüber klar zu werden, welchen Ansatz eine Theologie verfolgen könnte, die versucht, unserer europäischen Erfahrung wirklich treu zu sein.

Die Geschichte heißt *Das Spiel*[10]. In der Eingangsszene schaut ein Mann durchs Schlüsselloch seinem Sohn beim Spielen zu und sieht ihn plötzlich in einem völlig neuen Licht. Mit einem Mal hat nämlich dieser Sohn, den seine Frau »ihren blonden Jungen« nennt, allergrößte Ähnlichkeit mit seinem Großvater, dem Vater des Mannes: Max Ahasverus, dem umherziehenden jüdischen Federhändler. Der Junge im Zimmer, Andreas, geht mit seiner Ware von Bild zu Bild, »als irre er durch die Jahrhunderte«, und fragt sie alle, ob sie nicht ein paar Federn kaufen wollten. Er hat den Eindruck, dass sie alle nein sagen, aber er macht weiter.

Als seine Mutter den Raum betritt, fragt der Junge auch sie mit einem Lächeln und mit einer Verbeugung: »Gnädige Frau, wünschen Sie feinen Schwanenflaum?« Wortlos reißt ihm die Mutter das Kissen aus der Hand, das die Ware darstellen soll, wirft es aufs Bett und schickt den Jungen hinaus. Am Abend erzählt sie ihrem Sohn eine Gute-Nacht-Geschichte über einen König, der eine Zigeunerin heiratet und sie töten lässt, nachdem sie ihm einen Sohn geboren hat. Denn, so die Mutter,

»wenn man erfahren hätte, dass sie die Mutter des Kindes war, hätte sein Erbe den Thron verloren. [...] Zum Glück schlug das Kind dem Vater nach, und die Farbe seiner Haut verriet keine einzige dunkle Nuance des Zigeunerblutes.«

Seine eigene Rolle in dieser Geschichte wird dem Jungen erst bewusst, als seine Mutter ihm erzählt, wie der König eines Tages in das Zimmer seines Sohnes schaute:

»Da sah er das Kind mit einem Kissen aus Samt und Seide vor dem Bild seiner Mutter stehen und betteln: ›Eine Brotrinde bitte, mächtige Königin‹ – sie ahmte die Aussprache der Zigeuner nach – ›und einen Fetzen, damit ich meine Blöße bedecken kann‹ ... Wie von Sinnen stürzte der König ins Zimmer und riss seinen Sohn an sich. ›Was machst du da, Prinz?‹, heulte der Vater auf. ›Ich bettle, Vater‹, sagte der Prinz. ›Alle anderen Spiele sind mir langweilig geworden, die Pferde und die Falken, deshalb spiele ich jetzt Bettler.‹«

Vergiss deine Herkunft und sei froh, ein Prinz zu sein, dann wirst du König werden – das ist der Rat, den die Mutter ihrem Sohn mit dieser Geschichte gibt. Für den Jungen ist das unmöglich. Er weiß intuitiv, dass er in seiner Realität immer ein Jude, ein Zigeuner, ein unerwünschter Wanderer und niemals zu Hause sein wird. Einen solchen klaren Einblick in die Mechanismen der Selbstverstümmelung würde man sich für die Theologie heute wünschen.
Als die Mutter in Kiš' Geschichte das Zimmer leise verlassen will, weil sie glaubt, ihr Sohn sei eingeschlafen, fragt der Junge »Hat er auch seinen Sohn getötet?« Sie dreht sich um und streichelt das Kind zärtlich. »›Nein‹, sagte sie flüsternd, ohne Licht zu machen. ›Nein.‹« Es gibt eine gewisse Freiheit, die Wahrheit zu sagen.

Bettler sein

Bei dem, was ich als nächstes sagen werde, fühle ich mich höchst unbehaglich. Gleichzeitig ist es vielleicht das Passendste, was ein Laiendominikaner in einem franziskanischen Studienhaus sagen kann. Und es gibt eine gewisse Freiheit, die Wahrheit zu sagen.
Ich glaube, wir Theologen sollten uns dazu bekennen – und »bekennen« meine ich hier in der vollen religiösen Bedeutung des Wortes –, wir europäischen Theologen sollten uns also dazu bekennen, dass das, was sich als Spielzeug, als Pferde und Falken erwiesen hat, uns letztlich nicht zufriedenstellen kann. Wir sollten anfangen, nicht einfach nur Bettler zu *spielen*, sondern mit aller Konsequenz zu begreifen, dass wir Bettler *sind*, dass wir von den Lebensmitteln und der Kleidung abhängig sind, die uns

zugeteilt werden. In einer Zeit, in der die Welt zunehmend auf die Macht des Kontrollierens, Kaufens und Verkaufens zu setzen begann, haben der heilige Franziskus und der heilige Dominikus uns mit ihrer Liebe zum armen und heimatlosen Christus eine Alternative aufgezeigt. Franziskus und Dominikus machten sich bewusst von Güte und Wahrheit abhängig, die insofern mächtig sind, als sie allein wahre Freiheit zu schenken vermögen, und insofern ohnmächtig, als sie nur in Freiheit anerkannt werden können.[11]

Wenn die Theologie in Europa eine Zukunft haben soll, dann würde ich vorschlagen, dass wir ein Gelübde ablegen: das Gelübde, uns nicht länger mit dem zu verbünden, was mächtig ist und nach landläufiger Meinung das Licht repräsentiert. Wir sollten uns vielmehr dem ergeben, was schwach ist, und uns dem überlassen, was auf den ersten Blick ein dunkles Geheimnis zu sein scheint. Wir wissen – oder wissen wir es nicht? Zumindest ist es uns gesagt worden –, dass Gott das Schwache in der Welt erwählt hat, »um das Starke zuschanden zu machen« (1 Kor 1,27), und dass »das wahre Licht, das jeden Menschen erleuchtet, [...] in die Welt« gekommen ist; »aber die Welt erkannte ihn nicht. [...] Allen aber, die ihn aufnahmen, gab er Macht, Kinder Gottes zu werden, allen, die an seinen Namen glauben« (Joh 1,9–10.12).

1938, am Vorabend der *Shoah*, jener Katastrophe, die den Begriff Katastrophe neu definieren sollte, erinnerte der jüdische Theologe Abraham Joshua Heschel seine Zuhörer in Frankfurt am Main daran, dass Gott von ihnen die Rettung der Welt erwartete.[12] Natürlich haben sie die Welt nicht gerettet und auch unsere anderen Vorfahren nicht und auch wir selber nicht – noch nicht. Nach seiner Flucht in die USA und nach der Shoah schrieb Heschel, dass wir unser Stehen vor Gott wieder neu als ein Opfer begreifen sollen. Wir sollen uns »arm und bedürftig und gebrochenen Herzens«[13] fühlen und uns so dem verborgenen Geheimnis der Gegenwart Gottes anheimgeben. Auf diese Weise sollen wir bereit werden, uns von Gottes Leidenschaft für die Würde ergreifen zu lassen: für die Würde der Menschen und die Würde des Universums als Ausdruck seiner Heiligkeit. Dann werden wir vielleicht imstande sein, das Geheimnis der Erlösung der Welt wiederzufinden, oder besser: wieder von ihm gefunden zu werden.

Können wir wieder neu entdecken, was es bedeutet, dass das Heil nicht von dem abhängt, was wir in unseren Theologien finden, sondern davon, ob wir fähig sind, uns selbst finden zu lassen? Ich bin keineswegs sicher –

aber nur dann, davon bin ich überzeugt, wird die Theologie in Europa eine Chance haben.

1 | Niederländisch: Dževad Karahasan, *Sarajevo: Portret van een in zichzelf gekeerde stad,* Amsterdam 1994; Englisch: *Sarajevo, Exodus of a City,* New York 1994; Deutsch: *Tagebuch einer Aussiedlung,* Klagenfurt/Salzburg 1993. Ein Bild von der holländischen Ausgabe, deren Cover eines der Vellenga-Fotos zeigt, findet sich unter www.roelschuyt.nl/servo-kroatisch.

2 | Einen umfassenden Bericht über die Ereignisse bietet der UN-Report *The Fall of Srebrenica* (1999), www.daccess-dds-ny.un.org/doc/UNDOC/GEN/N99/348/76/IMG/N9934876.pdf?OpenElement.

3 | Karahasan, *Tagebuch einer Aussiedlung,* 59; auf der Grundlage der niederländischen Ausgabe (*Sarajevo: Portret,* 41) leicht abgewandelte Übersetzung.

4 | Mark Mazower, *Dark Continent: Europe's Twentieth Century,* London 1998.

5 | Vgl. Max Horkheimer/Theodor W. Adorno, *Dialektik der Aufklärung: Philosophische Fragmente,* Amsterdam 1947.

6 | Terry Eagleton, *Culture and the Death of God,* New Haven 2014, 1f.

7 | Karahasan, *Tagebuch einer Aussiedlung,* 60.

8 | Ebd., 61.

9 | Zur weiterführenden Lektüre über Kiš empfiehlt sich Mark Thompson, *Birth Certificate: The Story of Danilo Kiš,* Ithaka 2013; zu seinen Ansichten über Literatur und Schriftstellerei vgl. Ilma Rakusa (Hg.), *Danilo Kiš: Gespräche und Essays,* München 1994.

10 | Danilo Kiš, *Frühe Leiden,* München/Wien 1989, 17–26: »Das Spiel«.

11 | Eine faszinierende, wenn auch nicht immer ganz unproblematische Analyse der daraus erwachsenden Freiheit bietet Giorgio Agamben, *Höchste Armut: Ordensregeln und Lebensform,* Frankfurt am Main 2012.

12 | Ein Wiederabdruck dieser Vorlesung, die »ursprünglich im März 1938 auf einer Konferenz von führenden Quäkern in Frankfurt/Main gehalten« wurde, findet sich in Abraham J. Heschel, *Der Mensch fragt nach Gott. Untersuchungen zum Gebet und zur Symbolik,* Neukirchen-Vluyn 1982, 105–108.

13 | Heschel, *Der Mensch fragt nach Gott,* 49.

Aus dem Englischen übersetzt von Gabriele Stein

Die Autorinnen und Autoren

MARCELLA MARÍA ALTHAUS-REID, geb. 1952 in Rosario, Argentinien, gest. 2009 in Edinburgh, Großbritannien. Professorin für Kontextuelle Theologie an der Universität Edinburgh.

LEONARDO BOFF, geb. 1938 in Concordia, Santa Catarina, Brasilien. Professor für Ethik und Religionsphilosophie an der Universität des Bundesstaates Rio de Janeiro, Brasilien.

MARIE-DOMINIQUE CHENU OP, geb. 1895 in Soisy-sur-Seine, gest. 1990 in Paris, Frankreich. Professor für Dogmengeschichte an der Ordenshochschule Le Saulchoir, an der Sorbonne und am Institut Catholique in Paris.

YVES-MARIE-JOSEPH CONGAR OP, geb. 1904 in Sedan, gest. 1995 in Paris, Frankreich. Professor für Fundamentaltheologie und Ekklesiologie in Le Saulchoir.

GUSTAVO GUTIÉRREZ, geb. 1928 in Lima, Peru. Professor für Theologie und Gesellschaftswissenschaften an der Katholischen Universität Lima, Peru.

CATHARINA HALKES (AUCH: TINE GOVAART-HALKES), geb. 1920 in Vlaardingen, gest. 2011 in Nijmegen, Niederlande. Erste Inhaberin eines Lehrstuhls für Feminismus und Christentum in den Niederlanden an der Katholischen Universität Nijmegen.

ELIZABETH A. JOHNSON CSJ, geb. 1941 in Brooklyn, New York, USA. Professorin der Theologie an der Fordham-Universität der Jesuiten in New York.

HANS KÜNG, geb. 1928 in Sursee, Schweiz. Professor für Ökumenische Theologie an der Universität Tübingen.

Sallie McFague, geb. 1933 in Quincy, Massachusetts, USA. Professorin an der Vanderbilt Divinity School in Nashville, USA.

Johann Baptist Metz, geb. 1928 in Welluck, Deutschland. Professor für Fundamentaltheologie an der Universität Münster und für Religionsphilosophie und Weltanschauungslehre an der Universität Wien.

Dietmar Mieth, geb. 1940 in Berlin, Deutschland. Professor für Moraltheologie in Freiburg im Uechtland und für Theologische Ethik in Tübingen.

Jürgen Moltmann, geb. 1926 in Hamburg, Deutschland. Ev. Theologe, Professor für Systematische Theologie in Wuppertal, Bonn und Tübingen.

Raimon Panikkar i Alemany, geb. 1918 in Barcelona, gest. 2010 in Tavertet, Spanien. Sohn einer katholischen Katalanin und eines hinduistischen Vaters, Professor der Religionsphilosophie in Madrid, Rom, Harvard und Santa Barbara.

Karl Rahner SJ, geb. 1904 in Freiburg, Deutschland, gest. 1984 in Innsbruck, Österreich. Professor für Dogmatik an der Universität Innsbruck, für Christliche Weltanschauung und Religionsphilosophie an der Universität München und für Dogmatik und Dogmengeschichte an der Universität Münster.

Edward Schillebeeckx OP, geb. 1914 in Antwerpen, Belgien, gest. 2009 in Nijmegen, Niederlande. Professor für dogmatische Theologie an den Katholischen Universitäten von Löwen und Nijmegen.

Helen Schüngel-Straumann, geb. 1940 in St. Gallen, Schweiz. Professorin für Biblische Theologie an der Universität Kassel.

Elisabeth Schüssler Fiorenza, geb. 1938 in Tschanad, Rumänien. Professorin für Theologie/Neues Testament an den Universitäten von Notre Dame, La Mirada und Harvard, USA.

Jon Sobrino SJ, geb. 1938 in Barcelona, Spanien. Professor der Theologie und Direktor des Zentrums Monseñor Romero an der Zentralamerikanischen Universität (UCA) in San Salvador.

Dorothee Sölle, geb. 1929 in Köln; gest. 2003 in Göppingen, Deutschland. Ev. Theologin, Schriftstellerin, Professorin für systematische Theologie am Union Theological Seminary in New York.

Luis Carlos Susin OFM Cap, geb. 1949 in Caxias do Sul, Brasilien. Professor für Systematische Theologie an der Päpstlichen Universität von Rio Grande do Sul sowie an der Höheren Schule für franziskanische Theologie und Spiritualität, beide in Porto Alegre, Brasilien.

Felix Wilfred, geb. 1948 in Tamil Nadu, Indien. Professor für christliche und interkulturelle Studien in Chennai (Madras), Indien.